高等职业教育畜牧兽医类专业教材

养禽与禽病防治

主 编 李雪梅 文 平

中国轻工业出版社

图书在版编目（CIP）数据

养禽与禽病防治/李雪梅，文平主编 . —北京：中国轻工业出版社，2022.1

高等职业教育畜牧兽医类专业教材

ISBN 978 – 7 – 5184 – 1094 – 1

Ⅰ.①养… Ⅱ.①李… ②文… Ⅲ.①养禽学—高等—职业教育—教材 ②禽病—防治—高等职业教育—教材 Ⅳ.①S83 ②S858.3

中国版本图书馆 CIP 数据核字（2016）第 213348 号

责任编辑：贾　磊　　责任终审：劳国强　　封面设计：锋尚设计
版式设计：王超男　　责任校对：吴大鹏　　责任监印：张京华

出版发行：中国轻工业出版社（北京东长安街6号，邮编：100740）
印　　刷：北京君升印刷有限公司
经　　销：各地新华书店
版　　次：2022年1月第1版第5次印刷
开　　本：720×1000　1/16　印张：19
字　　数：359千字
书　　号：ISBN 978 – 7 – 5184 – 1094 – 1　定价：38.00元
邮购电话：010 – 65241695
发行电话：010 – 85119835　传真：010 – 85113293
网　　址：http://www.chlip.com.cn
Email：club@ chlip.com.cn
如发现图书残缺请与我社邮购联系调换
220019J2C105ZBW

高等职业教育畜牧兽医类专业教材

编委会

主　任　罗建平　张　毅

副主任　李俊强　杨仕群　李德立　曾饶琼
　　　　　李雪梅　易宗容　冯堂超

委　员（按姓氏笔画排序）
　　　　　王　赛　文　平　阳　刚　李成贤
　　　　　杨晓琴　郭正富　曹洪志　熊太权

本书编写人员

主　编

李雪梅（宜宾职业技术学院）
文　平（宜宾职业技术学院）

副主编

曹洪志（宜宾职业技术学院）
蒋增海（河南牧业经济学院）
李成贤（宜宾职业技术学院）
易宗容（宜宾职业技术学院）

参　编

高　敬（辽阳职业技术学院）
阳　刚（宜宾职业技术学院）
杨仕群（宜宾职业技术学院）

前　言

"养禽与禽病防治"是高等职业院校畜牧兽医专业的一门核心专业课程。本课程配套教材的编写遵循了"理论够用、突出技能"的原则，内容选取贴近行业和职业实际，充分反映了行业中正在应用的新技术、新方法，体现了实用性和先进性，突出了高等职业教育的特色。

本教材共由7个项目和23个实训构成，具体项目内容包括养禽及禽品种、种禽繁殖与种蛋孵化技术、蛋鸡生产技术、肉鸡生产技术、水禽生产技术、禽病综合防治技术、禽常见疾病防治技术。附录为"家禽饲养工"国家职业标准。每个项目根据工作任务流程和要求设置相关的内容和技能，力求突出学生的职业岗位能力培养，体现"理实一体化"教学思路。本教材注重实际操作，多数项目后设有实操训练和项目思考，便于进一步发挥学生的能动性。

本教材由李雪梅、文平任主编。具体编写分工如下：项目一由宜宾职业技术学院文平、易宗容、阳刚、杨仕群编写，项目二、项目三、项目五由宜宾职业技术学院文平编写；项目四由宜宾职业技术学院李成贤编写；项目六由宜宾职业技术学院曹洪志编写；项目七的禽常见病毒性疾病防治、禽常见细菌性疾病防治、其他禽病防治由河南牧业经济学院蒋增海编写；项目七的禽常见寄生虫病防治由辽阳职业技术学院高敬编写。全书由宜宾职业技术学院李雪梅统稿。

本教材可作为高等职业院校畜牧兽医专业学生的教材，也可作为普通高等院校和中等职业院校畜牧兽医专业师生以及基层畜牧兽医人员、专业化养禽场技术人员的参考书。

由于编者知识水平有限，加之编写时间仓促，错误与不妥之处在所难免，敬请读者批评指正。

编者

2016年6月

目 录

项目一　养禽及禽品种 ·· 1

知识目标 ·· 1
技能目标 ·· 1
必备知识 ·· 1
一、养禽业发展概述 ·· 1
二、家禽品种及其选择 ·· 5
实操训练 ·· 18
实训一　家禽外貌部位识别和年龄鉴别 ··························· 18
实训二　家禽品种的识别 ··· 20
项目思考 ·· 20

项目二　种禽繁殖与种蛋孵化技术 ··································· 22

知识目标 ·· 22
技能目标 ·· 22
必备知识 ·· 22
一、种禽的繁殖 ·· 22
二、种蛋孵化前的处理 ··· 26
三、种蛋胚胎发育 ·· 29
四、种蛋孵化条件及其控制 ······································· 32
五、孵化器构造与种蛋孵化 ······································· 36
六、初生雏的处理 ·· 40

实操训练 ······ 44
实训一 鸡的人工授精 ······ 44
实训二 种蛋的选择与熏蒸消毒 ······ 46
实训三 家禽胚胎发育观察 ······ 47
实训四 孵化器的使用 ······ 49
实训五 初生雏鸡雌雄鉴别 ······ 52
项目思考 ······ 54

项目三 蛋鸡生产技术 ······ 55

知识目标 ······ 55
技能目标 ······ 55
必备知识 ······ 55
一、蛋鸡场的设计与常用设施 ······ 56
二、蛋用型雏鸡的培育 ······ 58
三、蛋用型育成鸡的培育 ······ 66
四、产蛋鸡的饲养管理 ······ 74
五、蛋用种鸡的饲养管理 ······ 83
实操训练 ······ 97
实训一 蛋鸡场常用机械设备识别 ······ 97
实训二 雏鸡的分级、剪冠、断趾与断喙 ······ 98
实训三 育成鸡群体均匀度测定 ······ 100
实训四 蛋鸡产蛋曲线绘制与分析 ······ 101
实训五 参观蛋鸡养殖场 ······ 102
项目思考 ······ 103

项目四 肉鸡生产技术 ······ 105

知识目标 ······ 105
技能目标 ······ 105
必备知识 ······ 105
一、快大型肉鸡生产技术 ······ 105
二、优质肉鸡生产技术 ······ 119
项目思考 ······ 126

项目五 水禽生产技术 …… 127

知识目标 …… 127
技能目标 …… 127
必备知识 …… 128
一、水禽场的建筑与设计规划 …… 128
二、鸭的饲养管理 …… 132
三、鹅的饲养管理 …… 148
实操训练 …… 158
实训一 当地水禽生产情况调查 …… 158
实训二 鸭（鹅）的填饲操作 …… 159
实训三 鹅活拔羽绒操作 …… 160
项目思考 …… 162

项目六 禽病综合防治技术 …… 163

知识目标 …… 163
技能目标 …… 163
必备知识 …… 163
一、场址选择与建筑布局 …… 164
二、防疫制度 …… 165
三、消毒技术 …… 167
四、免疫接种技术 …… 175
实操训练 …… 185
实训一 家禽免疫接种 …… 185
实训二 禽舍消毒 …… 188
项目思考 …… 190

项目七 禽常见疾病防治技术 …… 191

知识目标 …… 191
技能目标 …… 191
必备知识 …… 192
一、禽常见病毒性疾病防治 …… 192

二、禽常见细菌性疾病防治 …………………………………………… 217
三、禽常见寄生虫病防治 …………………………………………… 235
四、其他禽病防治 …………………………………………………… 261
实操训练 ……………………………………………………………… 266
实训一 鸡新城疫的诊断与免疫监测 ……………………………… 266
实训二 鸡传染性法氏囊病诊断 …………………………………… 270
实训三 传染性支气管炎的诊断及防治 …………………………… 271
实训四 鸡白痢的检疫诊断 ………………………………………… 272
实训五 鸡大肠杆菌病的诊断 ……………………………………… 274
实训六 禽粪中寄生虫虫卵的检查 ………………………………… 275
项目思考 ……………………………………………………………… 277

附录 "家禽饲养工" 国家职业标准 ………………………………… 279

参考文献 …………………………………………………………… 291

项目一　养禽及禽品种

> **知识目标**

1. 了解中国养禽业的发展概况。
2. 了解家禽的外貌部位和名称。
3. 理解鸡地方品种、标准品种、现代鸡种的概念；掌握鸡地方品种、标准品种、现代鸡种的代表品种特征。
4. 掌握水禽常见品种特征。

> **技能目标**

1. 能根据家禽外貌初步判断家禽的健康状况和生产性能。
2. 能根据养禽生产实际选择合理的家禽品种进行饲养。

> **必备知识**

一、养禽业发展概述

（一）养禽业的经济意义

家禽是鸟类经人类长期驯化，在家养条件下能生存繁衍并具一定经济价值的动物，家禽为人类提供的产品主要有肉、蛋、羽绒。家禽主要包括鸡、鸭、鹅、火鸡、鸽、鹌鹑、鸵鸟等，其中鸡、鸭、鹅是家禽养殖业的主要对象，鸭、鹅统称为水禽。

家禽具有生长迅速、繁殖力强、饲料转化率高、适应密集养殖等特点，能在较短的生产周期内以较低的成本生产出营养丰富的肉、蛋产品，是人类理想的动物蛋白食品来源。家禽的这一重要经济价值被广泛发掘利用，通过对家禽育种、营养、饲养、疫病防治、生产管理和产品加工等方面进行研究与生产实践，形成了现代家禽产业。

（二）现代养禽业的生产特点

现代养禽业是家禽的自然再生产过程和社会再生产过程的有机结合，现代养禽业具有以下生产特点。

1. 专门化、社会化生产

现代养禽业由以下六大体系构成。

（1）良种繁育体系　现代养禽业由育种、制种、商品生产和性能测定等部分构成，其中育种由育种公司完成，制种由育种公司独立完成或育种公司与孵化场联合完成，性能测定由政府业务部门完成，商品生产由专门化肉鸡养殖场、蛋鸡养殖场完成。

良种繁育体系的作用是为现代养禽业提供稳定、高产、规格化的养殖品种（蛋鸡或肉鸡）。目前我国家禽业采用的蛋鸡或肉鸡除少部分由国内培育形成外，绝大部分是从国外引进。

（2）饲料加工体系　饲料加工体系包括家禽营养试验研究、饲料加工两部分构成，其作用是为养禽业生产全价配合饲料、各种预混料、各类添加剂，是现代养禽业发展的物质基础和重要保证。

（3）禽病防治体系　家禽疾病种类多，在高度集约化养殖生产中易发病，给养禽生产造成严重影响。禽病防治体系由兽药生产厂、家禽生物制品生产企业、区域性的禽病疫情预报站、禽病防治站等构成，是现代养禽生产的重要保障体系。

（4）禽舍设备供应体系　现代养禽业是高度集约化的养殖业，对环境控制和各类用具的要求很高。禽舍设备供应体系包括禽舍建筑设计、养禽设备与用具（如孵化器等）生产等部门，是现代家禽业发展的重要支撑。

（5）生产经营管理体系　现代家禽生产养殖规模大，管理要求高，无论蛋鸡业、肉鸡业和其他家禽业生产，都需要成熟的企业经营和日常管理工作，以保证现代养禽业正常的经营发展。

（6）产品加工、销售体系　现代养禽业为消费者提供优质价廉的肉蛋产品，产品的处理、加工、运输、销售等构成养禽业发展的重要环节，分为肉鸡屠宰分割、贮存、蛋肉的销售与加工等。

此外，由于现代养禽业采用高度集约化生产，养禽场不断排出大量粪便、污水、灰尘等污染物，同时还产生家禽噪声污染等，成为污染环境的重要来源之一。因此，防止环境污染是家禽养殖场必须重视的工作，防止环境污染正逐渐成为现代养禽业的第七个体系。

2. 机械化、自动化生产

目前，家禽业生产中的给料、供水、集蛋、控温、通风、光照、孵化、除粪、屠宰加工等均实现了机械化操作，极大地提高了劳动生产率，养禽场经济效益也相对增长。但我国养禽生产复杂，各地养禽条件存在较大差异，应因地制宜地采用机械化，不能盲目追求机械化和自动化。

3. 工厂化、集约化生产

家禽将饲料营养转化为肉、蛋产品，工厂化、集约化生产是家禽业迅速发展的重要原因之一。所谓工厂化、集约化生产，就是大规模、高密度的舍内饲养，将禽舍当做生产工厂，配备机械化、自动化设备，通过家禽这种特殊机器，用最少的饲料消耗，生产出质优量大的家禽产品。

由于各国养禽资源条件和养殖技术的差异，其饲养规模也有差别。我国大型蛋鸡养殖场养殖规模为10万~20万只，中型蛋鸡场为1万~10万只，小型蛋鸡场为1万只以下。目前，我国养禽业大、中、小型规模兼备，相互协调补充。

4. 高产、高效、优质的养禽业

（1）高产　高产是指高的生产水平，现代家禽都具有非常优良的生产性能。如蛋鸡72周龄入舍鸡产蛋质量为18~20kg，产蛋量为250~300枚，料蛋比为2.2:1~2.4:1；肉鸡7周龄体重可达2kg，料肉比为1.8:1；肉鸭7~8周龄体重可达3kg以上，料肉比为2.6:1~2.8:1。

（2）高效

①高的劳动效率：现代家禽采取机械化、自动化生产，极大地提高了家禽饲养的劳动生产率。如传统养鸡业劳动量大，每人的管理规模为1000~2000只鸡，而现代养鸡业每人管理规模可达10000~20000只鸡。

②较高的经济效益：养禽业具有生产水平高、禽群周转快、饲料报酬高、繁殖力强、禽舍利用率高和劳动生产率高，而养殖成本相对较低的特点，因而具有较高的经济效益。

（3）优质　家禽生产的产品中，蛋、肉均为优质食品，营养价值高，是消费者常用的动物蛋白食品来源。

（三）我国养禽业的发展趋势

1. 我国养禽业在发展中存在的主要问题

（1）生产规模小，生产体系不够健全　我国养禽生产中一家一户经营的比较多，生产规模较小，生产能力有限，技术落后，体系不健全，饲养成本

(2) 总体生产水平较低　我国规模化饲养蛋鸡和肉用种鸡产蛋期死亡淘汰率高达10%~20%；蛋鸡每只年均产蛋量15kg，料蛋比在2.4:1以上；我国饲养的白羽肉鸡配套系平均52日龄体重约2.2kg，料肉比2.2:1以上，成活率约为94%。而养鸡业发达国家的同类蛋鸡和肉用种鸡产蛋期死亡淘汰率控制在8%以内，蛋鸡每只年均产蛋量17kg以上，最高的达21kg，这表明我国养禽业生产总体生产水平较低。

(3) 禽产品质量有待提高　在养禽生产中片面追求养殖效益，不遵守国家饲料管理条例和法规，随意使用抗生素、生长促进剂和一些化学合成类药物，致使禽蛋、禽肉中有害物质超标，危害人体健康，也使得我国家禽产品出口受到限制。

(4) 疫病防疫体系不完善，禽群死亡率较高　近年来，某些传染病如禽流感、禽白血病、鸭病毒性肝炎等已给我国养禽生产造成很大损失，大部分养禽场禽病净化水平低，禽群死亡率高。这表明疫病是影响我国养禽生产发展，造成养禽成本高的主要原因之一。

随着养禽生产的发展，养禽业生产方式由分散、小量农户养殖向集中、规模、工厂化养殖发展；经营方式由单一的生产型向专业型、配套型经营转化；管理方式由农户人工饲喂向机械化、自动化方向发展；家禽品种由地方品种向现代鸡种转化，并注重地方品种的合理利用；家禽营养由单一饲料向全价饲料转化。

2. 我国养禽业生产技术的发展趋势

(1) 完善良种繁育体系　通过引进国外家禽优良基因库与国内培育商业配套系相结合的方式，利用准确、系统的生产性能测定技术体系，通过遗传育种等技术手段，培育推广新品种，进行繁育体系优化育种规划，建立由曾祖代、祖代、父母代种禽场和商品禽场相结合的适应不同需要的家禽良种繁育体系。

(2) 推广全价配合饲料　制定和完善家禽饲养标准，为家禽全价配合饲料的生产奠定良好基础。根据育种公司推荐的饲养标准和结合我国养殖实际，为充分发挥优良品种的遗传潜力打下物质基础。无鱼粉日粮、按可消化氨基酸配制日粮、根据采食量调整饲料营养浓度等技术更加成熟并得到广泛应用。

(3) 常用先进环境控制技术　使用现代养禽设备进行有效的环境控制，改善家禽生活环境。主要发展的现代养禽设备包括鸡笼、饲料加工机组、乳头式饮水器、料槽、除粪机、断喙器、鸡舍环境控制仪等设备，性能可靠，能满足现代家禽生产的各种需要。各种全自动孵化器的使用，促进了种蛋孵化技术的提高。

(4) 生产实行标准化　在生产环节上建立标准化生产体系，更加重视无公害禽肉、禽蛋的生产体系建立，重点解决饲料中违禁药物使用和药物残留问题，改善禽场和禽舍环境卫生，减少生产过程中的污染。在流通环节上应加快周转，建立合理的冷冻、冷藏和运输体系，对禽蛋进行清洗、分级、包装，并实行冷链运输和贮藏，对禽肉加强深加工，开发出多种多样的禽肉产品。

（5）加强疫病控制　各种传染病对我国家禽生产影响巨大，加强生物安全预防措施、免疫程序、疫苗生产等，同时在场地选择、饲养工艺确定、饲养管理规程等方面采取综合防治措施，预防各种疫病的发生。

（6）开发家禽绿色食品和功能食品　充分利用果园、林地等场所对鸡只进行放养，这种方式生产的鸡肉品质优良、蛋质良好，并且鸡蛋和鸡肉中药物残留较少，深受消费者欢迎。禽产品功能食品开发也是未来发展的热点，除了可以提高产品附加值、增加对禽蛋、禽肉的需求外，还可满足消费者对保健食品的需求，如开发高碘蛋、高硒蛋、高锌蛋、富维生素蛋与富不饱和脂肪酸蛋等功能性食品。

二、家禽品种及其选择

（一）家禽的外貌

1. 鸡的外貌

（1）头部　鸡头部的形态及发育程度能反映品种、性别、健康和生产性能高低等情况。

①冠：为皮肤衍生物，位于头顶，是富有血管的上皮构造。不同品种有不同冠形；就是同一种冠形，不同品种，也有差异。鸡冠的种类很多，是鸡品种的重要特征，可分为单冠、豆冠、玫瑰冠、草莓冠、羽毛冠等。

大多数品种的鸡冠为单冠。冠的发育受雄性激素控制，公鸡的冠较母鸡发达。冠的颜色大多为红色（羽毛冠指肉质部分），色泽鲜红、细致、丰满、滋润是健康的征状。病鸡的冠常皱缩，不红，甚至呈紫色（乌骨鸡除外）。母鸡的冠与产蛋与否、高产或低产有密切关系。停产鸡或低产鸡手触鸡冠有冰凉感，外表皱缩；产蛋母鸡的冠越红，越丰满的，产蛋能力越高。

②肉髯：又称肉垂，是鸡颌下下垂的皮肤衍生物，左右组成一对，大小对称，其色泽和健康的关系与冠同。

③喙：由表皮衍生的角质化产物，是啄食与自卫器官，其颜色因品种而异，一般与脚颜色一致。健壮鸡的喙应短粗，稍微弯曲。

④脸：一般鸡脸为红色，健康鸡脸色红润无皱纹，老弱病鸡脸色苍白而有皱纹。蛋用鸡脸清秀，肉用鸡脸丰满。

⑤眼：位于脸中央，健康鸡眼大有神而反应灵敏，向外突出，眼睑单薄，

虹彩的颜色因品种而异。

⑥耳叶：位于耳孔下侧，呈椭圆形或圆形，有皱纹，颜色因品种而异，常见的有红、白两种。

⑦鼻孔：位于喙的基部，左右对称。

（2）颈部　因品种不同颈部长短不同，鸡颈由 13～14 个颈椎组成。蛋用型鸡颈较细长，肉用型鸡颈较粗短。公鸡颈羽细长，末端尖而有光泽；母鸡颈羽短，末端钝圆而缺乏光泽。

（3）体躯　由胸、腹、背腰三部分构成，与性别、生产性能、健康状况有密切关系。

①胸部：是心脏与肺所在的位置，应宽、深、发达，既表示体质强健，也表示胸肌发达。

②腹部：容纳消化器官和生殖器官，应有较大的腹部容积。特别是产蛋母鸡，腹部容积要大。腹部容积常采用胸耻间距（以手指和手掌来量胸骨末端到耻骨末端之间距离）、耻骨间距（两耻骨末端之间的距离）来表示。这两个距离大，表示正在产蛋期或产蛋能力很好。

③背腰部：蛋用品种背腰较长，肉用品种背腰较短。生长在腰部的羽毛称为鞍羽。公鸡鞍羽尖而长。

（4）四肢　鸟类适应飞翔，前肢发育成翼，又称翅膀。翼的状态可反映禽的健康状况。正常的鸡翅膀应紧扣身体，下垂是体弱多病的表现。鸟类后肢骨骼较长，其股骨包入体内。腿部包括股、胫、飞节、跖、趾和爪等部分。胫部鳞片为皮肤衍生物，年幼时鳞片柔软，成年后角质化，年龄越大，鳞片越硬，甚至向外侧突起。因此可以从胫部鳞片软硬程度和鳞片是否突起来判断鸡的年龄大小。胫部因品种不同而有不同的色泽。鸡一般有 4 个脚趾，少数为 5 个（如丝毛乌骨鸡）。公鸡在腿内侧有距，距随年龄的增长而增大，故可根据距的长短来鉴别公鸡的年龄。

（5）羽毛　羽毛是禽类表皮特有的衍生物。羽毛供维持体温之用，对飞翔也很重要。羽毛在不同部位有明显界限，鸡的各部位的羽毛特征如下：

①颈羽：着生于颈部，母鸡颈羽短，末端钝圆，缺乏光泽，公鸡颈羽后侧及两侧长而尖，像梳齿一样，故称梳羽。

②翼羽：两翼外侧的长硬羽毛，是用于飞翔和快速行走时用于平衡躯体的羽毛。翼羽中央有一较短的羽毛称为轴羽，由轴羽向外侧数，有 10 根羽毛称为主翼羽，向内侧数，一般有 11 根羽毛，称为副翼羽。每一根主翼羽上覆盖着一根短羽，称覆主翼羽，每一根副翼羽上，也覆盖一根短羽，称为覆副翼羽。初生雏如只有覆主翼羽而无主翼羽、或覆主翼羽较主翼羽长、或两者等长、或主翼羽较覆主翼羽微长（在 2mm 以内），这种初生雏由绒羽更换为幼羽

时生长速度慢，称为慢羽。如果初生雏的主翼羽毛长过覆主翼羽 2mm 以上，其绒羽更换为幼羽生长速度很快，称为快羽。慢羽和快羽是一对伴性性状，可以用作自别雌雄使用。成年鸡的羽毛每年要更换一次，母鸡更换羽毛时要停产，通过主翼羽脱落早迟和更换速度，可以估计换羽开始时间，因而可以鉴定产蛋能力。

③鞍羽：家禽腰部又称鞍部，母鸡鞍部羽毛短而圆钝，公鸡鞍羽长呈尖形，像蓑衣一样披在鞍部，故称蓑羽。公母鸡主尾羽都一样，从中央一对起分两侧对称去数，共有 7 对。公鸡的覆尾羽发达，覆盖在主尾羽上，状如镰刀形，特称镰羽。覆盖在第一对主尾羽的覆尾羽称为大镰羽，其余的称为小镰羽。

梳羽、蓑羽、镰羽，都是公鸡的第二性征羽毛。

2. 鸭的外貌

（1）头部　鸭头部无冠、肉髯和耳叶。鸭喙长扁，末端钝圆。除上喙尖部有一坚硬角质呈豆状突起的喙豆外，其余喙部均覆以厚而柔软的角质。喙缘两侧有许多小横皱褶。舌发达，边缘上长有尖刺，利于捕食。脸上密生纤毛，眼睛反应灵敏。

（2）颈部　鸭颈较长，活动自如。公鸭的颈部粗短。母鸭、蛋鸭的颈较细长。

（3）体躯部　公鸭体型较大，体躯肌肉发达，胸深、背阔、肩宽，体躯呈长方形，前驱稍向上提起。母鸭体躯较为细长，体型稍小，羽毛紧密，胸挺突，前驱提起，后躯发达，臀部似方形，鸭腿与胫较短，其位置稍偏向躯体后端，趾间有蹼。

（4）羽毛　鸭全身羽毛覆盖较为紧贴，鸭的翼较短小，紧贴于体躯上。主翼羽尖窄而坚硬，覆翼羽大。腹部和臀部密生质地柔软的绒羽。公鸭的覆尾羽中有 2~4 片向上卷曲的雄性羽，是公鸭的羽毛特征。鸭的尾脂腺很发达，分泌油脂涂抹羽毛，使羽毛如水而不湿。

3. 鹅的外貌

（1）头部　鹅头部的形状视品种而异。绝大多数中国鹅品种的头部前额长有肉瘤，称为额包，其中公鹅较大，母鹅较小；欧洲鹅和伊犁鹅则无额包。鹅喙形扁阔，喙前端质地坚硬，且向下略弯，喙缘也有在采食时起滤水作用的横褶。

（2）颈部　鹅颈比鸭颈长，其长度因品种而异。中国鹅颈细长，能挺伸；国外其他鹅的品种，颈较粗短，容易育肥。

（3）体躯部　鹅的体躯较大，背宽体长，胸深宽。母鹅腹部有皮肤皱褶而形成肉袋。鹅腿粗壮而有力，公鹅胫部较长，母鹅则较短。鹅趾间有蹼。

（4）羽毛　鹅全身羽毛紧贴，腹臀部密生绒毛。鹅翼较长，常叠于背上。尾脂腺发达。

（二）鸡的品种

1. 地方鸡种

地方鸡种是指在某地区长期饲养而形成的品种，这类品种没有明确的育种指标，没有经过有计划的杂交和系统选育。地方鸡种适应性、觅食力均强，易管理，肉质好，蛋质优良，鸡味浓郁，有的品种有滋补保健价值。但生产性能偏低，抱性强，产蛋少，出肉率低，不适应工厂化养殖。

我国地方品种资源丰富，目前列入《中国家禽品种志》的鸡的地方品种有25个。我国部分优良地方鸡品种见表1-1。

表1-1　我国部分优良地方鸡品种

品种	原产地	经济类型	成年体重/kg 公鸡	成年体重/kg 母鸡	开产月龄	年产蛋量/枚	平均蛋质量/g	蛋壳颜色	主要外貌特征
仙居鸡	浙江仙居	蛋用	1.44	1.25	5	180~220	42	褐色	体型轻巧，腿高、颈长、尾翘，羽色多为黄色，喙、跖、皮肤黄色
寿光鸡	山东寿光	兼用	3.3	2.3	8	120~150	65	深褐色	体躯高大，胸深背长，体高跖粗，羽毛黑色闪绿光泽，喙、脚灰黑色，皮肤白色
浦东鸡	上海浦东	肉用	3.5	2.8	7	130	58	深褐色	体躯硕大宽阔，羽以黄色、麻褐色居多，单冠，肉垂、耳叶红色，跖黄色
庄河鸡	辽宁庄河	兼用	2.9	2.3	7	160	62	深褐色	腿高颈长，胸深背宽，羽色多为麻黄色，尾羽黑色，喙与脚黄色

续表

品种	原产地	经济类型	成年体重/kg 公鸡	成年体重/kg 母鸡	开产月龄	年产蛋量/枚	平均蛋质量/g	蛋壳颜色	主要外貌特征
北京油鸡	北京北郊	肉用	2.1	1.7	7	120	56	褐色	体躯宽阔，头高颈昂，尾羽上翘，羽色有麻黄、麻色两种
桃源鸡	湖南桃源	肉用	3.4	3.0	6.5	86	56	浅褐色	体型高大，体躯长方形，腿高跖粗，喙、跖青灰色，皮肤白色
固始鸡	河南固始	兼用	2.5	1.8	6~7	140	52	深褐色	体型中等，羽色以麻黄、黄色居多，喙青黄色
萧山鸡	浙江萧山	兼用	3.0	2.5	6~7	130~150	52	褐色	体型较大，羽毛有红、黄、麻色，跖黄色，肉垂、耳叶红色
惠阳鸡	广东惠阳	肉用	2.2	1.8	5	110	46	浅褐色	体型中等，头大颈粗，胸深背宽，腿短有毛髯，羽毛、喙、脚均为黄色

2. 鸡的标准品种

鸡的标准品种也称纯种，是根据家禽育种组织制定的家禽品种标准选育而成，其品种外貌特征和生产性能可稳定遗传给后代。

标准品种的分类方法把标准品种分为类、型、品种和品变种。

（1）类　根据产地将标准品种分为亚洲类、美洲类、地中海类、欧洲类等。

（2）型　根据经济用途划分，可分为蛋用型、肉用型、兼用型和观赏型4个类型。

（3）品种　经育种而形成的一个家禽群，具有特殊的外貌和大致相同的生产性能。如单冠白来航、玫瑰冠白来航等。

（4）品变种　在品种内根据羽色、羽毛斑纹、冠型等划分。

列为世界标准品种的鸡有 200 多个，我国列为标准品种的有九斤黄鸡、狼山鸡、丝毛鸡等。这些标准品种都具有优良的遗传基因，在现代鸡种的培育上发挥重要作用。标准品种的代表品种主要有来航鸡、浅花苏赛斯鸡、科尼什鸡、澳洲黑鸡、横斑洛克鸡等。鸡的部分著名标准品种见表 1-2。

表 1-2　鸡的部分著名标准品种

品种	原产地	经济类型	成年体重/kg 公鸡	成年体重/kg 母鸡	开产月龄	年产蛋量/枚	平均蛋质量/g	蛋壳颜色	主要外貌特征
白来航	意大利	蛋用	2.3	1.8	5	220	54~60	白色	体型小而清秀，羽白色，冠髯发达，喙、跖、皮肤黄色，耳叶白色
洛岛红鸡	美国	兼用	3.6	2.8	6	160~170	56~60	褐色	体长且略似长方形，背长而平，羽深红色，尾羽黑色，跖和皮肤黄色，耳叶红色
新汉夏鸡	美国	兼用	3.4	2.7	6	180~200	56~60	褐色	体型似洛岛红鸡，但背部略短，羽黄褐色，尾羽黑色，喙浅黄色，跖、皮肤黄色，耳叶红色
横斑洛克鸡	美国	兼用	4.2	3.3	6~7	170~180	57	褐色	体大呈椭圆形，羽黑白相间，喙、跖皮肤黄色，耳叶红色
澳洲黑鸡	澳大利亚	兼用	3.7	2.8	6	170~190	62	黄褐色	全身羽毛黑色有光泽，喙、眼、跖兼为黑色，脚底、皮肤白色，耳叶红色

续表

品种	原产地	经济类型	成年体重/kg		开产月龄	年产蛋量/枚	平均蛋质量/g	蛋壳颜色	主要外貌特征
			公鸡	母鸡					
浅花苏赛斯鸡	英国	兼用	4.0	3.2	6~7	160~170	56	褐色	体型高大、宽而深，跖较短，耳叶红色，皮肤白色
科尼什鸡	英国	肉用	4.5	3.6	7~8	120	56	浅褐色	头顶宽长，喙粗弯曲，体羽白色，喙、脚黄色

3. 现代鸡种

现代鸡种是指工厂化养鸡业中采用的商品杂交鸡或专门化的商用配套品系。现代鸡种主要特点有：绝大多数以公司名称、编号命名，使品种商品化；均为杂交配套系，不能复制。商品场应选养商品代鸡，具有优良的产蛋和产肉性能，有的还能自别雌雄或抗某种疾病；生活力强，生产性能整齐一致，适合规模化养殖。

现代鸡种分类如下。

（1）蛋鸡系　有白壳蛋鸡、褐壳蛋鸡、粉壳蛋鸡。蛋鸡主要品种有：

①伊莎褐鸡：从法国伊莎公司引进的褐壳蛋鸡，其父母代生产性能：76周龄入舍母鸡产蛋量292枚，22周龄达5%产蛋率，24周龄达50%产蛋率，高峰期产蛋率达92%，74周龄产蛋率66%，平均蛋质量65g，成活率93%。

②海兰褐壳蛋鸡：商品代鸡饲养日年产蛋量310~330枚，成活率91%~95%，150~160日龄达50%产蛋率，高峰期产蛋率为91%~96%，72周龄平均蛋质量66.8g，74周龄体重2.2kg。

③北京白鸡：原北京农业大学育成的优良白壳蛋鸡。商品代鸡年产蛋量260~280枚，蛋质量58~62g，产蛋高峰期产蛋率达90%~92%，育成期的成活率96%~98%，产蛋率为92%~94%。

④海赛克斯鸡：可以根据颜色区别雌雄，雏鸡出壳时，母雏颜色全部为棕红色的占90%，全身棕色为主但背部有白色条纹者8%，全身白色为主，但是头为红色或棕色者占2%；公雏颜色全部黄色者占90%，全身白色但背部呈棕色条纹者占8%；全身白色但背部有四条棕色窄纹占2%。商品蛋鸡入舍母鸡年产蛋299枚，平均蛋质量63.2g，料蛋比2.39∶1，产蛋期末体重2.25kg。

（2）肉鸡系　分白羽肉鸡、红羽肉鸡。我国肉鸡以白羽肉鸡为主，其主要代表品种有：

①艾维茵肉鸡：为美国艾维茵（Avian）家禽育种公司培育的白色肉用鸡。1985年中国北京、美国艾维茵公司、泰国正大公司联合投资兴建北京家禽育种公司，对该品种鸡做进一步选育提高工作。据资料介绍，该品种商品鸡的生产性能为8周龄全群平均体重2.457kg，料肉比2.12:1。

②爱拨益加肉鸡：爱拨益加肉鸡（AA鸡）为美国爱拨益加（Arbor Acres）育种公司培育的四系配套白羽肉鸡，其商品代鸡生产性能8周龄达2.99kg，料肉比2.09:1，生长速度快，饲料利用率高，经济效益相对较好。

③明星肉鸡：为法国伊莎（ISA）育种公司培育的白羽肉鸡商品代鸡生长快，饲料报酬高，8周龄体重2.34kg，料肉比为2.1:1。

④其他肉鸡品种还有英国罗斯肉鸡、荷兰海布罗肉鸡、加拿大星布罗肉鸡等。

（三）鸭的品种

我国养鸭业具有悠久的历史，家鸭是仅次于鸡的第二大养殖禽种，鸭品种资源丰富，有12个鸭品种列入《中国家禽品种志》，其中北京鸭、绍兴鸭、金定鸭、高邮鸭、建昌鸭、连城白鸭等是优良的代表品种。

我国肉鸭品种改良、遗传育种工作起步较晚，科学系统的选育是从20世纪80年代以后才得到重视和开展，30多年来在北京鸭选育、大型肉鸭配套系、番鸭、白羽半番鸭等方面进行了一系列的研究并取得一定进展，不少品种的生产性能已达到世界先进水平。

蛋鸭育种方向主要是高产蛋鸭新品系的选育，在绍兴鸭青壳系和缙云麻鸭青壳系的基础上，运用经典育种技术和现代育种技术选育出新青壳蛋鸭配套系。绍兴鸭是我国主要的蛋鸭地方良种，我国饲养的蛋鸭中60%左右是绍兴鸭及其配套系，是我国蛋鸭的当家品种。此外，在蛋肉兼用型鸭种方面，建昌鸭、巢湖鸭、高邮鸭是具有地方特色的优质品种。

地方鸭种选育的措施：建立地方鸭保种场，加大对原种地方鸭的保护力度，建立保种场，进行提纯复壮，扩大优良的地方鸭基础种群；突出地方鸭地域优势，加强地方鸭品种的开发与利用，在区域形成产业化发展，提高养殖的专业化水平，突出各地方鸭的地域优势；筛选地方鸭优质基因，并在品种改良中加以应用。

目前在中国大型肉鸭种源生产上，主要是以大型白羽肉鸭为代表的肉鸭品种。除中国北京鸭、天府肉鸭外，主要有英国的樱桃谷肉鸭、法国的奥白星肉鸭、澳大利亚的狄高鸭等。

1. 肉鸭品种

（1）北京鸭　北京鸭是世界著名的肉用鸭品种，具有体型大、生长发育快、肥育性能好、肉味鲜美以及适应性强等特点，现在几乎遍布全世界。北京鸭性情温驯，喜合群，适宜于集约饲养。目前，许多大型肉鸭都具有北京鸭的遗传基因，北京鸭对世界肉鸭育种贡献很大。

北京鸭性成熟早，150～180日龄开产。自开产日起算，365d产蛋量为150～200枚，无就巢性。雏鸭50日龄体重可达1.75～2kg，填肥饲养条件下56日龄体重可达2.5～2.75kg，65日龄可达3～3.25kg。

（2）樱桃谷鸭　樱桃谷鸭是英国樱桃谷农场以北京鸭和埃里斯伯里鸭为亲本杂交选育而成的配套系鸭种。我国先后从该场引进L2、SM配套系种鸭。樱桃谷鸭的外形与北京鸭大致相同，体躯稍宽一些。樱桃谷SM商品代肉鸭49日龄活重3.3kg，全净膛屠宰率72.55%，料肉比2.6:1。

（3）天府肉鸭　天府肉鸭由四川农业大学和原四川省畜牧科学研究所用樱桃谷鸭的父母代和商品代育成，其体型外貌与樱桃谷鸭基本相似。

生产性能：天府肉鸭生长发育快，商品肉鸭42日龄体重可达2924g，49日龄可达3299g，料肉比3:1，胸腿肌率22%。天府肉鸭与本地鸭杂交效果明显。

（4）狄高鸭　狄高鸭是澳大利亚狄高（Tegel）公司用北京鸭和北京鸭与爱期勃雷鸭的杂交母鸭杂交而育成的。外形与北京鸭相似。每只父母代母鸭年提供商品代鸭苗160只左右。商品代肉鸭49日龄活重3kg，全净膛屠宰率（连头脚）为79.7%，料肉比2.9:1～3:1。

（5）奥白星63　奥白星63由法国克里莫（Crimo）兄弟家禽育种公司育成，其体型优美，硕大丰满，挺健，对环境条件的适应能力较强。种公鸭尾部有2～4根向背部卷曲的性指羽，母鸭腹部丰满，腿粗短。奥白星63父母代产蛋量高，种蛋受精率高，42周可产蛋220～240枚，受精率93%。商品代肉鸭生长速度快，耗料低，一般肉鸭47日龄重3.07kg，料肉比2.5:1～2.6:1，49日龄体重3.45kg，料肉比2.7:1。

2. 蛋用型鸭

（1）绍兴鸭　绍兴鸭原产于浙江省绍兴地区，具有体型小、耗料少、产蛋多、适于圈养的特点，是我国优良的小型蛋用麻鸭品种。一般130日龄开产，年平均产蛋量250～300只，平均蛋质量70g。蛋壳光滑厚实。圈养条件下料蛋比2.75:1。

（2）金定鸭　金定鸭原产于福建省厦门地区，属蛋用型麻鸭品种。早熟高产，100～120日龄开产，年平均产蛋量260～300只，平均蛋质量70g。金定鸭勤于觅食，适应性强，适于海滩、水田放牧饲养。

（3）连城白鸭　连城白鸭主产于福建省连城县，是我国优良的地方鸭种，具有独特的"白羽、乌嘴、黑脚"的外貌特征。连城白鸭生产性能、遗传性能稳定，是我国稀有的种质资源。

连城白鸭初生重为 40~44g，成年公鸭体重 1440g，成年母鸭体重 1320g。连城白鸭第一产蛋年产蛋量为 220~230 个，第二产蛋年为 250~280 个，第三产蛋年为 230 个左右。平均蛋质量为 68g，蛋壳颜色以白色居多，少数青色。公母配种比例 1:20~1:25，种蛋受精率为 90% 以上。连城白鸭的羽色和外貌特征独特，是一个适应山区丘陵放牧饲养的小型蛋用鸭种。

（4）咔叽-康贝尔鸭　咔叽-康贝尔鸭由英国育成。体型中等，体躯深长而结实，头部清秀，喙中等长，眼大而明亮，颈略细长，背宽广，胸部饱满，腹部发育良好而不下垂，两翼紧贴体躯。咔叽-康贝尔鸭的羽毛，公鸭的头、颈、尾和翼肩都呈青铜色，有光泽，其余羽毛深褐色，喙绿蓝色，胫和蹼深橘红色。母鸭的羽毛褐色，有深浅之别，头和颈部色较深，翼黄褐色，喙绿色或浅黑色，胫和蹼深褐色。咔叽-康贝尔鸭公鸭体重为 2.3~2.5kg，母鸭体重为 2.0~2.3kg。母鸭年产蛋量在 260 个以上，蛋壳白色，蛋质量约为 70g。

3. 兼用型鸭

（1）高邮鸭　高邮鸭是体型较大的蛋肉兼用型麻鸭品种，主产于江苏省高邮、宝应、兴化等地，该品种觅食能力强，善潜水，适于放牧。高邮鸭开产日龄为 110~140d，年产蛋 140~160 枚，高产群可达 180 枚，平均蛋质量 76g。成年体重为公鸭 2.3~2.4kg，母鸭 2.6~2.7kg。放牧条件下 70 日龄体重达 1.5kg 左右，较好的饲养条件下 70 日龄体重可达 1.8~2.0kg。

（2）建昌鸭　建昌鸭是麻鸭类型中肉用性能较好的品种，主产于四川省凉山彝族自治州境内的安宁河谷地带的西昌、德昌、冕宁、米易和会理等县市。该鸭体躯宽深，头大颈粗，公鸭头和颈上部羽毛墨绿色而有光泽，颈下部有白色环状羽带。胸、背红褐色，腹部银灰色，尾羽黑色。喙黄绿色，胫、蹼橘红色；母鸭羽色以浅麻色和深麻色为主。母鸭开产日龄为 150~180d，年产蛋 150 枚左右。蛋质量 72~73g，蛋壳有青、白两种，青壳占 60%~70%。成年公鸭体重为 2.2~2.6kg，母鸭为 2.0~2.1kg。

（四）鹅的品种

中国是世界上鹅种资源最丰富的国家，有来源于灰雁的伊犁鹅和来源于鸿雁的狮头鹅、皖西白鹅、豁眼鹅、四川白鹅等 20 多个品种。从羽色上分灰、白两种；从体重上有大、中、小 3 种类型。此外，还有一些引进品种，如早期生长迅速、繁殖性能较高的莱茵鹅，肥肝专用品种朗德鹅等，都是我国家鹅品种资源的重要组成部分。根据国家畜禽遗传资源委员会调查，我国现有鹅种 27 个，其中 10 个列入国家级保护名录，7 个国家级保种场通过验收，其他多数为省市级保护范围。

我国鹅种资源丰富，但各地方品种间的生产性能存在较大差异，群体整齐度差，不能满足规模化、产业化生产的发展需要。近年来，相关研究者在地方鹅种的遗传特性、品种间的杂交改良，以及利用国外优良鹅种对中国鹅种的杂交改良利用等方面进行研究，还开展了一些鹅种的肥肝性能研究及鹅产品的开发利用研究。如四川农业大学利用优良的地方品种和引进种为育种材料，开展了肉鹅专门化品系的选育，培育出了天府肉鹅商用配套系，其父母代种鹅年产蛋量达85~90个，比四川白鹅提高了18个；商品代肉鹅在放牧补饲饲养条件下，60日龄活重3.25~3.5kg，70日龄活重3.92kg。扬州大学利用太湖鹅和隆昌鹅（四川白鹅）为育种材料，培育出了扬州鹅，年产蛋量达72~75个，70日龄活重达3.3~3.5kg。这些培育品种（系）的推广应用有力地促进了我国养鹅生产水平的提高。

在鹅的品种选育与利用上，应根据不同市场的需求特点，加强我国优良地方鹅种的保种选育、专门化品系培育和优良鹅种开发的力度，育成我国自己的高产肉鹅配套系，提高养鹅生产水平。同时，国家应加大投入，加快优良鹅种良繁体系的建立，保证我国养鹅业快速发展对种源的需求。

1. 小型鹅种

（1）太湖鹅　太湖鹅产于江苏、浙江两省沿太湖地区，太湖鹅体型小，体态高昂优美，羽毛紧密；肉瘤发达，公鹅比母鹅更突出明显；颈细长，呈弓形，无咽袋；全身羽毛洁白；喙、胫、蹼均呈橘红色。

成年公鹅体重4.0~4.5kg，母鹅3.0~3.5kg。在放牧条件下，70日龄上市体重2.32kg，半净膛屠宰率78.64%，全净膛屠宰率64.05%。母鹅性成熟早，约160日龄左右开产，群体中约有10%的个体有就巢性。年产蛋量平均60个以上，平均蛋质量135.3g，蛋壳白色。

（2）豁眼鹅　豁眼鹅因两上眼睑均有明显豁口而得名，又称豁鹅。原产于山东莱阳地区，现分布遍及东北三省。豁眼鹅耐寒性强，冬季在-30℃无防寒设施条件下还能产蛋；产羽绒较多，含绒量高。体型较小，体质细致紧凑，羽毛白色。头较小，颈细稍长。喙、胫、蹼均为橘黄色。

公鹅成年体重3.72~4.44kg，母鹅3.12~3.82kg。90日龄体重3.0~4.0kg。上市仔鹅半净膛屠宰率78.3%~81.2%，全净膛屠宰率为70.3%~72.6%。在放牧为主的条件下，年平均产蛋80个左右。蛋质量120~130g，壳白色。

（3）阳江鹅　阳江鹅产于广东省湛江市。该鹅从头部经颈部向后延伸至背部，有一条宽1.5~2cm的棕色毛带，故阳江鹅又称黄鬃鹅。阳江鹅的羽色很不一致，鹅群中灰色羽又分黑灰、黄灰和白灰等几种。母鹅头细颈长，性情温驯；公鹅头大颈粗，躯干雄性特别明显，头顶肉瘤发达。喙、肉瘤黑色；胫、蹼有橘红色和黑色两种类型。

成年公鹅体重4.05kg左右，母鹅3.12kg。在一般饲养条件下，70~80日龄体重可达3.0~3.5kg。饲养条件较好时，70~80日龄体重最大可达5kg。70日龄半净膛屠宰率84%左右，全净膛屠宰率74%左右。阳江鹅性成熟早，母鹅在150~160d开产，就巢性强，年平均产蛋量26~30个，平均蛋质量140g，蛋壳多为白色。

（4）乌鬃鹅　乌鬃鹅原产于广东省清远县，因大部分羽毛为乌棕色而得此名。乌鬃鹅头小、颈细、腿矮，结构紧凑。公鹅体型较大，呈榄核形，肉瘤发达，母鹅呈楔形。

公鹅成年体重平均3.42kg，母鹅平均2.86kg。采用传统的饲养方法，70日龄体重可达2500~2700g，90日龄体重2850~3250g。母鹅在140日龄开产，就巢性很强，年产蛋量30~35个，平均蛋质量144.5g。

（5）籽鹅　籽鹅集中产区为黑龙江省绥化和松花江地区，吉林省农安县也有分布。籽鹅全身羽毛白色，肉瘤较小。体型轻小，紧凑，略呈长圆形。喙、胫、蹼皆为橙黄色，虹彩灰色。

成年公鹅约4.5kg，母鹅约3.5kg。60日龄公鹅体重约3.0kg，母鹅约2.8kg。70日龄仔鹅半净膛屠宰率78.02%~80.19%，全净膛屠宰率69.47%~71.30%。母鹅开产日龄为180~210d，年产蛋量达100个以上，蛋壳白色，是世界上少有的产蛋量高的鹅种。

（6）长乐鹅　长乐鹅产于福建省长乐县和邻近县市。长乐鹅绝大多数鹅体羽毛为灰褐色，公鹅肉瘤高大，母鹅肉瘤小而扁平；喙黑色或黄色；胫、蹼橘黄色，虹彩褐色。

成年公鹅体重平均4.38kg，母鹅平均4.19kg。60日龄仔鹅体重3.08kg，半净膛屠宰率81.78%，全净膛屠宰率68.67%。一般7月龄达到性成熟，就巢性强，年产蛋量30~40个，蛋质量153g，蛋壳白色。

（7）伊犁鹅　伊犁鹅主产于新疆维吾尔自治区伊犁哈萨克自治州，是我国唯一起源于灰雁的鹅种，耐粗放饲养，能短距离飞翔，适应严寒的气候，产绒量高。伊犁鹅体型与灰雁非常相似，颈较短，胸宽广而突出，体躯呈水平状态，羽毛分为灰、花、白三种颜色。

成年公鹅4.29kg，母鹅3.53kg。在天然草场上放牧，60日龄活重公鹅、母鹅分别为3.03、2.77kg。母鹅270~300日龄开产，母鹅有就巢性，年产蛋5~24个，平均蛋质量为153.9g，蛋壳乳白色。

2. 中型鹅

（1）四川白鹅　四川白鹅主产于四川省温江、乐山、宜宾、永川和达县等地，分布于平坝和丘陵水稻产区。公鹅体型较大，头颈稍粗，额部有一呈半圆形的橘黄色肉瘤；母鹅头清秀，颈细长，肉瘤不太明显。全身羽毛洁白，喙橘黄色，胫、蹼橘红色，虹彩蓝灰色。

成年公鹅体重 5.0～5.5kg，母鹅 4.5～4.9kg。60 日龄体重 2.5kg，90 日龄 3.5kg。半净膛屠宰率公鹅 86.28%，母鹅 80.69%；全净膛屠宰率公鹅 79.27%，母鹅 73.10%。公鹅性成熟期为 180 日龄左右；母鹅于 200 日龄开产，母鹅基本无抱性，平均年产蛋量 60～80 个，平均蛋质量 146g，蛋壳白色。四川农业大学家禽研究室经多年选育结果表明，四川白鹅作为配套系的母本，最为理想。

（2）皖西白鹅　皖西白鹅原产于安徽西部和河南省固始县。体型中等，颈细长呈弓形，胸部丰满，背宽平，全身羽毛白色。头顶有光滑的橘黄色肉瘤，公鹅体躯略长，母鹅呈蛋圆形；喙橘黄色，胫、蹼橘红色。

成年公鹅体重 5.5～5.6kg，母鹅 5～6kg。在一般放牧条件下，60 日龄仔鹅体重 3.0～3.5kg，90 日龄可达 4.5kg。母鹅 180d 左右开产，母鹅就巢性强，年产蛋 25 个左右，平均蛋质量 142g，蛋壳白色。

（3）溆浦鹅　溆浦鹅原产于湖南省溆浦县，我国南方许多省区均有饲养。溆浦鹅体型高大，体质紧凑结实，属中型鹅种。公鹅肉瘤发达，颈细长呈弓形；母鹅体型稍小，后躯丰满，呈卵圆形，腹部下垂，有腹褶。羽色有灰、白两种羽色。

成年公鹅体重 6.0～6.5kg，母鹅 5～6kg；仔鹅 60 日龄体重 3.0～3.5kg，半净膛屠宰率在 88% 左右，全净膛屠宰率约 80%。溆浦鹅性成熟较早，200～210d 开产，年产蛋 30 个左右，平均蛋质量 212.5g，蛋壳多为白色。溆浦鹅是我国肥肝性能优良的鹅种之一。

（4）浙东白鹅　浙东白鹅主产于浙江省东部，属中等体型，体躯呈长方形，羽色多为白色。成年公鹅体重 4.5～5.0kg，母鹅 4.0～4.5kg。70 日龄体重达 4.0kg。半净膛屠宰率为 81%，全净膛屠宰率 72%。母鹅一般在 150 日龄左右开产，年产蛋量 40 个左右，平均蛋质量 149.6g，蛋壳白色。

（5）朗德鹅　原产于法国西南部的朗德省，是世界闻名的肥肝鹅专用品种。朗德鹅体型中等偏大，毛色以灰褐色为主，在颈背部接近黑色，而在胸腹部毛色较浅呈银灰色，鹅喙橘黄色，胫、蹼为肉色。

成年公鹅体重 7～8kg，母鹅 6～7kg。仔鹅 56 日龄体重可达 4.5kg 左右。肉用仔鹅经填肥后活重达到 10～11kg，肥肝质量达 700～800g。母鹅性成熟期 180 日龄，年产蛋量 35～40 个。

（6）莱茵鹅　原产于德国莱茵州，以其产蛋量高，繁殖力强而著称，广泛分布于欧洲各国。莱茵鹅体型中等偏小，头上无肉瘤，颈粗短。初生雏鹅背面羽毛为灰褐色，2~6周龄逐渐转为白色，成年时全身羽毛洁白。喙、胫、蹼均呈橘黄色。

成年公鹅5~6kg，母鹅4.5~5kg。肉用仔鹅8周龄活重4.2~4.3kg。种鹅性成熟较早，母鹅年产蛋量50~60个，蛋质量150~190g。莱茵鹅繁殖性能高，生长速度快，可作为配套杂交的母本。

3. 大型鹅

（1）狮头鹅　狮头鹅原产于广东省饶平县，是我国优良的大型鹅种，也是世界上三大鹅种之一。狮头鹅体躯硕大，呈方形，头大颈粗短。成年公鹅和两岁母鹅的头部肉瘤特征明显，颌下咽袋发达，一直延伸到颈部，形成"狮形头"，故得名狮头鹅。羽毛颜色大部分似雁鹅。

成年公鹅体重10~12kg，最大可达19kg；母鹅体重9~10kg，最大13kg。肉用仔鹅在40~70日龄增重最快，70~90日龄未经填肥的仔鹅平均体重为5.84kg。母鹅开产日龄为160~180d，产蛋季节为每年的9月至次年的4月，全年产蛋量25~35个，平均蛋质量105~255g，蛋壳白色。

（2）埃姆登鹅　埃姆登鹅原产于德国西部的埃姆登城，为世界驰名的古老鹅种之一。体型大，头大呈椭圆形，喙粗短，颈长稍曲，背宽阔，体长，胸部丰满，腹部有一双腹褶下垂；喙、胫、蹼呈橘红色，虹彩蓝色，全身羽毛白色。

成年鹅体重为公鹅9~15kg，母鹅8~10kg。60日龄体重3.5kg，母鹅300日龄左右开产，就巢性强，年产蛋量20~30个，蛋质量160~200g。

> **实操训练**

实训一　家禽外貌部位识别和年龄鉴别

（一）实训目标

能正确识别家禽外貌部位和羽毛名称，能正确鉴别高产蛋鸡与低产蛋鸡、鸡的年龄。

（二）材料与用具

成年公鸡、母鸡若干只，病鸡若干只；成年公鸭、母鸭标本，鸡骨骼标本；鸡、鸭、鹅外貌部位名称图；鸡冠型、翼羽图谱或幻灯片等。

（三）操作步骤

1. 抓鸡和保定鸡

用右手大拇指将右翼压在右腿上，其他四指抓住右大腿内侧基部，将鸡从鸡笼中取出。然后将鸡移至左手，用左手大拇指和食指夹住鸡的右腿，无名指和小指夹住鸡的左腿，并将鸡的胸腹部置于左手掌中，使鸡的头部伸向鉴定者。

2. 家禽外貌部位的认识

按鸡体各部位，从头、颈、肩、背、腰（鞍）、臀、胸、腹、腿、胫、趾、爪等部位仔细观察，并熟悉各部位名称。

3. 羽毛名称及其识别

第二性征——羽毛（梳羽、鞍羽、镰羽）的识别；翼羽（特别是轴羽、主翼羽、覆主翼羽、副翼羽、覆副翼羽）的识别；羽毛种类（正羽、绒羽、线羽）的识别。

4. 家禽性别识别

根据家禽的体型、羽毛、爪等部位识别家禽性别。

5. 家禽年龄识别

根据胫部鳞片质地、形状、距的长短识别鸡的年龄。

6. 健康鸡与病鸡识别

根据鸡的精神行为、外观质地、采食饮水、粪便状况等识别健康鸡、病鸡。

7. 高产鸡和低产鸡的选择

高产鸡和低产鸡的选择见表1-3和表1-4。

表1-3 高产鸡与低产鸡外貌和触摸品质的差异

项目	高产鸡	低产鸡
头部	清秀、头顶宽，呈方形	粗大或狭窄
喙	短而宽，微弯曲	长而窄直，呈乌鸦嘴状
冠和肉垂	发育良好，细致，鲜红色。触摸细致、温暖	发育不良，粗糙，色暗。触摸粗糙、发凉
胸部	宽、深、向前突出，胸骨长直	窄浅，胸骨短或弯曲
体躯	背部宽、直。腹部触摸柔软、皮肤细致、有弹性、无腹脂硬块	背部短、窄或呈弓形。腹部触摸皮肤粗糙，弹性差，过肥的鸡有腹脂硬块
耻骨	触摸耻骨时，薄而有弹性	触摸耻骨时，硬而厚、弹性差
脚和趾	跖坚实，呈楞形，鳞片紧贴，两脚间距宽，趾平直	两脚间距小，趾过细或弯曲

表 1-4　高产鸡与低产鸡腹部容积的差异

项目	高产鸡	低产鸡
胸骨末端与耻骨间距	4 指以上	3 指以下
耻骨间距	3 指以上	2 指以下

（四）实训报告

根据实训内容，完成实训报告。

实训二　家禽品种的识别

（一）实训目标

能正确识别家禽不同品种及其外貌特征的区别。

（二）材料与用具

鸡、鸭、鹅不同品种的实物、图谱、幻灯片。

（三）操作步骤

1. 鸡品种的识别

展示或放映蛋鸡、肉鸡、兼用型鸡、观赏型鸡的图片或幻灯片，并简要介绍不同类型鸡品种的外貌特征、生产性能、评价利用。

2. 鸭品种的识别

展示或放映蛋鸭、肉鸭、兼用型鸭的图片或幻灯片，并简要介绍不同类型鸭品种的外貌特征、生产性能、评价利用。

3. 鹅品种的识别

展示或放映小型鹅种、中型鹅种、大型鹅种常见品种的图片或幻灯片，并简要介绍不同类型鹅种的外貌特征、生产性能、评价利用。

（四）实训报告

根据实训内容完成实训报告，实训报告要求能反映家禽常见品种的产地、外貌、生产性能与利用。

> **项目思考**

1. 鸡的第二性征羽毛有哪些类别？怎样根据初生雏主翼羽与覆主翼羽的长

短判断快羽和慢羽？
  2. 现代鸡种的代表品种有哪些？其生产性能怎样？
  3. 养鸭生产中如何进行鸭品种的选择？
  4. 养鹅生产中如何进行鹅品种的选择？
  5. 怎样理解现代家禽的繁育体系？

项目二　种禽繁殖与种蛋孵化技术

> 知识目标

1. 了解种公禽的选择要求和选择时间，掌握家禽的配种方法。
2. 掌握种蛋孵化前的处理（种蛋选择、消毒、保存与运输）。
3. 了解家禽孵化期，掌握家禽不同胚胎发育阶段的特征。
4. 掌握种蛋孵化条件及其控制要求。
5. 了解家禽孵化器的构造与使用，掌握种蛋孵化过程中的管理与种蛋照检技术。
6. 掌握初生雏的分级、雌雄鉴别与免疫接种相关知识。

> 技能目标

1. 能进行鸡的人工授精操作。
2. 能对孵化前的种蛋进行正确处理。
3. 学会种蛋胚胎发育不同时期的照蛋特征。
4. 能进行种蛋的孵化管理与种蛋照检。
5. 能进行初生雏的处理，根据孵化指标评价孵化效果。

> 必备知识

一、种禽的繁殖

（一）种公禽的选择

种公禽的质量对种蛋受精率影响很大，无论是自然交配还是人工授精选好种禽都非常重要。由于种公禽在配种时所需数量明显少于种母禽，因此每只种公禽对后代的影响大于种母禽，必须进行更严格的选择。

1. 种公鸡选择

（1）第一次选择　鸡在育雏结束、公母分群饲养时进行选择，选留个体发育良好、冠髯大而鲜红者。留种的数量按 1∶8～1∶10 的公母比选留（自然配种按 1∶8，人工授精按 1∶10），并做好标记，最好与母鸡分群饲养。

（2）第二次选择　在 17～18 周龄时选留体重和外貌都符合品种标准、体格健壮、发育匀称的公鸡。自然交配的公母比为 1∶9；人工授精的公母比为 1∶15～1∶20，并选择按摩采精时有性反应的公鸡。

（3）第三次选择　在 21～22 周龄进行，自然交配的此时已经配种 2 周左右，主要把那些配种时处于劣势的公鸡淘汰掉，如鸡冠发紫、萎缩、体质瘦弱、性活动较少的公鸡，选留比为 1∶10。进行人工授精的公鸡，经过 1 周按摩采精训练后，主要根据精液品质和体重选留，选留精液颜色乳白色、精液量多、精子密度大、活力强的公鸡，选留比例为 1∶20～1∶30。

2. 种公鸭选择

要求公鸭生长发育良好、体格健壮结实，性器官发育正常，精液品质优良。留种公鸭必须在育雏期、育成期和性成熟初期进行三次严格选择。育成期公鸭和母鸭分群饲养，并在母鸭开产前 2～3 周按照适宜公母比例放入母鸭群中，让彼此相互熟悉，以提高配种质量。

适宜的配种公母比例可提高种蛋受精率。自然交配时种鸭配种公母比例：轻型品种 1∶10～1∶20，中型品种 1∶8～1∶12。

3. 种鹅的选择

为了培育出健壮、高产的种鹅，保证种鹅的质量，后备种鹅需经过 3 次选择。

第一次：在 4 周龄育雏期结束时进行，公鹅选择的重点是体重大，母鹅具有中等体重。淘汰体重偏小的、伤残的、有杂色羽毛的个体，淘汰鹅转入肉用鹅进行育肥饲养。

第二次：在 70～80 日龄进行，主要根据生长发育情况、羽毛生长情况以及体型外貌等进行选择，淘汰生长速度较慢、体型较小、腿部有伤残的个体。

第三次：在 150～180 日龄进行，应选择品种特征典型、生长发育良好、体重符合品种要求、健康状况良好的鹅留作种用。

公鹅要求雄性特征明显，并注意检查生殖器，淘汰生殖器发育不好或有缺陷的公鹅；母鹅要求体重中等，颈细长而清秀，体型长而圆，两腿间距宽。种鹅经三次选择后公母配种比例为：大型鹅种 1∶3～1∶4，中型鹅种 1∶4～1∶5，小型鹅种 1∶6～1∶7。

(二) 自然交配

1. 配种方法

(1) 大群配种　将公禽、母禽按一定比例合群饲养，这种方法能使每只公禽都有机会与母禽自由组合交配，种禽蛋受精率较高，适用于繁殖生产群。群的大小视种禽群规模和配种环境的面积而定，鸡和鸭100~1000只、鹅500只。

(2) 小群配种　在一个小间内放入1只公禽与一小群母禽（10~15只）进行交配，公禽和母禽均编上脚号。这种方法能确知禽苗的血缘，适用于家禽育种场采用。

2. 配种公母比与种禽利用年限

(1) 配种公母比　种禽应保持合理的配种公母比。配种公母比见表2-1。

表2-1　种禽自然交配配种公母比

品种	配种公母比	品种	配种公母比
轻型鸡	1:12~1:15	中型鸭	1:10~1:15
中型鸡	1:10~1:12	重型鸭	1:8~1:10
重型鸡	1:8~1:10	鹅	1:4~1:6
轻型鸭	1:15~1:20	火鸡	1:10~1:12

(2) 种禽利用年限　种禽配种第一年的受精率最高，母鸡以第一个产蛋年的产蛋量最高，以后随着年龄增加而每年递减，故繁殖用的种鸡利用年限为2~4年；种鸭也是以第一年繁殖力最强，种鸭利用年限为2~3年；鹅成熟较晚，寿命较长，可利用5~6年。

(三) 家禽人工授精

随着笼养种鸡的普及和发展，鸡的人工授精得以广泛推广。鸡的人工授精技术难度不大，容易掌握，设备简单，投资少。鸡的人工授精可以减少种公鸡的饲养量，自然交配时，一般鸡的公母比例为1:10~1:15，而采用人工授精时，鸡的公母比例多为1:50左右，可减少公鸡饲养量，降低了种蛋成本。同时鸡人工授精时，公母鸡分笼饲养，减少鸡间的啄斗，降低死亡淘汰率，为鸡的育种工作提供方便。

种禽人工授精的主要技术环节：采精前公禽的训练、采精、精液品质检查、精液稀释、保存、输精。

1. 采精前的准备

(1) 公禽的采精训练　公禽应是体质结实、发育良好、雄性特征明显、健康无病；公禽应隔离饲养 1 周以上；采精前剪去公禽泄殖腔周围的羽毛，防止精液污染；公禽泄殖腔周围可用生理盐水或稀释液棉球擦洗，严禁用酒精棉球擦洗；按摩公禽腰荐部，以建立条件反射，按摩时将鸡头向后，夹在腋下，左手紧握双腿，保定公禽，右手从腰荐部顺尾羽方向按摩数次，尾羽上翘、泄殖腔外翻的公鸡为合格种鸡。

（2）器具准备　所用器具应肥皂水浸泡刷洗、自来水冲洗、1%～2%生理盐水浸泡、清水冲洗后烘干备用。

2. 采精

种鸡采精可采取双人背腹式按摩采精。

（1）保定公鸡　保定人员分别用两手握住公鸡两腿根部，使公鸡两腿自然分开，头朝向保定员后方，鸡体轻轻夹在腋下，贴于保定员右体侧。

（2）采精　采精人员用右手食指与中指将集精杯夹住，杯口朝向掌心；左手拇指与其余四指分开呈"八"字形，自然弯曲放于公鸡背部，并由前向尾部按摩数次。与此同时，采精员右手拇指与食指也呈"八"字形紧贴腹部趾骨下缘抖动触摸。

（3）集精　当公鸡尾羽上翘、泄殖腔外翻时，采精员左手顺势将尾羽推压向背侧，并用拇指和食指在泄殖腔上方两侧柔软处轻轻挤压，使公鸡的交媾器翻出并排出精液。此时，采精员右手停止按摩，集精杯口迅速朝上放在生殖器下方收集精液。公鸡的采精量平均约 0.5mL。

采精注意事项：种鸡采精前停食 2～3h，防止粪便污染精液；采精人员应固定，每 1～2d 采精 1 次；采精期间加强种公鸡蛋白质、维生素的补充。

3. 精液品质检查

（1）精液的颜色　健康公鸡的精液为乳白色，浓稠如牛乳。若颜色不一致或混有血液、粪尿等，不能用于输精。

（2）采精量　采精量的多少与鸡的品种、年龄、生理状况、光照以及饲养管理条件有关，同时也与公鸡的使用制度和采精者的熟练程度有关。平均射精量为 0.5mL。

（3）精子密度　一般把鸡精子密度分为密、中、稀三种，种鸡精子密度范围在 1 亿～100 亿/mL。

（4）精子活力　精子活力对种蛋的受精率影响很大，只有活力大的精子才能进入母鸡输卵管，到达漏斗部使卵子受精。精子活力在显微镜下观察，用精液中直线运动前进的精子的百分比来衡量。

（5）精液 pH　采精过程中，有异物落入其中是精液 pH 变化的主要原因。正常的精液 pH 通常为 6.2～7.4。精液 pH 的变化影响精子的活力，从而也影响种蛋的受精率。

4. 精液稀释与保存

（1）精液稀释　种鸡精液稀释一般采用简单稀释液：1%食盐溶液；5%~7%葡萄糖溶液；葡萄糖卵黄稀释液（100mL蒸馏水+4.25g葡萄糖+卵黄1.5mL）。稀释倍数通常按1:1进行稀释。

（2）精液保存　种鸡精液稀释后一般不作保存，要求在稀释后30min内完成输精。

5. 输精

（1）输精器具　种鸡输精可用1mL结核菌素注释器、带胶头的玻璃吸管、禽用定量连续输精器等进行输精。

（2）输精操作　一般采取二人输精，效率高。翻肛员右手抓住鸡的双脚，鸡脖向下，肛门向上，拉紧中间，然后用右手四指紧贴母鸡背部，拇指放在耻骨下，加一定压力，便输卵管翻开，此时输精员将排尽空气的输精管插入输卵管1~2cm深处，轻捏橡皮头，将精液注入输卵管，助手同时放松对母鸡腹部的压力，防止精液外流。

（3）输精部位、剂量、次数　采取输卵管阴道部浅部输精，输精深度2~3cm。输精剂量为0.025~0.03mL精液，有效精子数不少于1亿。输精次数1次/3~5d。输精时间安排在下午4:00~5:00进行。

（4）输精后的处理　每次输精完毕后要对所有的输精器材立即浸泡并进行认真冲刷，然后将玻璃器材放入水浴锅内煮沸消毒，最后将消毒过的玻璃器材放入烘干箱烘干备用。

二、种蛋孵化前的处理

（一）种蛋的选择

1. 种蛋选择的意义

通过种蛋选择，将合格种蛋进行孵化，可提高种蛋孵化率和健雏率，提高种蛋孵化质量。种蛋中的裂壳蛋、畸形蛋、薄壳蛋、气室不正的蛋、大血斑蛋不能用于孵化。

2. 种蛋选择的标准

（1）种蛋必须来自健康无病的种禽群　种禽未发生过传染病，且喂给全价饲料，则种蛋质量高。刚开产种禽的蛋不宜作种用，一般种蛋收集的时间从25~26周开始，受精率应在90%以上。

（2）种蛋品质应新鲜　种蛋保存时间不超过2周，以保存3~5d的种蛋孵化效果最好。新鲜种蛋蛋黄色泽鲜艳，内容物完整，蛋白浓厚，蛋黄隆起高，蛋黄膜完整，气室较小。

（3）种蛋形状、大小适宜　种蛋形状以卵圆形为宜，蛋形指数1.33～1.35，过圆、过长、软壳蛋等不宜作种用。种蛋蛋重应符合品种特征，其范围为标准蛋重的15%，一般鸡蛋质量50～65g，鸭蛋质量60～80g。种蛋清洁度良好，表面清洁，不含粪便、破蛋液或其他脏物。种鸡产蛋期采用产蛋箱可大大降低破蛋率、脏蛋率。产蛋箱内的垫料应保持清洁。

（4）其他要求蛋壳应致密均正，颜色符合品种特征，无裂纹、沙皮。

3. 种蛋选择方法与步骤

（1）收集种蛋进行第一次选择　在鸡舍内进行选择，将破损、污染、过小、双黄及畸形蛋等不合格种蛋剔除。

（2）蛋库保存进行第二次选择　在蛋库内进行，将漏选的不合格种蛋以及运输中破损的种蛋剔除。

（3）种蛋入孵进行第三次选择　在孵化车间进行，选择时除上述两次漏选的种蛋剔除外，主要剔除运输过程中的破损蛋。

（二）种蛋的消毒

1. 种蛋消毒的作用

种蛋产出后在蛋壳表面很容易感染各种微生物，尤其蛋壳污染有粪便时微生物更多。这些微生物在种蛋保存和孵化过程中由于温度、湿度等原因，各种微生物大量繁殖，对种蛋造成污染，影响种蛋的孵化率和雏禽质量。所以种蛋在保存前和入孵前必须进行严格消毒，杀灭蛋壳表面的病原微生物，有利于提高种蛋孵化质量。

2. 种蛋消毒次数

种蛋保存前、入孵前各消毒一次。

3. 种蛋消毒方法

（1）甲醛高锰酸钾熏蒸消毒法　种蛋孵化前先进行装蛋，即将蛋的钝端向上装入蛋盘，并放在蛋车上，送入孵化器或消毒间；准备消毒药，按每立方米空间福尔马林（甲醛38%～40%的甲醛溶液）30mL，高锰酸钾15g计算消毒所需的药品用量，并将消毒药品准备好；关严门窗和通气孔，先将高锰酸钾放入瓷容器中，置于消毒柜或孵化器中央，然后倒入福尔马林，关门进行熏蒸消毒；熏蒸消毒20～30min门窗和通风设备，将消毒气体排除。

熏蒸消毒注意事项：熏蒸环境必须密闭；保持适宜的温度与湿度，温度24～27℃，相对湿度70%～80%；消毒结束后一定排净甲醛气体；严禁消毒入孵24～96h的胚蛋；容器可用陶瓷或玻璃容器，容器应足够大，避免火源。

甲醛高锰酸钾熏蒸消毒法对种蛋消毒效果好，消毒效率高，可节约大量劳动力，在大型孵化场采用较普遍。

(2) 其他消毒法　新洁尔灭消毒法：新洁尔灭为无色或淡黄色液体，无刺激和腐蚀。0.1%浓度浸泡 1~3min 进行种蛋消毒，也可进行喷雾消毒。

高锰酸钾消毒法：0.5%高锰酸钾溶液浸泡种蛋 0.5~1min 进行消毒。

碘消毒：0.1%碘液浸泡 0.5~1min 进行种蛋消毒。0.1%碘液的配制：10g 碘 + 15g 碘化钾 + 1000mL 水溶液溶解后加水至 10000mL。

（三）种蛋的保存

受精种蛋在母禽输卵管内已进行胚胎发育，因此种蛋产出到入孵这段时间应注意种蛋的保存，防止应种蛋保存不当降低种蛋孵化率。

1. 贮蛋库要求

贮蛋库要求保温和隔热效果良好，防止阳光直射。贮蛋库应通风良好，防止穿堂风。贮蛋库应清洁卫生，没有蚊虫、老鼠等危害。如有条件，贮蛋库最好建成无窗、四周有隔热层、顶部安装抽气装置并备有空调，有利于保存条件的控制。

2. 种蛋保存温度应适宜

鸡胚发育的临界温度为 23.9℃，保存中温度超过 23.9℃ 胚胎会开始发育，在孵化时会因胚胎老化而死亡。

种蛋温度保存标准：保存 1 周内，15~17℃；保存 1~2 周，12~14℃；2 周以上，10.5℃。

3. 保存相对湿度应适宜

贮蛋库空气湿度影响蛋内水分蒸发。为了减少蛋内水分蒸发，种蛋保存相对湿度控制在 75%~80% 为宜。

4. 保存时间适宜

以保存 1 周内（4~7d）孵化效果最好。种蛋保存时间超过 2 周，则种蛋孵化率会明显下降。

5. 种蛋放置位置

种蛋贮藏 10d 内，以蛋的锐端向上放置为宜。种蛋保存超过 1 周，应注意翻蛋，防止胚胎与蛋壳粘连，以免胚胎早期死亡。

此外，种蛋保存环境应清洁、通风良好，防止阳光照射。种蛋保存期间不宜洗涤，以免破坏蛋壳表面的胶护膜而加速蛋的变质。

（四）种蛋的包装与运输

1. 包装

种蛋应采用规格化的专用种蛋包装箱进行包装，蛋箱要结实有一定承重力，蛋托最好是纸质的。包装好的种蛋在蛋箱外要注明种蛋、防震、易碎等标记，印上种禽场名称及许可证标号，开具检疫合格证。种蛋包装材料与工具见表2-2。

表2-2　种蛋包装材料与工具

项目	数量	备注
种蛋箱	若干	每300或360枚种蛋装一箱
纸蛋盘	若干	每箱放12或14个盘，每盘放30枚种蛋
胶带纸	若干	封箱用
剪刀	1把	剪断胶带纸
打包机	1台	紧固打包带
打包带	若干	紧固蛋箱
记号笔	1支	蛋箱上作出记号

2. 运输要求

运输过程中要求快速、平稳安全，防振动。运输过程中注意保温防潮并做好通风换气。

三、种蛋胚胎发育

（一）蛋的结构与形成

雌性家禽的生殖系统包括卵巢和输卵管，存在于腹腔左侧。雌禽右侧的卵巢和输卵管在出壳时已退化，仅留痕迹。母鸡的卵巢含有许多直径1~35mm的卵泡，其肉眼可见数为1000~3000个，高产鸡的更多。卵泡的生长和成熟是由垂体分泌的促卵泡素引起的。卵泡由卵黄和卵母细胞组成，在接近性成熟时，未成熟的卵子迅速生长，在9~10d达到成熟。卵黄物质以同心圆的层次沉积，每24h形成一层深色卵黄和一层淡色卵黄。

蛋的构造由内到外依次为胚珠或胚盘、卵黄、蛋白、内外蛋壳膜和蛋壳。产蛋母鸡的输卵管为长而盘旋的导管，占据腹腔左侧的大部，管壁密布血管，富有弹性，适应由卵黄到蛋的形成过程中的巨大变化。蛋的形成过程与输卵管结构有关：

①输卵管漏斗部：为伞状薄膜结构，靠近卵巢，呈游离状态，功能为接受卵巢的排卵。漏斗部有精子贮存其中，卵子在漏斗部与精子相遇即发生受精作用。卵子在漏斗部停留约20min。

②输卵管膨大部：密布管状腺、单细胞腺，可分泌浓蛋白、稀蛋白将卵黄包裹，形成卵黄系带和浓稀不同的蛋白层。卵子通过膨大部约需3h。

③输卵管峡部：卵子进入峡部后形成内、外层蛋壳膜，二膜互相粘连，仅在蛋的大端分开，形成气室，逐渐成为椭圆形的软蛋。该过程约70min。

④输卵管子宫部：蛋在其中停留约19h以形成蛋壳，其间并有水分和盐类加入到蛋白中。蛋壳的色素在产蛋前5h形成，临产时分泌一层胶护膜，使蛋润滑以利产出，并保护蛋免受微生物的侵袭。

⑤输卵管阴道部：其功能与蛋的排出有关。

一个蛋的形成时间需24～26h。产蛋后一般需经30min左右才再排卵。多数母鸡在上午产蛋，如最后一次产蛋是在下午3：00左右，次日一般停产。现代优良蛋用鸡每只每年的产蛋量为260～280枚。

（二）家禽的孵化期与影响因素

1. 家禽的孵化期

家禽孵化期是指家禽胚胎在孵化过程中发育的时期。各种家禽的孵化期：鸡21d、鸭28d、鹅30～31d、番鸭33～35d、火鸡28d、鹌鹑17～18d、鸽18d。正常情况下，孵化期可上下浮动12h。孵化期缩短或延长，对孵化均不利。

2. 影响孵化期的因素

（1）种蛋保存时间 种蛋保存时间长，则孵化期延长；且出雏时间不一致。

（2）孵化温度的影响 孵化温度高，孵化器缩短；孵化温度低，孵化期延长。

（3）家禽经济类型 蛋用型家禽的孵化期稍短，兼用型和肉用型稍长。

（4）蛋质量 大蛋孵化期比小蛋孵化期稍长。

（5）近亲繁殖 近亲繁殖所产的种蛋孵化期延长，出雏不一致。

（三）蛋形成过程中的胚胎发育——体内发育

成熟的卵子从卵巢上排卵后即进入输卵管伞完成受精。由于母禽输卵管内温度适合受精卵发育，因此受精卵在母禽输卵管内开始发育。胚胎在蛋形成过程中不断分裂，形成一个多细胞的胚盘，胚盘为红色的圆盘状，分为明区和暗区二部分。明区是胚盘中央较透明的部分，由内外两个胚层组成；暗区胚盘周围较厚的不通明区。

种蛋产出后，因外界温度下降，低于胚胎发育的临界温度，胚胎发育停止。

未受精蛋在蛋形成过程中没有胚胎发育，蛋产出后在蛋黄表面形成一白色小点，称作胚珠。

(四) 胚胎在孵化过程中的发育——体外发育

种蛋入孵后,胚胎继续发育,在内、外两个胚层之间很快形成中胚层。这三个胚层最终发育形成家禽的各种组织器官,其中外胚层发育形成家禽的羽毛、皮肤、喙、趾、神经系统,中胚层发育形成肌肉、骨骼、生殖器官、血液循环系统、消化系统和结缔组织,内胚层发育形成家禽的呼吸系统上皮、消化器官、内分泌器官和其他内脏。

胚胎体外发育大体分以下四个阶段,以鸡为例:入孵 1~4d 为内部器官发育阶段;入孵 5~14d 为外部器官形成阶段;入孵 15~19d 为胚胎生长阶段;入孵 19~21d 为出雏阶段。

胚胎发育不同日龄的主要形态特征见表 2-3。

表 2-3 家禽胚胎发育不同日龄的主要形态特征

胚龄/d			胚胎发育的主要形态特征	照蛋特征（俗称）
鸡	鸭	鹅		
1	1~1.5	1~2	入孵第一天,"血岛"胚盘边	鱼眼珠
2	2.5~3	3~3.5	二出卵、羊、绒,心脏开始动	樱桃珠
3	4	4.5~5	三天尿囊现,胚、血蚊子见	蚊虫珠
4	5	5.5~6	四天头、尾出,像只小蜘蛛	小蜘蛛
5	6~6.5	7~7.5	五天公母辨,明显黑眼点	单珠
6	7~7.5	8~8.5	六天喙基出,头躯像双珠	双珠
7	8~8.5	9~9.5	七天生卵齿,胚沉羊水里	沉
8	9~9.5	10~10.5	八显肋、肝、肺,羊水胚浮游	浮
9	10.5~11.5	11.5~12.5	九天软骨硬,尿囊已串筋	发边
10~10.5	13~14	15~16	十天龙骨突,尿囊已合拢	合拢
11	15	17	十一背毛齐,血管相又深	
12	16	18	十二身毛齐,胃肠作用起(蛋白吸收)	
13	17~17.5	19~19.5	十三筋骨全,蛋白进羊腔	
14	18~18.5	20~21	十四全毛现,胚胎位置变	
15	19~19.5	22~22.5	十五翅形成,胫趾生硬磷	
16	20	23	十六显冠髻,蛋白快用完	
17	20.5~21	23.5~24	十七蛋白空,小头门已封	封门
18	22~23	25~26	十八气室斜,头弯右翅下	斜口
19	24.5~25	27.5~28	十九闪毛起,雏叫肺呼吸	闪毛

续表

胚龄/d			胚胎发育的主要形态特征	照蛋特征（俗称）
鸡	鸭	鹅		
20	25.5~27	28.5~30	二十破壳多,蛋黄腹腔缩	起嘴
21	27.5~28	30.5~31	二十一雏满箱,雌雄要分辨	出壳
22	29	32	二十二已过半,扫盘照毛蛋	孵化结束

注：本表以鸡胚胎发育为例，鸭、鹅对照鸡的胚胎发育时间上有变化。

（五）胎膜的形成与功能

1. 卵黄囊膜

孵化第 2 天出现，第 9 天包围整个卵黄表面。作用：胚胎的营养器官；早期胚胎的呼吸和造血器官。雏鸡出壳后腹腔内约有 6.05g 卵黄，出壳后 7~9d 全部吸收。

2. 羊膜和浆膜

羊膜在入孵第 2 天出现，第 4~5 天形成羊膜腔包围胚胎其作用是充满羊水、起平衡压力、保护胚胎免受震动、防止胚胎粘连的作用。浆膜又称绒毛膜，透明而无血管，后期与尿囊结合形成尿囊浆膜其作用是包围胚胎、胚外膜、蛋内容物。

3. 尿囊膜

孵化第 2 天出现，第 10 天包围整个胚胎内容物并在蛋的锐端合拢。血管丰富，构成尿囊血液循环。尿囊膜作用：是胚胎的呼吸器官和营养吸收器官，吸收蛋白质和蛋壳上的矿物质；接受胚胎肾脏的排泄物。

四、种蛋孵化条件及其控制

家禽胚胎发育主要依靠蛋内的营养物质和适宜的外部条件。种蛋孵化就是为胚胎提供良好的外界条件，促进种蛋胚胎的正常发育。孵化过程中应根据胚胎发育规律，严格控制孵化条件。种蛋胚胎发育需要的孵化条件包括温度、湿度、通风换气、翻蛋、凉蛋等。

（一）孵化温度

1. 孵化温度对胚胎发育的影响

在所有孵化条件中，温度是影响种蛋孵化质量的最重要因素。胚胎在 37~39.5℃ 的温度范围内可正常发育。

孵化温度过高、过低都会影响胚胎发育，甚至引起胚胎死亡。温度过高，虽然胚胎发育加快,但弱胚增多,死亡率增高,雏禽软弱;温度升高到42℃持续2~3h,胚胎全部死亡。温度过低,则胚胎发育缓慢,出雏推迟,死亡率增加;温度降低,低于24℃持续30h,则胚胎全部死亡。

2. 孵化期胚胎产热与蛋温、孵化温度的关系

孵化过程中,随着胚胎发育的进行,胚胎自身也要产热。由于不同孵化阶段的种蛋产热量不同,因此对种蛋孵化温度的要求会产生影响。孵化初期,胚胎物质代谢水平低,胚胎产热少,需要较高的孵化温度;孵化中期,胚胎物质代谢水平提高,胚胎产热增多,孵化温度可在前期基础上适当降低;孵化后期,胚胎物质代谢水平最高,胚胎大量产热,造成蛋内温度升高,需要较低的孵化温度。

水禽种蛋由于后期产热量大,散热比较困难,在孵化中后期还需凉蛋,为胚胎散热创造条件。

3. 供温标准与孵化方式

(1) 变温孵化与整批入孵　整批入孵、整批出雏就是孵化器中一次性将种蛋装满,在孵化过程中不在上蛋,胚蛋集中在同一时间出雏。温度控制采取变温孵化,其孵化温度控制标准见表2-4。

表2-4　种蛋变温孵化温度控制标准　　　　　　　　　　单位:℃

室温	禽种	前期		中期	后期
	鸡	1~5d	6~12d	13~19d	20~21d
	鸭	1~7d	8~16d	17~25d	26~28d
	鹅	1~8d	9~18d	19~28d	29~31d
15~20		38.6	38.3	38.1	37.2
20~25		38.3	38.1	37.8	37.2
25~30		38.1	37.8	37.5	37.2

(2) 分批入孵、分批出雏　分批入孵、分批出雏就是孵化器每隔5d左右上一批种蛋,且新蛋与老蛋交替放置,以便相互调节温度。孵化期结束后,将等待出雏的胚蛋放入出雏器中出雏。这种孵化方式的孵化器中有不同发育阶段的种蛋,一般将孵化分为孵化期和出雏期两个阶段,孵化期采取恒温孵化。当孵化室温度为22~26℃时,其孵化温度控制标准是:孵化期1~19d,孵化温度37.8℃;出雏期20~21d,出雏温度37.3℃。若孵化过程中室温较低,则孵化温度应提高0.5~0.7℃;若孵化温度偏高,则孵化温度适当降低0.2~0.6℃。

4. 孵化温度的调节

（1）根据孵化成绩和孵化季节进行调节　孵化过程中应做好孵化温度的记载，根据孵化效果的好坏对孵化温度进行调节。不同季节由于气温高低的差异，孵化温度也应进行适当调整。

（2）根据种蛋大小调节　蛋小，孵化温度可适当降低；蛋大，孵化温度可适当提高，但出雏期出雏温度要稍降低，以利于胚胎散热。一般白壳种蛋孵化温度稍低于褐壳种蛋、肉用种鸡所产的种蛋。

（3）根据胚胎发育情况调节　孵化过程中根据种蛋胚胎发育情况调节孵化温度，若胚胎发育缓慢，则适当提高孵化温度；若胚胎发育过快，则适当降低孵化温度，这就是种蛋孵化过程中的"看胎施温"。具体方法是在胚胎发育的不同阶段，通过照蛋判断胚胎发育情况然后调整孵化温度，温度调整范围为 0.2~0.5℃。

（4）根据出雏状况调节孵化温度　正常情况下的出雏期：鸡 20~21d，鸭 26~28d，鹅 28~31d。若提前出雏，则表明孵化过程中温度偏高；若推迟出雏，则表明孵化过程中温度偏低。

（二）孵化湿度

1. 孵化湿度对胚胎发育的影响

（1）孵化湿度影响蛋内水分蒸发和胚胎的物质代谢　湿度过低，则蛋内水分蒸发过快；湿度过高，则阻碍蛋内水分正常蒸发。二者均会影响胚胎气体交换与物质代谢。

（2）孵化湿度影响种蛋升温与散热　空气中湿度高低表明空气中水蒸气含量不同，而空气中的水有导热作用，湿度高导热性强，湿度低导热性弱。孵化初期适当提高孵化湿度可使胚胎受热均匀，有利于种蛋升温，而孵化末期提高孵化湿度可使胚胎散热加强，因而有利于胚胎发育与出雏。

（3）孵化湿度影响胚胎破壳　孵化前，种蛋中的钙主要以碳酸钙的形式存在，因而蛋壳硬度较大。孵化过程中，在较高湿度和二氧化碳浓度的条件下，蛋壳碳酸钙可部分转化为碳酸氢钙，使蛋壳脆性增强，从而有利于出雏。因此，孵化后期特别是出雏期应适当提高孵化湿度。

2. 孵化湿度控制标准

（1）整批入孵、整批出雏　可采取"两头高，中间低"的湿度控制方法，即 1~7 日龄相对湿度控制在 50%~65%，8~18 日龄 50%~52%，19~21 日龄70%~75%。

（2）分批入孵、分批出雏　孵化期（1~18 日龄）相对湿度控制在 60%~65%，出雏期（19~21 日龄）70%~75%。

（三）通风换气

1. 通风换气的作用

孵化过程中通风换气的作用主要是排除胚胎发育过程中产生的二氧化碳，供给胚胎发育所需氧气，有利于胚胎发育。但应注意通风换气对孵化器内温度、湿度的影响。孵化室温度较低时，通风换气量大，会造成孵化器内温度、湿度降低，影响胚胎发育。夏季高温季节，通风换气量小，孵化器内温度升高，种蛋散热困难，不利于出雏。

2. 孵化过程中通风换气要求

由于在孵化条件中，温度是影响胚胎发育的最关键因素。因此，在保证正常孵化温度和孵化湿度的前提下，尽量保持孵化过程中良好的通风换气。

（四）翻蛋

1. 翻蛋的作用

所谓翻蛋，是指在孵化过程中改变种蛋的孵化位置和角度。翻蛋的作用主要是防止胚胎与蛋壳发生粘连而导致胚胎死亡，保证胚胎各部位受热均匀，有助于胚胎运动改善胚胎血液循环，保证胎位正常。

2. 翻蛋要求

孵化过程中要经常翻蛋，尤其是第1周，一般每1~2h翻蛋一次，12~24次/d。翻蛋角度适宜，鸡蛋翻蛋角度必须达到90°，鸭蛋、鹅蛋110°。翻蛋应"轻、慢、稳"，防止翻蛋造成蛋壳破裂。鸡蛋入孵18d后停止翻蛋。不同翻蛋处理和翻蛋角度对孵化效果的影响见表2-5和表2-6。

表2-5 不同翻蛋处理的孵化结果

翻蛋处理方式	孵化率/%
整个孵化期都不翻蛋	29
前14d翻蛋，14d后不翻蛋	90
1~18d翻蛋	96

表2-6 翻蛋角度对孵化率的影响

翻蛋角度	40°	60°	90°
受精蛋孵化率/%	69.3	78.9	84.6

（五）晾蛋

1. 晾蛋的作用

晾蛋是水禽蛋孵化的必要条件。原因：水禽蛋质量大，单位蛋质量的蛋壳表面积小；水禽蛋脂肪含量高，中后期产热多；蛋壳和蛋壳膜较厚，胚胎后期散热困难。因此在水禽蛋孵化的中后期产热多，孵化后期孵化器温度应低于鸡蛋0.56℃，并且必须晾蛋以促进胚胎散热。

此外，水禽蛋孵化前期种蛋升温困难，不易达到孵化所需的温度。因此，孵化初期水禽蛋孵化温度应稍高于鸡蛋孵化温度0.28℃。

2. 晾蛋方法

孵化第15天开始，将蛋盘移出孵化器外，使蛋温降至30℃左右再恢复孵化。一般每天上午、下午各晾蛋一次，每次20~40min。晾蛋时要注意，如果胚胎发育缓慢，则暂停晾蛋。

五、孵化器构造与种蛋孵化

（一）孵化器构造与使用

现代孵化器包括孵化器、出雏器两部分，孵化器是种蛋孵化前期、中期发育的场所，出雏器是雏禽后期破壳的场所。一般情况下，三台孵化器与一台出雏器组合使用。也有的小型孵化器，孵化、出雏在同一台机器内完成。

孵化器可分为平面孵化器和立体孵化器两大类。立体孵化器中的巷道式孵化器孵化数量大，孵化效率高，是大型孵化场的常用孵化设备。

1. 普通孵化器的主要构造与部件

（1）主体结构　包括孵化器箱体、种蛋盘、出雏盘、活动转蛋架、出雏车等。

（2）控温控湿系统与降温冷却系统

①控温系统与控湿系统：控温系统主要由电热管和温度感应调节器组成；控湿系统有超声雾化供湿装置、叶片轮式自动供湿装置等，也可在孵化器底部放置水盘来调节孵化湿度。

②降温冷却系统：当孵化器机内温度超过高温报警所设定的温度时，孵化器自动切断电热电源，停止供热，同时通过供给冷水或加大排风量来加速降温。

③报警系统：当机内温度超过设定温度一定范围时，自动报警。

（3）机械传动系统　主要有翻蛋系统、通风换气系统构成。翻蛋系统控制翻蛋并显示翻蛋次数。通风换气系统由孵化器进气孔、出气孔、电机和风扇组成，电机带动风扇转动进行通风换气，同时使机内温度湿度均匀；通过关闭或打开通气孔与进气孔，可控制孵化器内通风换气量。

（4）安全保护装置　除上述报警系统外，某些大型孵化器（如巷道式孵化器）还设有打开孵化器门时电机风扇停止转动，关闭孵化器门时电机风扇自动转动等装置，有利于孵化安全。

（5）机内照明装置　孵化器内安装照明灯，可方便孵化操作。

出雏器与孵化器的构造相似，另外配有出雏车、出雏盘等。

2. 孵化器的使用

孵化器使用前，要认真阅读孵化器使用说明书，严格按照有关要求进行安装和操作。正式孵化前要对孵化器预先调试24h，调试过程中主要观察孵化器控温是否正常、控湿是否正常、通风换气是否正常、翻蛋系统工作是否正常（并注意翻蛋次数的显示），特别注意孵化器显示面板所显示的温湿度与机内实际温湿度（可用温湿度计实测后进行对照）是否一致。经调试合格的孵化器方能进行正式孵化。

（二）种蛋孵化前的准备

1. 孵化室的准备

孵化室内必须保持适宜的温度和良好的通风。一般要求孵化室温度22~24℃为宜。孵化前要求对孵化室进行清扫、冲洗、消毒。消毒可采用甲醛高锰酸钾熏蒸消毒，保证孵化卫生。

2. 孵化设备的检修

具体参照孵化器的使用要求进行。

3. 种蛋预热与消毒

种蛋预热。在入孵过程中要注意蛋库与孵化室温度差的影响，一般蛋库温度会在12~17℃，而孵化室的温度一般在25℃左右，因此二者之间会有10℃左右的温度差，由于孵化室的通风不是很好，这样的温度差可能会导致鸡蛋表面出现冷凝水，影响种蛋升温。因此，种蛋孵化前应将种蛋由贮存室移至孵化室内（22~25℃）预热6~12h，可以除去蛋表面的冷凝水，使孵化器升温快，有利于孵化率提高。

种蛋消毒。种蛋装盘后在单独的消毒间内，按每立方米容积置甲醛30mL，高锰酸钾15g的比例熏蒸20~30min。熏蒸时关严门窗，室内温度保持25~27℃，相对湿度75%~80%，熏蒸结束后排出消毒气体。

(三) 孵化期的管理

1. 种蛋入孵

将种蛋码盘后放入孵化器内的过程,称入孵。入孵前先将种蛋放在孵化盘上进行码盘。大型孵化场多采用整批孵化、整批出雏的方法,多采用推车式孵化器孵化。

种蛋预热后按计划于下午 4:00~5:00 上架孵化,可保证多数种蛋出雏时集中在白天出雏;如果孵化室内气温较低,则上蛋后应打开孵化器的辅助加热开关,使加速升温,以免影响早孵胚的发育,待机内温度接近孵化要求温度时即关闭辅助电热器。

2. 孵化器的管理

(1) 观察控温、控湿情况　孵化期间应经常检查孵化器和孵化室的温、湿度情况,观察机器对温湿度的灵敏程度,遇有超温或降温时,应及时查明原因检修和调节。机内水盘每天加温水一次。干湿球温湿度计的纱布应每出雏一次更换一次。

如遇孵化过程中停电,大型孵化厂应自备发电机进行发电。小型孵化场若无条件,则在停电时,可采用火炉将孵化室温度升温到37℃左右,打开全部机门,每隔1h翻蛋一次,同时在地面上喷撒热水以调节湿度;若停电不超过4h,则不必生火加温。

(2) 观察通风换气与翻蛋情况　定期检查孵化器进气孔、出气孔开闭情况,根据种蛋孵化胚龄调节通风换气量。注意翻蛋时间和翻蛋角度,观察孵化器上显示的翻蛋次数。停电时要手动翻蛋。

(3) 熟悉孵化规程与记录表格　在孵化前和孵化过程中要仔细阅览孵化室内的孵化操作规程、孵化日程表、工作时间表,每天做好孵化室、孵化器的温度、湿度、通风等观察,并进行温湿度登记表的登记。

3. 晾蛋

鸡蛋孵化不晾蛋,鸭蛋、鹅蛋孵化需18d后晾蛋。每天晾蛋2~3次,每次晾蛋20~30min。

4. 照蛋

(1) 照蛋的目的　通过灯光对种蛋进行透视,观察胚胎发育情况,以便及时调整孵化温度。通常采用照蛋器进行照蛋。

(2) 照蛋的时间　一般孵化场对每批种蛋照蛋2次。但在大型孵化场,为了减轻劳动强度和避免照蛋对胚胎产生应激反应,通常只在移盘前照蛋一次。种蛋照蛋的时间见表2-7。

表 2-7 照蛋的时间与胚胎特征

照蛋	孵化时间/d		
	鸡	鸭	鹅
头照	5~6	6~7	7~8
抽照	10~11	13~14	15~16
二照	19	25~26	28

（3）不同阶段的照蛋特征

①头照：发育正常胚蛋，照蛋时血管网鲜明，呈放射状分布，扩散面占蛋体的 4/5，可见喙原基，眼有黑色素沉着，照蛋时有明显的黑眼点，称单珠或起珠。发育缓慢的胚蛋，照蛋时胚体较小，血管网淡而纤细，扩散面不足蛋体的 4/5，黑眼点不明显。未受精的蛋照蛋时蛋体透明，有时能看到淡淡的蛋黄阴影，气室边界模糊，看不见血管和胚胎。死胚蛋可看见不规则的血点、血线或紧贴与蛋壳表面的血环（血环蛋）。

②抽照：发育正常胚蛋，尿囊血管两端在蛋的小头合拢，称封门。照检时若 70% 种蛋合拢，少数种蛋发育较快或较慢，说明胚胎发育正常。

③二照：发育正常胚蛋，照蛋时气室大而弯曲，气室边界不整齐，除气室外，胚胎已占据蛋的全部容积，照蛋时看到的胚蛋全是黑色，气室内有颈、喙的阴影，称闪毛。发育缓慢的胚蛋照蛋时可见气室边界平整，无闪毛。死胚蛋气室边界暗淡不清，有时上清下黄，摸之蛋身发凉。

5. 移盘

在孵化至 19d 或有 1% 的种蛋轻微啄壳时将胚蛋转入出雏盘等待出雏，称移盘。移盘后停止翻蛋，并将出雏温度调整到 37.2℃，相对湿度调高到 75%。

（四）出雏期管理技术

鸡蛋孵化至 20d 左右开始出雏。出雏期应保持孵化室、孵化器内较高的湿度，必要时可在地面洒水。出雏期应关闭照明灯，以免雏鸡骚动影响出雏。每隔 4~6h 拣雏一次，将绒毛已干的雏鸡和空蛋壳拣出。对不能自然出雏的，可人工助产，但不可撕破尿囊膜，防止尿囊血管出血。出雏完结后，将水盘、出雏盘取出，清理孵化器底部，并清洗、消毒、晾干，以备下次使用。初生雏鸡立即进行分级、雌雄鉴别、注射马立克病疫苗，并将雏鸡置于 22~25℃ 暗室中，准备接运。

（五）机具的清洗与消毒

出雏结束后，将出雏室、出雏机、出雏盘进行彻底清洗。清洗后消毒出雏机、出雏盘等各种用具，可采取甲醛高锰酸钾熏蒸消毒。

（六）衡量孵化效果的指标

1. 种蛋受精率

一般在90%以上，高水平可达98%以上。

$$种蛋受精率 = \frac{受精蛋数}{入孵蛋数} \times 100\%$$

2. 早期死胚率

正常水平应低于2.5%。

$$早期死胚率 = \frac{5日龄照检时死胚数}{受精蛋数} \times 100\%$$

3. 入孵蛋孵化率

一般应达80%以上，高者可达87%。

$$入孵蛋孵化率 = \frac{出雏总数}{入孵蛋数} \times 100\%$$

4. 受精蛋孵化率

一般应达90%以上，高者可达93%。

$$受精蛋孵化率 = \frac{出雏总数}{受精蛋数} \times 100\%$$

5. 健雏率

健雏指能够被用户认可接受的雏禽。健雏率应达到97%以上。

$$健雏率 = \frac{健雏数}{出雏总数} \times 100\%$$

6. 毛蛋率

毛蛋是指出雏时死亡的胚蛋。正常情况下，毛蛋率在5%~7%范围内。

$$毛蛋率 = \frac{出雏死胚蛋数}{入孵总蛋数} \times 100\%$$

六、初生雏的处理

雏禽出壳后，要及时进行处理。初生雏的处理包括初生雏的分级、初生雏的雌雄鉴定、初生雏免疫接种等。

（一）初生雏的分级

1. 初生雏分级的作用

初生雏分级的作用主要有二：对孵化效果进行评价，一般要求初生雏健雏率应达到97%以上；将健雏、弱雏分群饲养，单独培育，减少疾病发生，提高雏禽成活率。

2. 初生雏分级的依据和表现

（1）初生雏分级的依据　根据雏禽活力、卵黄吸收情况、体重大小、脐带部的愈合程度以及喙、趾的色泽等进行分级。

（2）健雏与弱雏的表现

①健雏的表现：健雏羽毛发育良好、无污浊；体重适宜，活泼好动，两脚站立稳健；蛋黄吸收良好，腹部大小适中；脐部愈合良好、干燥且被腹毛覆盖，无残痕；喙、胫、趾湿润、鲜艳、有光泽。

②弱雏（残雏）的表现：弱雏绒毛污乱，独居一隅，无活力，两眼常闭，头下垂，脚站立不稳甚至拖地，有的翅下垂，雏显得疲惫不堪；腹部干瘪或腹大拖地；脐部有残痕或污浊潮湿，有异臭味；如果出现脱水，则喙、胫、趾干瘪、无光泽；有时可见交叉喙、瞎眼、残疾的雏鸡。

（二）初生雏的雌雄鉴别

1. 初生雏雌雄鉴别的意义

雏禽出壳后，要及时进行雌雄鉴定，尤其是对雏鸡进行雌雄鉴定具有重要的经济价值。雏鸡雌雄鉴定的经济价值表现在：

（1）减少饲料消耗，尤其是蛋鸡，由于公鸡不产蛋，商品蛋鸡生产中公鸡没有饲养价值。而公母鸡出壳时外貌没有明显差异，等公鸡、母鸡在外貌上出现明显差异后再进行鉴别，则公鸡已消耗大量饲料，增大蛋鸡培育成本。

（2）提高母禽的成活率和均匀度　公母混群饲养，由于相互干扰，会降低母雏培育质量；而公母分群饲养，则可根据公母生长特点和对营养要求的不同进行合理饲养，这在肉鸡生产中也有重要的养殖价值。

（3）节省养殖成本，降低饲养密度，减少各种管理费用。

2. 雏鸡的雌雄鉴定

雏鸡雌雄鉴定的方法主要有伴性性状鉴别法、翻肛鉴别法。

（1）伴性性状鉴别法　该法是利用伴性遗传原理培育自别雌雄品系，通过不同品系间进行杂交，根据初生雏羽毛生长快慢、羽色差异对雏鸡进行雌雄鉴别。

①快慢羽鉴别：快羽与慢羽的区别主要由初生雏翅膀上的主翼羽和覆主翼羽的长短来判断。慢羽和快羽是一对伴性性状，可以用作自别雌雄使用。

快羽：初生雏的主翼羽长过覆主翼羽 2mm 以上，其绒羽更换为幼羽生长速度很快。

慢羽：初生雏如只有覆主翼羽而无主翼羽、或覆主翼羽较主翼羽长、或两者等长、或主翼羽较覆主翼羽微长在 2mm 以内，这种初生雏由绒羽更换为幼羽时生长速度慢。

控制羽毛生长速度（快羽与慢羽）的基因存在于性染色体上，其中慢羽由显性基因 K 控制，快羽由隐性基因 k 控制，K、k 均位于 Z 染色体上，W 上不携带，慢羽基因、快羽基因分别表示为：Z^K、Z^k。

P　　　　　　　慢羽母鸡 $Z^K W$ × 快羽公鸡 $Z^k Z^k$

性细胞　　　　　　Z^K　　W　↓　Z^k

F1 代　　$Z^K Z^k$（公鸡，慢羽）　　$Z^k W$（母鸡，快羽）

②羽色自别：利用初生雏鸡绒羽颜色的不同，直接鉴定雌雄。银白色绒羽由显性基因 S 控制，位于 Z 染色体上，表示为：Z^S。金黄色绒羽由隐性基因 s 控制，位于 Z 染色体上，表示为：Z^s。在鸡标准品种中，如浅花苏赛斯鸡、白色温多德鸡等品种中含银白色绒羽基因而洛岛红鸡、新汉夏鸡等则含金黄色绒羽。

P　　　　　　　银白色绒羽母鸡 $Z^S W$ × 金黄色绒羽公鸡 $Z^s Z^s$

性细胞　　　　　　Z^S　　W　↓　Z^s

F1 代　　$Z^S Z^s$（公鸡，银白色）　　$Z^s W$（母鸡，金黄色）

此外，鸡的芦花与非芦花也是一对羽色伴性性状，芦花性状表现为黑白相间的芦花条纹性状，芦花基因 B 对非芦花基因 b（白色来航鸡、白色科尼什鸡除外）为显性基因，非芦花基因 b 为隐性基因，B、b 均位于 Z 染色体上，表示为：Z^B、Z^b，W 染色体上不携带。

P　　　　　　　芦花母鸡 $Z^B W$　　×　　非芦花公鸡 $Z^b Z^b$

性细胞　　　　　　Z^B　　W　↓　Z^b

F1　　$Z^B Z^b$（公鸡，芦花）　　$Z^b W$（母鸡，非芦花）

（2）翻肛鉴别法　雏鸡翻肛鉴别的时间在雏鸡出壳后 24h（最好 2~4h）内借助 60W 乳白色灯泡作为光源进行鉴别。

翻肛鉴定方法：

①抓雏握鸡：右手心贴着雏背，食指和中指夹住雏鸡的头，其他三指握住鸡身将鸡身拿起，并迅速移到左手，由左手的中指与无名指夹住雏颈，肛门向上，无名指与小拇指弯曲，将两脚夹在掌面。

②排粪翻肛：左拇指、食指和中指分别轻压雏鸡腹部左右两侧髋骨下缘，借助雏鸡呼吸将粪挤入排粪缸中，但应注意不要挤破腹腔内的卵黄囊，然后将雏鸡肛门翻开。

③鉴别雏鸡：以检查生殖突起的有无、生殖突起的组织形态差异作为依据。翻肛时无生殖突起，则全部为母雏。翻肛时有生殖突起，公雏生殖突起充实，轮廓鲜明，周围组织陪衬有力，生殖突起血管发达，表面紧张有光泽，富有弹性，轻压不易变形；母雏与公雏相反。

初生雏鸡生殖突起的形态特征见表 2-8。

表 2-8　初生雏鸡生殖突起的形态特征

性别	类型	生殖突起	八字皱褶
母雏	正常型	无	退化
	小突起	突起较小，不充血，突起下有凹陷，隐约可见	不发达
	大突起	突起稍大，不充血，突起下有凹陷	不发达
公雏	正常型	大而圆，性状饱满，充血，轮廓明显	很发达
	小突起	小而圆	比较发达
	分离型	突起分为二部分	比较发达
	肥厚型	比正常型大	发达
	扁平型	大而圆，突起变扁	发达，不规则
	纵型	尖而小，着生部位较深，突起直立	不发达

3. 初生鸭、鹅的雌雄鉴定

初生鸭、鹅公雏有外部生殖器，呈螺旋型，翻转泄殖腔即可进行雌雄鉴定。鸭还可采取触摸法，不需翻肛，即从鸭泄殖腔上方开始，轻轻夹住直肠往泄殖腔方向触摸，如摸到有突起的是阴茎，可判断为公雏。

（三）初生雏免疫接种

初生雏鸡出壳第 1 天应接种马立克病疫苗，其目的是预防鸡马立克病。

鸡马立克病的病原为鸡马立克病毒，1 日龄雏鸡出壳后即可感染，一般发病于 2~5 月龄（1~18 月龄）。鸡马立克病症状可分为以下 4 种类型：

1. 内脏型

肝、肾、脾明显肿大，散布乳白色肿瘤结节，呈油脂状。有时肌肉肿瘤，心肺肿瘤，小肠出现肿瘤性白斑。

2. 神经型

一侧坐骨神经、腰荐神经显著肿大，比正常一侧粗 2~3 倍，外观呈灰白色或黄白色。病鸡发病后表现为一腿伸向前方，另一腿伸向后方，呈"劈叉"的特征性肢势。病鸡翅神经受损则翅膀下垂。

3. 皮肤型

少见，病鸡出现羽毛囊肿胀，毛囊周围形成大小不一的肿瘤结节。

4. 眼型

很少见。瞳孔边缘不整齐呈环状或斑状褪色，虹膜由正常的橘红色变为灰白色。

对鸡马立克病的预防：加强环境卫生与消毒，尤其是孵化室、育雏室环境消毒；采取"全进全出"制度，雏鸡与成年鸡隔离饲养；鸡马立克病无有效治疗方法，常采取疫苗接种，即1日龄雏鸡颈部皮下接种鸡马立克病疫苗0.2mL/只。

实操训练

实训一 鸡的人工授精

（一）实训目标

通过实训，使学生能独立进行种公鸡的采精和种母鸡的授精操作。

（二）材料与用具

种公鸡、种母鸡、保温杯、小试管、胶塞、采精杯、刻度试管、水温计、试管架、玻璃吸管、注射器、药棉、纱布、毛巾、胶用手套、生理盐水、显微镜等。

（三）操作步骤

1. 采精前的准备

（1）器具的准备　所用器具应肥皂水浸泡刷洗、自来水冲洗、1%~2%生理盐水浸泡、清水冲洗后烘干备用。

（2）种公鸡采精适应性训练　一般在正式采精前一周应对公鸡肛门周围的羽毛进行修剪，并对公鸡进行适应性按摩。

2. 采精与精液品质的评定

（1）采精　多采用按摩法采精，具体操作因场地设备而异。生产实际中多采用双人立式背腹部按摩采精法，笼养种鸡的采精操作如下：

保定：一人从种公鸡笼中用一只手抓住公鸡的双脚，另一只手轻压在公鸡的颈背部。

固定采精杯：采精者用右手食指与中指或无名指夹住采精杯，采精杯口朝向手背。

按摩：夹持好采精杯后，采精者用其左手从公鸡的背鞍部向尾羽方向抚摩数次，刺激公鸡尾羽翘起。与此同时，持采精杯的右手大拇指和其余四指分开从公鸡的腹部向肛门方向紧贴鸡体作同步按摩。当公鸡尾部向上翘起，肛门也向外翻时，左手迅速转向尾下方，用拇指和食指跨捏在耻骨间肛门两侧挤压，此时右手也同步向公鸡腹部柔软部位快捷的按压,使公鸡的肛门更明显的向外翻出。

集精:当公鸡的肛门明显外翻,并有射精动作和乳白色精液排出时,右手离开鸡体,将夹持的采精杯口朝上贴住向外翻的肛门,接收外流的精液。公鸡排精时,左手一定要捏紧肛门两则,不得放松,否则精液排出不完全,影响采精量。

人工采精实际上是人为地刺激公鸡的性兴奋,以达到采精的目的,因而在手法上一定要力度适中,按摩频度由慢到快。要给公鸡带来近乎自然的快感。在采精时间上要相对固定,以给公鸡建立良好的条件反射,采精的次数因鸡龄不同而异,一般青年公鸡开始采精的第 1 个月,可隔日采精一次,随鸡龄增大,也可 1 周内连续采精 5d,休息 2d。

(2) 精液品质评定 根据精液的颜色、射精量精子密度、精子活力、精液的 pH 等进行评定。

3. 精液的保存与稀释

鸡精液的稀释是用专门配制的稀释液稀释。对实际生产来讲,用新鲜的精液输精更为方便实用。值得注意的是,即使采用新鲜精液输精,鸡精液采出公鸡体外后,若环境温度太低也会影响其受精率。所以,当环境温度低于 20℃ 时,最好采用保温集精杯集精。保温杯中灌注 32℃ 的温水,实际操作时若无专用的保温集精杯,也可用其他方法对集精杯保温,比如用玻璃试管集精,然后置于盛有温水的器皿中即可。

4. 输精

(1) 输精时间 为保证种蛋的高受精率,一般每间隔 4~5d 输精 1 次,肉鸡因其排卵间隔时间较蛋鸡长,和生殖器官周围组织脂肪较多而肥厚,输精的间隔时间应短一些,一般 3d 输精 1 次。每次输精应在大部分鸡产完蛋后进行,一般在下午 3:00~6:00 进行。为平衡使用人力,一个鸡群常采用分期分批输精,即按一定的周期每天给一部分母鸡输精。

(2) 输精量 输精量多少主要取决于精液中精子的浓度和活力,一般要求输入 8000 万至 1 亿个精子,约相当于 0.025mL 精液中的精子数量。

(3) 输精部位与深度 在生产实际中多采用母鸡阴道子宫部的浅部输精,翻开母鸡肛门看到阴道口与排粪口时为度,然后将输精管插入阴道口 1.5~2cm 即可输精。

(4) 输精的具体操作及注意事项 生产实际中常采用两人配合。一人左手从笼中抓着母鸡双腿,拖至笼门口,右手拇指与其余手指跨在泄殖腔柔软部分上,用巧力压向腹部,同时握两腿的左手,一面向后微拉,一面用手指和食指在胸骨处向上稍加压力,泄殖腔立即翻出阴道口,将吸有精液的输精管插入,随即用握着输精管手的拇指与食指轻压输精管上的胶塞,将精液压入。注意母鸡的阴道口在泄殖腔左上方。目前绝大多数的生产场都采用新鲜采集不经稀释的精液输精。具体操作时宜将多只公鸡的精液混合后并在不超过半小时时间内使用，以提高种蛋的受精率。

（四）实训报告

根据实训过程，完成采精和输精实训报告，并写出实训体会。

实训二　种蛋的选择与熏蒸消毒

（一）实训目标

通过实训，使学生能正确选择种蛋，淘汰不合格种蛋，提高种蛋孵化率；能正确选择消毒药品和正确计算消毒药品用量，种蛋消毒程序规范，消毒效果确实、有效。

（二）材料与用具

合格种蛋若干枚、不合格种蛋（双黄蛋、异形蛋、裂壳蛋、薄壳蛋等）若干枚；消毒间（柜）或孵化器、照蛋器、蛋托、瓷容器、天平、量杯、量筒；福尔马林、高锰酸钾等适量。

（三）操作步骤

1. 种蛋的选择

根据种蛋外观和形状、种蛋照检特征判断合格种蛋与不合格种蛋。

合格种蛋的标准是：种蛋来自健康无病的种禽群；种蛋品质新鲜，蛋黄色泽鲜艳，蛋黄隆起高，蛋黄膜完整，内容物完整，蛋白浓厚，气室较小；呈卵圆形，蛋重和颜色符合品种特征；蛋壳应致密均正，表面清洁，不含粪便、破蛋液或其他脏物。

挑出不合格种蛋并说明不合格种蛋不能孵化的原因。

2. 种蛋熏蒸消毒

按以下消毒程序进行：

（1）装蛋　将蛋的钝端向上装入蛋盘，并放于蛋架车上，送入孵化机或消毒间（柜）。

（2）消毒药品准备　按每立方米熏蒸空间需福尔马林（甲醛含量38%～40%的溶液）30mL和高锰酸钾15g的要求，计算出种蛋消毒所需消毒药品的用量，并准确称取（或量取）消毒药品。

(3) 消毒操作　先关闭消毒室门窗或孵化器通气孔；然后将高锰酸钾放入瓷容器中，置于消毒间（柜）或孵化器中央，然后倒入福尔马林，让两种药品混合后，关闭消毒室门或孵化器门，对种蛋进行熏蒸消毒。熏蒸消毒 20 ~ 30min 即可。

(4) 消毒结束后，打开消毒室门窗和通风设备，加强通风换气，排出消毒气体。

(5) 种蛋熏蒸消毒中注意问题　消毒必须在密闭条件下进行，否则影响消毒效果；种蛋必须在入孵前 12h 消毒完毕；消毒药物准确称量；消毒结束后及时通风换气；注意消毒环境温湿度，温度 24 ~ 27℃，相对湿度 70% ~ 80% 为宜；消毒时注意安全，防止火源；严禁对入孵 24 ~ 96h 的胚蛋进行熏蒸消毒。

技能考核：要求学生熟练掌握种蛋的选择标准，能在规定的时间选出合格种蛋与非合格种蛋；能正确进行种蛋的熏蒸消毒，程序正确，并能注意消毒中的问题。

（四）实训报告

完成种蛋选择和消毒的实训报告。

实训三　家禽胚胎发育观察

（一）实训目标

通过实训，使学生掌握家禽胚胎发育的特征；掌握孵化第 5 ~ 6 天、第 10 ~ 11 天、第 17 天、第 18 天、第 19 天胚胎的照蛋特征，能准确判断发育正常胚蛋、弱胚蛋、死胚蛋和无精蛋的区别。

（二）材料与用具

家禽胚胎发育挂图，照片或幻灯片，胚胎发育标本；孵化第 5、10、17、18 和 19 胚龄发育正常的胚蛋、无精蛋、死胚蛋、弱胚蛋；照蛋器、解剖器、培养皿、手术剪、放大镜、天平、纸尺、滤纸和生理盐水等。

（三）操作步骤

1. 了解胚胎发育特征

由教师通过家禽胚胎发育挂图、照片或幻灯片、胚胎标本或模型介绍家禽胚胎发育特征，让学生了解不同孵化日期中胚胎发育特征。

2. 观察活胚

(1) 不同发育阶段胚胎外部特征观察　分别打开孵化 1.5、5.5、10.5、

18.5d 的活胚蛋，从胚胎外部形态上观察各日龄胚胎发育情况和胚膜的发育，测量胚胎的长度和质量，借以了解不同时期胚胎发育的外形变化。不同发育阶段胚胎外部特征如下：

1.5d 胚胎：胚胎与蛋的长轴呈垂直躺卧，可初步辨出脑泡、眼泡以及 8~10 对体节，血管域发育良好，心脏形成并跳动，胚长 4~5mm，血管域直径 6~8mm。

5.5d 胚胎：第三以下鳃弓几乎为第二鳃弓遮掩，前肢及后肢进一步伸展，尿囊增大达蛋壳内面，与头相比胴体显得很小。前脑分叉消失，出现嗅窝内外两侧的隆起，即内鼻突起与外鼻突起，上腭突起与下腭突起愈益发育。胎儿沉入蛋黄的深处，胚胎质量 0.18~0.4g。

10.5d 胚胎：眼皮达瞳孔处，冠呈小长轴样。可看到爪的胚芽，羽乳头被覆整个身体，胴体已大于头部，胚胎质量 2.7~3.5g。

18.5d 胚胎：眼睁开，蛋黄开始吸进腹腔，胚胎质量 23~29g。

（2）胚胎处理和观察方法　1 日龄胚胎的处理与观察方法：打开孵化 1.5d 的胚胎时，先用镊子敲开蛋的钝端，然后沿气室边缘夹去蛋壳，轻轻撕下蛋壳膜，随即看到血管网及胚胎。然后用小剪子剪断血管周围的蛋黄膜，用药匙小心取出胚胎及其周围的血管网，放在盛有生理盐水的玻璃皿中。用广口吸管冲洗 2~3 次，以洗掉附着的蛋黄和蛋黄膜。将玻璃皿放在黑色的纸尺上面，使胚胎顺着纸尺放置，量其长度。然后在低倍显微镜或放大镜下观察胚胎脑泡的分化、体节对数、心脏的跳动和血管域的直径等。

按同样方法打开 5.5、10.5、18.5d 的胚蛋，取出胚胎。取出的胚胎用生理盐水洗净后用滤纸吸干以称量胚胎的重量然后观察胚胎外部的形态变化。观察 5.5d 的胚胎时，应注意辨认羊膜、尿囊和蛋黄囊。观察 10.5d 以上的胚胎时应注意肝的颜色、心脏的大小及颜色，找出性腺。

3. 种蛋照检与死胚剖检

（1）种蛋照检　在暗室中用照蛋器透视孵化第 5.5、10.5、18.5d 鸡胚胎的发育特征，并用铅笔在蛋壳上记录透视的结果（正常胚蛋、弱胚蛋、死胚蛋、无精蛋）。不同发育阶段胚胎照检特征见表 2-9。

表 2-9　不同发育阶段胚胎照检特征

项目	第 1 次/5.5d	抽检/10.5d	第 2 次/18.5d
正常胚蛋	胚胎下沉或在气室近处看到黑眼点（胚胎眼睛），周围有扩散的血管网	尿囊在蛋的尖端合拢，血管网扩散至蛋的尖端	蛋内全为黑色，气室边界弯曲，其周围有粗大的血管，仔细可看出胎动

续表

项目	第1次/5.5d	抽检/10.5d	第2次/18.5d
弱胚蛋	胚胎浮于表面，血管网纤细而淡白	尿囊尚未合拢，蛋的尖端无血管分布，因而淡白	蛋内为黑色，气室边界平齐
死胚蛋	蛋内有血圈，断片的血丝，或有死亡的胚胎	蛋内呈红褐色，内部常有血条	气室边界颜色较淡，看不见血管
无精蛋	蛋内透明，有时蛋中央呈现一朦胧阴影（蛋黄）		

（2）死胚剖检　对照蛋中检出的死胚蛋和孵化结束后清除的死胎蛋进行解剖，观察其死亡日龄和病理变化，借以分析孵化不良产生的原因。剖检时打开死胚蛋，撕开壳膜，首先注意胚胎的位置、尿囊和羊膜的状态；然后用镊子取出胚胎，对照胚胎发育不同日龄的外部特征、孵化不良原因分析表判定日龄，借以分析死亡原因。

胚胎发育不同日龄的外部特征、孵化不良原因分析表详见必备知识部分。死胚剖检应以第3次照检的死胎蛋和孵化结束后的死胎蛋为剖检重点。

（四）技能考核

重点考核学生能否使用照蛋器识别不同孵化阶段的胚胎发育特征，能否准确判断正常胚蛋、弱胚蛋、死胚蛋、无精蛋。

（五）实训报告

根据观察到的胚胎不同发育阶段特征、种蛋照检特征和死胚剖检情况，对孵化条件的控制和孵化效果作出综合判断，并提出改善孵化效果的技术措施。

实训四　孵化器的使用

（一）实训目标

认识孵化器各部分构造并熟悉其使用方法；掌握孵化器的管理和雏鸡处理技术。

（二）材料与用具

孵化器及其配套设备、孵化记录表格、孵化规程、种蛋若干、蛋盘、孵化出雏用具、照蛋器等。

（三）操作步骤

1. 孵化器的构造和使用

（1）孵化器的构造　学生在教师或技术员指导下，按实物依序识别孵化器和出雏器的各部分构造，并熟悉其使用方法。孵化器的分类：可分为平面孵化器和立体孵化器两大类。立体孵化器中的巷道式孵化器孵化数量大，孵化效率高，是大型孵化场的常用孵化设备。

普通孵化器的主要构造与部件有以下几部分：

①主体结构：包括孵化器箱体、种蛋盘、出雏盘、活动转蛋架等。

②控温控湿系统与降温冷却系统。

a. 控温系统与控湿系统。控温系统主要由电热管和温度感应调节器组成；控湿系统有超声雾化供湿装置、叶片轮式自动供湿装置等，也可在孵化器底部放置水盘来调节孵化湿度。

b. 降温冷却系统。当孵化器机内温度超过高温报警所设定的温度时，孵化器自动切断电热电源，停止供热，同时通过供给冷水或加大排风量来加速降温。

c. 报警系统。当机内温度超过设定温度一定范围时，自动报警。

③机械传动系统：主要有转蛋系统（控制转蛋并显示转蛋次数）、通风换气系统（由孵化器进气孔和出气孔、电机和风扇组成。电机带动风扇转动进行通风换气，同时使机内温度湿度均匀。通过关闭或打开通气孔与进气孔，可控制孵化器内通风换气量）。

④安全保护装置：除上述报警系统外，某些大型孵化器（如巷道式孵化器）还设有打开孵化器门时，电机风扇停止转动；关闭孵化器门时，电机风扇自动转动等装置，有利于孵化安全。

⑤机内照明装置：孵化器内安装照明灯，可方便孵化操作。

（2）孵化器的使用　孵化器使用前，要认真阅读孵化器使用说明书，严格按照有关要求进行安装和操作。正式孵化前要对孵化器预先调试24h，调试过程中主要观察孵化器控温是否正常、控湿是否正常、通风换气是否正常、翻蛋系统工作是否正常，特别注意孵化器显示面板所显示的温湿度与机内实际温湿度（可用温度计实测）是否一致。

2. 种蛋孵化的操作技术

根据孵化操作规程，学生在教师和孵化场技术员的指导下，进行各项孵化实际操作。

（1）选蛋　首先将过大、过小，形状不正的，壳薄或壳面粗糙的，有裂纹的蛋剔出；选出破壳蛋，可用照蛋器照检破蛋，或者每手握蛋 3 个，活动手指使其轻度碰撞，撞击时如有破裂声者则为破蛋。

（2）装盘和消毒

①装盘：选蛋同时进行装盘，即将合格种蛋装入孵化盘上。装盘时使蛋的钝端向上，装后清点蛋数，登记于孵化记录表中。

②消毒：种蛋装盘后即上架在单独的消毒间内，按每立方米容积置甲醛 30mL，高锰酸钾 15g 的比例熏蒸 20~30min。熏蒸时关严门窗，室内温度保持 25~27℃，相对湿度 75%~80%，熏蒸结束后排出消毒气体。为节省用药也可用塑料薄膜封闭蛋架，将甲醛和高锰酸钾置于蛋架下熏蒸。

（3）种蛋预热　入孵前 12h 将蛋移至孵化室内，使种蛋温度逐渐上升，有利于种蛋在孵化器内达到孵化温度。

（4）入孵　种蛋预热后按计划于下午 4：00~5：00 上架孵化，可保证多数种蛋出雏时集中在白天出雏；如果孵化室内气温较低，则上蛋后应打开孵化器的辅助加热开关，使加速升温，以免影响早孵胚的发育，待机内温度接近孵化要求温度时即关闭辅助电热器。

（5）孵化条件　实训时可参考下列孵化条件进行操作：

孵化室条件：温度 20~22℃，相对湿度 55%~60%，通风换气良好。出雏室湿度适当提高些。

孵化器内孵化条件控制标准见表 2-10。

表 2-10　孵化器孵化条件控制标准

条件	孵化器	出雏器
温度	37.8℃	37.2~37.5℃
相对湿度	55% 左右	65% 左右
通气孔	全开	全开
翻蛋	1 次/2h，90°	停止

（6）温、湿度的检查和调节　孵化期间应经常检查孵化器和孵化室的温、湿度情况，观察机器对温、湿度的灵敏程度，遇有超温或降温时，应及时查明原因检修和调节。机内水盘每天加温水一次。干湿球温湿度计的纱布应每出雏一次更换一次。

（7）孵化器的管理　孵化过程中应注意孵化器内机件的运转，特别是电机和风扇的运转情形，注意有无发热和撞击声响的机件，定期检修加油。

（8）移盘和出雏

移盘：种蛋孵化第 18 天或第 19 天用照蛋器照检后，将合格胚蛋移至出雏器中进行出雏。同时增加水盘,提高湿度,降低出雏器内温度。

出雏:种蛋孵化满20d后,将出雏器玻璃门用黑布或黑纸遮掩,防止已出的雏鸡骚动;每天隔4~8h捡出雏鸡和蛋壳一次;出雏完毕,清洗出雏盘并消毒。

(9)熟悉孵化规程与记录表格　学生在孵化前和孵化过程中要仔细阅览孵化室内的孵化操作规程、孵化日程表、工作时间表,并每天做好温、湿度登记表和孵化记录等的登记。

(四)技能考核

在实训过程中,结合孵化过程重点考核学生对孵化器各部件的使用和孵化操作技术的掌握程度。

(五)实训报告

根据实训情况,完成孵化器的使用和孵化操作实训报告,并写出孵化操作体会。

实训五　初生雏鸡雌雄鉴别

(一)实训目标

通过实训,使学生掌握利用鸡的伴性性状鉴别雏鸡雌雄,学会用翻肛法鉴别雏鸡雌雄。

(二)材料与用具

初生雏鸡若干箱(自别雌雄杂交雏鸡、出壳12h以内的其他雏鸡若干),鉴别操作台、鉴别灯(用60~100W乳白色灯泡)。

(三)操作步骤

1. 伴性性状鉴别法

先由教师或技术员介绍伴性性状鉴别雏鸡雌雄的原理与方法,然后由教师或技术员进行示范,最后由学生分组鉴别。

(1)羽速鉴别法　鸡的羽毛生长速度的快慢,主要受性染色体(Z染色体)上一对基因所控制,为伴性遗传。用快羽公鸡(kk)配慢羽母鸡($K-$),所生雏鸡慢羽是公雏(Kk),快羽是母雏($k-$),根据羽速快慢就可鉴别雏鸡雌雄,鉴别准确率达99%。

鉴别时将按上述方式杂交制种产生的杂种雏鸡翅膀打开,观察主翼羽与覆主翼羽的相对长度。主翼羽长于覆主翼羽2mm以上者为快羽,为母雏。凡属以下四种情况:主翼羽长于覆主翼羽在2mm以内;主翼羽与覆主翼羽长度相等;无主翼羽,只有覆主翼羽;主翼羽短于覆主翼羽等均为慢羽,慢羽雏鸡为公雏。

(2) 羽色和羽斑鉴别法　鸡的银白色绒羽为显性(S),金黄色绒羽为隐性(s);横斑羽为显性(B),非横斑羽为隐性(b)。这些羽色和羽斑也是伴性性状,其遗传行为属伴性遗传。用带金黄色基因的公鸡(ss)与带银白色基因的母鸡($S-$)交配,所生雏鸡银白色绒羽的是公雏(Ss),金黄色绒羽的是母雏($s-$)。同样用非横斑的公鸡(bb)与横斑的母鸡($B-$)交配,所生雏鸡横斑的是公雏(Bb),非横斑的是母雏($b-$)。根据雏鸡羽毛颜色和羽斑鉴别公母准确率高,易操作。

2. 翻肛鉴别法

(1) 抓雏与握雏　分夹握法和团握法两种方式。夹握法是右手抓雏后移至左手,雏背贴掌心,泄殖腔向上,将雏轻夹于中指和无名指之间,双翅夹在食指与中指之间,无名指与小拇指弯曲,将两脚夹在掌面。团握法是左手抓雏,首先抓起雏鸡,雏背贴掌心,泄殖腔向上,将雏团握在手中,雏的颈部与两脚任其自然。

(2) 排粪与翻肛　翻肛前应排粪。排粪手法是左手拇指轻压雏鸡腹部左侧髋骨下缘,借助雏鸡呼吸将粪挤入排粪缸中。排粪时应注意不要挤破腹腔内的卵黄囊。翻肛手法是左手拇指从前述排粪的位置移至泄殖腔左侧,食指弯曲贴雏鸡背部,与此同时右手食指放在泄殖腔右侧,拇指侧放在雏鸡脐带部处。右手拇指沿直线向上顶推,右手食指往下拉并向泄殖腔靠拢,左手拇指也往里收拢,三指在泄殖腔处形成一个小三角区,三指一挤,泄殖腔即翻开。

(3) 鉴别与放雏　在强光下(60~100W乳白色灯泡)观察生殖突起的有无和生殖隆起形态差别进行判断。如无生殖突起即为母雏;如有生殖突起则依组织形态上的差异区别雌雄。初生雏雌雄生殖突起组织的差异见表2-11。

表2-11　初生雏雌雄生殖突起组织的差异

生殖突起状态	公雏	母雏
充实和鲜明程度	充实,轮廓鲜明	相反
周围组织陪衬程度	陪衬有力	无力,突起显得孤立
弹力	富弹力,受压迫不易变形	相反
光泽及紧张程度	表面紧张而有光泽	有柔软而透明之感,无光泽
血管发达程度	发达,受刺激易充血	相反

翻肛鉴别法的注意问题：固定雏鸡时不得用力压迫；开张肛门必须完全彻底，否则不能将生殖突起全部露出；如遇有粪便或渗出物排出，可用左手拇指或右手食指抹去，再进行鉴别；鉴别时间以雏鸡出壳后 2~12h 为最佳。

3. 雏鸭、雏鹅的雌雄鉴别

雏鸭、雏鹅有外部生殖器、呈螺旋形，可按鸡的翻肛鉴别法操作，翻转或触摸泄殖腔时即可从交接器的有无进行鉴定。

（四）技能考核

重点考核雏鸡伴性性状鉴别法、翻肛鉴别法，根据学生鉴别方法掌握、鉴别结果的准确程度评定成绩。

（五）实训报告

学生在实训中应反复进行鉴别，注意翻肛鉴别的手法，并写出初生雏鸡雌雄鉴别的过程与体会。

> 项目思考

1. 怎样对种公鸡进行选择？
2. 简述鸡人工授精的技术要点。
3. 简述种蛋的选择要求。
4. 简述种蛋熏蒸消毒的方法与注意问题。
5. 怎样控制种蛋的孵化条件？
6. 怎样做好种蛋孵化管理？
7. 怎样做好初生雏的处理？

项目三　蛋鸡生产技术

> 知识目标

1. 掌握蛋鸡养殖场的设计与布局要求，了解常用设备及其使用方法。
2. 了解蛋鸡养育阶段的划分，理解雏鸡生理特点，掌握雏鸡饲养管理技术措施。
3. 理解蛋用型育成鸡的培育标准、育成鸡的生理特点、育成鸡的饲养工艺，掌握育成鸡饲喂技术、管理技术。
4. 理解蛋鸡产蛋规律与营养需要，掌握产蛋鸡的饲喂与管理技术。
5. 理解光照对蛋鸡产蛋的影响，掌握蛋鸡的光照控制技术。

> 技能目标

1. 能进行雏鸡进雏前的准备、饮水、开食、日常管理、断喙等，为提高雏鸡成活率创造条件。
2. 能进行育成鸡培育，做好定期称测体重、跖骨长度和群体均匀度、卫生防疫等工作。
3. 能对蛋鸡开产前后、产蛋期不同阶段进行饲养管理。
4. 能合理设计蛋鸡育雏期、育成期、产蛋期的光照控制方案。

> 必备知识

　　健康优良的蛋鸡品种、营养完善的配合饲料、条件适宜的鸡舍环境、先进的机械化设备和严格的防疫措施，是构成现代化蛋鸡生产的基本条件。蛋鸡生产的任务就是依据蛋鸡的生理特点、生产要求进行科学合理的饲养管理，培育出优质健康、生长发育整齐的高产蛋鸡群，充分发挥蛋鸡的遗传潜力，提高蛋鸡的产蛋性能和养殖经济效益。

一、蛋鸡场的设计与常用设施

（一）场址选择与布局

1. 场址选择要求

（1）土地使用原则　土地的使用应符合当地农牧业区划与布局的要求，以不占用基本农田、节约用地、合理利用山坡及废弃地为原则。

（2）距离要求　蛋鸡场距离主要交通干线、居民区、屠宰场、畜产品加工厂、食品加工厂、兽医院和化工厂1000m以上为好，且处于下风向。

（3）地形地势　鸡场应建在地势较高、地面干燥背风向阳、夏季通风良好、土壤为透水性好的沙壤土（符合GB 15618—2008《国家环境土壤标准》要求）、地下水位低、给排水方便并远离噪声的区域。

（4）水源　鸡场区应有充足、方便取用并符合卫生标准的地下水或自来水，确保生产和生活用水。

（5）其他　有稳定的电力供应并配有应急使用的发电机组，道路交通便利。

2. 蛋鸡场布局

（1）场区设施合理布局　场区应设有生产区、办公区、生活区、辅助生产区、粪便及废弃物处理区。生产工艺设计以从净区向污染区不可逆走向的要求进行布局。

（2）生活办公区及辅助生产区的建筑物　应设在生产区的上风向地势较高的地段，并与生产区保持50m以上的距离，同时建立不透风的围墙加以隔离。

（3）饲料加工厂（或拌料间）　也应与生产生活区保持相应的距离，以减少饲料的污染。

（4）粪便暂存、病死鸡与废弃物处理区及其设施　应设在生产区围墙外下风向、地势较低的地段，并与生产区保持100m以上的距离。该区的场地与设施要进行封闭。

（5）生产区布局要求　生产区具有配套合理的育雏、育成和蛋鸡各阶段鸡舍，并划分成相对独立的生产小区，小区之间保持50m以上的隔离空间，小区内每栋鸡舍间距为4~5个舍高的距离。生产区采用全进全出的鸡群周转饲养工艺模式。生产区应有充分利用土地空间种植树木、草坪，绿化厂区、净化环境。鸡场生产区周围应建造围墙，墙高2m。

（6）道路设置要求　场内道路应分设净道和污道，净道和污道严格分开，路面硬化，畅通整洁，主干道宽 6m，支干道宽 3m。净道出入口大门、污道出入口大门和防疫沟保持与外界的隔离。

(二) 鸡舍、设备与设施

1. 鸡舍建筑

（1）鸡舍类型　鸡舍类型应选用全密闭的有窗或无窗环控鸡舍，有窗鸡舍采光面积按舍内面积的 1/10 设计，全密闭鸡舍宜采用机械通风调节鸡舍空气和温湿度。鸡舍朝向应采用南北朝向建造。

（2）鸡舍建筑要求　地基稳固、墙体屋顶坚实、内壁及地面光滑防水耐酸碱、便于消毒处理。建筑材料可选用砖混结构或其他混合材料墙体，墙体及屋顶的材料应符合防火的要求。

（3）鸡舍外围护结构　要求保温隔热（墙体、屋顶）、防雨雪、防鼠害、防鸟。鸡舍外墙合理设置门窗（有窗鸡舍）及通风口。

（4）排水系统　地面两侧设 30cm 宽带漏缝地板的排水沟、排水管道通往舍外污水排放系统。

2. 常用设备

（1）蛋鸡配套笼养设备　包括育雏、育成、产蛋鸡笼，自动给料、自动给水与自动除粪设备。产蛋鸡笼笼地面积不得少于 380cm^2/只。

（2）饲料加工设备　根据饲养规模购置原料粉碎机、饲料搅拌机、成品料包装设备及原料储存仓等。

（3）环控设备　通风换气设备可采用纵向通风使用的轴流风机及湿帘降温系统，风机宜使用大口径低速风机。光照设备包括灯具及其控制设备，照明宜采用现代节能灯具。育雏舍的供暖设备根据条件可采用水暖设备、火炉供暖及热风炉供暖设备。此外，蛋鸡养殖场还需粪污处理及死鸡焚烧炉设备等设备。

3. 常用设施

（1）消毒设施　场区门口有消毒池，鸡舍门口有消毒间，场区有消毒泵等消毒器械。

（2）辅助设施　有门卫公共更衣消毒室、兽医化验室、解剖室。配备清粪设施、储粪场所及鸡粪无害化处理设施，大门消毒池。

（3）其他配套设施　配电室及发电房配 15kW 以上的发电机组；场内排水排污系统包括地下排水管道等。

二、蛋用型雏鸡的培育

（一）蛋鸡培育阶段的划分与雏鸡培育目标

1. 蛋鸡培育阶段的划分

现代蛋鸡生产从雏鸡出壳到产蛋期结束淘汰，全程约72周。根据蛋鸡生理特点和培育要求，将蛋鸡生产分以下三个阶段进行饲养：

（1）育雏期　指0~6周龄阶段。这个阶段的小鸡称雏鸡。

（2）育成期　指7~20周龄阶段。育成期又可分为中雏期（7~14周龄）、大雏期（15~20周龄）阶段。这个阶段的鸡称为育成鸡。

（3）产蛋期　指21~72周龄阶段。这个阶段的鸡称产蛋鸡，是蛋鸡集中产蛋的时期，产蛋期一般约52周。

2. 蛋鸡的饲养工艺

（1）三段式饲养　即将商品蛋鸡场生产区鸡舍分为育雏鸡舍、育成鸡舍、产蛋鸡舍三种类型，三种鸡舍分区建设。鸡苗先在育雏鸡舍饲养（0~6周龄），育雏期结束后再转到育成鸡舍饲养（7~20周龄），育成期结束最后转到产蛋鸡舍饲养21~72周龄，整个全程饲养周期中需要转群二次。这是传统的蛋鸡饲养工艺，也是目前我国蛋鸡饲养的主要方式。

（2）两段式饲养　即将蛋鸡整个饲养期分为两个阶段饲养，1~10周龄在育雏鸡舍饲养，10周龄后转入产蛋鸡舍饲养，不需要专用的育成鸡舍，可减少一次转群，且在较小的年龄转入产蛋鸡舍，可减少转群对蛋鸡开产的转群应激，是当前和今后种鸡饲养的工艺趋势。

（3）一段式饲养　这种方式多应用于种鸡地面平养、网上平养、板条饲养，从1日龄直至产蛋结束均在同一鸡舍内完成。

3. 雏鸡的培育目标

（1）雏鸡的生理特点与习性

①生长发育迅速：雏鸡出壳重40g，6周龄末达440g，42d体重增加11倍。反映雏鸡代谢旺盛，生长发育迅速。雏鸡日粮要严格按照雏鸡营养标准予以满足，蛋白质、氨基酸、能量、矿物质与微量元素、维生素等应全价。

雏鸡羽毛更新速度快，对饲料中蛋白质要求高，特别是含硫氨基酸水平要求高，应注意雏鸡日粮中含硫氨基酸的补充。某些微量元素缺乏会引起雏鸡发病，如雏鸡日粮中锰缺乏，容易使雏鸡发生溜腱病。

②体温调节功能差：雏鸡绒毛稀、短，保温能力差；单位体重散热面积大于成年鸡；体温调节中枢机能不完善，3周龄后逐步完善。0~6周龄雏鸡对环境温度适应力差，特别怕冷，在低温环境下雏鸡易发生挤堆死亡、爆发雏鸡白

痢等传染病。因此，雏鸡培育要创造温暖、干燥、清洁、安静的环境条件，人工保暖是提高雏鸡成活率的关键技术措施。

③消化功能尚未健全：雏鸡消化器官容积小，消化机能差，特别是对粗纤维的消化差。雏鸡饲养应给予含粗纤维低、易消化、营养全面而平衡的日粮。在投料方式上应少喂勤添，适当增加饲喂次数（5~7次/d）。棉籽饼、菜籽饼等非动物性蛋白料，适口性差，雏鸡难以消化，应适当控制比列。

④抗病力差：雏鸡体弱娇嫩，易感染疾病，如鸡白痢、鸡大肠杆菌病、鸡法氏囊病、鸡球虫病、慢性呼吸道疾病等。因此，在雏鸡培育过程中严格控制环境卫生、做好疾病预防，其中免疫接种、投药预防雏鸡疫病控制的是两条关键措施。

⑤雏鸡群居性强、胆小：雏鸡胆小、缺乏自卫能力，喜欢群居，并且比较神经质，稍有外界的异常刺激，就有可能引起惊群，影响正常的生长发育和抗病能力。所以育雏需要安静的环境，要防止各种异常声响、噪声以及新奇颜色对雏鸡的应激，防止鼠、雀、犬、猫的入侵，同时在管理上要注意鸡群饲养密度的适宜性。

⑥初生雏鸡易脱水：刚出壳的雏鸡含水率在76%以上，如果在干燥的环境中存放时间过长，则很容易在呼吸过程中失去很多水分，造成脱水。育雏初期干燥的环境也会使雏鸡因呼吸失水过多而增加饮水量，影响消化功能。所以在出雏之后的存放期间、运输途中及育雏初期，注意湿度问题就可以提高育雏的成活率。此时也可根据需要在雏鸡初进鸡舍时配合5%葡萄糖饮水，以及时补充营养均衡。

（2）雏鸡的培育 雏鸡的培育也称育雏。育雏阶段是养好鸡的关键，雏鸡饲养管理的好坏，是养鸡生产中的一个关键环节，不仅影响雏鸡的生长发育和成活率，还影响育成鸡培育和蛋鸡产蛋期生产性能。雏鸡培育应达到以下目标：

①健康无病：雏鸡培育阶段未发生传染病，特别是烈性传染病；食欲正常，精神活泼，反应灵敏，羽毛紧凑而富有弹性。

②成活率高：雏鸡培育难度大，雏鸡育雏存活率是衡量育雏工作好坏的一个重要指标。目前，雏鸡培育先进的水平育雏第一周死亡率不超过1%，0~6周龄死亡率不超过2%。

③生长发育正常：雏鸡不同阶段体重符合品种标准，骨骼良好，胸骨平直而结实，具有良好的群体均匀度。群体均匀度是衡量雏鸡生长发育是否整齐的重要指标，一般用标准体重±10%范围内的雏鸡个体数占雏鸡总数的百分率表示，合格的雏鸡群体均匀度应达80%以上。

（二）雏鸡育雏方式与供温设备

1. 育雏方式

（1）地面育雏　即在水泥地面上培育雏鸡，地面上铺设垫料，垫料厚度为20~25cm。垫料要求干燥、保暖、吸湿性强、柔软、不板结，可选锯末、麦秸、谷草等作为育雏垫料。地面育雏成本低，条件要求不高，但易发生球虫病、雏鸡白痢等疾病。

（2）网上育雏　即在距地面以上50~60cm高度铺以铁丝网或塑料网，也可使用木条或竹竿搭成平面网，小雏用小孔网，大雏用较大的网孔。开始时要铺报纸或纸板，而后1周左右撤换掉。网上育雏粪尿混合物可直接掉于地面，雏鸡与粪尿接触机会少，可有效控制雏鸡白痢、球虫病爆发，但投资较大，技术要求较高，雏鸡饲料必须全价化。

（3）立体育雏　指将雏鸡饲养在3~5层育雏笼内，育雏笼由镀锌或涂塑铁丝制成，网底可铺塑料垫网，四周挂料桶和水槽。立体育雏饲养密度大，热源集中，易于保温，雏鸡成活率高，但投资较大，且上下层温差大，应将日龄小的雏鸡移到育雏笼上层集中饲养，随着日龄增大逐渐将雏鸡移到育雏笼下层饲养。该法是大型养鸡场常用的一种育雏方式。

2. 供温方式与供温设备

（1）温室供温　即人工形成一个温室环境，雏鸡饲养在温室中，采取网上育雏和立体笼养育雏必须采用该供温方式。温室供温根据养殖条件又分为以下3种。

①暖风炉供温：以煤为原料的加热设备产热，舍外设立热风炉，将热风送入鸡舍上空使育雏舍温度升高。国内大型养鸡场采用，但投资较大。

②锅炉供温：锅炉烧水，热水集中通过管网进行热交换，使育雏舍温度升高。较大规模养鸡场采用。

③烟道供温：分地上烟道、地下烟道两种，烟道建于育雏舍内，一端砌有炉灶（煤燃烧产热），另一端砌有烟囱（高出屋顶1m以上）。该法育雏效果好，规模化育雏场常用。

（2）保温伞供温　分电热保温伞、煤炉保温伞、红外线灯保温伞等。其中250W的红外线灯可对100~250只雏鸡进行保温，红外线灯距地面35~45cm处安装。

（三）育雏前的准备

1. 育雏计划的制定

育雏计划制定依据鸡舍建筑和设备条件、生产规模及工艺流程制定较缜密的年度进雏计划。育雏计划具体内容：拟定进雏及雏鸡周转计划，饲料及物资供应计划，防疫计划，财务预算及计划，技术经济指标等。

2. 育雏室、用具、饲料、垫料和药品准备

（1）对育雏室、垫料、垫网、饮水器、料槽、料盘等有关设备、用具等彻底清洗、消毒。可采用甲醛－高锰酸钾熏蒸消毒 1～2d，用量按照（高锰酸钾15g＋福尔马林30mL）／m³ 进行计算。

（2）准备并铺设好垫料。垫料要干燥、无霉变、吸水性好。

（3）检查保温设备、烟道、保温伞等是否良好，并提前一天升温达到育雏温度。笼养育雏室32～34℃；平养育雏室25℃以上；保温伞温度35℃。

（4）准备充足料盘、饮水器，并准备好饲料、疫苗等。

（5）饮水准备。进鸡前2h将水装入饮水器并放入舍内预热，水中加入2%～5%葡萄糖。

（6）平养鸡舍应安装好保温伞（500只／个），在伞边缘上方8cm处悬挂温度计，测试保温伞温度。育雏舍相对湿度60%。

3. 雏鸡的选择与运输

（1）雏鸡的选择　鸡苗品种纯正，健康无病、无残疾，卵黄吸收好，腹部松软，精神状态好，活泼好动，羽毛整齐清洁有光泽，手握有挣扎力。雏鸡应来自合格种禽场，注射马立克病疫苗的健康雏鸡，并索取相关的饲养管理资料。

（2）雏鸡的运输　运输关键是注意运输过程中的通风、保温。

①装运工具　一般采用专用的运雏箱，运雏箱用塑料、木板或硬纸板做成。运雏箱长60cm、宽45cm、高20～25cm，箱内用瓦楞纸分为四格，每格装20～25只雏鸡，每箱可装80～100只雏鸡。纸箱上下左右均有通气孔若干个，箱底铺有吸水性强的垫纸。

②注意运输过程中的温度　冬季接雏应在温暖的中午进行，夏季应在早晚凉爽时进行。运输中应防止雏鸡打堆、挤压、过热等造成死亡。

③运输时间要求　最好在8～12h运抵目的地，长途运输不超过24～36h。

（四）雏鸡的饲养

1. 雏鸡的饮水

（1）原则　先饮水后开食，即先让雏鸡充分饮水1～2h后再开食。原因：及时饮水可促进卵黄的吸收和胎粪的排出；雏鸡出壳后失水较多，同时运输过程中也容易失水，先饮水可及时补充水分、让雏鸡恢复体力。

（2）初饮　雏鸡出壳后的第一次饮水。不会饮水的雏鸡应调教饮水，可滴

嘴或强迫饮水。出壳第一周最好饮温水，水温15~25℃。饮水中加入2%~5%葡萄糖，以后可在水中加入电解多维、抗菌素（如泰农、环丙沙星等）2~3d，起抗应激和防病的作用。

（3）饮水管理　保证饮水清洁、充足。饮水器应分布均匀，每1~2d洗刷、消毒一次。每100只雏鸡应有饮水器2个，或每只雏鸡占有1.5~2cm长的水槽。随着雏鸡日龄的增加，要更换饮水器的大小和型号。有条件的鸡场最好采用乳头式饮水器，可保证饮水卫生。

2. 雏鸡的开食与饲喂

（1）开食　开食是指雏鸡出壳后的第一次喂料。由于雏鸡出壳后体内仍有少量卵黄可供给雏鸡所需营养，故雏鸡出壳后不马上进行开食。通常在雏鸡出壳后16~28h进行开食，也可让雏鸡自由饮水后1~2h进行开食。开食方法是将浅平饲料盘或塑料布铺在地面、垫网或育雏笼内，将调制好的饲料均匀撒在其上，并增加光亮度，引诱雏鸡啄食。绝大多数雏鸡可自然开食。为保证开食整齐，对不会开食的雏鸡应进行调教。开食饲料可直接选用雏鸡饲料进行开食。为防止雏鸡出现糊肛现象，1~2日龄也可喂给碎玉米、碎米等，可添加适当酵母帮助消化，以后可逐渐更换为雏鸡全价饲料。

为了让雏鸡熟悉环境，有利于开食，雏鸡出壳后1~3d按照每天23h光照、1h黑暗进行光照控制。

（2）雏鸡日粮要求　由于雏鸡早期生长快，但消化功能尚未健全、雏鸡消化器官容积小，消化功能差，特别是对粗纤维的消化能力差。因此日粮要求严格按照雏鸡营养标准予以满足，蛋白质、氨基酸、能量、矿物质与微量元素、维生素等应全价。雏鸡日粮可向质量有保证的饲料企业购买，有条件的育雏场也可自配饲料。

（3）饲喂次数　根据雏鸡的消化特点，雏鸡饲喂应少喂勤添，增强食欲。最初1~2d，饲喂次数8次/d；1周后可逐渐减少为每天6~7次（春夏季）或5~6次（冬、早春）；3周后改为每天4~5次/d。

（4）喂料用具　开食用浅料盘、纸板或塑料布铺在地面或网上，将饲料均匀撒在上面让雏鸡自由采食。待雏鸡习惯采食后撤去料盘或塑料布，0~3周龄使用幼雏料盘，4~6周使用中型料槽，6周后改为大型料槽。喂料中要备足料槽，保证每只雏鸡都有采食位置，可保证生长整齐，提高雏鸡群体均匀度。

（5）采食量　不同日龄、不同品种的雏鸡喂料量不同，应根据雏鸡的生长发育和体重增加进行调整。蛋鸡育雏期参考采食量见表3-1。

表 3-1　蛋鸡育雏期参考采食量　　　　　　　单位：g/只

周龄	白壳蛋鸡		褐壳蛋鸡	
	日耗量	周累计耗料	日耗量	周累计耗料
1	7	49	12	84
2	14	149	19	217
3	22	301	25	392
4	28	497	31	609
5	36	749	37	868
6	43	1050	43	1169

（五）雏鸡的管理

1. 提供合适的温度

（1）适宜的育雏温度是提高育雏成活率的关键　雏鸡绒毛稀、短，保温能力差，3周前体温调节机能不完善，一般要3周龄后才逐步完善。因此雏鸡对环境温度适应力差，低温环境对雏鸡危害大。

生产中雏鸡育雏温度要求：1~3d，育雏温度34~35℃；4~7d，32~33℃；以后每周下降2~3℃，至室温达到20℃时可自然脱温。

（2）舍温监测　一般采取看鸡施温进行舍温检测，即通过观察雏鸡的分布、行为、精神状态判断雏鸡培育温度是否恰当。温度适宜时，雏鸡活泼好动，精神旺盛，叫声轻快，羽毛平整光滑，食欲良好，饮水适度，粪便多呈条状，饱食后休息时，在育雏笼中分布均匀，头颈伸直熟睡，无不安的叫声，鸡舍安静。温度偏低时，雏鸡行动缓慢，挤堆，尖声鸣叫，雏鸡生长缓慢、大小不均，严重者发生感冒或下痢致死。温度高时，雏鸡精神不振，趴于网面，两翅展开，张口喘气，大量饮水，食欲减退，严重时会导致雏鸡热射病引起雏鸡大批死亡。

舍温监测也可结合温度计测定进行检查。

（3）脱温管理　随着雏鸡年龄增大，体温调节功能逐步完善，可逐渐脱温。脱温应逐渐过渡，时间3~5d。脱温时应避开各种逆境（如免疫接种、转群、更换饲料等）。

2. 保持适宜的湿度

雏鸡对湿度的适应范围较大，对湿度要求不如温度要求严格，但适宜的湿度有利于雏鸡健康生长。如果育雏前期的育雏舍湿度过低，环境干燥，易引起雏鸡脱水，羽毛生长不良，影响采食且空气中尘土飞扬，易引起呼吸道疾病。

因此，应在热源处放置水盆、挂湿物或往墙上喷水等，以提高湿度。育雏后期随着雏鸡日龄增长，雏鸡采食量、饮水量、呼吸量和排泄量增加，容易造成育雏舍湿度过大，容易诱发球虫病。因此，育雏后期要定期打开门窗、开动风机排出湿气；严格管理舍内用水，垫料地面平养要经常更换水槽周边的垫料，保持环境干燥，防止病原菌和寄生虫的繁殖。

育雏期湿度控制原则是前高后低。一般前10d的相对湿度应保持60%～70%，后期50%～60%。

3. 做好通风换气

雏鸡新陈代谢旺盛，需要不断吸入新鲜的氧气，排出大量的二氧化碳和水气，同时地面育雏的鸡粪和垫料等分解后会产生大量氨气和硫化氢等有害气体。因此，要保证雏鸡正常健康生长，应加强育雏舍的通风换气工作，确保空气新鲜。但育雏期通风换气量过大，容易引起育雏舍温度下降，因此通风换气时应注意对育雏温度的影响。在保证温度合适的情况下，合理进行通风换气。育雏舍可利用自然通风、机械通风等方式进行通风换气，排出室内的有害气体。一般要求育雏舍内氨气不超过15mg/L，硫化氢不超过6.6mg/L，二氧化碳不超过0.15%。

4. 保持合理的饲养密度

饲养密度与雏鸡的生长发育密切相关。雏鸡鸡群密度过大吃食拥挤，抢水争食，饥饱不均，从而导致雏鸡生长缓慢，发育不整齐，饲养密度过大也造成在育雏舍内的空气污浊，二氧化碳含量增加，氨气浓度过高，卫生环境差，雏鸡容易感染疾病和产生恶癖，死亡率增高。雏鸡饲养密度过小，热源利用效率低，育雏室的利用率较低，投入成本较大，不利于保温，在经济上不划算。雏鸡饲养密度控制要求是随着鸡日龄和体重的增长逐渐降低饲养密度。雏鸡不同饲养方式的饲养密度见表3-2。

表3-2 雏鸡不同饲养方式的饲养密度

地面平养		立体笼养		网上平养	
周龄	饲养密度/（只/m²）	周龄	饲养密度/（只/m²）	周龄	饲养密度/（只/m²）
0～6	13～20	0～4	60～40	0～6	15～24
7～12	10	5～11	24～34	7～20	8～14
13～20	5～9	12～20	14		

雏鸡的饲养密度可根据不同的品种品系、鸡龄的大小、季节、鸡舍的构造、通风和饲养条件等具体情况而灵活掌握。

5. 合理的光照

雏鸡在进舍时要保证有充足的光照时间，以利雏鸡适应环境，使雏鸡能够正常的饮水和采食，如果光照时间不够，则影响雏鸡正常的采食，造成弱雏增多。在光照管理上还要注意光照强度的控制，光照强度过大、过小均影响雏鸡正常生长，光照强度应保持适宜。一般雏鸡出壳后1~3d按照每天采取23h光照、1h黑暗进行光照时间控制，光照强度以10 lx为宜，3d以后的光照按光照制度执行。

6. 适时断喙

现代养鸡生产中，对雏鸡适时断喙可有效防止啄癖、减少饲料浪费。蛋用型雏鸡断喙时间一般为6~10日龄，并与免疫接种错开2d以上。

断喙方法：雏鸡断喙一般采用断喙器进行断喙。雏鸡断喙时，断喙者一手握住雏鸡脚部，另一只手拇指放在雏鸡头部背侧上方，食指放在咽喉部下方，其余三指放在雏鸡胸部下方。将雏鸡喙插入孔眼中，将上喙断去1/2，下喙断去1/3，并在高温刀片（600~800℃）停留2~3s，以利止血。

断喙注意事项：免疫接种前后2d不应断喙；鸡群健康状况不良时不断喙；断喙前后1~2d，应在饲料中添加维生素 K_3 2mg/kg、维生素 C 150mg/kg，以利止血和抗应激；断喙后料槽中饲料应撒得厚些。

7. 鸡的啄癖与预防

鸡的啄癖又称为异食癖、恶食癖、啄食癖，是鸡只常见的一种异常行为，在鸡群中表现为互相啄食引起损伤，影响鸡只生长发育，造成鸡只胴体质量下降，严重时引起死亡。

（1）啄癖的表现与危害

①啄肛癖：这种恶癖最常见，多见于雏鸡和患有鸡白痢杆菌病的产蛋鸡，因为患鸡肛门周围粘满稀粪，甚至堵塞肛门，病鸡不断出现努责，引起其他鸡只啄食其肛门，造成肛门损伤、出血。母鸡初次产蛋、成年母鸡产大蛋造成泄殖腔外翻或输卵管外翻时易诱发啄肛癖。此外，患有泄殖腔炎或输卵管炎的病鸡，因泄殖腔、输卵管脱出垂到肛门外，也可能引起啄肛。鸡群一旦发此病，有一只鸡被啄，常被同群更多的鸡只啄食并很快蔓延全群互啄。

②啄羽癖：啄羽癖多发生于产蛋鸡，尤其是高产蛋鸡，常由于饲料中缺乏钙、硫、维生素 B_{12} 等引起。此外，体表寄生虫如虱、螨，鸡只为了止痒，常常会啄自己的皮肤及羽毛，最终会导致鸡只自食或互相啄食羽毛。商品代肉鸡达到上市体重时，如果饲养密度过大也会诱发啄羽癖，引起胴体品质下降。

③啄趾：如果不按时饲喂、喂料时间不固定、饲喂量不足，致使鸡为了寻找食物而误啄脚趾。育雏期间光线过强时，鸡只会把脚趾上的血管误认为是食物而啄食易造成雏鸡残疾。

④啄蛋癖：鸡常把自己产的蛋啄食掉，常见于产蛋高峰期的母鸡，主要原因是饲料中钙及蛋白质含量不足时蛋鸡产软壳蛋、无壳蛋引起。

⑤啄伤口：常因伤口出血引起鸡只啄伤口。

（2）啄癖预防

①断喙：这是防止啄癖的最有效措施，同时有利于节约饲料。断喙可采取二次断喙法，即 7～10 日龄首次断喙，上喙从鼻孔到喙尖切去 1/2，下喙切去 1/3；10～12 周龄进行第 2 次断喙，切去第一次断喙后新生的角质部分。

②佩戴鸡眼镜：鸡眼镜鸡配戴的专用眼镜，使鸡不能正常平视，只能斜视和看下方，防止饲养在一起的鸡群相互打架、啄毛、啄肛，降低死亡率，提高养殖效益。

③加强饲养管理：饲喂全价平衡饲料，满足鸡只所必需的氨基酸、维生素、钙磷、微量元素等；保持适宜的饲养密度、光照强度适宜、良好的通风换气等。

④对啄癖做到早发现、早隔离、早处理，防止形成习惯性啄癖。

三、蛋用型育成鸡的培育

（一）育成鸡的生理特点与培育要求

1. 育成鸡的生理特点

蛋鸡育成鸡是 7～20 周龄阶段的鸡，是蛋鸡培育过程中的一个关键环节，蛋鸡育成鸡培育的好坏，对提高蛋鸡产蛋期的产蛋率影响很大，育成鸡培育应结合其生理特点进行科学饲养。育成鸡主要生理特点如下。

（1）体温调节特点　育成鸡各系统发育基本健全，羽毛丰满，体温调节功能完善，对外界适应能力较强，可人工脱温。

（2）消化特点　育成鸡消化功能增强，钙磷吸收能力提高，骨骼、肌肉发育快，育成后期易沉积较多脂肪，造成开产后体况过肥，降低产蛋量。因此，育成期应在定期称测体重与测定跖骨长度的基础上进行合理的限制饲养，以达到开产前的适宜体重标准。

（3）性腺发育特点　小鸡 8 周龄以前性腺发育较慢，8 周龄后性腺发育加快，特别是 11 周龄后性腺发育明显加强，且对光照时间长短的反应敏感，如果光照时间较长，育成鸡易提前产蛋。因此在育成期应控制光照，防止过早产蛋。

2. 育成鸡的培育要求

育成鸡培育应达到以下要求：

（1）体质良好　育成鸡培育期间未发生传染病，食欲旺盛，羽毛紧凑，体质健康结实，活泼好动。

(2) 育成率高　7~20周龄成活率应达96%~97%。

(3) 体重符合品种标准　育成期体重应达到良好的体重标准，体重过大、过小都不好。一般情况下，20周龄体重罗曼褐鸡应达到1.64~1.87kg，迪卡1.76kg，伊萨褐鸡1.55~1.65kg，罗曼白鸡1.35kg。

(4) 育成鸡群体均匀度高　育成期结束，群体中体重在标准体重±10%范围内的鸡只数应达到鸡只总数的80%以上，个体跖长在标准跖长±10%范围内的鸡只数应达到鸡只总数的80%。

（二）育成鸡的饲养

1. 做好育雏鸡向育成鸡的过渡

(1) 脱温、转群　随着雏鸡体温调节功能的逐渐完善，4~6周龄后可逐渐停止供温。脱温应有1周左右的过渡期，严禁突然停止供温。

转群是指将雏鸡由育雏鸡舍转入育成鸡舍饲养的过程。雏鸡转群前应进行选择，育成鸡舍、各种用具应彻底清扫、消毒后再进行转群。

(2) 做好饲料的过渡　育成鸡消化功能逐渐健全，采食量与日俱增，骨骼肌肉都处于旺盛发育时期。此时的营养水平应与雏鸡有较大区别，尤其是蛋白质水平要逐渐减少，能量也要降低，否则，会大量积聚脂肪，引起过肥和早产，影响成年后的产蛋量。日粮应逐渐过渡，过渡期以3~5d为宜。

饲料过渡的具体方法：1~2d，用2/3育雏料和1/3育成料混合喂给；3~4d，用1/2育雏料和1/2育雏料混合喂给；5~6d，1/3育雏料和2/3育成料混合喂给；7d后全部喂给育成料。

2. 蛋鸡育成期饲料营养水平合理

一般认为，育成期蛋鸡合理的营养水平为：7~14周龄日粮中粗蛋白质为15%，代谢能11.49kJ/kg；15~20周龄蛋白质为13%，代谢能11.28kJ/kg。7~14周龄和15~20周龄育成鸡参考饲料配方见表3-3、表3-4。

表3-3　7~14周龄育成鸡参考饲料配方　　　　　　单位:%

种类	比例	种类	比例
玉米面	54.13	豆饼	10
高粱	7	叶粉	6
小麦麸	10	骨粉	2.5
大麦	5	食盐	0.37
鱼粉	5	磷	0.6
钙	1.70		

注：日粮中粗蛋白质含量要达到15%；代谢能11.49kJ/kg。

表 3-4　15~20 周龄育成鸡参考饲料配方　　　　单位:%

种类	比例	种类	比例
玉米面	47.13	鱼粉	2
高粱面	10	豆饼	4
小麦麸	15	叶粉	7
大麦	12	骨粉	2.5
食盐	0.37	磷	0.5
钙	0.9		

注：日粮中粗蛋白质含量要达到 13%，代谢能 11.28kJ/kg。饲喂过程中适当添加多种维生素和微量元素，以满足育成鸡生理需要。

3. 添喂不溶性沙砾

对育成鸡添喂不溶性沙砾，可提高肌胃的消化功能，改善饲料消化率；防止育成鸡因肌胃中缺乏沙砾而吞食垫料、羽毛等。

沙砾添加量与粒度：每 1000 只育成鸡，5~8 周龄时一次饲喂 4500g，能通过 1mm 筛孔；9~12 周龄时 9kg，能通过 3mm 筛孔；13~20 周龄时 11kg，能通过 3mm 筛孔。

沙砾可拌入日粮中，也可单独放在饲槽内让鸡自由采食。饲喂前用清水洗净，再用 0.01% 的高锰酸钾水溶液消毒。

4. 做好蛋鸡育成期的限制饲养

（1）限制饲养的目的　蛋鸡在育成阶段，限制其采食量，或降低营养水平，或控制喂料时间，这一饲养技术称限制饲养。限制饲养的目的如下。

①可节约饲料，通过限制饲养可减少 7%~8% 的饲料消耗。

②控制体重增长，维持标准体重。

③保证正常的脂肪蓄积，可防止脂肪沉积过多，有利于产蛋的持久性。

④育成健康结实、发育匀称的后备鸡。应在体重、跖长双重指标下限制饲养。

⑤防止早熟，提高产蛋性能。减少产蛋期的死亡淘汰率。

（2）限制饲养的方法　一般从 9 周龄开始限制饲养。限制饲养的方法有以下 3 种。

①限量饲喂：即每天每只鸡的饲料量减少到正常采食量的 90%，但应保证日粮营养水平达到正常要求。多数情况下采用该法。

②限时饲喂：主要是通过控制鸡的采食时间来控制采食量，以达到控制体重和性成熟的目的。根据鸡群状态和品种的特点，可采取以下限时法进行饲喂：每日按规定饲喂次数、每次喂食的时间喂给一定量的饲料，这种方法对鸡

的应激较小；隔日限喂，即喂 1d 停 1d，把两天限喂的饲料量在 1d 中喂给，该法可以降低育成鸡采食时因竞争料槽对鸡只的影响，从而得到符合目标体重、群体均匀度较高的群体；每周限饲，即每周喂 5d 停 2d，一般是周日、周三停喂，喂料日的喂料量是将 1 周中限喂的饲料量均衡地分作 5d 喂给（即将 1d 的限喂量乘 7 除以 5 即得）。

③限质饲喂：即限制育成鸡饲料中的营养水平，降低日粮中粗蛋白质和代谢能的含量，减少日粮中鱼粉、能量饲料（如玉米、高粱等）的比例，适当增加养分含量低、体积大的饲料（如麸皮、叶粉等）的比例。限制营养水平一般为：7~14 周龄日粮中粗蛋白质为 15%，代谢能 11.49kJ/kg；15~20 周龄蛋白质为 13%，代谢能 11.28kJ/kg。

(3) 限制饲养注意问题

①限制饲养应以跖长、体重监测为依据进行限制饲养。进行跖长、体重监测时，鸡只数量按照鸡群总数的 10%~15% 进行抽测，最低数量不得少于 50 只。

②保证足够的食槽、饮水器和合理的鸡舍面积，使每只鸡都能均等地采食、饮水和活动。

③限制饲养主要是限制摄取蛋白质、能量，而维生素、常量元素和微量元素要满足鸡的营养需要。

④限制饲养前应断喙，淘汰弱鸡、残鸡：限制饲喂会引起饥饿应激，容易诱发恶癖，在限饲前对母鸡进行正确的断喙，公鸡还需断趾、断距。

⑤防止应激：限制饲喂时观察鸡群健康状况，当鸡群患病、接种疫苗、转群等应激状态时要酌量增加饲料或临时恢复自由采食，并要增喂抗应激的维生素 C 和维生素 E。

⑥公母分群饲养：在育成期公母鸡最好分开饲养，有利于控制体重。

⑦不可盲目限制饲养：当鸡群饲料条件不好、鸡群发病、体重较轻时停止限制饲养。此外，注意鸡种的影响，白壳蛋鸡体内脂肪沉积能力相对较差，限制饲养时间可以控制在 12 周龄后进行，有时可不限饲；褐壳蛋鸡脂肪沉积能力较强，必须进行限制饲养，且限制饲养时间可适当提前。

(三) 育成鸡的管理

1. 定期称测体重、跖骨长度，提高群体均匀度

(1) 体重测定

①体重测定时间应合理：白壳蛋鸡从 6 周龄开始，每 1~2 周称量一次体重；褐壳蛋鸡从 4 周后每 1~2 周称量一次体重。

②称重鸡只应有代表性：一般大群鸡群按 1% 的比例抽样；小群按 5% 的

比例抽样，但不少于 50 只。先将鸡舍内各区域的鸡统统驱赶，使各区域的鸡和大小不同的鸡分布均匀，然后在鸡舍任一地方用铁丝网围大约需要的鸡数，然后逐个称重登记。笼养育成鸡，则上层、中层、下层鸡笼都应有鸡只被抽中进行测定。蛋鸡育成期体重标准见表 3-5。

表 3-5　来航型与中型蛋种鸡的体重标准　　　　单位：kg

周龄	来航型		中型蛋鸡（产褐壳蛋）	
	母鸡	公鸡	母鸡	公鸡
1	0.09	0.14	0.13	0.18
2	0.14	0.18	0.18	0.22
3	0.22	0.27	0.27	0.32
4	0.27	0.36	0.36	0.45
5	0.36	0.46	0.46	0.59
6	0.41	0.55	0.59	0.73
7	0.50	0.68	0.68	0.86
8	0.59	0.77	0.77	1.00
9	0.68	0.91	0.86	1.09
10	0.73	1.00	0.95	1.22
11	0.82	1.04	1.04	1.32
12	0.91	1.14	1.14	1.45
13	0.96	1.23	1.23	1.54
14	1.04	1.32	1.32	1.63
15	1.09	1.36	1.36	1.73
16	1.14	1.46	1.45	1.82
17	1.19	1.50	1.50	1.91
18	1.23	1.55	1.54	1.96
19	1.27	1.64	1.64	2.09
20	1.32	1.68	1.68	2.13
21	1.36	1.73	1.73	2.18

③根据体重评定育成鸡群体均匀度：群体均匀度是指符合某品种标准体重 ±10% 的鸡只数占抽样鸡只总数的百分率，即：

$$鸡群体均匀度 = \frac{品种标准体重 \pm 10\% 的鸡只数}{抽样鸡只总数} \times 100\%$$

鸡群群体均匀度计算示例如下：某育成鸡群 10 周龄平均体重为 760g，超

过或低于平均体重 ±10% 的范围是：

$$760 + (760 \times 10\%) = 836 (g)$$
$$760 - (760 \times 10\%) = 684 (g)$$

在规模为 5000 只的鸡群中按 5% 的比例抽样 250 只鸡进行称量，在标准体重 ±10% (836~684g) 范围内的鸡只数量为 198 只，占称量总数的百分比为：

$$(198/250) \times 100\% = 79\%$$

则该鸡群的群体均匀度为 79%。

④鸡群群体均匀度的评价标准：一般群体均匀度 70%~76% 为合格，均匀度 77%~83% 为良好，均匀度 84%~90% 为优秀。

(2) 跖骨长度测定　跖骨长度简称跖长，是指鸡爪底部到跗关节顶端的长度，用游标卡尺测定，单位为厘米 (cm)。跖长反映鸡骨骼生长发育的好坏。

育成鸡骨骼和体重的生长发育不同。体重是在整个育成期不断增长的，直到产蛋期 36 周龄时达到最高点。骨骼是在最初的 10 周内迅速发育，到 20 周龄时骨骼发育完成，前期发育快，后期发育慢。因此，要求后备鸡 12 周龄时完成骨骼发育的 90%。如果饲料营养、种鸡管理等配合不当，为了达到体重标准就必然会出现带有过量脂肪的小骨架鸡——即小肥鸡，蛋鸡将来的产蛋性能明显达不到应有的标准。所以，在后备鸡培育过程中，跖长标准比体重标准更重要，应重视雏鸡及育成鸡骨骼的充分发育。在育雏期使雏鸡达到良好的体形和适宜的跖长是应追求的主要目标。如育成鸡 8 周龄实际跖长低于标准跖长，可暂不更换育成料，直到跖长达标后才更换。育成期，除注重体重均匀度外，还要增加跖长均匀度指标，并定期监测和调控。迪卡父母代种鸡的跖长标准见表 3-6。

表 3-6　迪卡父母代种鸡的跖长标准　　　　　　　　单位：mm

周龄	公鸡跖长	母鸡跖长	周龄	公鸡跖长	母鸡跖长
1	35	33	11	106	91
2	44	40	12	110	95
3	52	46	13	114	99
4	60	52	14	117	101
5	67	58	15	120	102
6	74	65	16	122	103
7	81	71	17	124	104
8	88	78	18	125	105
9	95	83	19	125	106
10	101	87	20	126	106

育成鸡 8 周龄末，跖长未达到标准，应提高日粮中营养水平，并适当加大多维用量，同时可在每吨饲料中加入 500g 氯化胆碱（可促进增重、提高产蛋率）。

（3）提高群体均匀度　群体均匀度是显著影响蛋鸡生产性能的重要指标。

造成均匀度差的原因：疾病影响，特别是肠道寄生虫病；管理不当，如喂料不均、密度过大、舍内温度不均匀、断喙不成功、通风不良、光照强度过大等。

提高均匀度的措施：做好分群管理，保持合理饲养密度，满足营养需要与采食均衡、保持空气良好，光照合理等。

2. 保持合适的饲养密度

合适的饲养密度有利于育成鸡的正常发育，也有利于提高后备鸡的成活率和均匀度。随着日龄的增加，饲养密度也应相应降低。如果密度不合理，即使其他饲养管理工作都好，也难以培育出理想的高产鸡群。

育成期在平面饲养的情况下，每平方米地面的合适饲养鸡只数为：7~12 周龄，10~8 只；13~16 周龄，8~6 只；17~20 周龄，6~4 只。笼养：15~16 只/m^2。

3. 保持水位、料位充足

平养条件下，每只鸡应有 8cm 长的料槽长度或 4cm 长的圆形食槽位置；每 1000 只鸡应有 25m 长的水槽位置。以防抢食和拥挤践踏。

4. 保持良好的通风换气

注意鸡舍通风，鸡舍通风条件要好，特别是夏天，一定要创造条件使鸡舍有对流风。即使在冬季也要适当进行换气，以保持舍内空气新鲜。通风换气好的鸡舍，人进入后感觉不闷气、不刺眼和刺鼻。育成鸡对高温的适应能力差，当气温高于 30℃时，应加大通风换气量。

5. 做好育成期光照控制

合理的光照可使育成鸡在适宜的日龄开产。育成鸡性腺发育很快，对光照变化非常敏感。如果在育成期间光照时间增加过早，光照时间过长，可导致鸡群性早熟而过早产蛋。育成鸡过早产蛋，不但影响鸡的体重增加，而且蛋质量小，产蛋持久性差，降低产蛋期的产蛋率，同时还易出现鸡群脱肛、鸡只啄肛的现象。此外，光照强度过大还会引起鸡群啄癖的发生，鸡只争斗明显，造成育成率降低。

6. 预防啄癖

育成阶段管理不当，鸡只易发生啄癖，预防啄癖的发生是育成鸡管理的一个难点。具体措施主要有：做好雏鸡阶段的断喙，对断喙效果不好的育成鸡在 10 周龄左右可再次断喙；改进日粮营养水平，特别注意维生素、微量元素的添加；改善舍内环境，降低饲养密度，保持空气质量良好，采用低强度光照等。

7. 减少各种应激

日常管理工作，要严格按照操作规程进行，尽量避免外界不良因素的干扰。抓鸡时动作不可粗暴。接种疫苗时要慎重。不要穿着特殊衣服突然出现在鸡舍，以防炸群，影响鸡群正常生长发育。高温季节要做好防暑降温，防止热应激。

（四）育成鸡的卫生防疫

1. 做好环境的卫生消毒

在鸡舍门口建消毒池或消毒舍，人员和鸡只进出严格消毒。育成鸡舍进前，对鸡舍墙壁、地面、饲养设备以及鸡舍周围彻底冲洗，鸡舍充分干燥后，采用消毒剂进行消毒。消毒剂可选用含过氧乙酸、火碱、醛类、碘伏、有机氯制剂、复方季铵盐等成分的消毒剂，所选消毒剂的使用浓度、配制方法、使用时间等按照产品的使用说明书进行。

2. 做好鸡群的日常观察

鸡群日常观察是育成期的一个重要工作，发现问题及时处理。鸡群的日常观察包括精神状态、采食情况、排粪情况、外观表现等，重点在早晨和晚上进行。

（1）精神状态观察　健康的鸡群表现为鸡群活泼，反应灵敏，叫声清脆。如果部分鸡表现精神沉郁，闭目呆立，羽毛蓬松，翅膀下垂，呼吸有声，表示鸡群发病预兆或处于发病初期；如果大部分鸡只出现精神委顿，说明疫情严重，应尽快给予治疗。

（2）羽毛状况观察　鸡周身掉毛，但鸡舍未发现羽毛，说明被其他鸡吃掉了，这是鸡体内缺乏含硫氨基酸或硫酸亚铁所致，应补充石膏或氨基酸。

（3）食欲状况观察　食欲旺盛说明鸡生理状况正常，健康无病；减食是因饲料突然变换、饲养员更换、鸡群应激过大和疾病所致；鸡只出现异食癖说明饲料营养不全、饲料搭配不当；饮水突然增加说明饲料中盐分过多或发生疾病。

（4）粪便的观察　正常的粪便是灰色的干燥的粪便，上覆一层白色粪，其含量的多少可以衡量饲料中蛋白质含量的高低及吸收水平；褐色的稠粪也属于正常的粪便。如果是红色、粉红色粪便则说明是因为肠道出血所致，可能患有球虫病。

3. 定期驱虫

地面平养育成鸡，定期驱除体内寄生虫。在 60~75 日龄，用吡喹酮粉剂和阿维菌素粉剂混入饲料中，拌料 3~5d，吡喹酮量按每千克鸡体重 15mg 一次服用剂量计算，阿维菌素量按每千克鸡体重 0.03mg 一次服用剂量计算；在 100～110 日龄，用吡喹酮粉剂和阿维菌素粉剂混入饲料中，拌料 3～5d，药物剂量同上。

4. 投药预防

地面平养育成鸡重点预防鸡白痢、鸡球虫病。

（1）预防鸡白痢　雏鸡和育成鸡在饮水中加入恩诺沙星、环丙沙星等预防，发病鸡可用上述药物加大剂量使用。

（2）预防鸡球虫病　5～6 周龄前常量投药→6～7 周开始减量投药→8～9 周再次减量投药→10～12 周停药。常用药物有：氨丙林 125～240mg/kg 料；氯羟吡啶 125mg/kg 料；莫能菌素 75～125mg/kg 料；常山酮 4mg/kg 料；磺胺敌菌净合剂 200mg/kg 料。

5. 做好疫苗接种

鸡场应根据各地流行的鸡疫病种类进行免疫，其中新城疫和高致病性禽流感是强制性免疫病。免疫剂量及方法，按照各疫苗的使用说明书进行。蛋鸡育成期参考免疫程序见表 3-7。

表 3-7　蛋鸡育成期参考免疫程序

日龄	疫苗	免疫方式
60～70	鸡新城疫活疫苗（Ⅰ系）	肌注 0.5mL/只
70～91	传染性脑脊髓炎疫苗	刺种或饮水
95	禽霍乱疫苗	肌注 1 羽份
100	减蛋综合征疫苗	肌注
110	传染性支气管炎疫苗	肌注
110	鸡新城疫活疫苗（Ⅰ系）	肌注
120	鸡痘疫苗	刺种
130	传染性鼻炎油佐剂灭活苗	肌注

四、产蛋鸡的饲养管理

21～72 周龄阶段是蛋鸡的产蛋阶段。蛋鸡生产的目的是为消费者生产数量多、质量好的商品蛋，从而获得较高的经济效益。由于现代遗传育种技术在蛋鸡育种中的广泛应用，现代蛋鸡普遍具有优良的生产性能，蛋鸡在整个产蛋期的平均产蛋率可达 80% 以上，高峰期产蛋率可达 90% 以上，单只蛋鸡的年产蛋量可达 280 枚以上，总蛋重可达 20kg 以上。产蛋率是衡量蛋鸡产蛋水平高低的重要指标，在整个产蛋过程中产蛋率的高低对蛋鸡的产蛋水平起着至关重要的作用。由于蛋鸡饲养周期长、蛋鸡饲养密度大（现代商品蛋鸡普遍采取笼养）、对饲料营养要求高、蛋鸡由于自身生理的特点对环境敏感性强等原因，在其饲养过程中蛋鸡极易受到各种因素的影响而造成产蛋率的下降，从而对蛋鸡生产水平和养殖的经济效益造成严重影响。因此，产蛋期蛋鸡的饲养管理就是要结合蛋鸡的生理特点和产蛋规律，为蛋鸡产蛋提供良好的饲料条件、环境条件，充分发挥蛋鸡的产蛋潜力，提高蛋鸡养殖效益。

（一）产蛋鸡的生理特点与产蛋规律

1. 产蛋鸡的生理特点

（1）开产后身体尚在发育　刚进入产蛋期的母鸡，虽然已经性成熟，但身体仍在发育，体重继续增长。蛋鸡开产后20周（约40周龄）后生长发育才基本停止，体重增长较少，40周龄后增重多为脂肪积蓄。因此在产蛋期不同阶段应根据鸡的生长特点和产蛋规律进行调整饲养。

（2）产蛋鸡对环境变化非常敏感　产蛋鸡产蛋期间富有神经质，饲料配方的变化，饲喂设备的改换，环境温度、湿度、通风、光照、密度的改变，饲养人员和日常管理程序等的变换，鸡群发病、接种疫苗等应激因素等，都会对产蛋产生不利影响。因此，维持蛋鸡养殖环境的稳定是维持蛋鸡产蛋性能稳定的必要条件。

（3）不同时期对营养物质的利用率不同　刚到性成熟时期，母鸡身体贮存钙的能力明显增强；随着开产到产蛋高峰，鸡对营养物质的消化吸收能力增强，采食量持续增加；而到产蛋后期，其消化吸收能力减弱而脂肪沉积能力增强。因此，蛋鸡饲养管理中必须根据蛋鸡营养利用特点供给饲料营养。

2. 蛋鸡的产蛋规律

蛋鸡的产蛋规律反映在蛋鸡的产蛋曲线上。产蛋曲线绘制是在坐标纸上，将产蛋期周龄作横坐标，每周龄产蛋率作纵坐标，并将各点连接起来所得到的一条曲线。这条曲线反映了蛋鸡整个产蛋期产蛋的规律性变化。蛋鸡的产蛋规律表现为三个特点：

（1）开产后产蛋率上升快　一般呈陡然上升态势，这一时期产蛋率成倍增长，在产蛋6~7周内产蛋率达到90%以上。

（2）产蛋中后期产蛋率下降平稳　蛋鸡产蛋高峰过后，产蛋曲线下降十分平稳，呈直线状，一般每周产蛋率下降0.7%~1%。

（3）产蛋的不可补偿性　产蛋过程中，若遇到饲养管理不善，或其他应激时，会使蛋鸡产蛋率低于标准而不能完全补偿。

产蛋曲线的应用。每个蛋鸡品种均有其标准的产蛋曲线，每个蛋鸡养殖群体都有其实际的产蛋曲线，将实际产蛋曲线与标准产蛋曲线进行对照，可判断蛋鸡在养殖过程中是否达到标准，从而找出原因，对饲养管理进行改进。

（二）蛋鸡开产前的准备

1. 鸡舍的整理与消毒

（1）蛋鸡设备维护　对供水、供料、集蛋、通风、鸡笼、清粪及其他辅助设备等进行维护，并试运行。

（2）鸡舍维护　维护地面、墙壁、门窗及堵塞漏洞。

（3）鸡舍消毒　目的是消灭有害微生物，保证蛋鸡产蛋需要的环境卫生条件。鸡舍消毒按以下程序进行：

①清理物资：上一批鸡淘汰后，移出舍内能活动的用具，在舍外指定地点冲刷、晾晒、消毒。

②鸡舍清扫：彻底清扫鸡舍每一角落，清扫后用高压水枪对鸡舍内墙壁、地面、设备彻底冲刷，直至无污迹为止，然后用火焰消毒灯（汽油或煤气喷灯）对舍内、设备表面进行火焰消毒。

③设备复位与消毒：将鸡舍内所有移出用具重新摆放安装到位，并调试正常；然后用化学消毒剂对舍内地面、设备和工具喷洒消毒，消毒时要保持舍温25℃以上，地面用火碱刷洗消毒；最后进行熏蒸消毒，熏蒸时关闭鸡舍，加温、加湿，用福尔马林（用量按浓度38%～40%甲醛溶液42mL/m³计算）、高锰酸钾（用量按高锰酸钾21g/m³计算）熏蒸24h以上，进鸡前3d打开鸡舍。

④空舍：老鸡淘汰再进新鸡，两批鸡衔接消毒空舍时间不得少于3周。

2. 整顿鸡群与转群

（1）整顿鸡群　鸡进舍前对鸡只进行选择，严格淘汰病、残、弱、小的不良个体；做好驱虫、疾病净化和最后的免疫接种。

（2）转群

①转群时间的选择：一般在18～20周前必须将后备鸡转入产蛋鸡舍。应选择气温适宜的天气转群。最好是夜晚转。

②做好后备蛋鸡转群前的饲养管理：转群前2d，饲料中添加2倍的维生素和电解质，转群当日24h光照，并停水4～6h。

③转群的组织工作：做好人力、工具的准备，做好分工，转群时轻拿轻放，防止伤鸡和压死鸡的现象发生。

④做好育成鸡转笼后的饲养管理：转群后要观察鸡群状态，观察是否有异常并采取相应措施；及时给水、给料继续给维生素和电解质2～3d，换料与补充光照。

3. 做好蛋鸡开产前后饲养管理

（1）适宜的体重标准　18周龄必须测体重与相对应的蛋鸡标准体重相对照。一般开产时白壳蛋鸡体重1.2~1.3kg，褐壳蛋鸡1.4~1.5kg。对未达标的鸡群提高饲料能量蛋白水平，继续使用育成鸡料至体重达标时换料，并自由采食。

（2）做好饲喂　换料后供给高营养的产蛋鸡饲料，不得限饲，一直到产蛋高峰过后止。

（3）补充光照　18周龄体重达到标准的鸡群，18周或20周开始补充光照；体重未达标者推迟1周补光。

（4）更换日粮　鸡群产蛋率达5%前要做好产蛋鸡日粮更换，一般在18~19周更换。更换方法：设计一个前期饲料配方，饲料中钙含量2%，其他营养与产蛋鸡相同，用做过渡饲料；产蛋鸡料按1∶3、1∶2的比例逐渐替换育成鸡料。

（三）产蛋鸡的饲养

1. 产蛋鸡的营养需要

（1）能量需要　蛋鸡能量需要包括维持与生产需要两部分。其中2/3用于维持，1/3用于产蛋，并且首先满足维持的营养需要，然后才用于产蛋。因此，必须满足能量需要，才有可能提高蛋鸡产蛋量。

（2）蛋白质需要　蛋白质需要包括维持与生产需要两部分。其中1/3用于维持，2/3用于产蛋。可见，饲料中的蛋白质主要用于产蛋。产蛋鸡对蛋白质的需要，不仅应从数量上考虑，还要从质量上满足要求。主要的氨基酸有蛋氨酸、赖氨酸、胱氨酸等。

（3）矿物质需要　钙、磷对产蛋是非常重要的。蛋鸡产蛋前期钙含量一般为3.5%，有效磷为0.45%；后期钙由原来的3.5%提高到4%，有效磷水平下降到0.35%。当日粮中缺钙、磷，蛋鸡会动用骨骼中的钙、磷产蛋，但长期缺乏，则产软壳蛋，甚至停产。

（4）适量的微量元素和维生素　某些微量元素和维生素不仅为鸡生长发育所必需，而且也是维持繁殖不可缺少的营养成分。满足鸡对微量元素和维生素的需要才能使鸡保持最佳的繁殖性能，从而提高产蛋率。

蛋鸡对各种营养物质的需要见表3-8。

表3-8　蛋鸡对各种营养物质的需要

指标	产蛋率>80%	产蛋率80%~65%	产蛋率<65%
代谢能/（MJ/kg）	11.5	11.5	11.5
粗蛋白质/%	16.5	15	14

续表

指标	产蛋率 >80%	产蛋率 80~65%	产蛋率 <65%
蛋白能量比/（g/MJ）	14.34	12.9	12.18
钙/%	3.5	3.25	3.0
总磷/%	0.60	0.60	0.60
有效磷/%	0.40	0.40	0.40
食盐/%	0.37	0.37	0.37

2. 产蛋鸡的饲喂与饮水

（1）喂料量、饲喂次数　110~120g/d 只，3 次/d。产蛋高峰期增加到 4 次/d。每天喂料量应根据体重、周龄、产蛋率、气温进行调整。

（2）补喂大颗粒钙　一般在下午 5:00 补喂大颗粒（直径 3~5mm）贝壳砾，每 1000 只鸡 3~5kg。饲料中钙源采用 1/3 贝壳粉、2/3 石粉混合应用的方式为宜，可提高蛋壳质量。

（3）保证充足饮水　夏季饮凉水。

3. 饲养密度、水位、料位

（1）饲养密度　笼养蛋鸡 450cm^2/只。

（2）料位　每只鸡 10cm 长料位长度。

（3）水位　每只鸡 4cm 长水位长度。

4. 产蛋鸡的阶段饲养

蛋鸡在不同生理状况、产蛋水平下，对营养物质的要求不同。蛋鸡的阶段饲养就是根据鸡的产蛋周龄和产蛋水平，将产蛋期分为若干阶段，并考虑环境因素，按不同阶段喂给不同营养水平的饲料。生产中常用三段制饲养法，即 21~42 周龄为第一段，43~58 周龄为第二段，59~72 周龄为第三段。

（1）21~42 周龄阶段　蛋鸡产蛋率急剧上升到产蛋高峰并在高峰期维持一段时间，同时鸡的生长仍在进行，此时体重的增加主要是鸡肉和骨骼，因此饲料中营养必须同时满足鸡的生长和产蛋需要。该阶段饲料中营养物质水平要高，要促使鸡只多采食。这一时期鸡的营养和采食量决定蛋鸡产蛋率上升的速度和产蛋高峰期维持时间的长短，在饲喂方法上以自由采食为宜。

（2）43~58 周龄阶段　鸡的产蛋率缓慢下降，而鸡的生长发育基本停止，但是其体重在增加，体重增加主要是脂肪的沉积。所以在饲料营养物质供给上，要在抑制产蛋率下降的同时防止母鸡体内沉积大量脂肪。在饲养实践上，可以在不控制采食量的条件下适当降低饲料能量水平。

（3）59~72 周龄阶段　此期蛋鸡产蛋率下降加快，体内脂肪沉积增多，饲养上要在降低饲料能量水平的同时对蛋鸡适当限制饲养，防止蛋鸡体况过肥而影响产蛋。

采取三段制饲养，蛋鸡产蛋高峰出现早，高峰期维持时间长，中后期产蛋下降慢，产蛋量多。我国蛋鸡的饲养标准也是按这三个阶段制定的。

5. 产蛋鸡的调整饲养

蛋鸡调整饲养是在阶段饲养的基础上发展起来的，是一种更为精细的饲养方法。调整饲养就是根据环境条件和鸡群状况的变化，及时调整日粮配方中各种营养物质浓度以适应鸡对各种因素变化的生理需要。调整饲养是解决营养性应激的重要措施，可以保证鸡群健康，充分发挥蛋鸡的产蛋潜能，提高蛋鸡养殖经济效益。

（1）按产蛋规律调整饲养　即根据蛋鸡产蛋率的变化及时调整蛋鸡饲料，具体方法是在蛋鸡开产后，在蛋鸡产蛋率还未达到高峰时提前更换为高峰期饲料，以促进产蛋率的快速提高；当产蛋率下降后，为抑制产蛋率的下降速度，要在产蛋率下降1周后再更换饲料。

（2）按季节气温变化调整饲养　冬季，蛋鸡采食量大，可适当降低日粮中粗蛋白质水平；夏季，蛋鸡采食量减小，可适当提高日粮中粗蛋白质水平。

（3）鸡群采取特殊管理措施时的调整饲养　在断喙当天或前后1d，在饲料中添加维生素K 5mg/kg；断喙一周内或接种疫苗后7~10d，日粮中蛋白质含量增加1%；出现啄癖时，在消除引起原因的同时，饲料中适当增加粗纤维含量；在蛋鸡开产初期、脱羽、脱肛严重时，可加喂1%的食盐；在鸡群发病时，可提高蛋白质1%~2%，多种维生素0.02%等。

6. 产蛋鸡的限制饲养

现代蛋鸡品种中，褐壳蛋鸡在产蛋高峰期过后易沉积大量脂肪，影响蛋鸡产蛋量，因此对褐壳蛋鸡进行适当饲喂限制饲养，有利于提高蛋鸡产蛋量。而白壳蛋鸡由于沉积脂肪能力不强，则可以不进行限制饲养。

7. 蛋鸡饲料形状与减少饲料浪费的措施

生产中，蛋鸡饲料性状不可磨得太细。由于饲料成本在养鸡成本中比重很大，饲料支出约占养鸡总支出的60%~70%，因此减少饲料浪费可以有效降低养殖成本，提高蛋鸡养殖经济效益。

减少饲料浪费的主要措施：

（1）饲养高产优质品种。

（2）采用优质全价配合饲料。

（3）按需给料。

（4）严把饲料原料质量关。

（5）饲料不可磨得太细。

（6）注意保存饲料。

（7）改进饲槽结构。

（8）每次加料不超过料槽深度的1/3。

（9）及时淘汰低产和停产鸡。

（四）产蛋鸡的管理

1. 温度管理

（1）产蛋鸡的温度要求　产蛋鸡的适宜环境温度为5～28℃，产蛋适宜温度为13～20℃，13～16℃产蛋率较高，15～20℃饲料转换率较高。高温和低温对蛋鸡产蛋率影响较大，尤其是高温影响很大。

（2）高温季节缓解热应激的措施　夏季气温高，对蛋鸡产蛋影响很大。当鸡舍温度上升到28℃以上时，鸡的采食量开始减少，产蛋量逐渐下降；达到38℃时，产蛋量显著下降，甚至停产，蛋鸡极容易发生热衰竭而死亡。因此，要采取各种有效的措施，使鸡舍温度保持在28℃以下。缓解热应激的措施主要有以下几点。

①加强通风换气，地面和墙角喷洒凉水，降低舍内温度。

②饮喂凉水，必要时可在饮水中加入冰块。

③鸡舍外围搭荫棚，种丝瓜，植葡萄及瓜蔓等植物遮阳避暑，以减缓直射阳光的强度，给鸡创造一个适宜的小气候环境。

④改变饲料配方，增加营养浓度，在饲料中添加1%～3%的油脂，提高饲料的能量水平，同时可提高日粮中钙含量达到4%。

⑤加喂抗应激药物，如在饮水中添加0.1%碳酸氢钠，对提高蛋鸡的抗高温能力和产蛋率有明显作用；在饮水中添加0.01%～0.04%维生素C和0.2%～0.3%氯化铵，可提高蛋鸡抗热应激的能力；在饲料中添加0.004%杆菌肽锌，可维持肠道内的菌群平衡，促进营养吸收；在饲料中添加0.3%的柠檬酸可以缓解热应激，提高产蛋率。

2. 湿度管理

蛋鸡适宜的相对湿度为60%～70%。如果相对湿度低于40%，蛋鸡羽毛零乱，皮肤干燥，空气中尘埃飞扬，容易诱发呼吸道病；如果相对湿度高于72%，其羽毛粘连、污秽、关节炎病例会增多。相对湿度过高或过低均可引起产蛋率下降。

3. 通风管理

蛋鸡日粮属于高能量、高蛋白日粮，蛋鸡肠道相对于其他畜禽较短，对蛋白质消化不充分，其排泄物中含有较多的含氮、含硫有机物。在高温、高湿、高密度饲养条件下，蛋鸡舍内由于呼吸、粪便及潮湿垫料散发出大量氨气、硫化氢和二氧化碳等有害气体。这些有害气体超过一定的浓度，就会影响蛋鸡采食，诱发蛋鸡发生呼吸道疾病，降低蛋鸡产蛋率。产蛋鸡舍中有害气体的卫生学标准为氨气不超过 20mg/L、二氧化碳不超过 0.15%、硫化氢不超过 10mg/L。

4. 光照管理

蛋鸡是由野生鸟类经过人工驯化并通过现代遗传育种手段培育形成的，具有优良的产蛋性能。光照对蛋鸡的开产和产蛋性能影响很大，在蛋鸡养殖场通过光照控制提高蛋鸡产蛋性能已经是一项常规的管理技术，光照控制技术贯穿于雏鸡培育、育成鸡培育、蛋鸡饲养的整个生产过程。

（1）光照对蛋鸡的产蛋影响

①光照对蛋鸡性成熟的影响：蛋鸡开产是性成熟的标志。开产表明蛋鸡生殖系统发育成熟，具备正常的产蛋机能。

光照时间的长短对蛋鸡性成熟有明显的影响。蛋鸡孵化出壳达 2 月龄前，性腺（即卵巢）的发育相对较慢，而其他组织和器官发育相对较快，故应保证较长的光照时间，以保证采食和饮水的需要。当蛋鸡达到 2 月龄后，性腺的发育明显加快，此时光照时间的长短对性腺的发育有明显的调控作用。

光照时间"阈值时数"对性腺发育的影响。当光照时间在 12h 以下时，抑制性腺的发育，光照时数越短，性腺的发育越慢。此时，如每天光照时数超过 12h，则促进性腺的发育，光照时数越长，性腺的发育越快。因此，每天 12h 的光照时间即被视为小鸡性腺发育的"阈值时数"。性腺发育加快的结果，导致母鸡开产过早，而此时母鸡的骨骼、肌肉和其他内脏组织器官尚未发育成熟，常导致产蛋高峰期维持时间过短，产蛋率低，蛋小，产蛋量降低。因此，早产对蛋鸡不利，产蛋母鸡应做到适时开产，严防过早开产。

光照时间变化的影响。"阈值时数"对处于从短光照时数到长光照时数变化的小母鸡来讲，有着明显的阈值效应。而当小母鸡处于从长光照时数到短光照时数变化时，即便最初光照时数大大超过"阈值时数"，只要它一直处于下降的趋势，则"阈值时数"不起作用。也就是说，小母鸡的性腺发育速度不仅与光照时间的长短有关，而且与光照时数的变化趋势有关。通常上升趋势有加快性腺发育的作用，而下降趋势则有抑制性腺发育的作用，且对性腺发育后期的作用明显大于性腺发育前期。

防止性腺发育过快的光照控制措施。可通过在生长期对蛋鸡进行光照时间的控制来达到适时开产。具体方法有以下两种：一种方法是使蛋鸡在性腺发育期处于低于"阈值时数"（一般为每日 8~9h）的光照环境中，以抑制性腺的发育；另一种方法是使蛋鸡处于光照时数逐渐缩短的光照环境中，同样可以抑制性腺的发育，防止过早开产。

②光照时间对蛋鸡产蛋期产蛋量的影响：蛋鸡开产后，应逐渐缓慢增加光

照时间，以促进产蛋高峰期的到来。但此期光照时数不可骤然增加，否则会导致初产蛋鸡肛门外翻，造成不必要的损失。

当光照时数增加到每日 14~16h 时，则不可继续增加，在整个产蛋期保持不变。产蛋期母鸡对光照的变化非常敏感，若光照时数发生下降，常导致产蛋量下降，并出现过早换羽，甚至还会出现短时间的停产，从而降低产蛋期的产蛋量。

③光照强度对产蛋的影响：光照强度是指光源发出光线的亮度，常用的单位是勒克司（lx）。光照强度对母鸡性成熟影响小，对母鸡产蛋影响大。光照强度过低，导致采食、饮水困难而影响产蛋；而过强的光照，则引起蛋鸡情绪不安，啄癖增多，从而导致死亡率增加，尤其是蛋鸡笼养时更加明显。

人工控制光照强度的标准：生长鸡 5~10 lx，产蛋鸡 10~40 lx。

（2）蛋鸡的光照控制　关键是控制光照时间和光照强度。

①光照时间的控制：蛋鸡出壳后，为尽快保证采食和饮水，0~3 日龄采取 23~24h 的光照时间；生长期的光照时间宜短，特别是 10~20 周龄阶段，性腺发育加快，不可逐渐延长光照时间；产蛋期光照时间宜长，并保持恒定，不可缩短光照时间。

a. 后备鸡密闭式鸡舍光照时间控制方案。密闭式鸡舍又称无窗鸡舍，鸡舍内的环境条件均为人工控制而不受自然气候条件的影响。该鸡舍主要在大型机械化养鸡场采用。光照控制方法是：0~3 日龄，每日 23~24h 光照；4~19 周龄，每日 8~9h 光照；20 周龄开始，在原来 8~9h 光照的基础上，每周增加 1h，直至每日光照的达 16h 时为止，并维持到产蛋期结束。

b. 后备鸡开放式鸡舍的光照时间控制方案。除机械化养鸡场外，绝大多数养鸡场均为开放式鸡舍。开放式鸡舍主要利用窗户自然采光，日照随季节变化而变化。从冬至到夏至，每日光照时数逐渐延长，到夏至达到最高；从夏至到冬至，日照时数逐渐下降，到冬至达到最低。因此，应根据坚决变化控制光照。生长阶段根据后备鸡培育所处季节日照变化的不同，分两种情况进行控制：利用自然光照：每年 4 月 15 日到 9 月 1 日孵出的鸡，其生长后期处于日照逐渐缩短或日照较短的时期，对防止蛋鸡过早开产是有利的，完全可以利用自然光照，而不必人工控制光照。人工控制光照：每年 9 月 1 日到次年 4 月 15 日孵出的鸡，其生长后期处于日照逐渐增加或日照较长的时期，对防止蛋鸡过早开产是不利的，必需人工控制光照。采取渐减的光照控制，其方法是：以母雏长到 20 周龄时的自然日照时数为准，然后加 5h，如母雏长到 20 周龄时的自然日照时数为 15h，则加 5h，总共 20h（自然+人工光照时间）作为孵出时的光照时间，以后每周减少 15min，减至 20 周龄时刚好是自然的日照时间。整个生长期形成一个光照渐减的环境，可有效防止蛋鸡过早性成熟。

c. 产蛋鸡光照时间控制方案。从 21 周龄开始，在 20 周龄日照时数的基础上，每周增加 15～30min 人工光照，直到每日光照时数达 16h 为止，并维持到产蛋期结束。

②光照强度的控制方案：

a. 光源选择。光源可选白炽灯，15～60W。安装高度为 2m，灯泡行间距 3.6m。保证照度均匀。

b. 光照强度控制。为达到光照强度标准，舍内所需灯泡瓦数为：出壳至第 1 周，$2.5～3W/m^2$；第 2 周至第 20 周，$1.5W/m^2$；第 21 周后，$3.5～4W/m^2$。

另外，产蛋期每周擦拭灯泡，以保证正常发光效率，坏掉的灯泡及时更换。

5. 产蛋鸡的日常管理

（1）观察鸡群　观察蛋鸡生产情况、精神状态、饮食情况、粪便状态、站立活动、鸡冠、羽毛光泽与整齐状态等；晚上安静时听鸡只有无呼吸异常、咳嗽、喷嚏、打呼噜、甩鼻等；平时注意触摸检查鸡的肥瘦、腹部大小、耻骨间距、嗉囊等。根据观察到的情况判断鸡群健康状况。

（2）按时完成各项工作　鸡舍开灯、关灯、喂料、拣蛋、消毒、清粪、接种等按时完成。

（3）防止各种应激　产生应激的各种情况：突然停电或光照程序改变大；突然停水或饮水不足；突然换料或饲料成分的改变；投料量减少或投喂时间与次数的改变；突然降温与持续高温等。蛋鸡管理上应注意避免上述应激的产生。

6. 蛋鸡的季节管理

春季注意气候变化、调节通风、加强卫生消毒、满足营养。夏季主要是防暑，采取一系列防暑措施，在日粮中添加抗热应激添加剂，调节日粮浓度（加 3%～5% 油脂）。秋季做好鸡舍防寒保暖准备工作，控制通风，补充光照，淘汰换羽和停产鸡只。冬季封闭鸡舍，防寒保暖，适度通风，注意光照，根据舍温适当供暖。

7. 产品管理

及时收集鸡蛋，每日 2～3 次，收集的鸡蛋应及时送专用商品蛋库保管，蛋库温度在 10～15℃，相对湿度 60%～70%，贮存时间不得超过 7d。

五、蛋用种鸡的饲养管理

蛋用种鸡是蛋鸡生产的重要生产资料，其质量的好坏直接关系到生产蛋鸡苗数量的多少和商品蛋鸡生产质量的高低。饲养蛋用种鸡的目的是为了提供优质的种蛋和种雏，而种鸡所产母雏的多少、质量的优劣，取决于种鸡各阶段的饲养管理和鸡群疾病的净化程度。因此,在种鸡的饲养管理中,重点是保持良好的种用体况和旺盛的繁殖能力,以确保种鸡能够尽可能多地生产合格的种蛋,提高种蛋受精率、孵化率和健雏率。蛋用种鸡的基本饲养管理技术与商品蛋鸡相似,本节主要介绍蛋用种鸡的一些特殊饲养管理措施。

(一)后备种鸡的饲养管理

1. 饲养方式与饲养密度

(1)饲养方式 后备种鸡的饲养方式有地面平养、网上平养和笼养等不同方式。蛋用型种鸡多采用离地网上平养和笼养。育雏期笼养多采用四层重叠式育雏笼,育成期笼养时可用两层或三层育成笼。

(2)饲养密度 后备种鸡的饲养密度比商品蛋鸡小30%~50%即可。合适的饲养密度有利于种鸡的正常发育,也有利于提高后备种鸡的成活率和均匀度。随着日龄的增加,饲养密度也应相应降低,可结合断喙、免疫接种等工作调整饲养密度,并实行强弱分群饲养、公母分开饲养,淘汰体质过弱的鸡。

育雏、育成期种鸡的饲养密度见表3-9、表3-10。

表3-9 育雏、育成期不同饲养方式的饲养密度

蛋种鸡类型	周龄	全垫料/(只/m²)	40%垫料+60%网面/(只/m²)	网上平养/(只/m²)
轻型鸡	0~8	13	15	17
	9~20	6.3	7.3	8
中型鸡	0~7	11	13	15
	8~20	5.6	6.5	7.0

表3-10 笼养(重叠式)的饲养密度

蛋种鸡类型	周龄	饲养只数/(只/组)	饲养密度/(只/m²)	放置层数
轻型鸡	1~2	1020	74	上2层
	3~4	1010	50	3层
	5~7	1000	36	4层
中型鸡	1~2	816	59	上2层
	3~4	808	39	3层
	5~7	800	29	4层

2. 分群饲养

现代种鸡生产中采用的都是高产配套系的种鸡，不同种鸡养殖场饲养的种鸡在配套杂交方案中所处的位置是特定的，不能互相调换。因此，不同种鸡在出雏时都要佩戴不同的翅号，或断趾或剪冠，以示区别。各系种鸡还应分群饲养，以免弄错和方便配种计划的编制，也便于根据各系种鸡不同的生长发育特点进行饲养管理。

另外，种公母鸡6~8周龄前可混养，9~17周龄阶段应分开饲养。公鸡最好采用平养育成，并备有运动场，让其充分运动，以锻炼体格，提高后备种公鸡质量。同时注意饲养密度不能太大：6周龄后，种公鸡应有450~500 cm^2/只，成年种公鸡应有900 cm^2/只。在此期间，还可将体重过重和过轻者分开饲养，并有针对性地进行限饲和补饲。

分群后，公母鸡应按同样的光照程序进行管理。控制饲喂量，公鸡比母鸡多喂10%左右。育成后期至产蛋高峰前逐渐增加光照时数，母鸡增加到16h/d，公鸡到12~14h/d为止。如果公母混养，以母鸡的光照要求为准。

3. 公鸡的特殊管理技术

（1）断喙、断趾与戴翅号 配种时采取人工授精的公鸡要断喙，以减少育雏、育成期间的死亡。自然交配的公鸡虽不用断喙，但要断趾，以免配种时踩伤、抓伤母鸡。公鸡断喙的合理长度为商品蛋鸡的一半；断喙时间与商品鸡相同，即7~10日龄进行第1次断喙，在12周龄左右将漏断、喙长、上下喙扭曲等异常喙进行补断或重断。采用自然交配的公鸡，可将内侧第1、第2趾断去，以免配种时抓伤母鸡。

引种时，各亲本雏出雏时都要戴翅号，长大后容易区别，特别是白羽蛋鸡，如果不戴翅号混杂了，后代就无法自别雌雄。

（2）剪冠 由于种公鸡的冠较大，既影响视线，也影响种公鸡的活动、饮水和配种，也容易因为争斗而受伤。因此，种公鸡要剪冠。此外，在引种时为了便于区别公母鸡也要剪冠。

剪冠的方法有两种：一种是出壳后通过性别鉴定，用手术剪剪去公雏的冠。要注意不要太靠近冠基，防止出血过多，否则影响发育和成活；另一种是南方炎热地区，只把冠齿剪去即可，以免影响散热。2月龄以上的公鸡剪冠后，出血较多，容易影响生长发育。因此，剪冠不应在2月龄后进行。

（3）单笼饲养 繁殖期人工授精的公鸡应单笼饲养。群养时，公鸡相互争斗、爬跨等，影响精液数量和品质。

4. 育成期的限制饲养

蛋种鸡生产中，中型蛋种鸡在育成期一般都实行限饲，轻型蛋种鸡通常都未实行。是否采用限制饲养应由鸡种要求和鸡群体重的实际情况而定。限饲的具体操作可参考育成蛋鸡的限饲，并结合本品种的体重标准和均匀度要求进行。

5. 蛋用型种鸡的体重标准与胫长标准

（1）蛋用型种鸡的体重标准　现代蛋鸡都有其能最大限度发挥遗传潜力的各周龄的标准体重。在后备鸡培育上要通过科学的、精细的饲喂并及时调控喂料量和体重等综合措施才能达到，标准体重绝不是在自由采食状态下的体重。种鸡一生中都存在最适宜的体重问题，特别是育成期和性成熟时，适宜的体重对提高种鸡繁殖力尤为重要。

来航型种鸡与中型蛋种鸡的体重标准见表3-11，在具体应用时应参考所饲养鸡种的最新饲养管理手册。

表3-11　来航型与中型蛋种鸡的体重标准　　　　　单位：kg

周龄	来航型		中型蛋鸡（产褐壳蛋）	
	母鸡	公鸡	母鸡	公鸡
1	0.09	0.14	0.13	0.18
2	0.14	0.18	0.18	0.22
3	0.22	0.27	0.27	0.32
4	0.27	0.36	0.36	0.45
5	0.36	0.46	0.46	0.59
6	0.41	0.55	0.59	0.73
7	0.50	0.68	0.68	0.86
8	0.59	0.77	0.77	1.00
9	0.68	0.91	0.86	1.09
10	0.73	1.00	0.95	1.22
11	0.82	1.04	1.04	1.32
12	0.91	1.14	1.14	1.45
13	0.96	1.23	1.23	1.54
14	1.04	1.32	1.32	1.63
15	1.09	1.36	1.36	1.73
16	1.14	1.46	1.45	1.82
17	1.19	1.50	1.50	1.91
18	1.23	1.55	1.54	1.96
19	1.27	1.64	1.64	2.09
20	1.32	1.68	1.68	2.13

续表

周龄	来航型		中型蛋鸡（产褐壳蛋）	
	母鸡	公鸡	母鸡	公鸡
21	1.36	1.73	1.73	2.18
22	1.41	1.77	1.77	2.27
23	1.45	1.86	1.82	2.32
24	1.50	1.90	1.86	2.36
25	1.55	1.96	1.96	2.45
30	1.59	2.00	2.00	2.54
40	1.64	2.09	2.05	2.59
50	1.68	2.13	2.09	2.64
60	1.73	2.18	2.18	2.72
70	1.77	2.27	2.23	2.82
80	1.82	2.32	2.27	2.94

蛋用种鸡的适宜开产体重，轻型鸡大致为1360g左右，中型鸡为1800g左右。开产周龄则根据鸡种资料及现实的饲养管理条件，一般在20~21周龄见蛋，22~23周龄达5%的产蛋率，24~25周龄达50%产蛋率，轻型鸡种与中型鸡种的开产周龄已比较接近。

适宜开产体重与周龄的获得，是与整个育成期合理的、精细的饲养管理分不开的。其中，光照管理与蛋鸡部分基本相同，种鸡开产前光照时数的增加可以晚一些、缓慢些，以期获得适宜的开产蛋重。

（2）蛋用型种鸡的胫长标准　骨骼和体重的生长发育不同。体重是在整个育成期不断增长的，直到产蛋期36周龄时达到最高点。骨骼是在最初的10周内迅速发育，到20周龄时骨骼发育完成，前期发育快，后期发育慢。因此，要求后备鸡12周龄时完成骨骼发育的90%。如果饲料营养、种鸡管理等配合不当，为了达到体重标准就必然会出现带有过量脂肪的小骨架鸡——即小肥鸡，种鸡将来的产蛋性能明显达不到应有的标准。所以，在育雏期，胫长标准比体重标准更重要，应重视雏鸡及育成鸡骨骼的充分发育。在育雏期使雏鸡达到良好的体形和适宜的胫长是应追求的主要目标。如种鸡8周龄实际胫长低于标准胫长，可暂不更换育成料，直到胫长达标后才更换。育成期，除注重体重均匀度外，还要增加胫长均匀度指标，并定期监测和调控。迪卡父母代种鸡的胫长标准见表3-12。

表 3-12　迪卡父母代种鸡的跖长标准　　　　　单位：mm

周龄	公鸡跖长	母鸡跖长	周龄	公鸡跖长	母鸡跖长
1	35	33	11	106	91
2	44	40	12	110	95
3	52	46	13	114	99
4	60	52	14	117	101
5	67	58	15	120	102
6	74	65	16	122	103
7	81	71	17	124	104
8	88	78	18	125	105
9	95	83	19	125	106
10	101	87	20	126	106

6. 种公鸡的选择

种公鸡的质量直接影响到种蛋受精率及后代的生产性能。由于种公鸡在配种时所需数量明显少于种母鸡，因此每只种公鸡对后代的影响大于种母鸡，必须进行更严格的选择。

（1）第一次选择　在育雏结束公母分群饲养时进行，选留个体发育良好、冠髯大而鲜红者。留种的数量按 1∶8～1∶10 的公母比选留（自然配种按 1∶8，人工授精按 1∶10），并作好标记，最好与母鸡分群饲养。

（2）第二次选择　在 17～18 周龄时选留体重和外貌都符合品种标准、体格健壮、发育匀称的公鸡。自然交配的公母比为 1∶9；人工授精的公母比为 1∶15～1∶20，并选择按摩采精时有性反应的公鸡。

（3）第三次选择　在 21～22 周龄进行，自然交配的此时已经配种 2 周左右，主要把那些配种时处于劣势的公鸡淘汰掉，如鸡冠发紫、萎缩、体质瘦弱、性活动较少的公鸡，选留比为 1∶10。进行人工授精的公鸡，经过 1 周按摩采精训练后，主要根据精液品质和体重选留，选留精液颜色乳白色、精液量多、精子密度大、活力强的公鸡，选留比例为 1∶20～1∶30。

7. 后备种公鸡的营养水平

种母鸡育雏育成期的营养水平与商品蛋鸡一致。种公鸡目前一般都使用母鸡料，这是不科学的，既影响了种公鸡的正常发育，又造成饲料浪费。后备公鸡的日粮是代谢能 11～12MJ/kg；育雏期粗蛋白质 18～19%，钙 1.1%，有效磷 0.45%；育成期粗蛋白质 12～14%，钙 1.0%，有效磷 0.45%；微量元素与维生素可与母鸡相同。公母混养时应设公鸡专用料槽，放在比公鸡背部略高的位置，公鸡可以伸颈吃食而母鸡够不着；母鸡的料槽上安装防护栅，使公鸡的头伸不进去而母鸡可以自由伸头进槽采食。

(二) 产蛋期种鸡的饲养管理

1. 产蛋期种鸡的饲养方式和饲养密度

(1) 饲养方式　产蛋期蛋用型种鸡的饲养方式有地面垫料平养、离地网上平养、地网混合平养、个体笼养和小群笼养等。采取人工授精的蛋鸡普遍采取个体笼养，多采取二阶梯式笼养，这样有利于公鸡采精和母鸡人工输精技术的操作。自然配种时，可采取地面垫料平养、离地网上平养、地网混合平养等饲养方式。平养还需配备产蛋箱，每4只母鸡配一个产蛋箱。采用小群笼养时，要注意群体不可太小，以免限制公母鸡之间的选择范围，造成种蛋受精率下降。

繁殖期人工采精的公鸡必须单笼饲养。一笼两只鸡或群养时，由于公鸡相互爬跨、格斗，容易影响公鸡体质及精液品质。

(2) 蛋种鸡的饲养密度　饲养密度的大小与种鸡饲养方式和体型有关。不同饲养方式下不同体型蛋种鸡母鸡的饲养密度见表3-13，公鸡所占的饲养面积应比母鸡多1倍。

表 3-13　蛋种鸡母鸡的饲养密度

鸡体型	地面平养		网上平养		混合地面		笼养	
	m²/只	只/m²	m²/只	只/m²	m²/只	只/m²	m²/只	只/m²
轻型蛋种鸡	0.19	5.3	0.11	9.1	0.16	6.2	0.045	22
中型蛋种鸡	0.21	4.8	0.14	7.2	0.19	5.3	0.050	20

注：笼养所指的面积为笼底面积。

2. 适时转群

由于蛋种鸡比商品鸡通常迟开产1~2周，故转群时间可比商品蛋鸡推后1~2周，安排在18~19周龄进行。产蛋期进行平养的后备种鸡要求提前1~2周（即安排在17~18周龄）转群，目的是让育成母鸡充分熟悉环境和产蛋箱，减少窝外蛋，提高种蛋合格率。

3. 公母合群与种蛋收集时间

进行自然配种时，一般在母鸡转群后的第二天投放公鸡，以晚间投放为好。最初可按1:8的公母比放入公鸡，以备早期因斗架所致的淘汰和死亡。待群序建立后，按1:10的公母比剔除多余的体质较差的公鸡。通常在公鸡与母鸡混群后2周即能得到较高的种蛋受精率。但收集种蛋的适宜时间还与蛋质量有关,一般蛋质量必须在50g以上才能留种,即从25周龄开始能得到合格种蛋。

种鸡采取人工授精时,只要提前1周训练公鸡适应按摩采精即可进行采精和输精,最初两天连续输精,第3天即可收集种蛋,受精率可达95%以上。对于老龄的种母鸡,最好用青年公鸡配种,种蛋受精率较高。

4. 蛋种鸡的营养水平与生产标准

(1) **蛋种鸡的营养水平** 种母鸡的饲喂方法与商品蛋鸡一致,都要求进行分段饲养。与商品蛋鸡相比,种母鸡需要更多的维生素、必需氨基酸和微量元素,才能获得较高的种蛋受精率与孵化率。

繁殖期种公鸡的营养需要比种母鸡低。采用代谢能10.80~12.13MJ/kg、蛋白质11%~12%的饲粮,对种公鸡繁殖性能无不良影响。如果采精频率高,建议采用12%~14%的蛋白日粮最为适宜,日粮氨基酸要平衡。建议种公鸡日粮中钙用量为1.5%,磷为0.8%。每公斤日粮中,维生素A为10000~20000IU,维生素E为22~60mg,维生素D_3为2000~3850IU,维生素B_1为4mg,维生素B_2为8mg,维生素C为50~150mg,其他维生素和微量元素与种母鸡相同。据有关资料,种公鸡喂给含亚油酸较多的饲料能促进公鸡精子的产生;种用期每只公鸡每天添加1~2mL鱼肝油能提高繁殖性能;冬季在种鸡日粮中增加15%~30%的维生素,有利于提高种蛋受精率和孵化率;种公鸡能量部分用30%发芽谷物如大麦代替,对满足维生素需要和提高精液品质有良好效果。

种鸡实际生产中应参考有关育种公司制定的种鸡饲养标准来进行调整。同时,为了防止公鸡体重过大,给料量应加以控制为110~125g/(d·只)。

(2) **蛋种鸡的生产标准** 不同品种蛋种鸡的生产性能存在差异。生产实际中,应重视使用蛋种鸡的生产标准,特别是蛋种鸡原产公司所制订的最新蛋种鸡生产标准,以便在种鸡生产中,及时与蛋种鸡的生产标准进行对照,寻找原因,调整蛋种鸡的饲养管理方法。如海兰棕壳父母代生产性能见表3-14。

表3-14 海兰棕壳父母代生产性能

周龄	饲养日产蛋率/%	饲养日产蛋数		入舍鸡产蛋数		合格率/%	合格入舍鸡产蛋数		孵化率/%	母雏数		母鸡体重/kg
		当时	累计	当时	累计		当时	累计		当时	累计	
20	0	0.0	0.0	0.0	0.0							1.77
21	5	0.4	0.4	0.3	0.3							1.81
22	35	2.5	2.9	2.4	2.7							1.86

续表

周龄	饲养日产蛋率/%	饲养日产蛋数		入舍鸡产蛋数		合格率/%	合格入舍鸡产蛋数		孵化率/%	母雏数		母鸡体重/kg
		当时	累计	当时	累计		当时	累计		当时	累计	
23	50	3.5	6.4	3.5	6.2							1.91
24	75	5.3	11.7	5.2	11.4							1.95
25	80	5.6	17.3	5.5	16.9	40	2.2	2.2	75	0.8	0.8	2.00
26	82	5.7	23.0	5.7	22.6	52	2.9	5.1	76	1.1	1.9	2.04
27	84	5.9	28.9	5.8	28.4	63	3.6	8.7	78	1.4	3.3	2.08
28	86	6.0	34.9	5.9	34.3	75	4.4	13.1	80	1.8	5.1	2.11
29	87	6.1	41.0	6.0	40.3	81	4.8	17.9	82	2.0	7.1	2.14
30	88	6.2	47.2	6.0	46.3	86	5.2	23.1	84	2.2	9.3	2.17
31	88	6.2	53.4	6.0	52.3	89	5.4	28.5	85	2.3	11.6	2.20
32	87	6.1	59.5	5.9	58.2	92	5.5	34.0	86	2.3	13.9	2.22
33	87	6.1	65.6	5.9	64.1	93	5.5	39.5	87	2.4	16.3	2.24
34	86	6.0	71.6	5.8	69.9	94	5.5	45.0	87	2.4	18.7	2.25
35	86	6.0	77.6	5.8	75.7	95	5.5	50.5	87	2.4	21.1	2.26
36	85	6.0	83.6	5.8	81.5	95	5.5	56.0	87	2.4	23.5	2.27
37	85	6.0	89.6	5.7	87.2	96	5.5	61.5	88	2.4	25.9	2.27
38	84	5.9	95.5	5.7	82.9	96	5.4	66.9	88	2.4	28.3	2.28
39	84	5.9	101.4	5.7	98.6	96	5.4	72.3	88	2.4	30.7	2.28
40	83	5.8	107.2	5.6	104.2	96	5.4	77.7	88	2.4	33.1	2.29
41	83	5.8	113.0	5.6	109.8	96	5.3	83.0	87	2.3	35.4	2.29
42	82	5.7	118.7	5.5	115.3	96	5.3	88.3	87	2.3	37.7	2.30
43	81	5.7	124.4	5.4	120.7	96	5.2	93.5	87	2.3	40.0	2.30
44	80	5.6	130.0	5.3	126.0	96	5.1	98.6	87	2.2	42.2	2.30
45	79	5.5	135.5	5.3	131.3	96	5.1	103.7	86	2.2	44.4	2.30
46	78	5.5	141.0	5.2	136.5	96	5.0	108.7	86	2.1	46.5	2.31
47	78	5.5	146.5	5.2	141.7	96	5.0	113.7	86	2.1	48.6	2.31
48	77	5.4	151.9	5.1	146.8	96	4.9	118.6	86	2.1	50.7	2.31
49	76	5.3	157.2	5.0	151.8	96	4.8	123.4	85	2.0	52.7	2.31
50	76	5.3	162.5	5.0	156.8	96	4.8	128.2	85	2.0	54.7	2.31

续表

饲养日周龄	饲养日产蛋率/%	饲养日产蛋数		入舍鸡产蛋数		合格率/%	合格入舍鸡产蛋数		孵化率/%	母雏数		母鸡体重/kg
		当时	累计	当时	累计		当时	累计		当时	累计	
51	75	5.3	167.8	4.9	161.7	96	4.7	132.9	84	2.0	56.7	2.31
52	75	5.3	173.1	4.9	166.6	96	4.7	137.6	83	2.0	58.7	2.31
53	74	5.2	178.3	4.9	171.5	96	4.7	142.3	83	1.9	60.6	2.31
54	73	5.1	183.4	4.8	176.3	96	4.6	146.9	82	1.9	62.5	2.31
55	72	5.0	188.4	4.7	181.0	95	4.5	151.4	81	1.8	64.3	2.31
56	72	5.0	193.4	4.7	185.7	94	4.4	155.8	81	1.8	66.1	2.31
57	71	5.0	198.4	4.6	190.3	94	4.3	160.1	80	1.7	67.8	2.31
58	70	4.9	203.3	4.5	194.8	94	4.3	164.4	79	1.7	69.5	2.31
59	69	4.8	208.1	4.5	199.3	94	4.2	168.6	78	1.6	71.1	2.31
60	68	4.8	212.9	4.4	203.7	93	4.1	172.7	78	1.6	72.7	2.31
61	67	4.7	217.6	4.3	208.0	93	4.0	176.7	77	1.5	74.2	2.31
62	66	4.6	222.2	4.3	212.3	93	4.0	180.7	77	1.5	75.7	2.31
63	66	4.6	226.8	4.2	216.5	92	3.9	184.6	76	1.5	77.2	2.31
64	65	4.6	231.4	4.2	220.7	91	3.8	188.4	75	1.4	78.6	2.31
65	64	4.5	235.9	4.1	224.8	90	3.7	192.1	74	1.4	80.0	2.31
66	63	4.4	240.3	4.0	228.8	89	3.6	195.7	73	1.3	81.3	2.31
67	62	4.3	244.6	4.0	232.8	88	3.5	199.2	72	1.3	82.6	2.31
68	61	4.3	248.9	3.9	236.6	87	3.4	202.6	71	1.2	83.8	2.31
69	60	4.2	253.1	3.8	240.4	85	3.2	205.8	70	1.1	84.9	2.31
70	59	4.1	257.2	3.7	244.1	83	3.1	208.9	69	1.1	86.0	2.31

注：以每周0.18%死亡率计。

5. 种鸡体况检查与疾病检疫净化

（1）种鸡体况检查与选择　实施人工授精的公鸡，应每月检查体重一次，凡体重下降在100g以上的公鸡，应暂停采精或延长采精间隔，并加强饲养，甚至补充后备公鸡。对自然配种的公鸡，应随时观察其采食饮水、配种活动、体格大小、冠髯颜色等，必要时更换新公鸡，种鸡群中放入新公鸡应在夜间进行。

随时检查种母鸡，及时淘汰病弱鸡、产蛋量低的鸡和停产鸡，可通过观察冠髯颜色、触摸腹部容积和泄殖腔等办法进行。如淘汰冠髯萎缩、苍白、手感冰冷，腹部容积小而发硬，耻骨开张较小（三指以下），泄殖腔小而收缩的母鸡。

高产种鸡和低产种鸡的选择见表 3-15 和表 3-16。

表 3-15 高产鸡与低产鸡外貌和触摸品质的差异

项目	高产鸡	低产鸡
头部	清秀、头顶宽，呈方形	粗大或狭窄
喙	短而宽，微弯曲	长而窄直，呈乌鸦嘴状
冠和肉垂	发育良好，细致，鲜红色。触摸细致、温暖	发育不良，粗糙，色暗。触摸粗糙、发凉
胸部	宽、深、向前突出，胸骨长直	窄浅，胸骨短或弯曲
体躯	背部宽、直。腹部触摸柔软、皮肤细致、有弹性、无腹脂硬块	背部短、窄或呈弓形。腹部触摸皮肤粗糙，弹性差，过肥的鸡有腹脂硬块
耻骨	触摸耻骨时，薄而有弹性	触摸耻骨时，硬而厚、弹性差
脚和趾	跖坚实，呈楞形，鳞片紧帖，两脚间距宽，趾平直	两脚间距小，趾过细或弯曲

表 3-16 高产鸡与低产鸡腹部容积的差异

项目	高产鸡	低产鸡
胸骨末端与耻骨间距	4 指以上	3 指以下
耻骨间距	3 指以上	2 指以下

（2）疾病检疫净化 种鸡场承担有向下一级鸡场或商品蛋鸡场供种的任务，因此要保证种鸡场所饲养的种鸡群健康无病，这样生产提供的禽苗才符合要求。种鸡场在疾病控制上要始终贯彻"防重于治"的方针，做好日常的卫生防疫工作，谢绝参观，加强疫苗的免疫接种和疫病监测工作，减少各种应激因素，控制鼠害、寄生虫，妥善处理死鸡和废弃物。种鸡群（尤其是种公鸡）还要对一些可以垂直传染的疾病进行检疫和净化工作，如鸡白痢、鸡大肠杆菌病、鸡白血病、鸡霉形体病、鸡脑脊髓炎等。种鸡疾病检疫工作要年年进行，而且要求各级种鸡场都要进行。否则，会造成商品雏鸡带菌发病，降低雏鸡成活率，并影响其产蛋期的产蛋水平。

（三）提高种蛋合格率的技术措施

蛋种鸡蛋质量以 50~65g 为宜，蛋质量过小过大和各种畸形蛋均影响种蛋孵化率。因此，饲养种鸡不但要考虑提高产蛋量，还要考虑提高种蛋合格率与受精率。提高种蛋合格率是提高种鸡场经济效益的重要措施。

1. 饲喂全价日粮

在种鸡的饲料中除了考虑能量和蛋白质外，还要考虑影响蛋壳质量的维生素和矿物质元素的添加,尤其是钙、磷、锰、维生素 D_3。通过提高营养水平,可以有效地降低破蛋率,从而提高种蛋合格率。种禽场种蛋的破蛋率应控制在2%以内。

2. 科学管理种鸡

除了常规管理外,要特别加强饲养员对种蛋收集和管理的责任心,并将种蛋破蛋率定为饲养员工作质量的考核指标之一。每天应拣蛋5次,其中上午拣蛋3次,下午拣蛋2次。

鸡舍保持安静,防止"炸群",维持鸡群健康。尽量减少预防免疫的次数,以降低软皮蛋的比例。为减少双黄蛋,要严格按照标准培养好后备鸡,使开产日龄、开产体重、体尺达到标准。

3. 提高种鸡初产时种蛋合格率

延迟开产可通过育成期内限制饲养和结合适当的光照控制来实现。推迟开产可使初产蛋较大,从而提高初产种蛋合格率,增加经济效应。

4. 选择设计合理蛋鸡笼

良好的养鸡设备是提高种蛋合格率的一个关键因素,优质笼具的破蛋率很低,一般可控制在2%以内。种鸡笼的选择应注意以下几个问题:底网弹性好;镀锌冷拔钢丝直径不超过2.5mm;笼底蛋槽的坡度不超过8°;每个单体笼装鸡数不超过3只,每只鸡占笼体面积不少于$400cm^2$。

5. 提高种蛋受精率

提高种蛋受精率是提高合格种蛋利用率的有效途径,提高种蛋受精率主要从以下几个方面采取措施:选择繁殖力强的公鸡进行配种,并适时淘汰公鸡;保持种鸡群适宜的公母比例;推广应用人工授精技术。采取人工授精时,要掌握好正确的输精操作、准确的输精剂量和输精深度、适宜的输精间隔时间、一天中最佳的输精时间。同时,输精人员不要过度挤压母鸡腹部(特别是初产母鸡),防止卵黄破裂进入腹腔内引起卵黄性腹膜炎。

6. 合理控制光照

实际生产中,蛋用型种鸡与商品蛋鸡的光照控制略有不同,其光照管理方案见表3-17、表3-18。

表3-17 密闭式鸡舍光照管理方案(恒定渐增法)

周龄	光照时间/(h/d)	周龄	光照时间/(h/d)
0~3	24	23	12
4~19	8~9	24	13
20	9	25	14
21	10	26	15
22	11	65~72	17

表 3-18　开放式鸡舍光照管理方案

周龄	出雏时间	
	5月4日~8月11日	8月12日~5月3日
0~3	光照时间 24h/d	光照时间 24h/d
4~7	自然光照	自然光照
8~19	自然光照	按日照最长时间恒定
20~64	每周增加1h,直到达16h	每周增加1h,直到达16h
65~72	17h	17h

（四）蛋鸡的强制换羽

1. 鸡强制换羽的目的

换羽是鸡的正常生理现象，鸡的羽毛经过一段时间后，每年都要自然换羽1次，破损的旧羽脱落，重新长出新羽。自然换羽一般在秋季进行，每年进入秋季后，随着气温逐渐降低，日照时间逐渐缩短，光照强度逐渐降低，产蛋鸡开始进入休产换羽期。蛋鸡的这种自然换羽方式，一般需要3~4个月的时间才能全部完成。在此期间，鸡群因为换羽而停产，而且群体中各个鸡只的换羽时间不同，会导致群体换羽时间的延长，降低鸡群的产蛋量，也不便于鸡群管理。所谓人工强制换羽，就是人为地给鸡施加一些应激因素，使其停止产蛋，体重下降，羽毛快速脱落更换新羽。目前，生产中蛋鸡一般利用期限为一年。蛋鸡养殖场是否采用强制换羽饲养二年鸡，应根据市场需要和鸡群状况而定。如果鸡群健康无病，鸡种优良，不易买到，第一个产蛋期产蛋水平高，或因没有育雏设施，没有新鸡更新鸡群，或为了利用二年鸡抗病力强、蛋重大等优点，均可采用强制换羽，饲养2年鸡。

（1）降低蛋鸡养殖饲料成本　利用老鸡强制换羽，可以节省培育新鸡的一切费用。培育一批新鸡到产蛋率50%时，目前一般需要160~165d，而强制换羽大约2个月就能达50%产蛋率，这就等于后备鸡培育时间缩短100d以上。同时强制换羽时，断料时间至少长达10d以上，每只鸡比正常换羽少吃1kg以上的饲料。因此在饲料、人工等方面的节省是相当可观的。

（2）提高种鸡的种用价值　强制换羽对种鸡很有意义。种鸡一般都要进行后裔测定，测定时间越长，对种鸡评定越准确可靠，第一年产蛋高的鸡，第二年产蛋量也高。强制换羽能更有效地利用种鸡（特别是种用价值高的鸡），提高种鸡种用价值。

（3）改善蛋壳质量，提高单个蛋质量　母鸡产蛋1年后，由于长期产蛋，体内营养物质消耗很大,生殖生理上出现疲劳、薄壳蛋、畸形蛋增加,蛋的破损率增高,强制换羽后有利于改善蛋壳质量。同时,换羽后母鸡的蛋质量一般都会比换羽前有所提高。

(4) 蛋鸡成活率提高　强制换羽,首先把病、弱的低产鸡淘汰掉,而有病又看不出病症的鸡,往往难于耐受苛刻的换羽应激因素的作用而被淘汰,结果留下的为健壮的高产鸡,其生活力比第1年的鸡更强。

2. 强制换羽的方法

(1) 化学法　主要是通过在鸡的饲料中添加一定数量的化学制剂,鸡在一定时间内摄入过量的化学物质后,使新陈代谢紊乱、内部器官的功能失调,使母鸡停产换羽。去除化学制剂后,母鸡经过休息,体质恢复后,在喂正常产蛋鸡饲料的条件下,再度恢复第二个产蛋周期。

目前在生产中应用较普遍的是喂高锌日粮。据有关资料,在含钙3.5%~4%的配合料中加入2%~2.5%氧化锌,让鸡自由采食,不限制给水,一般到第4天母鸡采食量下降75%~80%,到第7天产蛋率几乎降到2%。第8天开始,停喂高锌饲料而改喂正常蛋鸡饲料,25~30d后母鸡产蛋率可达50%。饲喂高锌饲料期间不停料,不停水,开放式鸡舍可以停止补光,密闭式鸡舍由原来每天16h光照减为8h光照,一般在强制换羽30d后逐渐恢复为16h光照。

(2) 畜牧法　蛋鸡强制换羽最早采用的是畜牧法,也是目前使用最普遍、安全性最高、换羽效果最好的方法。畜牧法强制换羽是通过断水、断料、断光,人为地对鸡施加应激因素,打乱鸡的正常生活规律,造成激素分泌失去平衡,引起停产和换羽。

(3) 激素法　通过给母鸡肌肉注射激素促进停产和换羽。鸡自由采食和饮水,头12d把每天光照缩短到8h,给母鸡肌肉注射30mg孕酮后,主翼羽和副主翼羽很快就更换,换羽后41~48d开始产蛋。由于注射激素容易破坏体内激素的平衡而使代谢紊乱激素方法很少使用。

3. 强制换羽注意的问题

(1) 合理选择强制换羽时间　强制换羽要考虑经济因素、鸡群的状况和季节进行,一般在秋冬之交的季节进行强制换羽的效果最好。

(2) 严格挑选健康的鸡　强制换羽对鸡体产生强烈应激,必须把病弱的个体挑出,只选健康的鸡进行换羽。只有健康的鸡才能耐受断水断料的强烈应激影响,在次年获得高产。

(3) 换羽期间检测体重和死亡率变化　换羽期间体重比换羽前减轻20%~30%为宜。当鸡的体重降低20%~30%,发现有部分鸡因体力消耗过大,精神萎靡,站立困难时,就要开始给料,否则会因饥饿过度引起死亡,也可隔离单独给料。换羽期间应注意死亡率的变化,一般第一周鸡群死亡率不应超过1%,

头 10d 不应高于 1.5%。

（4）做好环境消毒和提前免疫　平养鸡强制换羽时要把全部垫料清除干净，防止因饥饿而啄食垫料，以致发生消化道疾病。强制换羽前对鸡群先进行免疫，注射新城疫 I 系苗，待一周后抗体效价升到理想水平时才实施换羽措施。

（5）注意体重的变化　一般认为，换羽期间蛋鸡体重减轻 25%～30%，将来产蛋效果最好。体重减轻过少，达不到换羽的目的；体重减轻过多，体重减少超过 35%，又会使鸡的死亡率增加。在未达到预定的目标体重之前继续绝食，达到降低的目标体重后即可开始喂料，喂料应遵循逐渐增加的原则。

（6）注意控制光照　在换羽期间，有窗鸡舍尽可能遮光，以打乱光照制度产生应激，有利于换羽；密闭式鸡舍由原来每天 16h 光照减为 8h 光照。一般在强制换羽 30d 后，每周增加光照 1～2h，直至每天 16h 后保持恒定。

总之，在蛋鸡强制换羽过程中应合理采用有效换羽方法、加强蛋鸡免疫力与抗病能力、强制换羽前后加强蛋鸡管理、及时采取各项应对措施，才能保证强制换羽目标的实现，取得良好的经济效益。

实操训练

实训一　蛋鸡场常用机械设备识别

（一）实训目标

通过参观，使学生熟悉蛋鸡场各种养禽设备，掌握各种设备的用途和使用方法，增强对蛋鸡生产的感性认识。

（二）材料与用具

蛋鸡养殖场常用设备。

（三）操作步骤

本次参观实训，主要由实训指导教师或生产单位技术人员，结合蛋鸡养殖场常用设备，给学生介绍各种机械设备的规格型号、性能、用途与使用，必要时可对学生进行操作演示。

1. 环境控制设备

热风炉供暖系统、湿垫风机降温系统、通风设备（大直径、低转速的轴流风机）、光照设备等。

2. 育雏设备

层叠式电热育雏笼（9YCH 电热育雏器是国内普遍使用的笼养育雏设备）、电热育雏伞、煤炉烟道温室育雏室等。层叠式电热育雏笼、电热育雏伞在工厂化养鸡场常用，煤炉烟道温室育雏室在普通规模化养鸡场常用。

3. 笼具设备

全阶梯式鸡笼、半阶梯式鸡笼、层叠式鸡笼、种鸡笼、育成鸡笼、育雏育成一段式鸡笼、产蛋鸡笼等。参观时应注意各种鸡笼的使用对象、用途。

4. 饮水设备

各种水槽、真空饮水器、吊塔式饮水器、乳头式饮水器。注意各种饮水设备的主要部件与使用优缺点。

5. 喂料设备与集蛋设备

常用的料槽、料桶；机械化养鸡场采用的自动供料系统（包括贮料塔、输料机、喂料机和饲槽四部分）。

集蛋设备主要有国产的 9JD–4500 集蛋装置，常与三层全阶梯式产蛋鸡笼配套使用。还有平养鸡舍常用的人工集蛋车。

6. 清粪设备

机械清粪设备主要刮板式清粪机、带式清粪机、抽屉式清粪机等。常用的刮板式清粪机主要由牵引机（电动机、减速器、绳轮）、钢丝绳、转角滑轮、刮粪板、电控装置等组成，多用于阶梯式笼养和网上平养。带式清粪机主要用于层叠式笼养。抽屉式清粪机用于小型层叠式笼养鸡笼。

（四）技能考核

要求学生熟悉各种养禽设备，掌握各种设备的用途、使用与注意问题。

（五）实训报告

通过参观，让学生思考养禽场应怎样因地制宜地选择养禽设备，特别是结合当地条件选用相关养禽设备。

实训二　雏鸡的分级、剪冠、断趾与断喙

（一）实训目标

通过实训，学生应掌握健雏与弱雏的区别；掌握种鸡的剪冠、断趾技术；掌握雏鸡断喙技术。

（二）材料与用具

初生雏鸡若干，眼科剪刀、断趾器等。

（三）操作步骤

1. 初生雏禽的分级

主要根据雏禽的活力，蛋黄吸收情况，脐带的愈合程度，胫和喙的色泽等进行鉴别分级。健雏的特征是：活泼、两脚站立稳定；蛋黄吸收良好，腹部不大，脐孔愈合良好，无残痕；喙和跖的色泽鲜浓，体重大小合适。弱雏的特征是：无活力、站立不稳；腹大，脐孔有残痕不清洁，喙和跖色泽较淡。

健雏与弱雏的分级见表 3-19。

表 3-19 健雏与弱雏的分级

级别	精神	体重	腹部	脐部	绒毛	两肢	畸形	脱水	活力
健雏	活泼健壮，眼大有神	符合品种要求	大小适中，平整柔软	收缩良好	长短适中	健壮，站立稳当	无	无	挣扎有力
弱雏	呆立嗜睡，眼小细长	过小或适中	过大或较小，肛门污秽	大而潮湿	过长或过短、脆，粘污	站立不稳，喜卧	无	有	软绵无力
残次雏	不睁眼或单眼、瞎眼	过小干瘪	过大，软或硬，青色	吸收不好，有残血	火烧毛，卷毛，无毛	弯趾，跛腿，站不起	有	严重	无

2. 剪冠

肉用种鸡为防止父本与母本鸡混群，通常对父本科尼什型品系公鸡均剪冠。蛋鸡笼养时为便于采食也剪冠。

剪冠方法是在雏鸡出壳 24h 内用眼科剪刀贴冠基部全部剪掉，剪冠时既注意勿剪破冠基，也要注意勿留多余。

3. 断趾

为防止种公鸡自然交配时踩伤母鸡背部，于初生时或 2~3 日龄，用断趾器烙去内侧第一趾（即后侧趾）或同时烙去第 1、第 2 趾。剪烙时注意要靠近趾部，以防再生。

4. 雏鸡的断喙

（1）断喙方法　断喙时，断喙者一手握住雏鸡脚部，另一只手拇指放在雏鸡头部背侧上方，食指放在咽喉部下方，其余三指放在雏鸡胸部下方。将雏鸡喙插入断喙器圆孔的孔眼中,将上喙断去 1/2,下喙断去 1/3(喙尖至鼻孔距离),并在高温(600~800℃)刀片停留 2~3s,以利止血。

(2)断喙注意事项 免疫接种前后 2d 不应断喙;鸡群健康状况不良时不断喙;断喙前后 1~2d,应在饲料中添加维生素 K 4mg/kg、维生素 C 150mg/kg,以利止血和抗应激;断喙后料槽中饲料应撒得厚些,便于啄食。

(四)技能考核

根据学生实训情况,重点考核雏鸡的断喙技术和分级技术。

(五)实训作业

学生在孵化场对刚出壳的雏鸡进行健雏与弱雏的识别与判断;每小组给 5~10 只雏鸡进行剪冠、断趾与断喙等技术处置。

实训三 育成鸡群体均匀度测定

(一)实训目标

通过实训,使学生掌握后备鸡称重方法和均匀度计算方法;并能根据所测鸡群均匀度判断后备鸡群发育的整齐度,并提出改进饲养管理的技术措施。

(二)材料与用具

家禽养殖场,养殖数量不少于 5000 只;体重记录表格,某品种家禽各周龄标准体重资料;台秤、围栏、鸡筐等。

(三)操作步骤

1. 称量时间与次数

白壳蛋鸡从 6 周龄开始至产蛋高峰前,每 1~2 周称体重一次;褐壳蛋鸡从 4 周后每 1~2 周称体重一次。每次称量时间应安排一致,一般在早晨喂料前称量。

2. 确定测定鸡数与正确抽样

鸡群数量较大时按 1% 的比例抽样;群体数量较小按 5% 的比例抽样,但抽样总数不少于 50 只。抽样应有代表性。平养时,一般先将鸡舍内各区域的鸡统统驱赶,使各区域的鸡和大小不同的鸡分布均匀,然后在鸡舍任一地方用铁丝网围大约需要的鸡数,然后逐个称量登记。笼养时,应从不同层次的鸡笼中抽样称量,每层鸡笼取样数应相同。

3. 体重均匀度的计算

通常按标准体重±10%范围内的鸡只数量占抽样鸡只数量的百分率作为被测鸡群的群体均匀度。

例：某鸡群10周龄平均体重为760g，超过或低于平均体重±10%的范围是：760+（760×10%）=836（g），760-（760×10%）=684（g）。

在5000只鸡群中抽样5%的250只鸡中，标准体重±10%（836~684g）范围内的鸡为198只，占称量总数的百分比为：198÷250×100%=79%。

则该鸡群的群体均匀度为79%。

4. 鸡群均匀度的判断

根据计算结果，判断鸡群发育的整齐程度。鸡群发育整齐度判断标准见表3-20。

表3-20　鸡群发育整齐度判断标准

鸡群中标准体重±10%范围内的鸡只所占的比例/%	鸡群发育整齐度
85%以上	特佳
80%~85%	佳
75%~80%	良好
70%~75%	合格
70%以下	不合格

按表3-20标准，上例中鸡群发育程度良好。

（四）技能考核

重点考核学生对被测鸡群的随机抽样是否正确；鸡群均匀度的计算与鸡群发育整齐度的判断是否正确。

（五）实训报告

根据鸡群均匀度测定结果，对鸡群发育整齐度作出判断，并提出改进饲养管理的技术措施。

实训四　蛋鸡产蛋曲线绘制与分析

（一）实训目标

通过实训，让学生掌握产蛋曲线绘制方法，并根据产蛋曲线判断鸡群产蛋水平是否正常，提出改进饲养管理的技术措施。

（二）材料与用具

某品种蛋鸡商品代（或父母代）生产性能标准，养殖场该品种蛋鸡商品代（或父母代）每周龄实际产蛋率统计资料；坐标纸、计算器等。

（三）操作步骤

1. 蛋鸡标准产蛋曲线的绘制

根据某品种蛋鸡商品代（或父母代）生产性能标准，在坐标纸上以横坐标为产蛋周龄，纵坐标为产蛋率，将各周龄的产蛋率连接成线，即为该品种蛋鸡的标准产蛋曲线。

2. 养殖场蛋鸡实际产蛋曲线的绘制

在同一坐标纸上，根据某养殖场该品种蛋鸡商品代（或父母代）每周龄实际产蛋率统计资料，按照上述方法绘制的曲线，即为该品种蛋鸡的实际产蛋曲线。

3. 产蛋曲线的分析与应用

将同一坐标纸上的蛋鸡实际产蛋曲线与标准产蛋曲线进行对照，如果两者形状相似、上下接近或在标准产蛋曲线之上，说明该鸡群产蛋性能正常，鸡群的饲养管理良好。如果产蛋曲线低于标准产蛋曲线，或者在某一时间出现低谷，说明鸡群在饲养管理上存在问题或鸡群发生疾病，应结合养殖场生产实际查找引起产蛋率下降的各种原因，及时调整饲养管理。

（四）技能考核

重点考核学生绘制的产蛋曲线方法是否正确，是否能够根据绘制的产蛋曲线找出蛋鸡生产中存在的问题，提出的改进措施是否合理和有针对性。

（五）实训报告

结合绘制的产蛋曲线和养殖场生产实际，提出改进蛋鸡饲养的技术措施，完成实训报告。

实训五　参观蛋鸡养殖场

（一）实训目标

通过参观规模化蛋鸡养殖场，使学生了解蛋鸡生产的饲养管理情况和过程，总结蛋鸡生产的经验和改进技术。

（二）材料与用具

校内外规模化蛋鸡养殖场；蛋鸡养殖技术（光碟）、肉鸡养殖技术（光碟）；播放机、电视机等。

（三）操作步骤

1. 蛋鸡养殖场的规划设计

参观规模化蛋鸡养殖生产基地或对养殖场规划设计图纸进行观摩比较，对课堂学习的有关内容进行归纳；在参观的基础上对养殖场整体规划、布局和畜舍建造、功能区划分做出评价。

2. 蛋鸡养殖场的环境监测

（1）禽舍内气温的测定　选用普通温度表，最高温度表，最低温度表，最高最低温度表等仪器测定养殖场内的禽舍温度。

（2）禽舍内湿度的测定　用干湿球温湿度计测定养殖场内的相对湿度。

（3）有害气体的测定与评价　有条件的情况下可测定禽室内的氨气等有害气体含量，并能做出相关的卫生学评价与改善措施。

3. 蛋鸡养殖场日常饲养管理

通过参观、听取养殖场技术人员介绍，了解蛋鸡饲养方式、喂料、饮水、运动、配种、粪尿清理等常规饲养管理情况，了解养殖场饲养管理工作日程和基本技术要点。

4. 养殖场经济效益了解

通过调查和询问，了解鸡苗来源、饲料来源与加工、商品禽蛋市场销售情况、养殖成本等，对养殖场的经济效益进行初步分析。

5. 蛋鸡养殖技术录像

通过观看各种蛋鸡养殖技术视频，掌握常见蛋鸡品种与生产性能、蛋鸡养殖技术、管理管理技术、蛋鸡疾病综合控制技术。

（四）实训报告

根据参观了解的情况，总结养殖场的生产经验和存在问题，制定规模化蛋鸡饲养场的饲养管理操作规程。

项目思考

1. 怎样提高雏鸡育雏存活率？

2. 怎样培育合格的育成鸡?
3. 蛋鸡产蛋曲线怎样绘制? 其应用价值如何?
4. 怎样做好蛋鸡的阶段饲养与调整饲养? 减少饲料浪费的措施有哪些?
5. 怎样理解蛋鸡的光照控制原则?

项目四　肉鸡生产技术

知识目标

1. 掌握快大型肉用仔鸡的生产特点与生产技术。
2. 理解快大型肉用种鸡各阶段饲养管理要点。
3. 掌握优质肉鸡生产技术。

技能目标

1. 能进行快大型肉鸡的规范化饲养管理，能进行肉鸡屠宰性能的测定。
2. 能利用不同放养条件对放养鸡进行饲养管理。

必备知识

一、快大型肉鸡生产技术

快大型肉鸡主要指现代工厂化养鸡生产中饲养的白羽肉鸡，其代表品种主要有爱拨益加肉鸡、爱维茵肉鸡等。快大型肉鸡最早从美国兴起，随后向全世界发展普及，是世界肉鸡养殖的主体，也是我国工厂化肉鸡养殖的主体。快大型肉鸡要求生长快，产肉率高，其生产目的是在短时间内为消费者提供商品鸡肉，与种鸡饲养、商品蛋鸡饲养有本质的区别。

（一）快大型肉鸡生产的特点

（1）早期生长速度快，饲料利用率高　快大型肉鸡是由肉用型种鸡配套杂交而成，在生长速度、饲料转换效率等性状方面均有强大的杂交优势。商品快大型肉鸡一般水平7~8周龄体重可达2kg,料肉比2:1;先进水平37日龄2kg,料肉比1.65:1。

快大型肉鸡生产性能均匀、整齐,出栏时80%以上的鸡在平均体重±10%以内,对出栏率提高有利。

(2)饲养周期短、周转快、单位设备生产率高 由于快大型肉鸡早期生长快,一般每8~9周可周转一批,每年可生产5~6批。

(3)采用全进全出的饲养制度 生产优质、安全的肉品是最终的目的,而快大型肉鸡生产周期短,许多添加剂和兽药必须提前1周停止添加,而肉鸡5周龄前易发生新城疫、法氏囊病、球虫病、肉鸡腹水症等疾病。因此,加强环境卫生管理、提高肉鸡自身抗病力、抗应激能力是无公害肉鸡养殖的主要方向。除采取选择合理疫苗外,普遍采取全进全出的饲养制度。

(4)饲养密度大,劳动生产率高 快大型肉鸡主要靠规模效益取胜,生产过程中基本实现了机械化、自动化,一个饲养人员可饲养1万~2万只,年可出栏肉鸡5万~10万只。

(5)易发生腿病、胸部囊肿、腹水症等 快大型肉鸡生长快、体重大、活动少、密度高、平养或笼养,易发生腿病、胸部囊肿、腹水症等非传染性疾病。平养应注意垫料厚度、硬度;笼养应考虑塑料垫网的弹性,以及是否有坏损,防止脚部、胸部皮肤划伤。此外,运输、捉鸡也应特别注意。

(二)快大型肉用仔鸡生产

1. 生产前准备

肉仔鸡到场前,一定要做好所有准备工作,这是保证肉鸡生产取得好成绩的前提。

(1)肉鸡舍的准备 每批肉鸡出场后,对肉鸡养殖舍都要严格按照规定程序进行清洗和消毒,才可以饲养下一批肉仔鸡。肉仔鸡舍的准备工作见表4-1。

表4-1 肉仔鸡舍准备程序

程序	程序名称	程序内容	方法及标准	备注
1	清扫	上批出栏后,对鸡粪、垫料、顶棚、设备进行清洗	无灰尘、粪便、垫料、饲料、羽毛,并将处理物进行无害化处理	为防止病原体扩散,应适当喷洒消毒药
2	水洗	鸡舍彻底清扫后,进行水洗	用高压水枪进行全面冲洗,硬毛刷子刷洗	若鸡舍排水不畅,可清扫时直接用消毒药消毒

续表

程序	程序名称	程序内容	方法及标准	备注
3	干燥	在水洗后搁置 1~2d	加强通风使其干燥	若水洗后马上喷洒消毒药，则其浓度被水洗后的残留水稀释，达不到应有的消毒效果
4	焚烧	用火焰喷射器对不怕高温的物品进行火焰消毒	残存的羽毛、皮屑、粪便	
5	消毒	对鸡舍内部及所有用具	熏蒸消毒法，42mL 甲醛，高锰酸钾 21g	此法效果较好，也可用其他方法
6	空舍	消毒后，最好空舍 2~3 周，再接雏		
7	预热	所有准备工作全部就绪后，在确定接雏日期的前 3d 开始进行预热		

(2) 饲养方式的选择　目前，在肉仔鸡饲养方式上较为常见的主要有平养（分为地面平养和网上平养）、笼养等。每一种饲养方式各有优缺点，饲养场可根据饲养的肉仔鸡品种、自然条件和场地实际等因素对饲养方式进行合理的选择。一个合理的饲养方式会在一定程度上提高养殖效益，每一种饲养方式对养殖条件有不同要求。

①地面平养：这是目前肉仔鸡生产中较为普遍采用的一种饲养方式，又分为更换垫料和不更换垫料（即厚垫料平养）两种，以后者居多。更换垫料平养，需要地面铺 3~5cm 厚垫料，要经常更换垫料，可根据垫料潮湿、污浊情况进行部分更换，并且可以重复使用。厚垫料平养是先在地面上铺 6cm 左右垫料，然后再根据饲养情况在原垫料上面铺就新垫料，直到厚度为 18cm 左右时停止，垫料在鸡出栏后进行清理和无害化处理。垫料要求松软、吸湿性好、干燥。生产中常用的有稻壳、玉米秸、稻草等。

地面平养的优点是设备投资少，简便易行，节省劳力，肉仔鸡残次品少；缺点是疾病感染与传播机会大，需要对球虫病、大肠杆菌病、雏鸡白痢等疾病严格把关及控制，药品和垫料开支较大，单位建筑面积饲养量小等。

②网上平养：根据肉仔鸡喜安静、不好动的特点设计而成，是较常用的一种饲养方式。网上平养是在鸡舍内搭建一个离地面 60~70cm 的塑料网或铁丝网，进行网上平面饲养肉仔鸡的饲养方式，网孔一般为 2.5cm×2.5cm，也可在饲养前期选择网孔更小的塑料网或铁丝网。在饲养时应选择优质弹性好的塑料网。

网上平养肉鸡，粪尿可通过网眼掉入地面，鸡只不与粪尿接触，其优点是减少呼吸道疾病、球虫病、大肠杆菌病、雏鸡白痢的发病机率，药品开支小，成活率高等。缺点是肉鸡胸囊肿、腿部疾病发生率增加，在一定程度上影响商品合格率。同时，网上平养设备一次性投资较高，单位建筑面积饲养量小。

③笼养：目前国内小型养殖场采用还较少，现代化大型养殖场使用较多。肉鸡笼养的优点是饲养量大，饲料消耗少，有利于球虫病的预防，劳动效率高，房舍利用率高，便于管理；缺点是一次性投资大，腿病、胸部囊肿等疾病发生率较高，对鸡舍环境条件要求高，对饲养管理技术要求高。

近年来，国内和国外均有肉鸡养殖场实行平养和笼养方式混合进行，也收到了不错的效果。即肉仔鸡在 2～3 周内实行笼养或网养，2～3 周后再实行地面饲养。

（3）饲料和药品准备　根据快大型肉仔鸡营养需要准备各种饲料，并提前备好 1 周以上的饲料量。肉仔鸡生长速度快，要求供给高能量高蛋白的饲料，日粮各种养分充足、齐全且比例平衡。由于肉仔鸡早期器官组织发育需要大量蛋白质，生长后期脂肪沉积能力增强。因此在日粮配合时，生长前期蛋白质水平高，能量稍低；后期蛋白质水平稍低，能量较高。

从我国当前的肉鸡生产性能和经济效益来看，肉用型仔鸡饲粮中代谢能水平不低于 12.1～12.5MJ/kg；蛋白质水平以前期不低于 21%，后期不低于 19% 为宜。同时，要注意满足各种必需氨基酸的需要量，特别是赖氨酸、蛋氨酸以及各种维生素、矿物质的需要。肉仔鸡饲养标准见表 4-2。

表 4-2　肉仔鸡饲养标准

营养成分	前期料（0～21d）	中期料（22～37d）	后期料（38d～上市）
粗蛋白质/%	23	20	18.5
赖氨酸/%	1.20	1.01	0.94
蛋氨酸/%	0.47	0.44	0.38
精氨酸/%	1.28	1.20	0.96
代谢能/（MJ/kg）	13.0	13.4	13.4
钙/%	0.9～0.95	0.85～0.90	0.80～0.85
有效磷/%	0.45～0.47	0.42～0.45	0.40～0.43
食盐/%	0.3～0.45	0.3～0.45	0.3～0.45

目前，市场上饲养的快大型肉仔鸡品种都有本品种的营养需要参考标准，饲养户可根据自己的实际条件参照执行。近年来由于肉鸡育种的进展，肉鸡生长速度更快，同时出现脂肪蓄积过多问题。为避免这一问题，国外有些研究单位提出新的饲粮标准，可适当降低能量和蛋白水平，使肉鸡既保持一定的生长

速度，又不致脂肪蓄积过多。

快大型肉仔鸡饲养时，饲料选择要符合有关标准规定，确保饲养效果。国家出台的一系列标准主要有：NY/T 33—2004《鸡饲养标准》，其中对肉用鸡营养需求做出了规定；GB 13078—2001《饲料卫生标准》；NY/T 5032—2006《无公害食品　畜禽饲料和饲料添加剂使用准则》；NY/T 471—2010《绿色食品 畜禽和饲料添加剂使用准则》。

要按照饲养情况有计划的进行必备药品的准备，避免出现需要免疫时无疫苗可用的情况。药品主要是准备一些常用的消毒药、疫苗、常用抗菌药等。

（4）设备及用具的准备

①饮水器：育雏可准备真空饮水器，每 50～80 只鸡配一个，乳头式饮水器每 10～15 只鸡配一个。

②饲喂器：开食期间使用的料桶、料盘或反光硬塑纸，要清洗消毒后放入鸡舍内一并进行熏蒸消毒后方可使用。每 40 只肉鸡可备 10kg 的料桶一个。

③取暖设备：根据鸡场实际准备好取暖设备，如保温伞、暖风炉、红外线灯等。实际生产中垫料平养中常用电热保温伞、红外线灯取暖，网上平养时常用暖风炉取暖。

④其他：根据生产需要准备护栏、手电、台秤、消毒用具等。

2. 肉用仔鸡生产关键技术

（1）饮水　肉雏出壳后能否及时饮水或在饲养过程中能否供给新鲜清洁的饮水对肉鸡正常生长发育极为重要。接雏鸡后，应遵循"先给水后开食"原则。

①尽快饮水：肉雏出壳后要在 6～12h 接到育雏室，稍事休息饮水。在长途运输时，时间可放宽些，并给鸡强迫饮水（两手各抓一只肉雏，固定雏鸡头部，插入盛水的浅水盘内 2mm 左右），或用滴管口腔内滴服。

②抗应激，增强抵抗力：在饮水中加 5%～8% 的红糖、白糖或葡萄糖，以补充能量；在饮水中加入一定浓度的电解多维，以增强鸡体抗病力。

③供给新鲜、清洁而充足的饮水：饮水新鲜清洁，符合人的饮用标准；饮水器做到每天清洗和消毒一次，也可每周进行 2 次饮水消毒，以杀灭饮水中的致病微生物。

雏鸡饮水量的大小与体重、环境温度有关。饮水量一般大约是采食量的 2 倍，但受气温影响大，温度越高，饮水量越大。雏鸡饮水量的突然升高或降低，要给予关注，这往往是发生疾病的前兆。肉仔鸡的饮水量见表 4-3。

表4-3 肉仔鸡饮水量　　　　单位：L/（d·1000只）

周龄	舍温		
	10℃	21℃	32℃
1	23	30	38
2	49	60	102
3	64	91	208
4	91	121	272
5	113	155	333
6	140	185	380
7	174	216	428
8	189	235	450

④饮水器调整：根据肉雏不同周龄，及时更换不同型号的饮水器。如育雏开始时用小型饮水器，4~5日龄将其移至自动饮水器附近，7~10日龄待鸡习惯自动饮水器时，去掉小型饮水器。饮水器数量要足够，分布均匀（间距大约2.5m），饮水器外沿距地面的高度随鸡龄不断调整，与鸡背水平一致。

（2）开食　开食方法遵循"少喂勤添"的原则。雏鸡饮水2~3h后开始喂料，雏鸡的第一次喂料称为开食。开食料应用全价碎粒料，均匀撒在饲料浅盘或深色塑料布上让鸡自由采食。

1~15日龄鸡喂8次/d，隔3~4h喂一次，每天不能少于6次；16~56日龄鸡喂3~4次/d。为防止鸡粪污染，饲料浅盘和塑料布应及时更换，冲洗干净并晾干后再用。4~5日龄逐渐换成料桶，一般每30只鸡一个，2周龄前使用3~4kg的料桶，2周龄后改用7~10kg的料桶。为刺激鸡的食欲，增加采食量，每天应加料4次，但每次加料不应超过深度的1/3，过多会被刨出造成浪费。每次喂料多少应据鸡龄大小不断调整，肉仔鸡各周龄的喂料量见表4-4。

表4-4 肉仔鸡公母混养的喂料量与体重

周龄	体重/g	每周增重/g	料量累计/（g/周）	料量/g	料肉比
1	165	125	144	144	0.87:1
2	405	240	298	441	1.09:1
3	730	325	478	920	1.26:1
4	1130	400	685	1605	1.42:1
5	1585	455	900	2504	1.58:1
6	2075	490	1106	3611	1.74:1

续表

周龄	体重/g	每周增重/g	料量累计/（g/周）	料量/g	料肉比
7	2570	495	1298	4909	1.91:1
8	3055	485	1476	6385	2.09:1
9	3510	455	1618	8003	2.28:1
10	3945	435	1781	9784	2.48:1

为提高商品肉鸡的整齐度，料槽必须充足且分布均匀，保证鸡在1.5m内能吃到料、饮到水。随着雏鸡日龄增加，应及时抬高料槽高度，保持与鸡背同高。

（3）公母分群饲养

①公母分群饲养的科学依据：肉用仔鸡不同性别对生活环境、营养条件的要求和反应不同，主要表现：生长速度不同，4周龄时公鸡比母鸡体重大近13%，56日龄体重相差27%；羽毛生长速度不同，公鸡长羽慢，母鸡长羽快；沉积脂肪的能力不同，母鸡比公鸡易沉积脂肪，反映出对饲料要求不同；表现出胸囊肿的严重程度不同，公鸡比母鸡胸部疾病发生率高。

②公母分群饲养的优点：公母分群饲养后，同一群体间的个体差异变小，鸡群的均匀度大大提高，便于"全进全出"饲养制度的执行和屠宰场机械化操作；实行公母分群饲养，可以分别配制饲料，避免母雏过量摄入营养而造成的浪费，提高饲料利用率，可有效提高肉鸡的生产水平；便于适时出场，以迎合不同市场需求。

③公母分群饲养的主要技术措施：公母分群饲养要求按公母分别饲喂适宜的日粮；给公鸡提供优质松软的垫料；温度前期公鸡比母鸡高1～2℃，后期则低1～2℃，公雏育雏舍内温度下降幅度可大些，以促进羽毛生长；生长速度母鸡在7周龄后、公鸡在8周龄后下降，同期公鸡体重一般比母鸡高20%，应据市场情况，分别适时出场。

肉仔鸡公母雏不同的营养需求见表4-5。

表4-5 肉仔鸡公母雏的营养需要

营养成分	育雏料（0～21日龄）		中期料（22～37日龄）		后期/宰前料（38日龄～上市）	
	公鸡	母鸡	公鸡	母鸡	公鸡	母鸡
粗蛋白质含量/%	23.0	23.0	21.0	19.0	19.0	17.5
能量/（MJ/kg）	13.0	13.0	13.4	13.4	13.4	13.4

续表

营养成分	育雏料 （0~21 日龄）		中期料 （22~37 日龄）		后期/宰前料 （38 日龄~上市）	
	公鸡	母鸡	公鸡	母鸡	公鸡	母鸡
钙含量/%	0.90~0.95	0.90~0.95	0.85~0.88	0.85~0.88	0.80~0.85	0.80~0.85
可利用磷含量/%	0.45~0.47	0.45~0.47	0.42~0.44	0.42~0.44	0.40~0.42	0.40~0.42
赖氨酸含量/%	1.25	1.25	1.10	0.95	1.00	0.90
含硫氨基酸含量/%	0.96	0.96	0.85	0.75	0.76	0.70

3. 肉用仔鸡的管理

（1）适宜的环境条件　环境条件的优劣直接影响肉仔鸡的成活率和生长速度。肉仔鸡对环境条件的要求比蛋用雏鸡更为严格，影响更为明显，因此应特别重视。

① 温度：雏鸡出生后体温调节能力差，必须提供适宜的环境温度。温度低可降低鸡的抵抗力和食欲，引起腹泻和生长受阻。因此，保温是一切管理的基础，是肉仔鸡饲养成活率高低的关键，尤其在育雏第 1 周内。肉仔鸡 1 日龄时，舍内室温要求为 27~29℃，育雏伞下温度为 33~35℃，以后每周下降 2~3℃，直至 18~20℃ 脱温。

检查温度是否适宜主要通过测温和观察雏鸡表现。低温时鸡群挤堆，靠近热源，尖声鸣叫；高温时鸡只张口喘气，远离热源，饮水明显增加；晚上鸡只安静，分布均匀是温度适宜的表现。

温度控制应保持平稳，并随雏鸡日龄增长适时降温，切忌忽高忽低，并要根据季节、气候、雏鸡状况灵活掌握。肉仔鸡适宜温度见表 4-6。

表 4-6　肉仔鸡适宜的温度　　　　　　　单位：℃

周龄	育雏方式		
	保温伞育雏		温舍育雏温度
	保温伞温度	雏舍温度	
1~3d	35~33	27~29	35~33
4~7d	32~30	27	33~31
2 周	30~28	24	31~29
3 周	28~26	22	29~27
4 周	26~24	20	27~24
5 周以后	24~21	18	24~21

②湿度：湿度对雏鸡的健康和生长影响也较大，育雏第1周内保持70%的稍高相对湿度。因此时雏鸡含水量大，舍内温度又高，湿度过低易造成雏鸡脱水，影响羽毛生长和卵黄吸收。以后要求相对湿度保持在50%～65%，以利于球虫病的预防。

育雏的头几天，由于室内温度较高，室内湿度往往偏低，应注意室内水分的补充，可在火炉上放水壶烧开水，或地面喷水来增加湿度。10日龄后，由于雏鸡呼吸量和排粪量增大，应注意高湿的危害，管理中应避免饮水器漏水，勤换垫料，加强通风，使室内湿度控制在标准范围之内。

③光照：肉仔鸡的光照制度有两个特点：一是光照时间较长，目的是为了延长采食时间；二是光照强度小，弱光可降低鸡的兴奋性，使鸡保持安静的状态。肉仔鸡的光照控制包括光照时间和光照强度的控制，光照时间控制方法主要有三种。

第一种是连续光照法：即在进雏后的头2d，每天光照24h，从第3天开始实行23h光照，夜晚停止照明1h，以防鸡群停电发生的应激。此法的优点是雏鸡采食时间长，增重快，但耗电多，鸡腹水症、猝死、腿病多。

第二种是短光照法：即第1周每天光照24～23h，第2周每天减少2h光照至16h，第3、4周每天16h光照，从第5周第4天开始每天增加2h光照至周末达到23h光照，以后保持23h光照至出栏。此法可控制鸡的前中期增重，减少猝死、腹水和腿病的发病率，最后进行"补偿生长"，出栏体重不低却提高了成活率和饲料报酬。对于生长快，7日龄体重达175g的鸡可用此法。

第三种是间歇光照法：在开放式鸡舍，白天采用自然光照，从第2周开始实行晚上间断照明，即喂料时开灯，喂完后关灯；在全密闭鸡舍，可实行1～2h照明，2～4h黑暗的光照制度。此法不仅节约电费，还可促进肉鸡采食。但采用间歇光照，鸡群必须具备足够的采食、饮水槽位，保证肉仔鸡有足够的采食和饮水时间。

光照强度的控制：育雏初期，为便于雏鸡采食、饮水和熟悉环境，光照强度应强一些，以后逐渐降低，以防止鸡过分活动或发生啄癖。育雏头2周每平方米地面2～3W，2周后0.75W即可。例如头2周每$20m^2$地面安装1只40～60W的灯泡，以后换上15W灯泡。如鸡场有电阻器可调节光的照度，则0～3d用25 lx，4～14d用10 lx，15d以后5 lx。开放式鸡舍要考虑遮光，避免阳光直射和照光过强。

④通风：肉仔鸡饲养密度大，生长速度快，代谢旺盛，因此加强舍内通风，保持舍内空气新鲜非常重要。通风的目的是排除舍内的氨气、硫化氢、二氧化碳等有害气体，空气中的尘埃和病原微生物，以及多余的水分和热量，导

入新鲜空气。通风是鸡舍内环境的最重要的指标，良好的通风对于保持鸡体健康，生长速度是非常重要的。通风不良，空气污浊易发生呼吸道病和腹水症；地面湿臭易引起腹泻。肉仔鸡舍的氨气含量以不超过20mg/L（以人感觉不到明显臭气）为宜。

通风方法有自然通风和机械通风。自然通风靠窗户空气对流换气，多在温暖季节进行；机械通风效率高，可正压送风也可负压排风，便于进行纵向通风。要正确处理好通风和保温的关系，在保温的前提下加大通风。实际生产中，1~2周龄以保温为主，3周龄注意通风，4周龄后加大通风。

（2）适宜的饲养密度　饲养密度对雏鸡的生长发育有着重大影响。饲养密度过大，鸡的活动受到限制，空气污浊，湿度增加，导致鸡只生长缓慢，群体整齐度差，易感染疾病，死亡率升高。饲养密度应根据禽舍的结构、通风条件、饲养方式及品种确定。生产中应注意密度大的危害，在鸡舍设备情况许可时尽量降低饲养密度，这有利于采食饮水和肉鸡发育，提高体重的一致性。地面垫料平养肉用仔鸡的饲养密度见表4-7，不同体重肉用仔鸡网上平养饲养密度见表4-8。

表4-7　地面垫料平养肉用仔鸡的饲养密度

日龄	饲养密度/（只/m²）	备注
1~7	40	
8~14	30	
15~28	25	每周应将鸡群疏散一次
29~42	16~17	
43~56	10~12	

表4-8　不同体重肉用仔鸡网上平养饲养密度

体重/kg	开放式鸡舍		环境控制鸡舍	
	只/m²	kg/m²	只/m²	kg/m²
1.5	15	22.5	22	33.0
2.0	11	22.0	17	34.0
2.5	9	22.5	14	35.0
3.0	7	21.0	11	33.0
3.5	6	21.0	9	31.0

（3）限制饲养　肉仔鸡吃料多，增重快，鸡体代谢旺盛，需氧量大，在当前饲养管理及环境控制技术薄弱的条件下，易发生脂肪蓄积过多、腹水症等而

降低商品合格率。因此，肉仔鸡有必要进行限制饲养，两种方法：一种是限量不限质法，饲养早期进行；另一种为限质不限量法，即适当降低能量和蛋白水平。

（4）做好肉用肉仔卫生防疫

①鸡舍及舍内设备用具彻底消毒：如采用"全进全出"的饲养制度，重视对垫料的管理。

②重视舍内外环境的消毒：带鸡消毒可净化舍内的小环境，使舍内病原微生物降低到最低限，可每天一次，交叉选用广谱、高效、副作用小的消毒剂。每批肉鸡出场时，由于抓鸡、装鸡、运鸡都会给舍外场地留下大量的粪便、羽毛及皮屑，应及时打扫、清洗、消毒场地。并定期对舍外环境进行消毒，可选用价格较为便宜、效果好的消毒剂。

③预防球虫病：平养肉鸡最易患球虫病。一旦患病，会损害鸡肠道黏膜，妨碍营养吸收，采食量下降，严重影响鸡的生长和饲料效率。如遇阴雨天或粪便过稀，应立即投药预防（饮水或饲料）；若鸡群采食量下降、血便，立即投药治疗，对个别严重不能采食者可肌注青霉素，4000U/只，2次/d，2~3d即可治愈。用药时，要注意交叉用药，且在出场前1~2周停止用药（避免药物残留）。

预防球虫病还必须从管理上入手，严防垫料潮湿，发病期间每天清除垫料和粪便，以消除球虫卵囊发育的环境条件。

④免疫接种：肉鸡养殖场必须根据本场和周围环境的实际情况制定切实可行的免疫程序。有条件的养殖场对新城疫和传染性法氏囊炎应进行抗体监测，根据抗体监测水平，确定适宜的免疫时间。免疫后最好进行血清检测，以保证免疫的确实效果。

4. 肉用仔鸡的出栏

肉仔鸡体重大骨质相对脆嫩，在转群和出场过程中，抓鸡装运非常容易发生腿脚和翅膀断裂损伤的情况，由此产生的经济损失是非常可惜的。据调查，肉鸡屠体等级下降有50%左右是由碰伤造成的，而80%的碰伤发生在出场前后。因此肉鸡出场时尽可能防止碰伤，对保证肉鸡的商品合格率是非常重要的。肉仔鸡出栏的具体做法如下。

①停料：出场前4~6h使鸡吃光饲料，吊起或移出饲槽及一切用具，饮水器在抓鸡前撤除。

②减少应激：尽量在弱光下进行，如夜晚抓鸡；舍内安装蓝色或红色灯泡，减少骚动。

③抓鸡方法要得当：用围栏圈鸡捕捉，抓鸡、入笼、装车、卸车、放鸡应尽量轻放，防止甩扔动作，每笼不能装得过多，否则会造成不应该的伤亡。抓

鸡最好抓双腿，最好能请抓鸡队协助。

④缩短候宰时间：尽可能缩短抓鸡、装运和在屠宰厂候宰的时间。肉鸡屠前停食8h，以排空肠道，防止粪便污染屠宰场。但停食时间越长，掉膘率越大。据有关资料，停食20h比停食8h掉膘率高3%~4%，处理得当掉膘率为1%~3%。

5. 影响肉鸡生产的几种非传染性疾病

（1）胸部囊肿　胸部囊肿是肉鸡胸部皮下发生的局部性炎症，肉鸡普遍发生。它既不传染，也不影响生长，但影响屠体品质和等级。应针对产生原因采取预防措施：

①尽量使用干燥、松软的垫料：及时更换黏结、潮湿的垫料，保持垫料应有的厚度。

②减少肉鸡卧地的时间：肉鸡68%~72%的时间处于卧伏状态，卧伏时体重的60%左右由胸部支撑，胸部受压时间长，压力大，胸部羽毛又长得晚，易造成肉鸡与垫料的接触与擦伤，造成胸部囊肿。应采取少喂多餐的方法，使肉鸡站立吃食。

③铁丝网平养、笼养，笼底应铺一层弹性塑料垫网。

（2）腿部疾病　肉用仔鸡由于体重大，生长快，腿部疾病的严重程度也在增加。引起腿部疾病的原因：遗传性腿病，如胫骨发育异常、脊椎滑脱症等；感染性疾病，如化脓性关节炎、鸡脑脊髓炎、病毒性腱鞘炎；营养性疾病，如脱腱症、软骨病、维生素B_2缺乏症等；管理性疾病，如风湿性腿病、外伤性腿病。

腿部疾病预防措施：

①完善防疫保健措施，杜绝感染性腿病。

②确保微量元素、维生素的合理供给，避免因缺乏钙磷而引起腿病；缺乏锰、锌、胆碱、烟酸、叶酸、生物碱、维生素B_6等引起的脱腱症；缺乏维生素B_2引起的卷趾病。

③加强管理，避免因垫料湿度过大、脱温过早、抓鸡不当而引起的脚病。

（3）肉鸡腹水症　肉鸡腹水症是一种非传染性疾病，其发生与缺氧、缺硒及某些药物的长期使用有关。预防肉鸡腹水症的主要措施：

①改善环境条件，特别是密度大的情况下，应给予充分通风换气。

②适当降低前期料的蛋白质和矿物质水平。

③防止饲料中因缺乏硒、维生素E（缺乏发生渗出性素质）。

④饲料中呋喃唑酮药不宜长期使用。

⑤发现轻度腹水症时，应在饲料中添加维生素C，用量为0.05%。也有人试验后认为，8~18日龄只喂给正常饲料量的80%，可防止肉鸡腹水症的发

生，且不影响肉用仔鸡的上市。

（4）肉鸡猝死症　其症状表现为肉鸡群中某些增重快、体重大、外观健康的鸡突然狂叫，仰卧倒地死亡。剖解常发现肺肿、心脏扩大、胆囊缩小。导致肉鸡猝死症的病因不详。一般建议：饲料中适当加喂多维；加强通风换气；防止密度过大；避免突然的应激。

（三）快大型肉用种鸡生产

快大型肉用种鸡具有与肉鸡相似的遗传特性，胸肉比例高、生长速度快及饲料转化率高。肉鸡性状的改进对种鸡生产性能的影响，如产蛋率、受精率、死淘率、抗应激能力、饲养环境条件和管理等提出了更高的要求。因此应根据肉种鸡的生长发育特点，在饲养过程中尽量避免各种应激因素，提供良好的饲养环境，通过精确的料量控制和严格的限制饲养控制种鸡体重，正确管理好种鸡的各个饲养管理阶段，尽可能生产出最多、高质量的商品代肉鸡苗。

1. 雏鸡入舍前的准备

健全良好的生物安全体系，应减少病原微生物在鸡舍内外环境中的留存，所有的鸡舍和设备必须彻底冲洗消毒并在雏鸡入舍前进行检测，确保冲洗消毒的效果。雏鸡入舍前对鸡舍提前预温，正常气候预温24h，温度较低季节48h，寒冷冬季预温72h，使鸡舍温度和相对湿度保持稳定，垫料温度达到28~30℃，鸡背高的温度30℃以上，相对湿度60%~70%。肉用型种用雏鸡育雏期的温度与相对湿度见表4-9。

表4-9　肉用型种用雏鸡育雏期的温度与相对湿度

日龄	0~4	5~8	9~12	13~15	16~18	19~21
温度/℃	32~35	27~32	25~30	24~26	22~24	20~22
相对湿度/%	65~70	55~65	40~50	40~50	40~50	40~50

2. 育雏期（0~4周）饲养管理

应确保鸡群育雏期骨架、体重、均匀度和胸肌等均匀健康地生长发育。

0~3日龄通过精细的管理，培养刺激食欲。确保足够有效的采食和饮水位置，勤赶鸡和匀料，提供高质量的颗粒破碎饲料。保持最佳的环境温度，随时观察雏鸡行为。在25%的育雏区域铺上垫纸，饲料同时放在垫纸和开食盘上，利用嗉囊充盈度作为评判雏鸡食欲培育情况的指标。从10日龄开始为鸡群提供连续不断但较短的光照时间，提倡遮光饲养，建议密闭式鸡舍育成期使用8h的光照时间，如体重低于标准，在21日龄前可适当延长光照时间。从第2周开始个体称量并记录体重，计算均匀度和变异系数。4周末公鸡和母鸡体重必须达到或略超过标准体重20~40g。4周时如果鸡群的变异系数在12%左右时就应该进行分栏,将鸡群按照不同的平均体重分成2~3栏饲养,分栏后每栏的变异系数应小于8%。

3. 育成期（5~24周）饲养管理

育成前期通过调整各栏的喂料量,合理控制各栏鸡群的体重增长,使鸡群获得均匀的骨架发育。公鸡早期的生长发育对于将来的受精率非常重要,12周之前,公鸡95%的骨架几乎已发育完成,12周公鸡体重小,腿就短,将来的腿也短。

分群时间很重要,正常情况下在3~4周、6~8周及10~12周分群3次。分群后,重新制定体重生长曲线,控制好鸡群的体重,以确保鸡群在7周达到标准;8周后必须每周增加一定的料量,稳定鸡群的饲养数量,达到正确的周增重。育成前期公母鸡体型配比的好坏对受精率会产生重要的影响,因此,应确保体型配比合乎标准要求。

育成中期保持正确的周增重,增加饲料量刺激生长,10周龄时应重新审核鸡群的体重并与标准体重比较,制定平行于标准体重的生长曲线;15周龄时再次审核鸡群体重,必要时重新制定新的体重生长曲线。保证饲料均匀分配,料位充足,维持好均匀度。10~15周期间应制定一个体重调整计划,尽可能使体重在15周之前调整完成;15周以后鸡群开始性成熟发育,调整体重比较困难。

育成后期确保提供适当的饲喂量,确保群内鸡只均衡的周增重、总增重。如果周增重不够,将会影响产蛋高峰;如果周增重及总增重过度,则会影响到产蛋维持。维持均匀度的持续稳定,在16~23周每周称量时,通过目测和触摸对鸡只的胸部、翅部、耻骨和腹部脂肪等进行监测观察,确保丰满度发育适宜。确保公母分群饲养,防止公、母鸡相互偷吃料,公母鸡使用不同的饲喂器饲喂,料槽或料桶高度适当,确保每只鸡吃料均匀。

适时进行公母混群,18~21周对公鸡进行选种,淘汰鉴别不合格公鸡;21~24周根据鸡群的性成熟情况进行公母混群。未成熟的公鸡不应与母鸡混群。如公鸡性成熟早于母鸡,应分步混群,2~3周后达到所要求的公母比例,公母比例应适宜,过大、过小均影响种蛋受精率和孵化率。

育成期保持恒定的光照时间8h,开产前增加光照时,每周光照时间增加不宜过快,应逐渐增加至每天光照时间达16h。

4. 产蛋前期（25~34周）饲养管理

保持正确的周增重和总增重,强调性成熟的均匀度。为满足产蛋率、体重和蛋质量的需求增加料量,23~28周开产后根据产蛋率、蛋重及体重情况增加饲喂量。观察鸡群的行为,加强种公鸡管理,对胸肌发育进行评分,淘汰不合格和不交配的公鸡,并维持好公母比例。确保公母鸡同步性成熟,公母分群饲养及公母鸡体况发育良好。为鸡群产蛋提供最佳的饲养环境，保持适宜的温度、湿度、通风和密度等，减少产蛋前期的各种应激。

5. 产蛋后期（35周至淘汰）饲养管理

产蛋达到高峰后35d左右，即一般在35～36周开始减料。减料应根据鸡群的产蛋率、蛋质量及种鸡体重进行减料，控制体重和蛋质量过度增长。从30周至淘汰期间，根据体况管理公鸡，淘汰体况差的公鸡，保持适当的公母比例。创造较好的鸡舍条件。为种鸡提供合理的鸡舍，保持合理的饲养密度，保持最佳的群体大小，一般种鸡群体大小适宜为3000只左右种鸡。

二、优质肉鸡生产技术

优质肉鸡是指具有中国地方品种鸡的特色，其口味、口感、滋味上乘，羽色、肤色各异，以地方鸡血缘为主，肉蛋品质优良，具有当地居民所崇尚的口味、外观，适合中国传统加工工艺。优质肉鸡的概念尚有争议，优质肉鸡生产是我国肉鸡生产的一大特色。

我国香港、广东是最早发展优质肉鸡的地区，主要以黄羽肉鸡生产为主，并形成了完善的生产体系和鸡种类型。四川优质肉鸡生产占较大比例，以地方品种为主，利用林地、果园、草场以及荒山荒坡等自然生态资源以放牧的方式进行肉鸡生产，通称"放养鸡"。土鸡放养，可减少养殖期饲喂量，节省大量粮食；有效清除果园害虫和杂草，达到生物除害的功效；增强鸡只机体的抵抗力、激活免疫调节机制，得病少，节约预防性用药的资金投入；大幅度提高禽肉、禽蛋的品质，生产出特别受消费者欢迎的绿色产品。目前，放养鸡产业在四川和我国多数省区广大农村地区已具有相当的规模，放养鸡产品已拥有稳定的消费群体和消费市场。放养鸡生产作为传统畜牧业向现代畜牧业的一种过渡养殖方式，由于其经济效益明显高于快大型白羽肉鸡，值得在有条件的地方推广。

（一）场址建设

1. 鸡场选址

放养鸡生产，既要建设鸡舍，又要有适宜鸡放牧的场地。养殖场区应选择在地势高燥、背风向阳、环境安静、水源充足卫生、排水和供电方便的地方，且有适宜放养的林带、果园、草场、荒山荒坡或其他经济林地，满足卫生防疫要求。场区距离干线公路、村镇居民集中居住点、生活饮用水源地500m以上，与其他畜禽养殖场及屠宰场距离1km以上，周围3km内无污染源。

2. 场区布局

场区布局应科学、合理、实用，节约土地，满足当前生产需要，同时考虑将来扩建和改建的可能性。鸡场可分成生产区和隔离区，规模较大的鸡场可设管理区。根据地形、地势和风向确定房舍和设施的相对位置，各功能区应界限分明，联系方便。

生产区主要包括育雏舍和放养鸡舍，育雏场应与放养区严格分开，生产区设大门、消毒池和更衣消毒室。放养区四周设围栏，围网使用铁丝网或尼龙网，高度一般为2.0m。

隔离区设在场区下风向处及地势较低处，主要包括兽医室、隔离鸡舍等。为防止相互污染，与外界接触要有专门的道路相通。

如果需要设管理区，应设在场区常年主导风向上风处，主要包括办公设施及与外界接触密切的生产辅助设施，设主大门，并设消毒池和更衣消毒室。

场区内设净道和脏道，脏道与后门相连，两者严格分开，不得交叉、混用。

3. 鸡舍建设

（1）育雏舍　育雏舍应有专用笼具、专用消毒设备，并配备取暖、通风、光照及防鼠等设施。舍内设备根据具体的育雏方式进行配置。

（2）放养鸡舍　在紧靠放养场地应设放养鸡舍（生长鸡舍）。放养鸡舍有固定式鸡舍和移动式鸡舍两种。

①固定式鸡舍：固定式鸡舍要求防暑保温，背风向阳，光照充足，布列均匀，便于卫生防疫，面积按每平方米养12只鸡修建，内设栖息架，舍内及周围放置足够的喂料和饮水设备，使用料槽和水槽时，每只鸡的料位为10cm，水位为5cm；也可每30只鸡配置1个直径30cm的料桶，每50只鸡配置1个直径20cm的饮水器。

②移动式鸡舍：移动式鸡舍要求能挡风，不漏雨，不积水即可，材料、形式和规格因地制宜，不拘一格，但需避风、向阳、防水、地势较高，面积按每平方米养12只鸡搭建，每个鸡舍的大小以容纳成年鸡100~150只为宜，多点设棚，内设栖息架，鸡舍周围放置足够的喂料和饮水设备，其配置情况与固定式鸡舍相同。

（二）育雏准备工作

1. 育雏舍

首先要检查育雏舍，房屋不能渗漏雨水，墙壁不能有裂缝，水泥地面要平整，无鼠洞且干燥，门窗严密，房屋保温性能好，并能通风换气。平养育雏舍内可间隔成多个小间，便于分群饲养管理和调整鸡群。

2. 育雏设备

育雏前要准备好保温设备、饲槽、饮水器、水桶、料桶、温湿度计、扫帚、清粪工具、消毒用具；另外根据实际情况添置需要的用具。若是笼养育雏，还要准备专用的育雏笼。针对农村土鸡养殖，育雏笼也可就地取材自制，便于雏鸡采食、饮水和饲养人员管理操作即可。

3. 清洗及消毒

雏鸡入舍前，鸡舍应空置 2 周以上，在进雏前 1 周，对育雏鸡舍墙壁、地面、饲养设备以及鸡舍周围彻底冲洗，鸡舍充分干燥后，采用两种以上的消毒剂交替进行 3 次以上的喷洒消毒。关闭所有门窗、通风孔，对育雏鸡舍升温，温度达到 25℃ 以上时，用高锰酸钾 $14g/m^3$、福尔马林 $28mL/m^3$，对鸡舍和用具进行熏蒸消毒，先放高锰酸钾在舍内瓷器中，后加入福尔马林，使其产生烟雾状甲醛气体，熏蒸 2～4h 后打开门窗通风换气。

4. 温度与饲料

进雏前 2d 进行预先升温，舍内温度应升至 33～35℃。准备足够的喂料盘或喂料用塑料布、饮水器。根据育雏数量，备好雏鸡专用全价饲料和必需药品等。

（三）鸡种的选用与引种

按照《中华人民共和国畜牧法》的规定，用于商品肉鸡养殖的鸡种，必须是经国家畜禽遗传资源委员会审定的肉鸡新品种（配套系），或经该委员会鉴定的地方遗传资源（地方品种），或国家批准引进的国外优良品种（配套系）。此外，业已完成培育但还未经审定的新品种（配套系），可在省级畜牧管理部门指定的区域进行中试生产。

放养鸡生产所用的品种，要针对消费市场的需要。由于放养方式养殖的肉鸡在市场上多被冠以"土鸡"称号，因此，国外引进鸡种一般不适合用于放养鸡生产。考虑到地方品种生产效率太低，可选用以我国地方鸡种为育种素材，由国内育种机构培育且经国家畜禽遗传资源委员会审定的优质肉鸡配套系。这类育成的优质肉鸡配套系，既保持了地方鸡种的肉质风味和外貌特征，又大幅度提高了生长速度和饲料报酬，而且体重整齐一致。

商品代雏鸡应来自具有《种畜禽生产经营许可证》和《动物防疫合格证》的健康无污染的父母代种鸡场，经过产地检疫，持有有效检疫合格证明，符合畜禽产地检疫规范的标准要求。

（四）雏鸡饲养管理

1. 饮水

雏鸡应先饮水后开食，雏鸡进入育雏舍后应尽快给予饮水，初饮水中可加适量的复合维生素，水温保持与室温保持一致。必须有足够的饮水空间，饮水器按照每只鸡 3cm 水位配置，饮水要清洁卫生、新鲜，饮水器要经常清洗消毒，防止粪便污染。在饲养期内的各个阶段，使饮水器尽量均匀分布在鸡活动的范围内。饮水器的高度与鸡背同高为宜，饮水器的高度要随雏鸡日龄增长及时调整。

2. 喂料

雏鸡开食时间在入舍饮水后 2~3h 进行。开食的饲料要求新鲜，颗粒大小适中，易于啄食，营养丰富，容易消化，建议采用正规厂家提供的全价雏鸡料。雏鸡料放在铝制或木制的小料盘内，使其自由采食，为了使雏鸡容易见到饲料，可适当增加室内的照明。

第 1 周每天饲喂 6 次以上，第 2 周每天饲喂 4~6 次，3 周龄后，喂料要有计划，要让鸡将食槽的料吃完后再喂料。

要让鸡有足够的采食空间以满足其需要。在开始的 3 周内，应让鸡在任何时间都能得到饲料。每次加料以料盘的 1/4 高度为宜，注意随时清理料盘中的粪便和垫料，以免影响鸡的采食及健康。

3. 饲料搭配

育雏期建议饲喂全价配合饲料，雏鸡日粮营养水平见表 4-10。

表 4-10 育雏期（0~4 周龄）饲料营养水平

营养指标	含量
代谢能/（MJ/kg）	12.12
粗蛋白/%	21.00
赖氨酸/%	1.05
含硫氨基酸/%	0.46
钙/%	1.00
非植酸磷/%	0.45

4. 温度

1~3 日龄育雏舍温度 33~35℃，以后逐周降低，到 6 周龄温度降至 18~21℃ 或与室外温度一致；夜间气温低，应使舍内温度保持与日间一致。育雏期的适宜温度见表 4-11。

表 4-11　雏鸡各阶段的适宜温度

阶段	1~3日龄	2周龄	3周龄	4周龄	5周龄	6周龄
适宜温度/℃	33~35	28~30	26~28	24~26	21~24	18~21

5. 湿度

虽然湿度不像温度那样要求严格，但在极端情况下或与其他因素共同发生作用时，可能对雏鸡造成较大危害。0~7日龄，相对湿度65%~70%；8~10日龄为60%~65%；15~28日龄为55%~60%；28日龄后稳定在55%左右。

6. 饲养密度

育雏期饲养密度主要依据周龄和饲养方式而定。笼养：1日龄~3周龄密度30~50只/m^2，4~6周龄15~25只/m^2。平养：1日龄~3周龄密度20~35只/m^2，4~6周龄10~20只/m^2。

7. 断喙

为减少啄癖的发生，建议对雏鸡施行断喙，断喙时将雏鸡喙尖在断喙器上轻轻地烙烫，去掉上喙尖钩，严格控制断喙长度，以保证上市时成鸡喙的完整性。一般7~10日龄进行。断喙前1d在饮水中加入复合维生素以减少应激。

8. 光照时间和强度

密闭鸡舍1~3日龄24h光照，以后每天为23~20h，避免在突然停电情况下，雏鸡惊群。光照强度不可过大，否则会引起啄癖。开放式鸡舍白天应采取限制部分自然光照，这可通过遮盖部分窗户来达到此目的。随着鸡的日龄增大，光照强度则由强变弱。1~2周龄时，应有2.4~3.2W/m^2的光照度（灯距离地面2m）；从第3周龄开始改为0.8~1.3W/m^2；4周龄后，弱光可使鸡群安静，有利于生长。

9. 通风换气

保持空气新鲜，舍内不应有刺鼻、刺眼的感觉。为使室内保持有新鲜空气就必须处理好温度和通风的关系，寒冷季节理想的通风方式为横向通风，横向通风进风口与排风口距离较近，比较容易在短时间内将污染空气排出舍外，通风方法有自然和机械通风两种，密闭鸡舍多采用后者。

（五）放养准备工作及注意事项

1. 放养准备工作

对放养地点进行检查，查看围栏是否有漏洞，如有漏洞应及时进行修补，减少鼠害、蛇等天敌的侵袭造成鸡的损失，在放养地搭建固定式鸡舍或安置移动式鸡舍，以便鸡群在雨天和夜晚的歇息。在放养前，灭一次鼠，但应注意使用的药物，以免毒死鸡。

对拟放养的鸡群进行筛选，淘汰病弱、残肢及个体。同时准备饲槽、饲料和饮水器。

雏鸡在育雏期即进行调教训练，育雏期在投料时以口哨声或敲击声进行适应性训练。放养开始时强化调教训练，在放养初期，饲养员边吹哨或敲盆边抛撒饲料，让鸡跟随采食；傍晚，再采用相同的方法，进行归巢训练，使鸡产生条件反射形成习惯性行为，通过适应性锻炼，让鸡群适应环境，放养时间根据鸡对放养环境的适应情况逐渐延长。

2. 放养时间的选择

雏鸡脱温后，一般要 4 周龄之后，白天气温不低于 15℃ 时开始放养，气温低的季节，40~50 日龄开始放养。

3. 放养场地的养殖密度

放养应坚持"宜稀不宜密"的原则。根据林地、果园、草场、农田等不同饲养环境条件，其放养的适宜规模和密度也有所不同。各种类型的放养场地均应采用全进全出制，一般一年饲养 2 批次，根据土壤畜禽粪尿（氮元素）承载能力及生态平衡，在不施加化肥的情况下，不同放养场地养殖密度应适宜。不同放养场地的承载能力、年饲养批次和饲养密度见表 4-12。

表 4-12 不同放养场地的承载能力、年饲养批次和饲养密度

放养场地类型	承载能力/[只/(亩·年)]	年饲养批次/批	饲养密度/(只/亩)
阔叶林	134	2	≤67
针叶林	60	2	≤30
竹林	130	2	≤65
果园	88	2	≤44
草地	50	2	≤25
山坡、灌木丛	80	2	≤40

注：1 亩 = 666.7 m^2。

（六）放养期日常饲养管理

1. 公母分群饲养

公鸡争斗性较强，饲料效率高，竞食能力强，体重增加快；而母鸡沉积脂肪能力强，饲料效率差，体重增加慢。公母分群饲养，各自在适当的日龄上市，有利于提高成活率与群体整齐度。

2. 供水

放养鸡的活动空间大，由于野外自然水源很少，必须在鸡活动范围内保证充足、卫生的水源供给，尤其是夏季更应如此，同时在冬天饮水要进行防冻处理。采用饮水器按照每 50 只鸡配置 1 个（直径 20cm）；若使用水槽，每只鸡水位为 3~5cm。

3. 饲喂技术

（1）合理喂料　鸡野外自由觅食的自然营养物质，远远不能满足鸡生长的需要。应根据鸡的日龄、生长发育、林地草地类型、天气情况决定人工喂料次数、时间、营养及喂料量。放养早期多采用营养全面的饲料，以保障鸡群的健康生长。

喂料应定时定量，不可随意改动，这样可增强鸡的条件反射，夏秋季可以少喂，春冬季可多喂一些，每天早晨、傍晚各喂料 1 次；喂料量随着鸡龄增长，具体为：5~8 周龄，喂料 50~70g/（d·只）；9~14 周龄，喂料 70~100g/（d·只）；15 周龄至上市喂料 100~150g/（d·只）。

（2）营养需要　放养鸡各阶段营养需要量见表 4-13。

表 4-13　放养鸡各阶段参考营养需要量

营养指标	5~8 周龄	8 周龄以上
代谢能/（MJ/kg）	12.54	12.96
粗蛋白/%	19.00	16.00
赖氨酸/%	0.98	0.85
蛋氨酸/%	0.40	0.32
钙/%	0.90	0.80
有效磷/%	0.40	0.35

（3）饲料搭配　由于放养场地可供鸡采食的自然营养物质微乎其微，为了使鸡生长的遗传潜力得到最大发挥，推荐全程使用优质安全的全价配合饲料。

在一些地区，由于市场接受上市体重较大的鸡，需要延长鸡的生长期，这种情况下若全程使用全价配合饲料，则不一定是最经济的，因此可以在配合饲料基础上搭配使用能量饲料。5~8 周龄，建议使用中鸡全价配合饲料；9~14 周龄，建议使用大鸡全价配合饲料加 20% 左右的能量饲料，如玉米；15 周龄至上市，建议使用大鸡全价配合饲料加 40% 左右的能量饲料，能量饲料添加的比例随周龄增加。

（4）饲料存放　饲料存放在干燥的专用存储房内，存放时间不超过 15d，严禁饲喂发霉、变质和被污染的饲料。

4. 严防中毒

果园内放养时，果园喷过杀虫药和施用过化肥后，需间隔 7d 以上才可放养，雨天可停 5d 左右。刚放养时最好用尼龙网或竹篱笆圈定放养范围，以防鸡到处乱窜，采食到喷过杀虫药的果叶和被污染的青草等，鸡场应常备解磷定、阿托品等解毒药物，以防不测。

5. 适时上市

为增加鸡肉的口感和风味，应适当延长饲养周期，控制出栏时间，一般应在 120d 以后。特别地需要根据市场行情及售价，适当缩短或者延长上市时间。

> **项目思考**
>
> 1. 快大型肉鸡的生产特点与肉用仔鸡的饲养方式各是什么？
> 2. 肉仔鸡光照管理有何特点？
> 3. 肉仔鸡公、母分养有何优点？
> 4. 简述优质肉鸡的生产要点。

项目五　水禽生产技术

知识目标

1. 理解水禽养殖场的选址与合理规划相关知识。
2. 理解水禽的生理特点。
3. 掌握蛋鸭品种及选址，掌握蛋鸭育雏期、育成期、产蛋期的饲养管理和疾病预防相关知识。
4. 理解肉鸭生产特点，掌握快大型肉鸭生产、放牧肉鸭生产、填鸭生产和骡鸭生产相关知识。
5. 掌握肉用仔鹅放牧育肥法、舍饲育肥法和人工填饲育肥法相关技术要点。
6. 掌握种鹅育成期限制饲养、不同阶段合理光照、种鹅选择与配种公母比相关技术要点。

技能目标

1. 能对水禽养殖场的选址与规划布局进行正确评价。
2. 能进行蛋鸭不同阶段的饲养管理。
3. 能进行快大型肉鸭生产、放牧肉鸭生产、填鸭生产和骡鸭生产。
4. 能进行肉用仔鹅放牧育肥、舍饲育肥和人工填饲育肥。
5. 能进行种鹅育成期限制饲养、产蛋期合理光照控制、种鹅选择与配种等生产操作。

> 必备知识

一、水禽场的建筑与设计规划

做好水禽养殖场的选址与合理规划,根据水禽的生理和生产特点进行水禽场的建筑设计,使用现代水禽养殖设备为水禽生产提供良好的外部环境条件,是水禽生产正常进行的前提。水禽场的建筑与设计规划包括从水禽场水源保障、地形地势要求、周围环境良好、交通运输方便等方面选好场址,对养殖场功能区进行合理分区与布局,设计符合水禽生产特点和要求的水禽舍,并做好水禽舍内部的环境控制,从而为水禽生产提供良好的硬件保证。

(一)水禽场选址与规划

1. 水禽场选址

水禽场选址要根据水禽养殖场的特点,结合当地自然条件和社会条件等因素进行综合决定。水禽场选址必须符合当地土地利用总体规划要求,建于当地明确规定的禁建区、禁养区以外,严禁建在城市饮用水源上游方向。

(1)地势高燥,排水良好 水禽场的地势要稍高一些,地势要略向水面倾斜,最好有5°~10°的坡度,以利排水。土质以沙壤土类最适合,雨后易干燥,不宜选在黏性太大的重黏土上建造鸭场,否则容易造成雨后泥泞积水。尤其不能在排水不良的低洼地建场,否则每年雨季到来时,鸭舍被水淹没,为水禽生产造成严重损失。

(2)水源充足,水质良好 水禽日常活动与水有密切联系,洗浴、交配、管理都离不开水。在水禽舍设计上要考虑设置水上运动场以供水禽洗浴、交配。水上运动场是水禽舍的重要组成部分,水禽场选址首先要考虑水源问题。选择场址时,水源充足是首要条件,保证在干旱的季节也不能断水。

通常将鸭舍、鹅舍建在水库、河道旁边,水面尽量宽阔,水体流动良好,水深为1~2m。如果是河流交通要道,不应选主航道,以免过往船只过多引起鸭、鹅应激。大型水禽场,为了保证水源和水质,最好场内另建深井以供场内用水。

(3)周围环境清洁 水禽场周围5km内,不能有禽畜屠宰场,也不能有排放污水、有毒气体的工厂,距离居民点也要在5km以上。鸭场所使用的水必须洁净,每100mL水中的大肠杆菌数不得超过5000个。水禽场500m半径范围内没有其他动物养殖场。水禽场尽可能在远离工厂和城镇的上游建场,远离居民生活区500m以上,周围环境通风良好,空气质量符合NY/T 388—1999《畜禽场环境质量标准》。

（4）交通方便　水禽场的产品、饲料以及各种物资都需要及时转运。建场时要选在交通方便的地方，最好有公路、水路或铁路连接，以降低运输费用。但与车站、码头或交通要道（公路或铁路）的近旁建场保持足够的距离（2km以上），以免噪声、灰尘、废气对水禽场的污染。水禽场周围环境安静，保证水禽正常的生产性能。

此外，水禽场选址还要考虑一些特殊情况，如沿海地区要考虑台风的影响，经常遭受台风袭击的地方不宜建场；电源不稳定或尚未通电的地方不宜建场，必要时种禽场还要自备发电机组。综合考虑水禽场的排污、粪便废物的处理，防止对周围环境造成污染。

2. 水禽场规划

（1）水禽场分区规划　水禽场分区规划应根据水禽场管理要求、水禽场生产功能、卫生防疫功能进行，通常分为生活管理区、生产区、兽医防疫区三个主要功能区，各区之间要建立最佳的生产联系和卫生防疫条件。规划时应根据地势和主导风向合理分区，生活管理区安排在水禽场上风向和地势较高处，生产区安排在水禽场中间位置，兽医防疫区位于下风向和地势最低处。各功能区内的建筑物也应根据地形、地势、风向等合理布局，各建筑物间留足采光、通风、消防、卫生防疫间距。场内运送饲料等的清洁道与运送粪尿等的排污道应分设，不能交叉或共用。

（2）水禽舍朝向　水禽舍朝向最好是南北朝向，根据地形地势可南偏东或偏西不超过10°，以获得良好的通风条件和避免夏季阳光直射。水禽舍位置要放在水面的北侧，把水禽陆上运动场和水上运动场设置在水禽舍的南面，使水禽舍大门正对水面向南开放。这种朝向的水禽舍，冬季采光面积大、吸热保温好；夏季不受阳光直射、通风良好，有利于水禽的产蛋和生长发育。

（3）水禽场的卫生设施　水禽场要有明确的场界，其周围应建较高的实体围墙或坚固的防疫沟，以防场外人员及动物进入场区。消毒是水禽场保证鸭、鹅健康和生产正常进行必不可少的卫生措施，水禽场生产区门口应设置紫外线消毒室、脚踏消毒池和车辆消毒池，人员进入生产区必须要更衣、换鞋、消毒。场内污物处理及排水设施齐全且性能良好。运动场场地平整坚固、清洁干燥，并有防止夏天烈日曝晒的遮阳棚。种禽场还应设置一定面积的水上运动场或水浴池，并经常换水，保持水质清洁。

（4）水禽场废弃物的处理和利用　水禽场的主要废弃物是禽粪和污水。禽粪可经过高温堆肥等无害化处理后肥田，也可经必要的消毒后喂鱼；污水可经过物理方法、化学方法或生物方法等手段处理后直接排放或循环使用。

(二) 水禽场建筑设计与常用设备

1. 水禽场建筑设计

水禽舍设计分临时性简易水禽舍和长期性固定水禽舍两大类。小型水禽场采用简易水禽舍，大中型水禽场多采用固定水禽舍，生产者可根据自己的条件和当地的资源情况进行选择。完整的平养水禽场通常由水禽舍、陆上运动场、水围（水上运动场）三个部分组成。

(1) 水禽舍　水禽舍最基本的要求是遮阳防晒、阻风挡雨、防寒保温和防止兽害。以商品蛋鸭为例，商品蛋鸭舍每间的深度 $8\sim10m$，宽度 $7\sim8m$，近似于方形，便于鸭群在舍内作转圈活动。不能把鸭舍分隔成狭窄的长方形，否则鸭子进舍转圈时，极容易踩踏致伤。通常养 $1000\sim2000$ 只规模的小型鸭场，可建 $2\sim4$ 间鸭舍，每间饲养 500 只左右，然后再在鸭舍边上建 3 个小间，作为仓库、饲料室和管理人员宿舍。

舍内建筑面积估算：根据水禽的品种、日龄及各地气候不同，对水禽舍面积的要求也不一样。在建造水禽舍计算建筑面积时，要留有余地，适当放宽计划；但在使用水禽舍时，要周密计划，充分利用建筑面积，提高鸭舍的利用率。

使用水禽舍的原则：单位面积内，冬季可提高饲养密度，适当多养些，夏季要少养些；大面积的鸭舍饲养密度适当大些，小面积的鸭舍饲养密度适当小些；运动场大的鸭舍饲养密度可以大一些，运动场小的鸭舍饲养密度应当小一些。

(2) 陆上运动场　陆上运动场一端紧连水禽舍，一端直通水面，可为水禽提供采食、梳理羽毛和休息的场所，其面积应超过水禽舍面积 1 倍以上。陆上运动场接近水面处略向水面倾斜，以利排水。陆上运动场地面以水泥地面、砖铺设地面或夯实的泥地为宜。地面必须平整，保持干燥清洁，不允许坑洼，以免蓄积污水。陆上运动场连接水面之处，做成一个略微倾斜的小坡，此处是鸭鹅入水和上岸必经之地，使用率极高，易受到水浪的冲击而坍塌凹陷，要求平整坚固，必须用砖、石砌好，并且深入水中（最好在水位最低的枯水期内修建坡面），以方便鸭鹅入水和上岸。

陆上运动场上种植落叶的乔木或落叶的果树（如葡萄等），并用水泥砌成 1m 高的围栏，以免鸭子入内啄伤幼树的枝叶，同时防止浓度很高的鸭粪肥水渗入树的根部致使树木死亡。陆上运动场上植树，既美化环境又可以在盛夏季节遮阳降温，使鸭舍和运动场的小环境温度下降 $3\sim5℃$，有利于夏季防暑。

(3) 水上运动场　水上运动场又称水围，是水禽洗澡、嬉耍、交配的运动场所。水围面积不少于陆上运动场，考虑到枯水季节水面要缩小，在条件许可时尽量把水围扩大些，有利于水禽运动。

在水禽舍、陆上运动场、水围这三部分的连接处，均需用围栏围成一体，使每一单间都自成一个独立体系，以防水禽互相走乱混杂。围栏在陆地上的高度为 60~80cm，水上围栏的上沿高度应超过最高水位 50cm，下沿最好深入水面 50cm 以下，防止水禽逃逸。

水禽场建筑设计的其他要求可参考鸡场建筑设计有关要求。

2. 水禽场常用设备

（1）水禽舍环境控制设备

①通风设备：通风设备主要为风机、通风管道等，主要用于将舍内污浊的空气排出、将舍外清新的空气送入舍内或用于舍内空气流动。水禽舍的通风按舍内空气的流动方向一般分为横向通风、纵向通风两种。其中纵向通风效果好，风机全部安装在禽舍一端的山墙或山墙附近的两侧墙壁上，进风口在另一侧山墙或靠山墙的两侧墙壁上，禽舍其他部位无门窗或门窗关闭，空气沿禽舍的纵轴方向流动，进气口风速一般要求夏季 2.5~5m/s，冬季 1.5m/s。

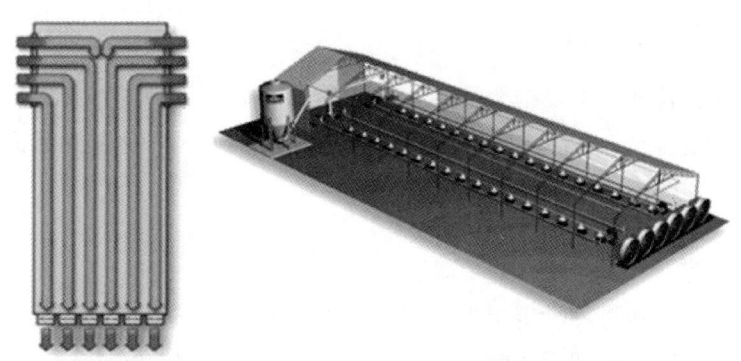

图 5-1　水禽舍纵向通风示意图

②降温系统：降温系统主要用于夏季高温季节降低禽舍内温度，主要降温设备有湿帘降温系统、喷雾降温系统等。

湿帘降温系统主要由湿帘与风机配套构成。湿帘通常有普通型介质、加强型介质两种。普通型介质由波纹状的纤维纸黏结而成，具有耐腐蚀、强度高、使用寿命长的特点。加强型介质是通过特殊的工艺在普通型介质的表面加上黑色硬质涂层，使介质便于刷洗消毒、遮光、抗鼠、使用寿命更长。湿帘降温系统是利用热交换的原理，给空气加湿和降温。通过供水系统将水送到湿帘顶部，从而将湿帘表面湿润，当空气通过潮湿的湿帘时，水与空气充分接触，使空气的温度降低，达到降温的目的，降温效果显著。夏季可降温 5~8℃，且气温越高,降温幅度越大,特别适合于规模化养殖生产。

喷雾降温系统由连接在管道上的各种型号的雾化喷头、压力泵组成,是一套非常高效的蒸发系统。它通过高压喷头将细小的雾滴喷入舍内,随着湿度的增加,热能转化为蒸发能,数分钟内温度即降至所需值。由于所喷水分都被舍内空气吸收,地面始终保持干燥。这种系统可同时用作消毒用,有夏季降温、喷雾除尘、连续加湿、环境消毒、清新空气等特点。

③光照控制设备:光照程序控制器采用微电脑芯片设计,具有自动测光控制功能,能自动启闭禽舍照明灯,实现精确控制舍内光照时间的目的。

④清洗、消毒设备:清洗设备主要是高压冲洗机械,带有雾化喷头的可兼当消毒设备用。消毒设备有人工手动的背负式喷雾器、机械动力式喷雾器两种。

(2) 水禽舍其他设备　包括育雏设备、喂料与饮水设备、笼具网架设备、孵化设备、集蛋设备等,这些设备与蛋鸡、肉鸡的相关设备相似,在此不再赘述。

二、鸭的饲养管理

鸭的饲养管理,主要结合鸭的生理特点选好饲养品种,选择适宜的饲养方式,通过配制合理日粮、提供良好的饲养环境、做好卫生防疫等饲养管理措施,获得良好的饲养成绩和经济效益。

(一) 鸭的生活习性

鸭的生活习性与其野生祖先和驯化过程中的生态环境密切相关,在家鸭饲养管理过程中应充分利用鸭的生活习性,进行科学合理的饲养。

1. 喜水性

鸭是水禽,喜欢在水中寻食、嬉戏和求偶交配。因此,宽阔的水域、良好的水源是养鸭的重要环境条件之一。鸭有水中交配的习性,特别是在早晨和傍晚,水中交配次数占60%以上。鸭喜欢清洁,羽毛总是油亮干净,经常用喙从尾脂腺处蘸取脂油梳理羽毛,保持羽毛的防水和清洁。鸭舍设计需设置一些人工小水池,特别是对种鸭特别重要。

2. 合群性

鸭的祖先天性喜群居和成群飞行。这种本性在驯化家养之后仍未改变,鸭至今仍表现出很强的合群性。经过训练的鸭在放牧条件下可以成群远行数里而不紊乱。放牧中呼之即来,挥之即去。鸭群个体间不喜殴斗。这种合群性使鸭适于大群放牧饲养和圈养,管理也比较容易。

3. 耐寒性

鸭全身覆盖羽毛，起着隔热保温作用，成年鸭的羽毛比鸡的羽毛更紧密贴身，且鸭的绒羽浓密，保温性能更好，较鸡具有更强的抗寒能力。鸭的皮下脂肪比鸡厚，耐寒性好。在0℃左右冬季低温下，仍能在水中活动，在10℃左右的气温条件下，即可保持较高的产蛋率。相对而言，鸭耐热性相对较差。

4. 杂食性

鸭食性比鸡更广，更耐粗饲。鸭对饲料要求不高，各种粗饲料、精饲料、青绿饲料都可作为鸭的饲料。据四川农业大学分析，稻田放牧鸭采食的植物性食物近20种，动物性食物近40种。中小型鸭可充分利用这一特点进行放牧。

5. 生活规律性强

鸭具有良好的条件反射能力，生活节奏极有规律性，每天的放牧、觅食、戏水、休息、交配和产蛋均有较强的固定时间，且群体的生活节奏一旦形成则不易改变。因此，鸭的饲养管理日程应保持相对稳定，不能随便变动。

6. 夜间产蛋性

鸡是白天产蛋，而母鸭是夜间产蛋，这一特性为种鸭的白天放牧提供了方便。鸭产蛋一般集中在凌晨，若多数产蛋窝被占用，有些鸭宁可推迟产蛋时间，这样就影响了鸭的正常产蛋。因此，鸭舍内产蛋窝要充足，垫草要勤换。

（二）蛋鸭的饲养管理

1. 蛋鸭养殖的条件

（1）蛋鸭品种 从事蛋鸭生产前要选好蛋用鸭品种，目前蛋鸭生产中选用的品种主要有金定鸭、绍兴鸭、卡基-康贝尔鸭等。

（2）蛋用型雏鸭选择 购买鸭苗要求雏鸭体质健康、健壮，脐部收缩良好，无伤残，外貌特征符合品种要求。作为商品蛋鸭生产的养殖场，雏鸭出壳后及时进行公母性别鉴别，淘汰公鸭。

（3）蛋鸭的饲料 蛋鸭具有高产、稳产的特点，不同阶段对饲料要求较高，特别要注意粗蛋白质、矿物质、维生素和能量等的供给。蛋鸭的营养需要见表5-1。

表5-1 蛋用鸭的营养需要

营养成分	0~2周龄	3~8周龄	9~18周龄	产蛋期
代谢能/(MJ/kg)	11.506	11.506	11.297	11.088
粗蛋白质/%	20	18	15	18
可利用赖氨酸/%	1.1	0.85	0.7	1.0

续表

营养成分	0~2周龄	3~8周龄	9~18周龄	产蛋期
精氨酸/%	1.20	1.00	0.70	0.80
蛋氨酸/%	0.4	0.30	0.25	0.33
蛋氨酸+胱氨酸/%	0.7	0.6	0.50	0.65
赖氨酸/%	1.20	0.90	0.65	0.90
钙/%	0.9	0.8	0.8	2.5~3.5
磷/%	0.50	0.45	0.45	0.5
钠/%	0.15	0.15	0.15	0.15
维生素A/(IU/kg)	6000	4000	4000	8000
维生素D_3/(IU/kg)	600	600	500	800
维生素E/(mg/kg)	20	20	20	20
维生素B_1/(mg/kg)	4	4	4	2
维生素B_2/(mg/kg)	5	5	5	8
烟酸/(mg/kg)	60	60	60	60
维生素B_6/(mg/kg)	6.6	6	6	9
维生素K/(mg/kg)	2	2	2	2
生物素/(mg/kg)	0.1	0.1	0.1	0.2
叶酸/(mg/kg)	1.0	1.0	1.0	1.5
泛酸/(mg/kg)	15	15	15	15
氯化胆碱*/(mg/kg)	1800	1800	1100	1100
锰/(mg/kg)	100	100	100	100
锌/(mg/kg)	60	60	60	80
铁/(mg/kg)	80	80	80	80
铜/(mg/kg)	6	6	6	6
碘/(mg/kg)	0.5	0.5	0.5	0.5
硒/(mg/kg)	0.1	0.1	0.1	0.1

注：*拌料时不能将胆碱加入维生素和矿物质添加剂中，而应单独加入。

（4）蛋鸭环境控制　产蛋鸭最适宜的环境温度为13~20℃，该温度范围内，产蛋鸭产蛋率、饲料的利用率最高。光照可促进鸭生殖器官的发育，控制光照使蛋鸭适时开产，提高产蛋率。产蛋期的光照强度以10~15 lx为宜，光照时间保持在16~17h/d。

商品蛋鸭圈养需要在地势干燥、靠近水源的地方修建鸭舍，采光和通风良好，鸭舍朝向以朝南或东南方向为宜。饲养密度以舍内面积 5~6 只/m^2 计算。

（5）蛋鸭疾病预防　蛋鸭生产周期长，养殖技术要求相对较高。鸭场要建立完善的消毒和防疫措施，严格实行鸭场卫生管理与传染病预防，减少疾病发生。蛋用型种鸭的参考免疫程序见表 5-2。

表 5-2　蛋用型种鸭的参考免疫程序

序号	接种日龄	免疫项目	疫苗名称	接种方法
1	7	鸭病毒性肝炎	鸭肝炎病毒弱毒苗	颈部皮下注射
2	10	鸭传染性浆膜炎	鸭疫里氏杆菌灭活苗	皮下注射
3	30	鸭瘟	鸭瘟弱毒苗	胸部肌肉注射
4	60	禽霍乱	禽巴氏杆菌弱毒苗	颈部皮下注射
5	90	鸭病毒性肝炎	鸭肝炎病毒弱毒苗	皮下注射
6	100	禽霍乱	油乳剂灭活苗	颈部皮下注射
7	120	鸭病毒性肝炎	鸭肝炎病毒弱毒苗	皮下注射
8	240	鸭病毒性肝炎	鸭肝炎病毒弱毒苗	皮下注射

2. 雏鸭的饲养管理

（1）雏鸭的生理特点　雏鸭指 0~4 周龄的小鸭。其生理特点：刚出壳的雏鸭绒毛短，体温调节的能力差，需要人工保温；雏鸭的消化机能未健全，对饲料消化能力差，饲养雏鸭时要喂给容易消化的饲料；雏鸭的生长速度快，饲养雏鸭一定要供给营养丰富而全面的饲料；雏鸭娇嫩，对外界环境的各种病原抵抗力差，易感染疾病，育雏时要特别重视防疫卫生工作。

（2）雏鸭育雏前的准备　育雏是蛋鸭生产中一项繁琐而细致的工作，是决定养鸭成败的关键。因此，育雏前要做发充分准备。

第一步：育雏舍检修，准备好供温、采食、饮水等育雏的用具；育雏用具与育雏舍要进行彻底的清洗消毒（可用 15g/m^3 高锰酸钾和 30mL/m^3 福尔马林溶液熏蒸）；

第二步：准备足够的饲料、药品与饮水，地面饲养要准备足够数量的干燥清洁的垫草，如木屑、切短的稻草等；

第三步：进雏鸭前调试好供温设备，做好加热试温工作。一般提前 1d 将育雏舍的温度升高到 30℃ 左右；育雏舍相对湿度 60% 左右。

（3）育雏方式　根据养殖条件和育雏规模，可采取地面育雏、网上育雏和笼养育雏。

地面平养育雏：育雏舍的地面上铺 5~10cm 厚的松软垫料，将雏鸭直接饲养在垫料上，采用地下（或地上）加温管道、煤炉、保姆伞或红外线灯泡等加热方式提高育雏舍内的温度。该法简单易行，投资少，但房舍的利用率低，且雏鸭直接与粪便接触，易感染疾病。

网上平养育雏：育雏舍内离地面 30～80cm 高处设置金属网、塑料网或竹木栅条，将雏鸭饲养在网上，粪便由网眼或栅条的缝隙落到地面上。这种方式雏鸭不与地面接触，感染疾病机会少，房舍的利用率比地面饲养高，提高了劳动生产率，节省了大量垫料，但一次性投资较大。

立体笼养育雏：雏鸭饲养在 3～5 层笼内，鸭笼由镀锌或涂塑铁丝制成，网底可铺塑料垫网。这种育雏方式比平面育雏更能有效地利用房舍和热量，既有网上育雏的优点，还可以提高劳动生产率，缺点是投资较大。

目前生产商品肉鸭多采用网上育雏或笼养育雏，肉用种鸭一般采用地面育雏或网上育雏。

（4）"开水"和"开食" 刚孵出的雏鸭第一次饮水称"开水"，第一次喂食称"开食"。雏鸭饲养要"早饮水、早开食"，且要先"开水"、后"开食"。雏鸭出壳后原则上应在 12～24h 内"开水"。运输路途较远的，待雏鸭到达育雏舍 30min 左右应供给添加电解多维和 1% 葡萄糖的饮水让其饮用。饮水时要防止雏鸭嬉水，以免弄湿羽毛而感冒。

饮水 15～30min 后即可开食。应尽早将开食料撒在反光性较好的塑料布或浅饲料盘内进行开食。开食应整齐，对不会开食的雏鸭个别调教。过去鸭农习惯上使用煮制的夹生米饭开食，现在集约化饲养大多直接采用颗粒料开食。投料次数要适宜，要注意少喂多餐，育雏 1～2 周，6 次/d，其中一次在晚上进行。为保证采食均匀，应保证每只鸭有足够的垫水位和料位。水槽和料槽应保持一定高度。

（5）育雏环境条件控制

①适宜的温度：育雏期特别是出壳后 1 周内要提供较高的环境温度，这是育雏能否成功的关键。供温方式可参见雏鸡培育。第 1 周保温伞下温度 35～34℃，伞周围区域 30～32℃，以后随日龄增加逐渐降温，待第 3 周结束时伞下的温度可降至与室温一致而逐渐脱温。

育雏舍温度监测：可根据雏鸭活动和分布范围判断温度是否恰当。温度适宜时，雏鸭饮水、采食活动正常，不打堆，行动灵活，反应敏捷，休息时分布均匀，生长快；温度偏低时，雏鸭趋向热源，相互挤压打堆，易发生呼吸道病和造成窒息死伤，生长速度也会受到影响；温度偏高时，雏鸭远离热源，张口呼吸，饮水增加，食欲降低。

②适宜的湿度：雏鸭出雏后，通过运输或直接转入干燥的育雏室内，雏鸭体内的水分将会大量丧失，失水严重将会影响卵黄物质的吸收，影响健康和生

长。因此，育雏初期育雏舍内需保持较高的相对湿度，一般以相对湿度60%～70%为宜。随着雏鸭日龄的增加，体重增大，雏鸭呼吸量加大，排泄量增大，此时应尽量降低育雏舍的相对湿度为50%～55%为宜。

③良好通风换气：雏鸭新陈代谢旺盛，需要不断吸入新鲜的氧气，排出大量的二氧化碳和水气，同时地面育雏的鸭粪和垫料等分解后会产生大量氨气和硫化氢等有害气体。因此，要保证雏鸭正常健康生长，应加强育雏舍的通风换气工作，确保空气新鲜。

④合理的饲养密度：饲养密度应根据育雏季节、雏鸭日龄和环境条件等灵活掌握。密度过大，鸭群拥挤，采食、饮水不均，影响生长发育，鸭群的整齐度差，也易造成疾病的传播，死淘率增高；密度过小，房舍利用不经济。雏鸭适宜的饲养密度见表5-3。

表5-3 雏鸭的饲养密度　　　　　　　　　　单位：只/m²

周龄	地面垫料平养	网上平养
1	20～30	30～50
2	10～15	15～25
3	7～10	10～15

⑤合理的光照：刚出壳的雏鸭宜采用较强的连续光照，以便使其尽快熟悉环境，迅速学会饮水和采食。0～4周龄雏鸭连续光照的时间每天23h，提供1h黑暗，使鸭群适应黑暗的环境，以免停电时引起惊群。光照强度大于10 lx，如用白炽灯泡，则应有5W/m²的照度。

3. 育成鸭饲养管理

（1）育成鸭生理特点　育成鸭指5周龄至开产前的中鸭，又称青年鸭，是育雏期结束至产蛋的一个过渡阶段。在育成鸭培育上应考虑其生理特点采取针对性的饲养管理措施，培育合格育成鸭。育成鸭生理特点主要包括以下几点。

①育成鸭生长发育迅速：育成鸭活动能力强，食欲旺盛，食性很广，体重增长快，需要给予较丰富的营养物质。以绍兴鸭为例，绍鸭28日龄以后体重的绝对增长快速增加，42～44日龄达到最高峰，56日龄起逐渐降低，然后趋于平稳增长，至16周龄的体重已接近成年体重。

②羽毛生长迅速：如绍兴鸭育雏期结束时，雏鸭身上还掩盖着绒毛，棕红色麻雀羽毛才将要长出，而到42～44日龄时胸腹部羽毛已长齐，平整光滑，48～52日龄青年鸭已达"三面光"，52～56日龄已长出主翼羽，81～91日龄蛋鸭腹部已换好第二次新羽毛，102日龄蛋鸭全身羽毛已长齐。

③性器官发育快：育成鸭到10周龄后，在第二次换羽期间，卵巢上的卵

泡也在快速长大，到 12 周龄后，性器官的发育尤其迅速。为了保证育成鸭的骨骼和肌肉的充分生长，必须严格控制育成鸭的性成熟，防止过早产蛋，对提高今后的产蛋性能十分必要。

④适应性强：育成鸭随着日龄的增长，体温调节能力增强，对外界气温变化的适应能力也随之加强。同时，由于羽毛的着生，御寒能力也逐步加强。因此，育成鸭可以在常温下饲养，饲养设备也较简单，甚至可以露天饲养。

在育成期，充分利用育成鸭的特点，进行科学的饲养管理，加强锻炼，提高生活力，使生长发育整齐，开产期一致，为产蛋期的高产稳产打下良好基础

（2）育成鸭的饲养方式　根据养殖条件可采取以下三种饲养方式：

①放牧饲养：该法较适合养殖户的小规模蛋鸭养殖。放牧饲养可以节约量饲料，降低育成鸭培育成本，同时可增强鸭的体质。放牧饲养要注意以下几点：出牧逆流而上，收牧顺流而下；防暑防毒，夏季要注意防暑，早出牧晚归牧，中午让鸭在树阴下休息，在放牧时，要防止药害的发生；傍晚收牧后根据鸭的放牧程度适当补料，并在运动场活动到深夜，待凉爽后驱鸭入舍；冬季放牧注意防寒，鸭群要晚放牧早收牧，鸭舍要温暖干燥，勤换垫草。

②半舍饲圈养：该法鸭群饲养在鸭舍、陆上运动场和水上运动场，不外出放牧。采食、饮水可设在舍内，也可设在舍外，一般不设饮水系统。这种饲养方式可与养鱼的鱼塘结合一起，形成一个良性的"鸭－鱼"结合的生态循环。

③全舍饲圈养：全舍饲圈养即育成鸭的整个饲养过程全部在鸭舍内进行。一般鸭舍内可采用厚垫料饲养、网状地面饲养和栅状地面饲养，舍内一般需设置较为完备的饮水和排水系统。这种饲养方式的优点是可以较好地控制饲养环境，多用于蛋鸭育成期的大规模集约化养殖。

（3）育成鸭饲养管理

①保持适宜的饲养密度：圈养鸭的饲养密度随鸭龄、季节和气温的不同而变化，一般可按以下标准掌握：4~10 周龄，10~15 只/m^2；10~20 周龄，8~10 只/m^2。冬季气温较低时，饲养密度可稍高；夏季气温较高时，饲养密度可稍低。

②做好合理分群：育成期鸭群的大小根据养殖方式和养殖条件而定。一般放牧鸭每群以 500~1000 只为宜，而舍饲鸭可分成小栏饲养，每个小栏 200~300 只。同时，分群时要尽可能做到同群鸭日龄相近、大小一致、品种一样、性别相同。

③合理控制光照：育成鸭的光照时间宜短不宜长，一般 8 周龄起，每天光照以 8~10h 为宜，光照强度为 5 lx，其他时间应保持通宵弱光照明，一般以 30m^2 的鸭舍点 1 盏 15W 灯泡为宜。

④做好限制饲喂：限制饲喂主要用于圈养和半圈养鸭群，而放牧鸭群由于

运动量大，一般不需限饲。限制饲喂一般从8周龄开始，到16~18周龄结束。限喂前应称量，此后每两周抽样称量1次，以将体重控制在相应品种要求的范围内为宜，体重超重或过轻均会影响鸭群产蛋量。

⑤保持良好运动：圈养和半圈养鸭群应适当增加运动量，一般每天可定时驱赶鸭只在舍内做转圈运动，每次5~10min，每天活动2~4次。

4. 商品蛋鸭产蛋期饲养管理

正常饲养管理条件下，商品蛋鸭150日龄群体产蛋率可达50%，200日龄时达90%以上，产蛋高峰期可持续到450日龄左右，以后逐渐下降。根据商品蛋鸭生长发育和产蛋规律，将产蛋期分为四个阶段：产蛋初期（150~200日龄）、产蛋前期（201~300日龄）、产蛋中期（301~400日龄）、产蛋后期（401~500日龄）。

（1）产蛋初期与产蛋前期饲养管理　蛋鸭150日龄开产后，产蛋量逐渐增加直至达到产蛋高峰。因此，蛋鸭日粮中的营养水平特别是粗蛋白质水平要随着产蛋率的提高而逐渐增加，促使鸭群尽快达到产蛋高峰期。当鸭群达到产蛋高峰期后，饲料种类和营养水平要尽量保持稳定，促使产蛋高峰期尽可能长久。采取自由采食方式进行饲喂，每只蛋鸭每天喂料约150g。每天喂料4次，通常白天喂料3次，晚上再喂料1次。

做好产蛋初期与产蛋前期光照管理。蛋鸭开产后，逐渐增加光照时间，达到产蛋高峰时，使其光照时间达到15~16h/d，以后保持光照时间的恒定。

在产蛋前期，还要注意抽测蛋鸭体重，若蛋鸭体重在标准体重的±5%以内，表明饲养管理正常；若蛋鸭体重超过或低于标准体重5%以上，则要查明原因，调整蛋鸭喂料量和日粮营养水平。

（2）产蛋中期饲养管理　该期蛋鸭已达产蛋高峰期，并持续高强度产蛋，因此对蛋鸭的体况消耗很大，是蛋鸭饲养的关键时期，应对蛋鸭进行精心管理，尽可能延长高峰期产蛋时间。此期蛋鸭日粮中营养水平应在前期基础上适当提高，粗蛋白质水平保持在20%左右，并注意钙量和多种维生素的添加。由于日粮中钙量过高会降低饲料适口性，影响蛋鸭采食量，可在日粮中添加1%~2%的贝壳粒，也可单独喂给。

此期光照时间保持在16~17h/d，并注意观察蛋鸭精神状况是否良好、蛋壳质量有无明显变化、产蛋时间是否集中、洗浴后羽毛是否沾湿等，如果发现异常及时采取措施解决。

（3）产蛋后期饲养管理　蛋鸭经过连续的高强度产蛋后，体况消耗很大，产蛋率将有所下降。产蛋后期饲养管理重点是根据鸭群的体重和产蛋率的变化调整日粮的营养水平和喂料量，尽量减缓产蛋率下降幅度，使该期产蛋率保持在75%~80%。如果发现蛋鸭体重增加较大，应适当降低日粮能量水平，或适量降低采食量；如果发现蛋鸭体重降低而产蛋量有所下降时，应适当提高日粮中蛋白质水平，或适当增加喂料量。该期还应加强蛋鸭选择，及时淘汰低产蛋鸭。

（4）其他管理要求　产蛋期蛋鸭富于神经质，受惊后鸭群容易发生拥挤、飞扑等，导致产蛋量的减少或软壳蛋的增加。管理中切忌使鸭群受到惊吓和干扰。

5. 蛋用型种鸭产蛋期饲养管理

蛋用型种鸭饲养管理的要求是在保证种鸭产蛋数量的前提下，提高种蛋受精率。

（1）根据种鸭产蛋率调整日粮营养水平　种鸭产蛋初期日粮蛋白质水平控制在15%～16%即可满足产蛋鸭的营养需要，最高不超过17%；产蛋高峰期日粮粗蛋白质水平增加到19%～20%，如果日粮中必需氨基酸比较平衡，蛋白质水平控制在17%～18%也能保持较高的产蛋水平。

（2）种鸭配种

①做好种公鸭选择：种公鸭要求：公鸭生长发育良好、体格健壮结实，性器官发育正常，精液品质优良。留种公鸭必须在育雏期、育成期和性成熟初期进行三次严格选择。育成期公鸭和母鸭分群饲养，并在母鸭开产前2～3周按照适宜公母比例放入母鸭群中，让彼此相互熟悉，以提高配种质量。

②保持适宜的种鸭配种公母比例：适宜的配种公母比例可提高种蛋受精率。自然交配时种鸭配种公母比例为：轻型品种1:10～1:20，中型品种1:8～1:12。

③做好公母鸭混群后的观察：种鸭公母混群后注意观察种鸭配种情况。一天中种鸭交配高峰期发生在清晨和傍晚，已开产的放牧种鸭或圈饲种鸭在每天的早晚要让鸭群在有水环境中进行嬉水、配种，这样可提高种蛋的受精率。

（3）放牧种鸭日常管理　开产前1个月，放牧种鸭收牧后应逐渐增加补饲喂料量，使母鸭能饱嗉过夜，可较快进入产蛋高峰期。

种鸭放牧时不要急赶，不能走陡坡陡坎，以防母鸭受伤。产蛋期种鸭开产前形成的放牧、采食、休息等生活规律要保持相对稳定，不能随意变动。放牧种鸭因农作原因不能下田放牧，可采用圈养方式饲养，但应加强补饲，防止鸭群产蛋量的大幅度下降。

（4）种蛋收集　初产母鸭的产蛋时间多集中在清晨1：00～6：00，随着产蛋日龄的延长，产蛋时间有所推迟，产蛋后期的母鸭多在上午10：00前完成产蛋。

种蛋的收集应根据不同的饲养方式而采取相应的措施。种鸭放牧饲养，可在产完蛋后才赶出去放牧，以便及时收集种蛋，减少种蛋污染和破损。种鸭舍饲饲养，可在舍内设置产蛋箱，注意保持舍内垫料的干燥，特别是产蛋箱内的垫草应保持干燥、松软；刚开产的母鸭可通过人为的训练让其在产蛋箱内产蛋。

（三）肉鸭的饲养管理

1. 肉用雏鸭的饲养管理

肉用雏鸭的饲养管理可参见本项目中"蛋鸭的饲养管理"中"雏鸭的饲养管理"相关内容。

2. 肉鸭育成期的饲养管理

肉鸭育成期的饲养管理可参见本项目中"蛋鸭的饲养管理"中"育成鸭的饲养管理"相关内容。

3. 肉种鸭产蛋期的饲养管理

肉种鸭产蛋期的饲养管理可参见本项目中"蛋鸭的饲养管理"中"蛋种鸭产蛋期的饲养管理"相关内容。

4. 快大型肉用仔鸭舍饲育肥

肉用仔鸭的育肥根据选用的品种、饲养方式的不同可分为：快大型肉用仔鸭舍饲育肥和肉用仔鸭放牧育肥等。快大型肉用仔鸭是指配套系生产的杂交商品代肉鸭，采用集约化方式饲养，批量生产，是现代优质肉鸭生产的主要方式。

（1）快大型肉用仔鸭的常用品种　快大型肉用仔鸭生产中采用的品种主要有：樱桃谷肉鸭、天府肉鸭、澳白星63肉鸭、北京鸭等。这些品种均属于大型白羽肉鸭，具有体大、生长快、屠宰率高、饲料报酬高等特点。

（2）快大型商品肉鸭的日粮配制与日粮配方　快大型商品肉鸭体重增长特别迅速，饲养上要根据肉鸭不同生长阶段对营养的要求，配制营养全价而平衡的日粮。快大型商品肉鸭的营养需要见表5-4，快大型商品肉鸭的饲粮参考配方见表5-5。

表5-4　快大型肉用仔鸭的营养需要

营养成分	0~3周龄	4周龄至屠宰
代谢能/（MJ/kg）	12.35	12.35
粗蛋白质/%	21~22	16.5~17.5
钙/%	0.8~1.0	0.7~0.9
有效磷/%	0.4~0.6	0.4~0.6
食盐/%	0.35	0.35

续表

营养成分	0~3周龄	4周龄至屠宰
赖氨酸/%	1.10	0.83
蛋氨酸/%	0.40	0.30
蛋氨酸+胱氨酸/%	0.70	0.53
色氨酸/%	0.24	0.18
精氨酸/%	0.21	0.91
苏氨酸/%	0.70	0.53
亮氨酸/%	1.40	1.05
异亮氨酸/%	0.70	0.53

注：微量元素、维生素另加。

表5-5 快大型商品肉鸭的饲粮配方

饲粮成分/%	配方1		配方2		配方3	
	0~3周龄	4周龄~上市	0~3周龄	4周龄~上市	0~3周龄	4周龄~上市
玉米	54.0	57.7	51	56.7	59.0	63.0
麦麸	15.0	23.2	20.2	28.2	5.7	14.2
豆饼	12.0	4.0	8.4	-	24.0	15.5
鱼粉	13.0	-	-	-	10.0	5.0
菜籽饼	5.0	3.0	5.0	3.0	-	-
蚕蛹	-	10.0	8.3	3.0	-	-
骨粉	0.7	1.8	1.8	1.8	0.5	-
肉粉	-	-	5.0	7.0	-	-
贝壳粉	-	-	-	-	0.5	1.0
磷酸氢钙	-	-	-	-	-	1.0
食盐	0.3	0.3	0.3	0.3	0.3	0.3
合计	100	100	100	100	100	100

注：微量元素、维生素添加剂按照产品使用说明书另加。

（3）0~3周龄阶段快大型商品肉鸭的饲养管理　快大型商品肉鸭的饲养分为0~3周龄、4周龄至出栏两个阶段进行。其中0~3周龄为育雏期，4周龄至出栏为育肥期。0~3周龄阶段肉鸭的饲养管理要点是：

①育雏期雏鸭的生理特点：出壳至3周龄为快大型肉鸭的育雏期，该期雏鸭相对生长很快，需要充足的营养需要满足生长发育，但雏鸭刚出壳，对外界

的适应能力较差，体温调节功能不完善，消化器官容积小，采食量少，消化能力差。应人为地创造良好的育雏条件特别是温度条件，让雏鸭尽快适应外界环境，提高育雏成活率。

②进雏前的准备：参见本项目中"蛋鸭的饲养管理"中"雏鸭的饲养管理"相关内容。

③做好雏鸭的精细饲养：

a. 尽早饮水与开食。快大型肉用仔鸭早期生长特别迅速，应尽早饮水开食。一般采用直径为 2～3mm 的颗粒料开食，第 1 天可把饲料撒在塑料布上，以便雏鸭学会吃食，做到随吃随撒，第 2 天后就可改用料盘或料槽喂料。雏鸭进入育雏舍后，就应供给充足的饮水，头 3d 可在饮水中加入复合维生素（1g 多维/kg 水），并且饮水器（槽）可离雏鸭近些，便于雏鸭的饮水，随着雏鸭日龄的增加，饮水器应远离雏鸭。

b. 雏鸭饲料。有粉料和颗粒料两种形式。粉料饲喂前先用水拌湿，可促进雏鸭采食，但粉料饲喂浪费较大，每次投料不宜太多。有条件的地方应使用颗粒料。颗粒料效果比较好，可减少浪费。实践证明，饲喂颗粒料可促进雏鸭生长，提高饲料转化率。

c. 雏鸭自由采食。在食槽或料盘内应保持昼夜均有饲料，做到少喂勤添，雏鸭出壳后 1～2 周，6 次/d，其中一次在晚上进行。随吃随给，保证饲槽内常有料，余料又不过多。

d. 充分饮水。雏鸭一周龄以后可用水槽供给饮水，每 100 只雏鸭需要 1m 长的水槽。水槽每天清洗一次，3～5d 消毒一次。

e. 垫料管理。鸭饮水时喜呷水擦洗羽毛，易弄湿垫料。因此，要准备充足垫料，随时撒上新垫料，保持舍内温暖干燥。

④育雏期雏鸭的管理：

a. 温度管理。快大型肉用雏鸭的育雏温度见表 5-6。

表 5-6　快大型肉用雏鸭的育雏温度

日龄	育雏温度/℃	日龄	育雏温度/℃
1～3	31～28	11～15	22～19
4～6	28～25	16～20	19～17
7～10	25～22	21 日龄后	<17

b. 湿度控制。舍内相对湿度第 1 周保持在 60% 为宜，这样有利于雏鸭卵黄的吸收，随后随着雏鸭日龄增大，其排泄物增多，应适当降低相对湿度。

c. 通气换气。育雏室内氨气的浓度一般允许 10mg/L，不超过 20mg/L。当饲养管理人员进入育雏室感觉臭味大、有明显刺眼的感觉，表明氨气浓度超过允许范围，应及时通风换气。

d. 光照控制。通常育雏 1~3d 每天采用 24h 光照，也可采取每天 23h 光照、1h 黑暗的光照控制方法，使雏鸭尽早熟悉环境、尽快饮水和开食。

e. 饲养密度。1~3 周龄快大型肉用雏鸭的饲养密度见表 5-7。

表 5-7　1~3 周龄快大型肉用雏鸭的饲养密度　　单位：只/m²

周龄	地面垫料饲养	网上平养	立体笼养
1	20~30	30~50	50~65
2	10~15	15~25	30~40
3	7~10	10~15	20~25

（4）4 周龄至出栏阶段快大型商品肉鸭的饲养管理　4 周龄至出栏阶段属于快大型商品肉鸭的育肥期，饲养上要增大肉鸭采食量，提高增重速度。同时由于鸭的采食量增多，饲料中粗蛋白质含量可适当降低，从而达到良好的增重效果。

①饲料和饲养方式过渡：

a. 饲料的过渡。3 周龄后，应将育雏期饲料更换为育肥期饲料，饲料更换应逐渐过渡，以 3~5d 过渡期为宜，每天饲料从育雏期饲料过渡为育肥期饲料改变不超过 20%~30%，防止饲料的突然改变对肉鸭造成应激。

b. 饲养方式的过渡。由于快大型商品肉鸭的体重较大，因此 4~8 周龄肉鸭的饲养方式多采取地面平养或网上平养。育雏期采取地面平养或网上平养的肉鸭可不转群，能避免转群给肉鸭带来的应激，但育雏期结束后可不再人工供温，应将保温设备撤去，并做好脱温工作。对于育雏期采用笼养育雏的肉鸭，应转为地面平养，并在转群前 1 周将平养鸭舍和用具做好清洁卫生和消毒工作。

c. 降低饲养密度。随着体重增大，应适当降低饲养密度。快大型肉用鸭 4 周龄至出栏的饲养密度见表 5-8。

表 5-8　快大型肉用鸭 4 周龄至出栏阶段的饲养密度　　单位：只/m²

周龄	地面平养	网上平养
4	5~10	10~15
5~6	5~8	8~12
7~8	4~7	7~10

②喂料及饮水：此阶段全天24h保持喂料与饮水，并经常保持饲料和饮水的清洁卫生。由于肉鸭在该期采食量增大，应注意添加饲料，每天可采取白天投料3次，晚上再投料1次的喂料方式，喂料量一般采取自由采食。应随时保持有清洁的饮水，特别是在夏季，白天气温较高，采食量减少，应加强早晚的管理，此时天气凉爽，鸭子采食的积极性很高，不能断水。

③垫料与光照管理：

a. 垫料管理。由于采食量增多，其排泄物也增多，应加强舍内和运动场的清洁卫生管理，每日定期打扫，及时清除粪便，保持舍内干燥，防止垫料潮湿。

b. 光照管理。该期采取全天光照的方式进行饲喂，白天可利用自然光照，晚上通宵照明。但光照强度不要过强，光照强度可控制为 5~10 lx。

④防止啄羽：如果鸭群饲养密度过大，通风换气差，地面垫料潮湿，光照强度过大，日粮中营养不平衡，特别是含硫氨基酸缺乏，容易引起肉鸭相互啄羽，因此在饲养上要注意采取综合措施防止啄羽的发生。

⑤上市日龄与上市体重：肉鸭一旦达到上市体重应尽快出售。商品肉鸭一般6周龄活重可达到2.5kg以上，7周龄可达3kg以上，肉鸭饲料转化率以6周龄最高，因此，42~45日龄为肉鸭理想的上市日龄。如果用于分割肉生产，则以8周龄上市最为理想。

5. 肉用仔鸭放牧育肥

肉用仔鸭放牧育肥是中国传统的肉鸭养殖方式，这种养殖方式实行鱼鸭结合、稻鸭结合，是典型的生态农业项目，在中国南方广大地区仍普遍采用。

（1）放牧肉鸭品种的选择与饲养方式

①做好品种选择：传统稻田放牧养鸭采用的品种主要是中国地方麻鸭品种，如四川麻鸭、建昌鸭等；现在放牧肉用仔鸭的生产主要采用现代快速生长型肉鸭品种（如樱桃谷肉鸭、天府肉鸭、澳白星63肉鸭、北京鸭等）与中国地方麻鸭品种进行杂交，其生产的杂交肉鸭进行放牧饲养。

②饲养方式：放牧肉用仔鸭的饲养方式可采用全放牧饲养、半牧半舍饲饲养等方式。全放牧饲养是中国的一种传统的养鸭方式，主要以水稻田为依托，采取农牧结合的稻田放牧养鸭技术。半牧半舍饲饲养是在传统放牧养殖的基础上进行的改进，肉鸭白天进行放牧饲养，自由采食野生饲料，人工进行适当补饲；晚上回到圈舍过夜，有固定的圈舍供鸭避风、挡雨、避寒、休息。

（2）幼雏鸭阶段的饲养管理

①幼雏鸭的育雏方式：幼雏鸭的育雏方式可分为舍饲育雏和野营自温育雏两种方式。舍饲育雏可参见前面"0~3周龄阶段快大型商品肉鸭的饲养管理"。我国南方水稻产区麻鸭为群牧饲养，采用野营自温育雏。育雏期一般为

20d 左右，每群雏鸭数多达 1000~2000 只，少则 300~500 只。

②幼雏鸭的饲料与饲喂方式：幼雏鸭的饲料。过去常用半生熟的米饭（或煮熟的碎玉米），现在提倡使用雏鸭颗粒饲料饲喂。喂料时将饲料均匀撒在饲场的晒席上。育雏期第 1 周喂料 5~6 次，第 2 周 4~5 次，第 3 周 3~4 次，喂料时间最好安排在放牧之前。每日放牧后，视雏鸭采食情况，适当补饲，让雏鸭吃饱过夜。

饲喂方式：育雏期采用人工补饲为主，放牧为辅的饲养方式，放牧的次数应根据当日的天气而定，炎热天气一般早晨和下午 4：00 左右才出牧。

③做好放牧前的准备：群鸭育雏依季节不同，养至 15~20 日龄，即由人工育雏转入全日放牧的育成阶段。放牧前为使雏鸭适应采食谷粒，需要采取饥饿强制方法即只给水不给料，让雏鸭饥饿 6~8h，迫使雏鸭采食谷粒，然后转入放牧饲养。

(3) 肉用仔鸭生长肥育期的放牧管理

①选好放牧时间：育雏结束后，鸭只已有较强的放牧觅食能力，南方水稻产区主要利用秋收后稻田中遗谷为饲料。鸭苗放养的时间要与当地水稻的收割期紧密结合，以育雏期结束正好水稻开始收割的安排最为理想。

②选定放牧路线：放牧路线的选择是否恰当，直接影响放牧饲养的成本。选择放牧路线的要点是根据当年一定区域内水稻栽播时间的早迟，先放早收割的稻田，逐步放牧前进。按照选定的放牧路线预计到达某一城镇时，该鸭群正好达到上市，以便及时出售。

③确定放牧节奏：鸭群在放牧过程中的每一天均有其生活规律，在春末秋初每一天要出现 3~4 次采食高潮，同时也出现 3~4 次休息和戏水过程。在秋后至初春气温低，日照时间较短，一般出现早、中、晚三次采食高潮。要根据鸭群这一生活规律，把天然饲料丰富的放牧地留作采食高潮时进行放牧，这样充分利用野生的饲料资源，又有利于鸭子的消化吸收，容易上膘。

④做好放牧群体控制：鸭子具有较强的合群性，从育雏开始到放牧训练，建立起听从放牧人员口令和放牧竿指挥的条件反射，可以把数千只鸭控制得井井有条，不致糟踏庄稼和践踏作物。放牧鸭群要注意疫苗的预防接种，还应注意农药中毒。

⑤放牧肉鸭的出栏：放牧肉鸭达到适宜的商品体重应及时上市屠宰。

（四）番鸭的饲养管理

番鸭又称"瘤头鸭""麝香鸭"，是著名的肉用型鸭。家鸭（如北京鸭、麻鸭等）起源于河鸭属，瘤头鸭起源于栖鸭属，故家鸭和瘤头鸭是同科不同属、种的两种鸭类。中国饲养的番鸭，经长期饲养已驯化成为适应中国南方生活环境的优良肉用鸭。番鸭虽有一定的飞翔能力，但性情温驯，行动笨重，不喜在水中长时间游泳，适于陆地舍饲，在东南沿海如福建、广东、广西、浙江、江西和台湾等地均大量繁殖饲养。

公番鸭与母家鸭之间的杂交属于不同属、不同种之间的远缘杂交，所生的第一代无繁殖力，但在生产性能方面具有较大的杂交优势，称"半番鸭"或"骡鸭"。这种杂交鸭体格健壮，放牧觅食能力强，耐粗放饲养，具有增重快，皮下脂肪和腹脂少，瘦肉率高。

近年来，半番鸭的生产在国内外发展都很快。半番鸭的生产技术要点如下。

1. 选择适宜的杂交方式

杂交组合分正交（公番鸭×母家鸭）和反交（公家鸭×母番鸭）两种。经生产实践证明以正交效果好，这是由于用家鸭作母本，产蛋多，繁殖率高，雏鸭成本低，杂交鸭公母生长速度差异不大，12周龄平均体重可达3.5~4kg。如用番鸭作母本，产蛋少，雏鸭成本高，杂交鸭公母体重差异大，12周龄时，杂交公鸭可达3.5~4kg，母鸭只有2kg，因此，在半番鸭的生产中，反交方式不宜采用。

杂交母本最好选用北京鸭、天府肉鸭、樱桃谷肉鸭等大型肉配套系的母本品系，这样繁殖率高，生产的骡鸭体形大，生长快。

2. 采取适宜的配种方式

半番鸭的生产其配种方式分为自然交配和人工授精。采用自然交配时，每个配种群体可按25~30只母鸭，放6~8只公鸭，公母配种比1:4左右进行组群。公番鸭应在育成期（20周龄前）放入母鸭群中，提前互相熟识，先适应一个阶段，性成熟后才能互相交配。增加公鸭只数，缩小公母配比和提前放入公鸭，是提高受精率的重要方法。

要进行规模化的半番鸭生产，最好采用人工授精技术。番鸭人工授精技术是骡鸭生产成功与否的关键。采精前要对公鸭进行选择，人工采精的种公鸭必须是易与人接近的个体。过度神经质的公鸭往往无法采精，这类个体应于培育过程中予以淘汰。种公鸭实施单独培育，与母番鸭分开饲养。公番鸭适宜采精时间27~47周龄，最适采精时期为30~45周龄。低于27周龄或超过47周龄采精，则精液质量低劣。

3. 番鸭的饲养方法

番鸭与家鸭的生活习性及其种质特性虽有相当的区别，但骡鸭的饲养方法与一般肉鸭相似，具体饲养方法可参见前述相关内容。

三、鹅的饲养管理

鹅的饲养管理，主要是选好饲养品种和适宜的饲养方式，通过配制合理日粮、提供良好的饲养环境、做好卫生防疫等措施，提高鹅业生产经济效益。

根据养殖条件和市场要求，肉用仔鹅的育肥可采取放牧育肥法、舍饲育肥法和人工填饲育肥法。种鹅是养鹅生产的重要生产资料，育成期限制饲养、饲养期合理光照、合理确定配种公母比、加强种鹅选择淘汰等，是提高种鹅生产性能的关键措施。

（一）雏鹅的饲养管理

孵化出壳至4周龄的小鹅称为雏鹅。该阶段雏鹅具有体温调节功能差、消化道容积小、消化吸收能力差，雏鹅抗病能力差等特点，因此雏鹅的培育是养鹅生产中一个关键的生产环节。雏鹅培育的目标是培育出生长发育快、体质健壮、适应性强的雏鹅。

1. 雏鹅的选择与运输

（1）雏鹅的选择　雏鹅在育雏前必须进行严格的选择。雏鹅的选择最好在出壳后12~24h进行。健雏的判断标准是：品种特征明显，出壳时间正常，体质健壮，体重大小符合品种要求，群体整齐；脐部收缩良好，脐部被绒毛覆盖，腹部柔软；绒毛洁净而富有光泽；握在手中挣扎有力，感觉有弹性；弱雏的表现与健雏相反。

此外，如果种蛋来自未经小鹅瘟疫苗免疫的母鹅群，必须在雏鹅出壳后24~48h内注射小鹅瘟高免血清。

（2）雏鹅的运输　雏鹅的运输以孵出后8~12h到达目的地最好，最迟不得超过36h。盛放雏鹅的用具必须清洁、消毒，要用专用纸箱、塑料运雏箱或竹筐。装运时数量适宜，严防拥挤；冬季运输注意保温和通风；夏季运输要防止雏鹅受热。运输途中不能喂食，长距离运输可中途让雏鹅饮水，饮水中加入多维（1g多维/kg水）以免运输应激。

2. 雏鹅的育雏方式

雏鹅的育雏方式分为自温育雏、平面供温育雏。

（1）自温育雏　其方法是将雏鹅放在箩筐内，内铺垫草，利用雏鹅自身散发出的热量保持育雏温度。通常室温在15℃以上时，可将15日龄的雏鹅白天放在柔软的垫草上，用30cm高的竹围围成直径1m左右的小栏，每栏养20~30只；晚上则将雏鹅放在育雏箩筐内。5日龄以后，根据气温的变化情况，逐渐减少雏鹅在育雏箩筐内的时间；7~10d以后，应让雏鹅就近放牧采食青草，逐渐延长放牧的时间。在育雏期间注意保持筐内垫草的干燥。在四川和长江中下游地区，当育雏数量不多时，多采用自温育雏饲养雏鹅。

（2）平面供温育雏　当育雏数量较大或规模化育雏时，常采用平面供温育雏。该法通常采用地面或者网上平养，其热源依靠人工控制，主要的热源有伞形育雏器、红外线灯育雏、烟道式育雏、火坑式育雏等供温方式。育雏前的准备和加温方法可参见"鸭的饲养管理"相关内容。

3. 雏鹅的饲养管理

（1）潮口　雏鹅出壳后的第一次饮水又称潮口。雏鹅出壳时，腹腔内尚有部分未利用完的卵黄，但雏鹅出壳后体内水分损失很大，运输过程中也容易造成大量失水，加上腹腔内卵黄的利用也需要水分，因此雏鹅应先饮水后开食。

雏鹅的饮水最好使用小型饮水器，或使用浅形水盘，水深不超过1cm，以雏鹅绒毛不湿为宜。1~3日龄，饮水中加入电解多维（1~2g/kg水），也可饮0.1%的高锰酸钾溶液。

（2）雏鹅开食与饲喂　开食是指雏鹅第一次吃料。初生雏鹅及时开食，有利于提高雏鹅成活率。开食在雏鹅出壳后12~24h进行，可将饲料撒在浅食盘或塑料布上，让其啄食。如用颗粒料开食，应将粒料磨破，以便雏鹅的采食。开食应少喂勤添。

刚出壳的雏鹅消化能力较弱，但生长发育快，可喂给蛋白质含量高、容易消化的饲料，饲料种类应多样搭配。实践证明，颗粒饲料适口性和饲喂效果好，最好使用直径为2.5mm的颗粒饲料饲喂。随着雏鹅日龄的增加，逐渐减少精料喂量，增加优质青饲料的饲喂量，青绿饲料或青菜叶可以单独饲喂，但应切成细丝状。在减少精料的同时，应逐渐延长放牧时间。

饲喂次数和方法：1~7日龄，约每3h喂料1次，每天喂料6~9次；7日龄后，随着雏鹅采食量增大，可减少到每天喂料5~6次，其中夜里喂两次。喂料时可以把精料和青料分开，先喂精料后喂青料，防止雏鹅专挑青料吃而影响精料的采食。随着雏鹅放牧能力的加强，可适当减少饲喂次数。

（3）雏鹅的放牧　适时放牧，有利于提高雏鹅适应外界环境的能力，降低饲养成本。春季育雏，4~5日龄后可开始放牧，选择晴朗无风的日子，喂料后将雏鹅放在育雏室附近草场上放牧，让其自由采食青草。开始放牧的时间要短，以后随雏鹅日龄的增加逐渐延长放牧时间。放牧地要有水源或靠近水源，将雏鹅赶到浅水处让其自由下水、戏水，既可促进雏鹅生长发育，又利于使羽毛清洁，提高抗病力。

（4）雏鹅的保温与脱温

①做好保温：刚出壳的雏鹅绒毛稀短，体温调节功能差，抗寒能力较弱；直到10日龄后体温调节功能才逐渐完善。因此，育雏前期提供适宜的育雏温度，具体供温标准与相对湿度要求见表5-9。

表 5-9 雏鹅育雏期适宜温度与相对湿度

日龄	1~5	6~10	11~15	16~20
温度/℃	27~28	25~26	22~24	20~22
相对湿度/%	60~65	60~65	65~70	65~70

在育雏管理中,判断育雏温度是否适宜,主要根据雏鹅的活动状态来判断,具体判断方法与雏鸭相似,可参考"雏鸭的饲养管理"中相关内容。雏鹅育雏温度因品种、季节、饲养方式而不同,要灵活掌握育雏温度的控制。在育雏期间,温度必须平稳下降,切忌忽高忽低急剧变化。

②适时脱温:随着雏鹅体温调节功能的逐渐完善,可逐步脱温。当外界气温较高或天气较好时,雏鹅在 3~5 日龄可进行第一次放牧和下水,白天可停止加温,在夜间气温低时加温,即开始逐步脱温;在寒冷的冬季和早春季节,气温较低,可适当延长保温期,但也应在 7~10 日龄开始脱温,到 10~14 日龄达到完全脱温。

(5) 湿度和通风 育雏期间在保温的同时应注意湿度的控制,防止育雏环境潮湿。雏鹅饮水时往往弄湿羽毛或水槽周围的垫料,育雏期间应注意室内的通风换气,保持舍内垫料和地面的干燥。雏鹅育雏期适宜湿度见表 5-10。

(6) 饲养密度与分群饲养 雏鹅生长发育迅速,育雏期间应及时调整饲养密度,并按雏鹅体质强弱、个体大小及时分群饲养,可提高鹅群的整齐度。雏鹅适宜的饲养密度见表 5-10。

表 5-10 雏鹅的饲养密度 单位:只/m²

类型	1 周龄	2 周龄	3 周龄	4 周龄
中、小型鹅种	15~20	10~15	6~10	5~6
大型鹅种	12~15	8~10	5~8	4~5

(7) 防御敌害 雏鹅体质较弱,不能防御和逃避敌害。鼠害是雏鹅最危险的敌害,因此对育雏室的墙角、门窗要仔细检查,堵塞鼠洞。此外,雏鹅放牧要防御黄鼠狼、猫、狗、蛇等危害。

(二) 后备种鹅的饲养管理

从 5 周龄开始至 30 周龄产蛋前为止这段时期,称为种鹅的育成期,育成期的种鹅也称后备种鹅。

1. 后备种鹅的生理特点与饲养要求

(1) 骨骼、肌肉发育快 后备阶段是鹅骨骼、肌肉发育的关键时期,也是脱换旧羽、更换新羽的时期。该阶段如果补饲日粮的蛋白质和能量水平过高，会导致鹅体过大过肥，促使母鹅开产时间提前，而鹅的骨骼尚未得到充分的发育，降低产蛋期产蛋量和种蛋质量。因此，后备种鹅补饲日粮应保持较低的蛋白质和能量水平，减少补饲量和补饲次数。加强种鹅的放牧饲养，促进骨骼、肌肉、生殖器官和羽毛的充分发育，培育体格健壮结实的后备种鹅。

（2）消化道发达，耐粗放饲养　后备种鹅的消化道极其发达，食道膨大部较宽大，富有弹性，一次可采食大量的青粗饲料；肌胃肌肉厚实，收缩力强；消化道是躯体长的11倍，有发达的盲肠，对饲料中粗纤维的消化能力可达40%～50%。因此，在后备种鹅的培育上应利用放牧能力强的特性，以放牧为主，锻炼种鹅的体质，降低饲料成本。

2. 后备种鹅的限制饲养

（1）限制饲养的目的　后备种鹅的培育应限制性饲养。限制饲养目的是：控制后备种鹅体重，防止体况过肥，保持后备种鹅良好的种用体况；做到适时开产，保证开产后种蛋质量和较高产蛋量，延长种鹅的有效利用期；节省饲料，降低培育成本，提高种鹅饲养的经济效益。限制饲养期为40～50d，一般从17周龄开始到22周龄结束（即从120日龄开始至开产前50～60d结束）。

（2）限制饲养的方法　后备种鹅限制饲养方法主要有两种：

方法一：减少补饲日粮的饲喂量，实行定量饲喂；

方法二：控制饲料的质量，降低日粮的营养水平特别是蛋白质和能量水平。

由于后备种鹅以放牧饲养为主，故通过控制饲料的质量进行限制饲养在生产中更常用。限制饲养时要根据放牧条件、季节、后备种鹅体质状况灵活掌握饲料配比和喂料量，达到维持鹅正常体质、降低种鹅培育成本。

（3）喂料量的控制　喂料量应根据种鹅放牧效果和体重进行适当的调整。方法如下：

第一步：8周龄开始，每周空腹随机称测群体10%的个体求其平均体重。称量时应分公鹅和母鹅。

第二步：用抽样平均体重与种鹅标准体重进行比较。如果种鹅平均体重在标准体重±2%范围，表明鹅群生长发育正常，则该周按标准喂料量饲喂；如超过标准体重2%以上，表明鹅群体况偏肥，则该周每只每天喂料量减少5～10g；如低于体重标准2%以下则每只每天增加5～10g喂料量。

种鹅不同时期标准体重见表5-11。

表 5-11　天府肉鹅父母代体重标准　　　　　单位：g

周龄	母鹅			公鹅		
	体重+2%	标准体重	体重-2%	体重+2%	标准体重	体重-2%
7	1894	1875	1820	3142	3080	3018
8	1975	1936	1897	3273	3209	3145
9	2249	2205	2161	3388	3322	3256
10	2415	2368	2321	3501	3432	3363
11	2536	2486	2436	3571	3501	3431
12	2656	2604	2552	3677	3605	3533
13	2832	2776	2720	3748	3674	3601
14	2985	2926	2868	3889	3813	3737
15	3127	3066	3005	4031	3952	3873
16	3218	3155	3092	4184	4102	4020
17	3278	3214	3150	4327	4242	4157
18	3329	3264	3199	4468	4380	4292
19	3420	3353	3286	4621	4530	4439
20	3507	3438	3369	4769	4675	4582
21	3588	3518	3448	4840	4745	4650
22	3675	3603	3531	4998	4900	4802
23	3741	3668	3595	5182	5080	4978
24	3808	3733	3658	5249	5146	5043
25	3874	3798	3722	5302	5198	5094
26	3930	3853	3776	5347	5242	5137
27	3986	3908	3830	5398	5292	5186
28	4022	3943	3864	5444	5337	5230
29	4067	3987	3907	5495	5387	5279
30	4128	4047	3966	5546	5437	5328

限制饲养注意问题：每周龄开始第 1 天称取的体重代表上周龄的体重，如第 43 天早晨称取的体重代表 6 周龄的体重；限制饲养期间，每只鹅应保证有 20~25cm 长的槽位，保证鹅群采食均匀；每天的喂料量必须一次投喂，每天清晨先将饲料和饮水加好后，然后再放鹅采食；经限制饲养的种鹅在开产前 60d 左右进入恢复期饲养，逐步提高补饲日粮的营养水平，粗蛋白质水平控制

在 15%～17% 为宜，并增加喂料量和饲喂次数，使后备鹅整齐一致进入产蛋期。

3. 后备鹅的日常管理

（1）观察鹅群　在后备期间特别是限制饲养时，注意通过观察鹅群精神状态、采食情况、排粪情况、呼吸状况等判断鹅群健康状况，发现异常及时处理。

（2）放牧管理　应选择收割后的稻田、麦地、水草丰富的草滩丘陵等进行放牧；放牧过程中注意防暑，种鹅育成期多为每年 5～8 月份，放牧时应早出晚归，避开中午酷暑，上午 10：00 左右将鹅群赶回圈舍，或赶到阴凉的树林下让鹅休息，休息场地最好有水源，便于鹅群饮水、洗浴。

（3）后备种鹅的选择　为了培育出健壮、高产的种鹅，保证种鹅的质量，后备种鹅需经过 3 次选择。

第一次：在 4 周龄育雏期结束时进行，公鹅选择的重点是体重大，母鹅具有中等体重。淘汰体重偏小的、伤残的、有杂色羽毛的个体，淘汰鹅转入肉用鹅进行育肥饲养。

第二次：在 70～80 日龄进行，主要根据生长发育情况、羽毛生长情况以及体型外貌等进行选择，淘汰生长速度较慢、体型较小、腿部有伤残的个体。

第三次：在 150～180 日龄进行，应选择品种特征典型、生长发育良好、体重符合品种要求、健康状况良好的鹅留作种用。

公鹅要求雄性特征明显，并注意检查生殖器，淘汰生殖器发育不好或有缺陷的公鹅；母鹅要求体重中等，颈细长而清秀，体型长而圆，两腿间距宽。种鹅经三次选择后公母配种比例为：大型鹅种 1:3～1:4，中型鹅种 1:4～1:5，小型鹅种 1:6～1:7。

（三）种鹅的饲养管理

根据种鹅的产蛋规律和生理特点，将种鹅分为产蛋前期、产蛋期和休产期三个阶段进行饲养管理。

1. 种鹅产蛋前期的饲养管理

后备种鹅进入产蛋前期时，骨骼、肌肉、内部器官和生殖器官已基本发育成熟，母鹅体态丰满，羽毛富有光泽，食欲旺盛，性情温驯，有衔草做窝行为，表明种鹅临近产蛋期。

种鹅从第 26 周起由育成期饲料改为产蛋前期饲料，饲料更换要逐渐进行。每周增加日喂料量 25g，用 4 周时间过渡到自由采食，不再限量，为产蛋积累营养物质。

管理上仍然要注意充分放牧，但放牧路程要缩短，不能急赶久赶。还应对种鹅驱虫一次，并在开产前注射一次小鹅瘟疫苗。

2. 种鹅产蛋期的饲养管理

(1) 调整日粮营养水平　开产后的种鹅对营养物质特别是蛋白质、钙、磷的需要量增多，应在开产前1个月应将日粮粗蛋白质水平调整到15%~16%，待日产蛋率达到30%~40%时增加到18%~19%，以满足母鹅的产蛋需要。日粮中还要注意钙的补充，产蛋期日粮中钙的含量2.25%~2.5%。

产蛋期种鹅一般每日补饲3次，早、中、晚各1次。补饲的饲料总量控制在150~200g。

(2) 保持适宜的配种公母比　大型鹅种1:3~1:4，中型鹅种1:4~1:5，小型鹅种1:6~1:7。

(3) 合理控制种鹅的光照　光照对种鹅产蛋量影响很大，根据鹅群生长发育的不同阶段制订合理的光照方案，种鹅光照具体方案如下。

①育雏期：0~7日龄，每天23h或24h的光照时间；8日龄以后，从24h光照逐渐过渡到只利用自然光照。

②育成期：只利用自然光照时间，但临近开产前，用6周的时间逐渐增加每日的人工光照时间，使种鹅的光照时间（自然光照+人工光照）达到16~17h。

③产蛋期：当光照时间增加到16~17h/d，保持恒定维持到产蛋结束。

(4) 做好种鹅产蛋期管理

①洗浴管理：早晨和傍晚是种鹅洗浴配种的高峰期，每天早晚将种鹅赶入有良好水源的水池中洗浴、戏水，以满足种鹅高峰期配种的需要。

②放牧管理：采用放牧与补饲相结合的饲养方式，每天大部分母鹅产完蛋后就应外出放牧，晚上赶回圈舍过夜。放牧前要熟悉当地的草地和水源情况；放牧时应选择路近而平坦的草地，路上应慢慢驱赶，上下坡时不可让鹅争先拥挤，以免跌伤。

③减少窝外蛋：母鹅有择窝产蛋的习惯，在开产前应设置产蛋箱或产蛋窝，让母鹅熟悉环境在固定地方产蛋。母鹅的产蛋时间多集中在凌晨至上午10:00左右，个别的鹅在下午产蛋，产蛋鹅上午10:00前不外出放牧。放牧时如果发现有母鹅神态不安，有急欲找窝的表现时，应将母鹅送入产蛋箱产蛋。

3. 种鹅休产期的饲养管理

一般到每年的4~5月份，种鹅开始陆续停产换羽，进入休产期。休产期饲养管理的重点如下：

(1) 人工强制换羽

①强制换羽的目的：母鹅自然换羽所需时间较长的，换羽有早有迟，强制

换羽可以缩短换羽的时间,提高产蛋量。

②强制换羽方案如下:

换羽前清理淘汰产蛋性能低的母鹅以及多余的公鹅;

停料3~4d,停止人工光照,只提供少量的青饲料,并保证充足的饮水;

第4天开始喂给由青料加糠麸糟渣等组成的青粗饲料;

第10天试拔主翼羽和副主翼羽。如果试拔不费劲,羽根干枯,可逐根拔除,否则应隔3~5d后再拔一次,最后拔掉主尾羽;拔羽后当天鹅群应圈养在运动场内喂料、喂水,不能让鹅群下水,防止细菌污染,引起毛孔发炎;拔羽后一段时间内因其适应性较差,应防止雨淋和烈日曝晒。

(2) 种鹅选择与组群　种鹅繁殖利用时间较长,每年休产期内要对种鹅进行选择淘汰,按配种公母比例补充新的后备鹅,重新组群,淘汰种鹅转入育肥鹅群育肥。组群时考虑鹅群年龄结构,合理的年龄结构是:1岁鹅占30%,2岁鹅占30%,3岁鹅占20%,4~6岁鹅占20%。

(四) 商品仔鹅的饲养管理

商品仔鹅是雏鹅育雏期结束后,将不作种用的仔鹅转入育肥饲养的中雏鹅。肉用仔鹅具有早期生长速度快的特点,通过短期肥育,可以快速增膘长肉,沉积脂肪,增加体重,改善肉的品质,达到上市体重出栏。根据肉用仔鹅饲养管理方式,其育肥模式可分为三种:放牧育肥法、舍饲育肥法和人工填饲育肥法。目前,中国肉鹅生产多采用放牧饲养进行育肥。

1. **商品仔鹅放牧育肥法**

(1) 放牧育肥的特点　放牧育肥是一种传统的育肥方法,该法主要是利用农作物收割后的麦地和水田、草山草坡、湖渠沟塘等进行放牧。肉鹅放牧育肥不仅使鹅获得多种多样营养丰富的青绿饲料,充分利用各地丰富的草地资源,而且满足肉鹅觅食青草的生活习性和生理需要,可节省大量的精饲料,具有养殖成本低、经济效益高的特点。

(2) 放牧育肥的技术要点　搭好鹅棚。场地要高燥,以防鹅受寒或引起烂毛。可因地制宜、因陋就简搭建临时性鹅棚。鹅棚多用竹制的高栏围成,上罩渔网防兽害。除下雨外,棚顶不加盖芦席等物。

①选择放牧场地:选择牧草生长旺盛、草质优良、靠近水源的地方放牧。农村的荒山草坡、林间地带、果园堤坡、沟渠塘旁及河流湖泊退潮后的滩涂地,均是良好的放牧场地。开始放牧时应选择牧草较嫩、离鹅舍较近的牧地,随日龄的增加,可逐渐远离鹅舍。

②分群放牧:放牧前可按体质强弱、批次分群,保证放牧群中个体大小基本一致。为了保证放牧鹅群的生长发育和群体整齐度,鹅群的大小要适宜。鹅

群数量根据放牧场地面积、青绿饲料数量、水源情况、鹅群体质状况、养殖者技术经验来确定。对草多、草好的草山草坡、果园和谷物残留较多的麦田稻田，可采取轮流放牧方式，以 250~300 只为一群比较适宜。如果农户利用田边地角、沟渠道旁、林间小块草地放牧养鹅，以 30~50 只为一群比较适合。

③管好鹅群：鹅的合群性强，对周围环境的变化十分敏感。在鹅的放牧初期，应根据鹅的行为习性调教鹅的出牧、归牧、下水、休息等行为，放牧人员加以相应的信号，使鹅群建立起相应的条件反射，养成良好的生活规律，提高放牧管理效率。放牧过程中，放牧场地小、草料丰盛处，鹅群赶得拢些；放牧场地大、草料欠丰盛时，鹅群赶得散些。驱赶少数离群鹅时，动作要和缓，以防惊群而影响采食。放牧期间还应做好疫苗接种工作，不到疫区放牧，防止农药和化肥中毒。

④鹅群补饲：一般 40 日龄可每天放牧 4~6h，50 日龄可进行全天放牧。放牧前和放牧后补饲精料，放牧前喂七八成饱，收牧后喂饱过夜。补饲次数和补饲量应根据日龄、增重速度、牧草质量等情况而定，促进鹅体的生长发育。

2. 商品仔鹅舍饲育肥法

（1）舍饲育肥的特点　该法主要依靠配合饲料达到育肥的目的，也可喂给高能量的日粮，适当补充一部分蛋白质饲料，同时限制肉鹅的活动。这种育肥方法饲养成本高于放牧育肥，但育肥鹅群的均匀度和产品的等级规格提高、育肥周期缩短，适用于集约化养鹅生产。

（2）舍饲育肥的技术要点

①选好场地：选择河边半水半陆处筑建围栏，每栏分为游水处、休息处和采食处三部分。每栏 100m^2 的陆地面积饲养育肥仔鹅 500 只。

②选好育肥仔鹅：仔鹅必须健康，羽毛丰满整齐，剔除残、弱、病、伤鹅，按膘情和体重分级、分群育肥。

③日粮要求与喂量：日粮营养全价，饲料品质新鲜，种类多样搭配。育肥前期青饲料、糠麸类饲料、精饲料分别占 20%、30%、50%；育肥后期分别占 10%、10%、80%，每只育肥鹅每天喂饲料 0.25kg。

④饲养管理：设专用食槽，每天喂两次。青草、蔬菜应切碎后拌入混合料中饲喂。一般育肥前期为 7d，育肥后期为 10d。少喂勤添，保证每只鹅吃饱吃好。谷粒饲料应泡透浸软，在采食中间放水一次，然后赶回继续采食，放水时间不宜过长。尽量减少应激，严防惊群。

⑤清洁卫生：场地与食槽保持清洁，定期消毒，严禁使用对鹅有害的消毒药品。经常查看粪便，防止发生传染病发生，严格剔除病鹅。

⑥出栏与上市：肉用仔鹅的上市体重和产肉性能受品种、饲养方式、管理条件等因素的影响，达到上市体重后要及时出栏。大型鹅种体重达到 5~

5.5kg，中型鹅种达到 3.5~4kg，小型鹅种达到 2.5~3kg 应及时上市。

（五）鹅肥肝生产

鹅肥肝是鹅经专门强制填饲育肥后产生的、重量增加几倍的肝脏产品。肥肝质地细嫩，营养丰富，鲜嫩味美，味道独特。鹅肥肝生产技术要点如下。

1. 肥肝分级及鹅种选择

（1）肥肝分级　鹅肥肝根据质量、新鲜度、完整性、颜色等进行分级。从质量方面分级，标准为：优质肥肝 600~900g，一级肥肝 350~599g，二级肥肝 250~349g，三级肥肝 150~249g。

（2）鹅种选择　外国鹅种中，法国朗德鹅、德国莱茵鹅的产肝性能均很突出。中国鹅种以狮头鹅最为理想，太湖鹅生产肥肝有一定潜力，溆浦鹅也是我国肥肝鹅之一。

2. 填饲肥肝鹅的适宜周龄与体重

肥肝鹅的强制填饲通常应在其骨骼基本长足，肌肉组织停止生长，即达到体成熟后进行填饲效果才好。一般大型仔鹅在 15~16 周龄，体重 4.6~5.0kg 为宜。采用放牧育肥的鹅，在填饲前 2~3 周补饲粗蛋白质 20% 左右的配合饲料或颗粒饲料，为填饲期大量填饲打下良好的基础。

3. 预饲期、填饲期、填饲次数与填饲量

（1）预饲期　预饲期是正式填喂前的过渡阶段，其长短按品种、季节及习惯等因素而差异较大，范围在 5~30d。

（2）填饲期与填饲次数　填饲期的长短取决于填饲鹅的成熟程度。鹅的填喂期平均为 23~30d，日填饲次数 4 次。

（3）填饲量　在消化正常的情况下，应尽量加大填饲量，把大量脂肪转运到肝脏，迅速形成肥肝。小型鹅种的填饲量以干玉米计为 0.5~0.8kg，大中型鹅种为 1.0~1.5kg。

4. 填饲方法

（1）填饲前的准备　将待填饲的鹅按公母、体重大小、体质强弱分群。挑出病鹅或体质差的鹅。分群过程中，剪去鹅的脚趾甲，防止在填饲过程中抓伤人或待填饲的鹅相互抓伤。然后将填饲饲料按料水比 1:2 的比例拌湿调匀。

（2）抓鹅　填饲者抓住鹅的食道膨大部，抓时四指并拢，拇指握颈部，用力适当，即可将鹅提稳。不要抓鹅的翅膀或脚，防止鹅挣扎造成伤残。

（3）填饲操作　一般采用填喂机填饲。填喂操作方法为：填饲时，填饲者左手握鹅的头部，掌心握鹅的后脑，拇指与食指撑开鹅的上下喙，中指压住鸭舌，右手握住鹅的食道膨大部，将填饲胶管小心送入鹅的咽下部，鹅的颈部应与胶管平行。然后将饲料压入食道膨大部，随后放开鹅，完成填饲。

5. 填喂期的饲料及管理

（1）填喂期的饲料　玉米粒是用量最大的饲料，它在填喂期饲料中可占 50%~70%，最好采用黄玉米；小麦、大麦、燕麦和稻谷等可在日粮中占一定分量，但最好不超过 40%；豆饼（或花生饼）主要供给鹅蛋白质需要，一般可在日粮中加进 15%~20% 的量；鱼粉或肉粉为优质蛋白质饲料，可在日粮中添加 5%~10%；青饲料是预饲期另一类主要饲料，在保证鹅摄食足量混合饲料的前提下，应供给大量适口性好的新鲜青饲料。填饲料最好在浸泡后饲喂。

（2）填饲期管理　整个填喂期均在舍内饲养，栏舍要求清洁干燥、通风良好、安静舒适，不要放牧放水，有时可在舍边小运动场活动、休息并限制鹅的活动。每次填喂前要检查食道膨大部，看上次填喂的饲料是否已消化，从而灵活掌握填喂量。平时还要注意观察群体的精神状态、活动状态以及体重、耗料、睡眠等方面情况。一旦发现呼吸极端困难、不能或很少行动、严重滞食、眼睛凹陷、嘴壳发白者，应随时屠宰。

6. 鹅肥肝摘取

（1）屠宰　屠宰前的赶、捉、关以及整个屠宰过程的所有动作都要敏捷轻谨，以免鹅体和肥肝受损。屠宰时，切断鹅的颈静脉，并将鹅头向下拉，以助血液从体躯各处向下流出。放血时间要足够，以使肝脏的血液排尽。血放净后，将鹅在 70℃ 左右的热水中浸烫，然后拔毛，将毛拔净。

（2）取肝　屠体冷却至 0~2℃，用刀从泄殖腔沿腹中线剖开，摘取全部内脏，再连同胆囊一起将肝脏分离出来。肝脏除去胆囊后，放在清洁的盘上，盘底部铺有油纸。

（3）分级包装　连盘带肝一起移到 0~2℃ 的冷藏室，冷却 2~4h 后依照技术等级进行肥肝分级、包装。

实操训练

实训一　当地水禽生产情况调查

（一）实训目标

通过调查，了解当地水禽的生产现状，了解水禽的生产过程，加强课堂教学与实际生产的衔接，提升水禽生产职业能力。

（二）材料与用具

大型水禽养殖场或规模化养殖场、水禽孵化场、水禽销售市场等。

（三）操作步骤

1. 通过畜牧主管和服务部门（畜牧局、乡镇畜牧兽医站）进行调查

调查内容：①当地水禽养殖的历史与现状；②当地水禽养殖场的性质、生产规模、经营管理方法；③当地水禽品种资源情况、水禽杂交改良和新品种引进情况；④饲料生产和供应情况，水禽产品加工（蛋、肉、绒）与销售情况；⑤生产中存在的主要问题、今后水禽生产的发展规划。

2. 通过水禽养殖场进行调查

调查内容：①水禽场的场址、地形地势、建筑物总体布局和种类及其配置情况调查；②调查禽舍内部设备和用具的使用情况，包括给料、供水、集蛋、清粪等系统的设备配置；③调查并讨论水禽养殖场饲养方式、年度生产计划的编制、养殖成本与经济效益情况；④水禽养殖新技术的推广应用现状；⑤水禽养殖场生产产品的特点与销售情况。

3. 通过水禽孵化场进行调查

调查内容主要：种禽的养殖与种蛋的来源、孵化方式与孵化技术、种蛋孵化率与孵化问题、水禽苗的免疫接种、孵化规模与禽苗销售、孵化场经济效益等。

4. 通过当地水禽加工企业和市场进行调查

主要调查水禽产品加工销售、水禽的转运等。

（四）实训报告

通过调查和掌握的资料，总结当地水禽生产现状与存在问题，因地制宜提出促进水禽发展的对策，完成一篇2000字左右的调查报告。

实训二　鸭（鹅）的填饲操作

（一）实训目标

通过实训，掌握肉鸭（鹅）的填饲操作技术。

（二）材料与用具

填饲鸭、填饲鹅、填饲饲料、填饲机等。

（三）操作步骤

1. 填饲前的准备

将待填饲的鸭（鹅）按公母、体重大小、体质强弱分群。挑出病鸭（鹅）或体质差的鸭（鹅）。分群过程中，剪去鸭（鹅）的脚趾甲，防止在填饲过程中抓伤人或鸭（鹅）相互抓伤。然后将填饲饲料按料水比1∶2的比例拌湿调匀。

2. 抓鸭（鹅）

填饲者抓住鸭（鹅）的食道膨大部，抓时四指并拢，拇指握颈部，用力适当，即可将鸭（鹅）提稳。不要抓鸭（鹅）的翅膀或脚，防止鸭（鹅）挣扎造成伤残。

3. 填饲操作

填饲时，填饲者左手握鸭（鹅）的头部，掌心握鸭（鹅）的后脑，拇指与食指撑开鸭（鹅）的上下喙，中指压住鸭舌，右手握住鸭（鹅）的食道膨大部，将填饲胶管小心送入鸭（鹅）的咽下部，鸭（鹅）的颈部应与胶管平行。然后将饲料压入食道膨大部，随后放开鸭（鹅），完成填饲。

4. 填饲后的观察

填饲后主要观察鸭（鹅）的精神状态、排粪状态、呼吸状态等。

（四）技能考核

每个学生完成一组鸭（鹅）（数量根据实训条件确定）的填饲，根据抓鸭（鹅）、填饲操作和填饲效果进行考核。

（五）实训报告

每个学生完成鸭（鹅）填饲实训报告。

实训三　鹅活拔羽绒操作

（一）实训目标

通过实训，掌握鹅活拔羽绒的操作技术。

（二）材料与用具

休产期的种鹅（若干只）、药棉、消毒用药水、板凳、秤、围栏、装羽绒的容器（纸箱、塑料桶、布口袋等）。

（三）操作步骤

1. 拔羽前的准备

（1）拔羽鹅只的准备　拔羽前 1d 停水停食，清洁鹅体。

（2）场地和用具准备　选择向阳背风的场地，将地面打扫干净。准备好围栏、消毒药水和放鹅绒的容器等。

2. 保定鹅体

可按以下方法进行保定：

（1）双腿保定法　操作者坐在板凳上，用绳捆住鹅的双脚，将鹅头朝向操作者，背置于操作者腿上，用双腿夹住鹅只，然后拔羽。该法较为常用。

（2）半站立式保定　操作者坐在板凳上，用手抓住鹅颈上部，使鹅呈站立姿势，然后用双脚踩在鹅两脚的趾和蹼上面，使鹅体向操作者前倾，然后拔羽。该法比较省力、安全。

（3）卧地式保定　操作者坐在板凳上，右手抓鹅颈，左手住鹅的两腿，将鹅伏着横放在地面上，左脚踩在鹅颈肩交间处，然后拔羽。该法保定牢固，但掌握不好易造成鹅体受伤。

3. 拔羽操作

生产中常采用毛绒分拔法，该法可以分级销售，按质计价。

具体操作：先用三指（拇指、食指、中指）将鹅体表的毛片轻轻的由上向下全部拔光，装入专用容器中；然后再用拇指、食指平放紧贴鹅的皮肤，由上向下将留在皮肤上的绒朵轻轻拔下，放在另一只专用容器中。拔羽过程中，拔羽方向可顺拔和逆拔，但以顺拔为主。如果不小心将鹅的皮肤拔伤，要立即在伤处涂抹消毒药水（紫药水、碘酊等）。

4. 活拔羽绒的包装与贮藏

羽绒包装多采用双层包装，即内衬厚塑料袋，外套塑料编织袋。包装时要尽量轻拿轻放，包装后分层用绳子扎紧；然后置于干燥、通风的室内保存。保存时，要防霉、防潮、防蛀、防热等。

5. 活拔羽绒后鹅的饲养

拔羽后的鹅要加强管理，3d 内不在强烈阳光下放养，7d 内不要让鹅下水和淋雨。饲料中增加蛋白质的含量，补充微量元素、维生素，适当补充精料。此外，若发现活拔羽绒后鹅出现病态，要及时处理。

（四）技能考核

根据实训条件，每个学生活拔羽绒 1~2 只。教师根据学生操作环节、保定效果、拔羽情况等进行考核。

（五）实训报告

学生将拔羽操作、分别测定毛片和羽绒的重量与比例过程，写出实训报告。

> 项目思考

1. 水禽养殖场选址与建筑设计有哪些要求？
2. 水禽的生活习性表现在哪些方面？在水禽生产中应怎样合理利用其生活习性？
3. 商品蛋鸭的生产应具备哪些条件？
4. 什么是快大型肉用仔鸭？其生产特点表现在哪些方面？
5. 简要叙述雏鸭的育雏方式与判断雏鸭育雏温度是否合适的依据。
6. 怎样做好肉用仔鸭和仔鹅的放牧管理？
7. 种用水禽育成期和产蛋期的光照控制原则各是什么？
8. 怎样做好种用水禽产蛋期种蛋的收集？

项目六　禽病综合防治技术

知识目标

1. 了解禽舍的建筑要求，理解禽场的布局要求，掌握禽场的选址要求。
2. 熟悉消毒方法及消毒药物，熟悉常用消毒剂的种类及特点，掌握禽舍消毒和带禽消毒的关键技术，了解影响消毒剂效果的因素。
3. 熟悉家禽的免疫程序，了解常用疫苗的种类、特点及保存方法，了解影响免疫效果的因素。

技能目标

1. 能根据家禽疫病发生的情况制定详细的消毒、免疫接种计划，并实施具体的技术操作。
2. 能掌握疫苗免疫方法和途径，并正确分析引起免疫失败的原因。

必备知识

养禽场在疾病防疫过程中必须高度重视生物安全，真正做到"预防为主""防重于治"。生物安全是指将引起禽病或人畜共患传染病的病原微生物、寄生虫和害虫排除或拒绝在场区外的安全管理措施。生物安全体系是一种以切断传播途径为主要内容的预防疾病发生的生产体系，该体系集饲养管理和疫病预防为一体，通过阻止各种致病因子的侵入，防止家禽受到疾病的危害，不仅对家禽疾病的综合性防治具有重要意义，而且对提高家禽的生产性能，保证其处于最佳生长状态也是必不可少的。因此，严格按照生物安全体系饲养管理是禽病综合防治的重要保证。

一、场址选择与建筑布局

（一）场址的选择

场址不仅影响到养禽场和禽舍的小气候，也直接影响家禽的健康和生产。

选择的场址地势要高燥、向阳背风、排水良好。如果场地地势低洼，排水不畅，容易积水，有利于寄生虫和昆虫的孳生繁殖，养禽场容易污染；场区地面应开阔、平坦，并有适度的坡度，以利于禽场布局、光照、通风和污水排放，维持场区良好的空气环境。

养禽场宜设在城市远郊区，远离居民区、集贸市场、交通要道，附近无任何化工企业及养殖场，以防止有害化学物质污染、病原感染与噪声干扰等。保证水、电力供应，交通方便。

养殖场周围设立围栏或隔离墙，防止其他动物和人员的进入，减少传染病传入的机会，可使家禽充分发挥其自身的生产潜能。

（二）禽场的布局

养禽场合理科学布局，不仅有利于隔离卫生，减少或避免疫病的发生，而且有利于有效利用土地面积，减少建场投资，保持良好的环境条件，经济有效地发挥各类建筑物的作用。

养禽场应根据生产功能分为相互隔离的三个功能区，即生活区、生产区和隔离区。生活区是养殖场进行经营管理与社会联系的场所，易传播疾病，应靠近大门，并与生产区分开，外来人员和车辆不得进入生产区。生产区是禽群生活生产的场所，应位于全场中心地带，应坐落在主风向的上方。生产区内不同年龄段的家禽要分小区规划，有利于消毒和疫病控制，从上风向起，依次顺序为育雏舍、中雏和成禽舍，减少成禽对雏禽的影响。禽场大门、生产区入口、各禽舍入口处，均应设有消毒池，生产区内设清洁道和脏道，互不交叉，以免相互污染。隔离区应在生产区的下风向，并在地势低洼处，远离生产区，尽量与外界隔绝。

禽舍间距影响通风、卫生。间距较小，通风时，上风向禽舍的污浊空气容易进入下风向禽舍内，引起病原在禽舍间传播；间距过小，禽舍的空气环境容易恶化，微粒、有害气体和微生物含量过高，容易引起家禽发病。各种禽舍间距是两舍平均檐高的 3~5 倍。

新建的养禽场应尽可能按照"全进全出"制的要求进行整体规划和设计经由当地兽医部门审查合格后，方能进行生产。

二、防疫制度

为了保证家禽健康和安全生产，禽场必须制定严格的防疫措施和卫生防疫制度，规定对场内外人员及车辆、场内环境及设备、禽舍空栏后进行定期的冲洗和消毒，对各类禽群进行免疫和对种鸡群进行检疫等。养禽场防疫制度要明文张贴，并由主管兽医负责监督执行。当某种疫病在本地区或本场流行时，要采取相应的防疫措施，并要按规定上报主管部门，及时采取隔离、封锁措施。

（一）生活区卫生防疫制度

生活区卫生防疫制度包括：

（1）未经场长允许，非本场员工不能进入禽场。

（2）大门关闭，办事者必须到传达室登记、检查，经同意后，车辆必须经过消毒池消毒后方可入内，自行车和行人从小门经过脚踏消毒池消毒后方准进入。

（3）大门口消毒池内投放2%~3%的火碱水，每3d更换一次，保持有效。

（4）任何人不准带进畜禽及畜禽产品进场。

（5）生活公共区域每天清扫，保持整洁、整齐、无杂物，定期灭蚊、蝇。

（6）进入场内的车辆和人员必须按门卫指示地点停放，按指示路线行走。

（7）做好大门内外卫生和传达室卫生工作，做到整洁、无杂物。

（二）生产区卫生防疫制度

生产区卫生防疫制度包括：

（1）非本场工作人员未经允许不得进入生产区。

（2）生产区谢绝参观。必须进入生产区的人员，经领导同意后，在消毒室更换工作衣、帽、鞋，经消毒后方可进入。消毒池投放3%的火碱，每3d更换一次，保持有效。

（3）饲养员和技术人员工作时间必须身着卫生清洁的工作衣、鞋、帽，每周洗涤1次或2次（夏季），并消毒一次，工作衣、鞋、帽不准穿出生产区。

（4）非生产需要，饲养人员不要随便出入生产区和串舍。

（5）生产区内绝不允许有闲杂人员的出现。

（6）生产区设有净道、污道，净道为送料、人行专道，每周2%火碱溶液消毒1次；污道为清粪专道，每周消毒2次。

（三）禽舍卫生防疫制度

禽舍卫生防疫制度包括：

（1）未经技术人员和领导同意，任何非生产人员不准进入禽舍。必须进入禽舍的人员经同意后应身着消毒过的工作衣、鞋、帽，经消毒后方可进入，消毒池内的消毒液每2d更换1次，保持有效。

（2）保持禽舍整洁干净，工具、饲料等堆放整齐。

（3）每天清洗禽舍水箱、过滤杯，保持水箱清洁干净，每隔3个月彻底清洗贮水池1次，并加入次氯酸钠消毒。

（4）工作用具每周消毒至少2次，并要固定禽舍使用，不得串用。

（5）禽舍门口消毒池内的消毒液每2d更换一次，人员进出必须脚踏消毒池。

（6）每周带禽消毒2次，要按规定稀释和使用消毒剂，确保消毒效果。

（7）每周对禽舍内外大扫除，并对禽舍周围环境用2%的火碱溶液喷洒消毒一次。

（8）每天清粪一次，清粪后要对粪铲、扫帚进行冲刷清洗。禽粪要按规定堆放，定期撒生石灰进行粪池消毒。

（9）按规定的免疫程序和用药方案进行免疫和用药，并加强饲养管理，增强禽群的抵抗力。

（10）饲养人员每天按规定的工作程序进行工作。

（11）饲养员每天要观察禽群，发现异常，及时汇报并采取相应的措施。

（12）饲养员每天要保持好舍内外卫生清洁，每周消毒一次，并保持好个人卫生。

（13）饲养员定期对饮水消毒。

（14）兽医技术人员每天要对禽群进行巡视，发现问题及时处理。对新引进的禽群应在隔离观察舍内饲养观察1个月以上，方可进入正常禽舍饲养。

（四）禽舍空栏后的卫生防疫制度

禽舍空栏后的卫生防疫制度包括：

（1）禽舍空栏后，应马上对禽舍进行彻底清除、冲刷，不留死角。将舍内的粪尿、蜘蛛网、灰尘等彻底清扫干净。

（2）禽舍消毒程序　清扫禽舍→高压水枪冲洗禽舍→用具浸泡清洗→干燥→消毒液（3%的火碱水）喷洒鸡舍→福尔马林熏蒸消毒→空舍半月以上→进禽前2d舍内外消毒。

（3）化学药品消毒最彻底，最好使用两种消毒液交替进行，如百毒杀、威岛、1210、过氧乙酸等，对杀死病原微生物较有效。

(五)禽群免疫接种制度

禽群免疫接种制度包括:

(1) 各批次禽群要严格按照制订的免疫程序及时进行免疫接种,必须由专职技术人员稀释疫苗和监督免疫过程,并做好免疫接种登记。

(2) 各批次禽群要按计划进行免疫抗体检测,抗体检测不合格的禽群要及时补救。

(3) 发现疫情后应采取紧急措施 紧急措施如下:

①发现疫情后立即报告场领导及兽医技术人员,尽早查明病因,明确诊断。

②严格隔离封锁,防止疫情扩散。严禁出售病禽和病死禽,不准在生产区内解剖病死禽,死禽尸体要做无害化处理。控制人员流动,限制外人进入禽场,禽场环境、饲养设备、用具、工作服等严格消毒。

③对健康禽群及假定健康禽群紧急免疫接种。

④淘汰或治疗病禽,合理处理尸体。对重症家禽彻底淘汰,对一般细菌性传染病用抗菌素治疗,对某些病毒性传染病可采取特异性免疫抗体治疗。死亡的家禽和屠宰后废弃的羽毛、血、内脏等要做无害化处理,可焚烧、深埋或集中处理。

(六)淘汰禽销售卫生防疫要求

淘汰禽销售卫生防疫要求如下:

(1) 淘汰禽由场内车辆运至大门外销售,外来车辆禁止进场。

(2) 销售完毕,所有运载工具(禽笼、车辆)、卖禽场地要及时进行清洗和消毒。

三、消毒技术

(一)消毒方法

消毒方法可概括为机械性消毒法、物理消毒法、化学消毒法和生物热消毒法。

1. 机械性消毒法

机械性消毒法是单纯用机械的方法(如清扫、洗刷、通风等)清除病原微生物,这是一种最普通、最常用的方法,可结合日常卫生清扫工作进行。机械性消毒法只能使病原微生物减少,不能达到彻底消毒的目的,必须配合其他消毒方法进行。

采用清扫、洗刷等方法,可以清除禽舍地面、墙壁、设施以及家禽体表的粪便、垫草、饲料等污物，大量的病原微生物也随之被清除，从而创造了化学消毒的有利条件。清扫时可先喷洒清水或消毒药。清除后的污物不能随意堆放，应堆积发酵、掩埋、焚烧或用药物消毒处理，彻底杀灭其中的病原微生物。

通风换气虽然不能直接杀灭空气中的病原微生物，但可在短期内使舍内空气交换，具有明显降低空气中病原微生物数量的作用。同时，通风换气加快舍内水分蒸发，使物体干燥，缺乏水分，使许多微生物不能存活。通风换气的方法有横向通风、纵向通风、正压过滤通风以及正压坑道式通风等。通风的时间长短根据舍内外温差的大小灵活掌握，一般不少于30min。冬季饲养时应严格掌握通风和保温之间的协调，防止家禽冷应激的发生。

2. 物理消毒法

物理消毒法是指通过高温、阳光、紫外线等物理方法杀灭或清除病原微生物及其他有害微生物的方法。物理消毒法的特点是作用迅速，消毒物品上不遗留有害物质。

高温是最实用和有效的消毒方法，可分为干热灭菌法和湿热灭菌法。干热法包括干燥、灼烧、焚烧，湿热法包括煮沸法、蒸汽法。禽场常采用火焰灼烧灭菌法，这是一种简单有效的消毒方法，即用专用的火焰喷射器对金属的笼具、水泥地面、砖墙进行烧灼灭菌，或将动物的尸体以及传染源污染的饲料、垫草、垃圾等进行焚烧处理。烘箱内干热消毒、高压蒸汽湿热消毒、煮沸消毒等，主要用于衣物、注射器等的消毒。

阳光是天然的消毒剂，其光谱中的紫外线有较强的杀菌能力。日光暴晒能够直接杀灭多种病原微生物（如细菌、病毒、真菌、芽孢、衣原体等）。阳光的灼热和蒸发水分引起的干燥也有杀菌作用。

紫外线具有较强的杀菌能力，但空气中的尘埃及物体表面的污物对消毒效果有很大的影响。紫外线消毒只能杀灭大多数病原微生物，同时由于紫外线穿透力不强，不能穿透普通玻璃，尘埃、水蒸气均能阻挡紫外线穿透，因此，生产中只能用于消毒空气和物体表面。人工紫外线灯主要用于实验室消毒，特点是表面性消毒，消毒有效区域是灯管周围2m，消毒时间为1~2h。应注意人员勿直视紫外线，尽量不要在紫外线照射下工作。

3. 化学消毒法

化学消毒法是指应用化学药物杀灭病原体的方法。化学消毒药物对人体组织有害，只能外用或用于环境消毒。

（1）消毒方法

①浸洗或清洗法：如接种或打针时，对注射部位用酒精棉球或碘酊擦拭。

②浸泡法：就是将被消毒物品浸泡在消毒液中。此法常用于医疗解剖器

械、饮水器及料桶的消毒。当家禽体表感染寄生虫时，可采用杀虫剂进行药浴。

③喷洒法：喷洒消毒是消毒中较常用的有效消毒方法。消毒时将配好的消毒药装入喷雾器内，对禽舍地面、墙壁、用具、车辆等进行喷雾消毒。喷雾消毒药液要喷洒均匀，可用于发生传染病时的消毒或平时的定期消毒。

④熏蒸消毒：熏蒸消毒是利用某些化学消毒剂易于挥发或是两种化学制剂反应时产生的气体对空气及物体进行消毒的方法。如过氧乙酸气体消毒法、甲醛熏蒸消毒法等。

(2) 消毒剂的种类及应用

①醛类消毒剂：常用的有甲醛、戊二醛等。甲醛溶液为含36%甲醛的水溶液（俗称福尔马林），是一种应用广泛、效果较好的消毒剂。2%的溶液可用于器具的浸泡消毒；2%~4%的溶液喷洒墙壁、地面、饲槽等；养禽场常用福尔马林熏蒸消毒，20的溶液可直接加热熏蒸消毒禽舍、蛋库、孵化器等，也可以按 $7 \sim 21 g/m^3$ 高锰酸钾，加入 $14 \sim 42 mL/m^3$ 福尔马林进行熏蒸消毒。戊二醛是一种广谱、高效的消毒剂，具有作用迅速、刺激性小、低毒安全等特点。但由于其价格昂贵，在兽医领域中并未广泛使用。

②碱类消毒剂：主要有氢氧化钠、生石灰等，对细菌和病毒均有强大的杀灭作用。氢氧化钠又名苛性钠、烧碱、火碱，常用1%~2%的溶液消毒地面、器具。2%~5%的溶液用于环境消毒，此溶液具有腐蚀性，消毒后6~10h用清水冲洗干净，再让家禽进舍。生石灰又称氧化钙，生石灰1份加水1份制成熟石灰，再用水配制成10%~20%的浓度即为石灰乳，粉刷禽舍墙壁、地面，要注意现用现配。也可将生石灰撒于潮湿地面、门口及过道处消毒。

③含氯消毒剂：常用的有漂白粉、次氯酸钠、二氯异氰尿酸钠（优氯净）、氯胺-T、二氯二甲基海因等。漂白粉是一种应用广泛的消毒剂，有效氯含量在25%~36%之间。5%的溶液喷洒消毒，可杀死一般的病原微生物；10%~20%乳剂用于鸡舍、粪池、车辆等的消毒；饮水消毒时每立方米河水或井水加6~10g漂白粉，30min后即可饮用。次氯酸钠溶液有强大的杀菌消毒作用，0.3%的溶液，每立方米50mL带禽消毒。

④氧化物类消毒剂：常用的有过氧乙酸、高锰酸钾、过氧化氢、二氧化氯、臭氧等。过氧乙酸对各种病原体都有高效的杀灭作用，消毒效果好，市售成品为20%~40%水溶液，0.05%~0.2%溶液常用于浸泡消毒各种耐腐蚀的用具，0.5%的溶液多用于喷洒禽舍地面、墙壁、水槽等。稀释后的过氧乙酸溶液稳定性较差，应现配现用。由于具有强腐蚀性和刺激性，配制时谨防溅伤人的眼睛、皮肤和衣服。10%以上浓度加热至70℃以上能引起爆炸。高锰酸钾为强氧化剂，常利用其氧化性来加速甲醛蒸发速度，提高空气消毒效果，

0.02%~1%的水溶液用于皮肤、黏膜消毒及饮水消毒，2%~5%溶液用于浸泡、清洗食槽和饮水器。

⑤酚类消毒剂：常用的有来苏儿、复合酚等。来苏儿对皮肤无刺激性，对一般病原微生物有良好的杀灭效果。常用1%~2%溶液进行皮肤消毒，0.1%~2%溶液用于冲洗创口和黏膜，5%~10%溶液用于排泄物的消毒。复合酚又名消毒灵，可杀灭各种致病菌、霉菌、病毒，还可抑制蚊、蝇等昆虫和鼠害的滋生，0.5%~1%溶液用于禽舍、笼具、排泄物的消毒，不得与碱性药物或其他消毒液混用。

⑥表面活性剂类：常用的有新洁尔灭、度米芬（消毒宁）、百毒杀，具有毒性低、无腐蚀性、稳定性好的特点。新洁尔灭为季铵盐类消毒剂，兼有杀菌和去污作用，0.05%~0.1%浓度常用于洗手消毒、淋浴消毒、用具消毒，0.15%~2%溶液可用于禽舍空间喷雾消毒。使用时应避免与肥皂接触，因肥皂属阴离子清洁剂，能减弱其抗菌效果。新洁尔灭不适用于饮水消毒。百毒杀对各种细菌、真菌、病毒、藻类等微生物都有较强的杀灭作用，0.01%溶液用于饮水消毒，0.03%溶液用于带禽消毒，0.1%~0.3%溶液用于禽舍、用具和孵化室的环境消毒。

⑦碘制剂：常用的有碘伏、碘酊、碘甘油等，可杀死细菌、芽孢、真菌、病毒及原虫等。碘酊是最常用和最有效的皮肤消毒药。碘甘油（含1%碘的甘油制剂）常用于口炎、咽炎和病变皮肤等局部的涂搽。

⑧醇类消毒剂：常用的有乙醇、异丙醇等。乙醇俗称酒精，对细菌繁殖体、真菌孢子、病毒均有杀灭作用，75%酒精溶液具有较好的杀菌作用，用于注射针头、注射部位、擦拭皮肤局部、医疗器械等的消毒。

由于化学消毒法使用方便，不需要复杂的设备，生产中被广泛使用。近年来，由于科学技术的不断发展，新的消毒药不断被投入市场，在使用这些消毒剂时，可按说明书的要求进行。

4. 生物热消毒法

生物热消毒法是指通过堆积、沉淀池、沼气池等发酵方法，以杀灭粪便、污水、垃圾及垫草等内部病原体的方法。在发酵过程中，由于粪便污物等内部微生物产生的热量可使温度上升达70℃以上，经过一段时间后便可杀灭病原菌、寄生虫卵、病毒等，从而达到消毒目的。此法主要用于大规模废物和污染粪便的无害化处理。

（二）消毒措施

1. 空禽舍消毒

每栋禽舍全群移出后，在下一批家禽进舍之前，必须对空禽舍及用具进行全面彻底的严格消毒，然后至少空闲2周。为了获得确实的消毒效果，禽舍全面消毒应按一定的顺序进行，即：清扫、冲洗、干燥、喷洒消毒剂、干燥、熏蒸消毒。

（1）清除粪污　首先用2%~3%的氢氧化钠或常规消毒液对整个禽舍轻轻喷雾（防止禽舍尘土飞扬），将所有能移动的饲养设备（料槽、饮水器、底网等），全部搬到禽舍外面的专用消毒池，彻底清洗消毒，将笼具、天花板、墙壁、排风扇、通风口等部位的尘土清扫干净（顺序为由上到下、由里向外），清除所有垫料、粪便。

（2）高压冲洗　使用高压水枪由上到下、由里向外用清水冲洗禽舍的地面、墙壁、门窗、屋角等，直到清洗干净为止，做到不留死角。对较脏的地方，可先进行人工刮除。

（3）喷洒消毒剂　地面、墙壁干燥后，对禽舍和器具进行整修，即可进行喷洒消毒。为了提高消毒效果，禽舍最好使用两种以上不同类型的消毒药进行至少2次消毒，即24h后用高压水枪冲洗，干燥后再喷雾消毒1次。消毒剂可使用氢氧化钠、来苏儿、百毒杀或过氧乙酸等。

在喷洒消毒药之前，还可使用火焰喷射器灼烧墙壁、金属笼具等。

（4）熏蒸消毒　待消毒液稍干燥后，把所有用具搬入禽舍，门窗关闭，提高室内相对湿度（60%~80%）和温度（25~27℃），熏蒸消毒。

最常用的消毒剂是福尔马林，通过热作用使甲醛以气体形式挥发，扩散于空气中和物体表面，对物体表面消毒。甲醛能使蛋白质变性凝固和溶解类脂，对细菌、芽孢、真菌和病毒等微生物均有良好的杀灭作用。高锰酸钾与甲醛配合比例是福尔马林$28mL/m^3$、高锰酸钾$14g/m^3$。先将高锰酸钾倒入耐腐蚀的陶瓷容器内，再加入福尔马林，人即迅速离开，门窗密闭。消毒12~24h后，打开门窗，通风换气2d以上，散尽余气后，方可使用。盛放药液的容器要耐腐蚀，且要深大，比消毒液容量至少大4倍，以免药液沸腾时溢出。

经上述消毒程序后，有条件的禽场应进行舍内空气采样，做细菌培养，若没有达到要求须重复消毒。

2. 带禽舍消毒

带禽舍消毒是指禽入舍后至出栏前整个饲养期内，定期使用有效的消毒剂对禽舍环境及禽体表面进行喷雾，以杀死空气中悬浮和附着在禽体表面的病原微生物，达到预防性消毒的目的。

（1）带禽消毒的作用　带禽消毒是集约化养禽综合防疫的重要措施之一，是防止禽舍环境和疫病传播的主要手段，尤其是对那些隔离条件差、不同日龄的禽群在同一禽场饲养的禽场及经常发生各种疫病的老禽场更为有效。

实践证明，家禽通过吸入和皮肤接触消毒药液，可有效地防止多种疾病的发生与流行。带禽消毒能沉降禽舍内漂浮的尘埃，抑制氨气的产生和吸附氨气，在夏季有降温防暑的作用。

（2）带禽消毒的消毒剂　带禽消毒须慎重选择消毒剂，要求广谱、高效、强力、无毒、无害、无残留，对人和禽刺激性小、腐蚀性小。

常用的消毒剂有 0.015% 百毒杀、0.1% 新洁尔灭、0.2%～0.3% 过氧乙酸、0.2% 次氯酸钠等。消毒剂配成消毒液后稳定性较差，不宜久存，应一次用完。最好用温的自来水配制，消毒液的浓度要均匀。各类消毒药交替使用，每月换一次，单一消毒剂长期使用，杀灭效率有所下降。

（3）带禽消毒的程序和方法

①清扫禽舍：首先要彻底打扫圈舍，清除禽粪、羽毛、垫料、屋顶蜘蛛网及墙壁、地面、物品上的尘土，从而降低环境中的有机物含量，保证消毒效果。

②清水冲洗：用清水将污物冲出禽舍，提高消毒效果。冲洗后的污水应由下水道排到离禽舍较远的地方，不能排到禽舍周围，以防污水干后病原体重新污染鸡舍。

③正确喷雾：首先关闭门窗，使用高压喷雾器或背负式手摇喷雾器，将消毒药液均匀喷到墙壁、屋顶和地面，一般喷雾量以每立方米空间约 15mL 计算。

喷雾时不要直接对着禽体喷，应高于禽体 60cm 左右，使喷雾颗粒落下，以禽体表微湿为宜。雾粒大小应为 80～120μm，不要小于 50μm。雾粒过大，易造成喷雾不均匀和禽舍太潮湿，且在空中下降速度太快，与空气中的病原微生物、尘埃接触不充分，起不到消毒空气的作用。雾粒太小，则易被家禽吸入肺泡，诱发呼吸道疾病。

消毒时宜在傍晚或暗光下进行，且喷雾的动作要缓慢，防止惊吓禽群。消毒后要进行通风换气。

④注意事项：

a. 首次带禽消毒的日龄。鸡、鸭不得低于 8d，鹅不得低于 10d，以后根据家禽的健康状况而定。

b. 带禽消毒的次数。一般雏禽每周一次，育成禽 10d 一次，成禽 15d 一次，禽场发生疫病时每天一次，在清除粪便后进行一次。

c. 适宜的消毒时间。禽群接种疫苗前后 3d 内停止喷雾消毒。消毒时间最好安排在禽群休息或安静时进行，特别是平养的禽群，以免在消毒时，造成禽群惊吓，引起飞扑、骚乱而使舍内的灰尘增加、出现拥挤等现象，严重者会造成生产力下降，甚至死亡。炎热夏季，消毒时间可选在一天中最热的时间，以便消毒的同时也起到防暑降温的作用。

d. 合理的消毒方法。应先内后外喷雾，雾滴要细，喷头向上，不可直接喷向禽体，距离禽体 60~80cm，动作要轻，声音要小，避免引起禽群大的骚动不安。喷雾量以禽体和笼具潮湿为宜，不要喷得太湿。

e. 注意配伍禁忌。不同的消毒剂联合使用时可能出现相互干扰的现象。酸性和碱性消毒剂不能同时应用，以免发生中和，也不能错误配伍消毒剂，药物失效，有的甚至引起禽群中毒，而造成较大损失。

3. 设备用具消毒

设备用具消毒时，先搬出禽舍彻底冲刷干净，再用4%来苏儿溶液或0.1%新洁尔灭溶液浸泡或喷洒消毒，并在熏蒸禽舍前送回禽舍内进行熏蒸。免疫用的注射器、针头及相关器材每次使用前、后都须煮沸消毒。化验用的器具和物品等用具每次使用后都应消毒。水槽、食槽应每天清洗、消毒。有些设备如蛋箱、运输用禽笼等因传染病源的危险发生大，应在运回饲养场前进行消毒，或在场外严格消毒。

4. 场区环境消毒

在生产区出入口设置喷雾装置，喷雾消毒药可采用0.1%新洁尔灭或0.2%过氧乙酸。生产区大门口和禽舍的门前设有消毒池，消毒液要定期更换，也可用草席及麻袋等浸湿药液后置于禽舍进出口处；禽舍周围、生产区道路可用3%~5%的氢氧化钠喷洒消毒，每周1~2次。禽场周围及场内的污水池、排粪坑和下水道出口等，每月用漂白粉撒布消毒1~2次。定期清除杂草、垃圾，做好灭鼠和杀虫工作，保持良好环境卫生。当禽群周转、禽群淘汰和禽场周围有疫情时，要加强对场区环境的消毒。有条件的禽场最好每年将环境中的表层土壤翻新一次，减少环境中的有机物，以利于环境消毒。

5. 人员和车辆消毒

养禽场一般谢绝外人参观，外人必须进入时，需经批准后进行严格的消毒。所有人员进入禽场生产区或禽舍，必须按以下程序消毒进场：脱衣、洗澡、更衣换鞋、进场工作。场内技术人员很容易成为传播疾病的媒介，应特别注意自身的消毒，每免疫完一批禽群用消毒药水洗手，工作服用消毒药水泡洗10min后在阳光下暴晒消毒。

养禽场大门设车辆消毒池和脚踏消毒池，并经常保持有新鲜的消毒液。车轮胎必须从消毒液中驶过，消毒池应宽2m、长4m以上，消毒液深度在5cm以上，消毒池内常用3%~5%来苏儿、10%~20%石灰乳或3%火碱溶液等，定期更换，多种消毒药交替使用，不定期地更换最新类型的消毒药，防止因长期使用一种消毒药而使细菌产生耐药性。消毒车体及其所载物品，选用不损伤车体涂漆和金属的消毒剂喷洒消毒，如0.1%新洁尔灭。

6. 饮水消毒

饮水消毒的目的主要是控制大肠杆菌等条件性致病菌，同时对控制饮水管中的细菌也非常重要。实践证明，饮水消毒对控制病毒和细菌性疾病极为有利，尤其是呼吸道疾病。

常用的饮水消毒法有两种，即物理消毒法和化学消毒法。物理消毒法是用煮沸的方法来杀灭水中的病原微生物，即饮用温开水。这种方法适用于用水量少的育雏阶段。化学消毒法就是在水中加入化学消毒剂消毒。目前市售的很多消毒剂都可作饮水消毒之用，可按外包装上的使用说明进行配制。需要注意的是，家禽免疫接种的前后2d内禁止使用饮水消毒，以免影响消毒效果。

家禽饮用水每100mL样品中含有大肠杆菌数不应超过5000个。

7. 粪便和尸体的消毒

（1）粪便消毒　禽粪中往往含有各种病原体，特别是在患传染病期间，含有大量的病原体和寄生虫卵，如不进行消毒处理，直接作为农田肥料，往往成为传染源，因此，对禽粪必须进行严格消毒处理。常用的消毒方法有生物热消毒法和化学消毒法。

①生物热消毒法：此法是粪便消毒最常用的消毒方法，禽粪中有好热性细菌，经堆积封闭后，可产生热量，使内部温度达到80℃左右，从而杀死病原微生物和寄生虫卵，达到无害化处理的目的。

常用堆粪法：在距离禽舍100~200m的地方，挖一个宽1.5~2.5m，深约20cm的坑，从坑底两侧至中央有缓慢的斜度，长度视粪便量的多少而定。在坑底垫上少量干草，其上堆放欲消毒的禽粪，高度为1~1.5m，然后再在粪堆外围堆上10cm厚的干草或干土，最后抹上10cm厚的泥土，如此密封发酵2~4月，即可用作肥料。

②化学消毒法：此法是对恶性或对人有危害的某些传染病的禽粪处理法，即将粪填入坑内，再加水和适量化学药品，如2%来苏儿（煤酚皂溶液）、漂白粉或3%甲醛（福尔马林）、20%石灰乳等，使消毒剂浸透均匀后，填土长期封存。

（2）尸体消毒　家禽尸体能很快地分解、腐败、散发恶臭，不但污染环境，还可能传播疾病，如果处理不当，会成为传染病的污染源，威胁家禽健康。合理而安全地处理病死禽，对于防止禽场传染病发生和维护公共卫生都有重大意义。

①堆肥法：该法是目前小型养禽场处理病死禽的最佳途径，经济实用，若设计合理，管理得当，不会对地下水及空气造成污染。此方法可与鸡粪、垫料一起进行堆肥处理。

a. 建造堆肥设施。按1000只种鸡的规模，建造高2.5m、宽3.7m的堆肥池，至少分隔为两个隔间，每个隔间不得超过3.4m²。地面为混凝土结构，屋顶要防雨，边墙用5m×20m的厚木板制作，既可以承受肥料的重量压力，又可使空气进入肥料之中使需氧微生物产生发酵作用。

b. 堆肥的操作方法。在堆肥设施的底部铺放一层15cm厚的鸡舍地面垫料，再铺上一层15cm厚的棚架垫料，在垫料中挖出13cm深的槽沟，再放入8cm厚的干净垫料，将死鸡顺着槽沟排放，但四周要离墙板边缘15cm，将水喷洒在鸡体上，再覆盖上13cm部分地面垫料和部分未使用过的垫料。堆肥过程在30d内将全部完成，可有效地将昆虫、细菌和病原体杀灭。堆肥后的物质可用作改良土壤的材料或作肥料。

②掩埋法：该法是利用土壤的自净作用使其达到无害化。此法简便易行，但不是彻底处理的方法，某些病原微生物能长期生存，从而污染土壤和地下水，并会造成二次污染，主要用于小规模的禽场，对于患了烈性传染病的尸体不宜用此法。在掩埋病死禽尸体时，应注意选择远离住宅、水源及道路的僻静地方、土质干燥、地下水位低，并避开水流、山洪的冲刷。掩埋坑的深度不得小于1.5~2m。掩埋前，在坑底铺上2~5cm的石灰，病死禽投入后再撒上一层石灰，填土夯实。

③焚烧法：该法是一种传统的处理方法，是杀灭病原菌最彻底的方法，避免了地下水的污染，但要消耗大量燃料，成本较高，而且在焚烧时易造成对空气的污染，烈性传染病死亡禽只最好用此法。操作方法是挖一个长2.5m、宽1.5m、深0.7m的焚尸坑，坑底放上木柴，在木柴上倒上煤油，病死禽尸体放上后再倒煤油，放木柴，最后点火，一直到禽尸体烧成黑炭样为止，焚烧后就地埋入坑内。还可用专用的焚尸炉或锅炉进行焚烧。

四、免疫接种技术

免疫接种是指用人工方法把疫苗或菌苗等引入禽体内，从而激发家禽产生对某种病原微生物的特异性抵抗力，防止发生传染病，使易感动物转化为不易感动物的一种手段。在常发生疫病的地区，或有某些传染病潜在危险的地区，有计划地对健康家禽进行免疫接种，是预防和控制家禽传染病发生的重要措施之一。特别是对禽流感、鸡新城疫等重点疾病的防治措施中，免疫接种起着关键性的作用。

（一）免疫程序

免疫程序是指在家禽的生产周期中，为了预防某种传染病而制定免疫接种的次数、间隔时间、疫苗种类、用量、用法等。免疫程序的制定受多种因素的影响，如母源抗体水平、本地区疫病的流行情况、本场以往的发病情况、鸡的品种和用途、疫苗的种类、鸡的日龄等。因此，各养禽场不可能制定一个统一的免疫程序，应根据鸡的品种、来源以及本场以往的病例档案酌情而定。即使已制定好的免疫程序,在有些情况下也可以适当调整。蛋用种鸡、肉用仔鸡、蛋鸡的免疫参考程序分别见表6-1、表6-2、表6-3。

表6-1 蛋用种鸡免疫参考程序

日龄	疫苗	用量	免疫方法
1	鸡马立克病	0.2mL	颈部皮下注射
5~7	鸡新城疫 Colon-30+传染性支气管炎 H_{120}+肾型传染性支气管炎	1.5倍量	滴鼻或点眼
12~14	法氏囊中等毒力冻干苗	1.5倍量	滴口或饮水
21	法氏囊中等毒力冻干苗	1.5倍量	饮水
25	鸡新城疫 Colon-30+传染性支气管炎+肾型传染性支气管炎 同时鸡新城疫+传染性支气管炎油苗	2倍量0.2~0.3mL	滴鼻或点眼 胸肌注射
33	鸡痘苗	2倍量	翼膜刺种
40	鸡传染性喉气管炎弱毒疫苗	1倍量	点眼
45	传染性鼻炎油苗	0.5mL	胸肌注射
60	鸡新城疫Ⅳ系+传染性支气管炎 H_{52}	2倍量	饮水
70	鸡痘苗	2倍量	刺种
80	传染性鼻炎油苗	0.5mL	胸肌注射
85	鸡传染性喉气管炎弱毒疫苗	1倍量	点眼
110	法氏囊油苗	0.5mL	肌内注射
120	鸡新城疫Ⅳ系同时新支减三联油苗	2倍量0.5~1mL	饮水 肌内注射

表6-2 肉用仔鸡免疫参考程序

日龄	疫苗	用量	免疫方法
5~7	鸡支肾二联三价苗	1.5倍量	滴鼻或点眼
12~14	传染性法氏囊冻干苗	1.5倍量	饮水
18	新支二联苗	1.5倍量	饮水
21	传染性法氏囊中等毒力冻干苗二免	1.5倍量	饮水
33~35	鸡新城疫克隆苗	1.5倍量	饮水

表 6-3　蛋鸡免疫参考程序

日龄	疫苗	用量	免疫方法
1	鸡马立克病	0.2mL	颈部皮下
5~7	鸡新城疫 Colon-30 + 传染性支气管炎 H_{120} + 肾型传染性支气管炎	1.5 倍量	滴鼻或点眼
12~14	法氏囊中等毒力冻干苗	1.5 倍量	滴口
21	法氏囊中等毒力冻干苗	1.5 倍量	滴口
25	鸡新城疫 Colon-30 + 传染性支气管炎 H_{120} + 肾型传染性支气管炎；同时鸡新城疫 + 传染性支气管炎油苗	2 倍量 0.2~0.3mL	滴鼻或点眼注射
33	鸡痘	2 倍量	刺种
60	鸡新城疫Ⅳ系 + 传染性支气管炎 H_{52}	2 倍量	饮水
70	鸡痘	2 倍量	刺种
110	法氏囊油苗	0.5mL	肌内注射
120	鸡新城疫Ⅳ系同时新支减三联油苗	2 倍量 0.5~1mL	饮水肌内注射

（二）免疫接种的途径及方法

家禽疫苗的免疫方法可分为群体免疫法和个体免疫法。前者包括饮水、气雾等方法，省时省力，但效果有时不够理想，特别是幼雏；后者包括点眼、滴鼻、刺种、涂搽等，免疫效果确实，但费时费力，劳动强度大，且产生的应激也大。采用哪种方法，应根据实际情况和使用说明为准。

1. 点眼、滴鼻法

用滴管将稀释好的疫苗逐只滴入眼内或鼻腔内，刺激上呼吸道、眼角膜产生局部抗体，使机体产生免疫力，适用于弱毒苗，如新城疫 Lasota 疫苗、传支 H_{120} 疫苗等。这是雏鸡免疫经常使用的一种方法，能保证每只雏鸡都能得到免疫，且剂量基本相同，产生的抗体也较一致，会取得较好的免疫效果。

（1）疫苗稀释　分别开启疫苗、稀释液的瓶盖露出中心胶塞，用无菌注射器抽 5mL 稀释液注入疫苗瓶中，反复摇匀溶液，使疫苗完全溶解，再吸出注入稀释液中，摇匀备用。1 瓶 1000 羽份疫苗配 1 瓶专用稀释液，或使用 30mL 灭菌生理盐水或蒸馏水，不要随便加入抗生素。稀释液的用量要准确，最好根据自己所用的滴管事先试滴，确定每毫升多少滴，然后计算疫苗稀释液的实际用量。

（2）免疫操作　一手握住一只雏鸡，应把鸡的头颈摆成水平的位置（一侧眼鼻朝天，另一侧眼鼻朝地），并用食指堵住下侧鼻孔，另一只手用滴管吸取疫苗液垂直滴进雏鸡的眼或上侧鼻孔（1滴），稍停片刻，待滴入眼结膜和鼻孔的疫苗吸入后，方可放鸡。应注意稀释的疫苗要在1~2h内用完，已接种和未接种的鸡只要分开，防止漏免。为减少应激，最好在晚上弱光环境下接种，也可在白天适当关闭门窗后，在稍暗的光线下接种。

2. 饮水法

饮水法是根据家禽的数量，将疫苗混合到一定量的蒸馏水或凉白开水中，在短时间内饮用完的一种免疫方法。饮水时通过吞咽，病毒粒子经腭裂、鼻腔、肠道产生局部免疫及全身免疫。

此法的优点是不会骚扰禽群，省时省力，但受较多因素影响，易造成免疫剂量不均，免疫效果参差不齐，从而使禽群不能抵御较强毒株的疾病传染。常用于弱毒和某些中等毒力的疫苗，如传染性法氏囊疫苗、新城疫疫苗、传染性支气管炎疫苗、传染性喉气管炎疫苗等；对于大鸡群和已开产的蛋鸡，为省时省力和减少因注射疫苗而带来的应激反应，常采用饮水免疫法。

（1）免疫前准备　根据鸡只数量确定疫苗用量；根据鸡只年龄大小确定疫苗稀释的用水量，并备好稀释用的自来水或凉开水；准备好干净清洁、足够的饮水器和脱脂乳粉；免疫前2~4h，停止饮水，正常喂料。

（2）免疫操作　当鸡群出现"抢水"现象时，即可开始免疫。开启疫苗瓶盖，露出中心胶塞，用无菌注射器抽取5mL稀释液注入疫苗瓶中，反复摇匀溶解，吸出后注入100~150mL稀释水中，摇匀备用。按免疫鸡只数计算好饮水量，加入0.2%脱脂乳粉，将稀释好的疫苗倒入，用清洁的棒搅拌均匀，然后将疫苗水装入饮水器，迅速放入鸡群中，让鸡群饮水免疫，稀释后的疫苗应在2h内饮完。免疫过程中要注意观察鸡只饮水情况，确保每只鸡均能饮到疫苗水。

（3）影响饮水免疫成效的因素

①停止饮水时间：为了使鸡群中大部分鸡能尽快而一致地饮用完疫苗，都得到有效的疫苗接种，必须使鸡产生适当程度的渴感。根据经验，大多数鸡群要经过2h才能产生渴感，然后再给予疫苗。在生产中，要根据环境因素，特别是舍温进行调整。如果舍温高（29~32.2℃），停止饮水1h就可使鸡产生适度的渴感，如果舍温低（21.1℃以下），则需4h或4h以上。所以饮水免疫前应停止供水2~4h，一般夏季可停水2h左右，冬季停水4h左右。此外，停止饮水时间直接影响鸡饮用疫苗的速度，这对疫苗接种效果可能产生明显影响。

②饮水器和水管状况：要准备充足的饮水器，确保绝大多数鸡能够同时饮上水。饮水器不宜用金属制品，饮水器具必须清洁，无消毒剂和铁锈残留，以

免降低疫苗效价。在接种疫苗前，要用不含消毒剂的水清洗饮水器。

③饮水质量：饮水质量可以直接影响疫苗病毒的稳定性和活力，间接地影响接种疫苗的鸡群所达到的保护水平。饮水中的消毒剂残留可以使大量的病毒粒子灭活并可能使接种失败，饮水免疫前24h内不得饮用任何消毒药，免疫后2~3d内暂停使用抗菌或抗病毒药物。应使用清洁的不含有氯和铁及其他金属离子的凉开水稀释疫苗。加入0.2%脱脂乳粉，可减少饮水中异物对疫苗的影响，延长疫苗的活性，提高免疫效果。

④接种疫苗的持续时间：从理论上讲，应当在清晨给鸡接种疫苗，并且应当在2h内使鸡将疫苗全部饮完。不足1h，会使部分鸡只未能饮到足够剂量的疫苗；如超过2h，则可能损害疫苗病毒的活力。

⑤疫苗剂量：饮水接种疫苗是一种群体接种方法，很难使每只鸡都得到充分的保护剂量的疫苗，特别是影响个体鸡摄入量的因素很多，且疫苗经肠道吸收时会损失40%，因此，疫苗必须是高效价的，疫苗剂量应比规定量加倍使用。

⑥稀释疫苗的用水量：疫苗水要求在2h之内饮完，一般按全天饮水量的1/5~1/4计算，如蛋鸡疫苗饮水量：1周4mL/只，2周8mL/只，3周12mL/只，4周17mL/只，5周23mL/只，6周28mL/只，7周40mL/只。

⑦疫苗管理和保存：用于饮水接种的活病毒疫苗，必须始终做到冷冻运输和保存，以防因温热使疫苗滴度受到损失；所以疫苗运输、接收和使用的日期等都要准确进行记录。疫苗要始终用冰盒或冰瓶等冷藏密闭容器运送，防止日光直接照射疫苗。疫苗一旦配制就应尽快泵入饮水系统，要始终保证配制饮水疫苗所用的水中含有疫苗稳定剂、脱脂乳粉，并且是冷水。疫苗应在水中开瓶倒出，疫苗溶液不得暴露在阳光下。

⑧鸡群的健康状态：在一般情况下，只给健康禽接种疫苗。因为家禽在患病时已经受到应激，由活疫苗病毒另外造成的应激只能使病情加重。最好在接种疫苗后，要对禽群进行细心严密观察几天，以检查接种后有无不良反应。此外，不能给处于应激状态的禽群接种疫苗，因为应激本身是一种免疫抑制并且可以干扰主动免疫，此时接种很可能使疫苗反应加大。

3. 刺种法

此法主要用于鸡痘疫苗的接种，通过穿刺部位的皮肤增殖产生免疫。

（1）操作方法　将1000羽份的鸡痘疫苗用25mL灭菌生理盐水或蒸馏水稀释，充分摇匀，将刺种针或钢笔尖浸入疫苗溶液，同时展开鸡的翅膀内侧，暴露三角区皮肤，避开血管，把蘸满溶液的针刺入翅膀内侧，直到溶液被完全吸收为止。小鸡刺种1针，成鸡刺种2针。

（2）注意事项　接种后1周左右检查刺种部位，若见刺种部位的皮肤上产生绿豆大小的小疱,以后干燥结痂,说明接种成功,否则需要重新刺种,做刺种免疫时,一定要确定接种针已蘸取了疫苗稀释液,使每只鸡接种到足量的疫苗。注意不能在翅膀外侧刺种,以防羽毛擦掉疫苗溶液或刺伤骨头和血管。

4. 注射法

注射免疫法是把疫苗注射到肌内或皮下组织中,刺激禽体产生抗体。这种免疫方法作用迅速,剂量准确,效果确实,但应激较大。适合于鸡马立克氏疫苗、新城疫Ⅰ系、鸭病毒性肝炎及各种油乳剂灭活苗的接种。

(1) 操作方法　颈部皮下注射:该法用于鸡马立克病疫苗。用该疫苗的专用稀释200mL稀释1000羽份的疫苗,每只鸡注射0.2mL。注射时一手握鸡,用食指和拇指将颈背部皮肤轻轻提起呈三角形,用针头从颈部中断以下沿鸡身体方向30°角刺入,将疫苗注入皮肤与肌肉之间。

胸部肌内注射:用针头呈30°~45°角,于胸部1/3处朝背部方向刺入胸肌,切忌垂直刺入胸肌,以免刺破胸腔。

腿部肌内注射:用针头朝身体方向刺入外侧腿部肌肉,操作要小心,避免刺伤腿部血管、神经和骨头。

(2) 注意事项　一般使用连续注射器,配7~9号针头,使用前要调整好剂量再进行注射免疫,以每只0.2~1mL为宜。

疫苗稀释液应经消毒而无菌的,不要随便加入抗菌药物。

应先接种健康群,再接种假定健康群,最后接种有病的禽群。在给病禽注射时,最好每注射一只换一个针头。

注射器及针头用前均应消毒,以防止因免疫注射而引起传染病的扩散或引起接种部位的局部感染。

皮下注射的部位一般选在颈部背侧,肌肉注射部位一般选在胸肌或肩关节附近的肌肉丰满处;针头插入的方向和深度应适当,颈部皮下注射时针头方向为后下方,与颈部纵轴基本平行,雏鸡进针深度为0.5~1cm,胸部肌肉注射时,针头方向应与胸骨大致平行,进针深度雏鸡为0.5~1cm,大鸡1~2cm。

在注射过程中,应边注射边摇动疫苗瓶,力求疫苗的均匀,在将疫苗液推入后,针头应慢慢拔出,以防疫苗液漏出。

5. 气雾法

气雾免疫法是通过气雾发生器压缩空气,使稀释疫苗形成一定大小的雾化粒子,均匀地浮游于空气中,随呼吸进入鸡体内,以达到免疫接种的目的。适用于60日龄以上、密集饲养的鸡群免疫。

这种免疫方法省工省时,简便有效,对于呼吸道有亲嗜性的疫苗效果更佳,如鸡新城疫Ⅳ系弱毒疫苗、传染性支气管炎弱毒苗等。但喷雾也容易引起鸡群的应激,尤其容易激发慢性呼吸道病,且易造成散毒现象。

（1）操作方法　免疫时将1000羽份的疫苗溶解于250mL蒸馏水或者去离子水中，最好再加0.1%脱脂乳粉，用清洁的棒搅拌均匀，装入疫苗免疫专用喷雾器械或农用背负式喷雾器，喷雾枪距离鸡头上方约50cm，使鸡周围形成一个局部雾化区。进行喷雾免疫前，应关闭门窗和通风设备，最好将鸡只圈于灯光较暗处给予免疫。

（2）注意事项

①必须确保喷雾器械内无沉淀物、消毒剂等。

②雾粒大小应合适，太大易被鼻黏膜所阻不能进入呼吸道深部；太小，则吸收的雾粒又易随呼吸排出体外。建议育成鸡和成年鸡雾粒直径为 10 ~ 20μm，雏禽用大雾滴，雾粒直径为100μm。

③必须计划和控制疫苗的用量，使整个鸡舍的雾滴均匀分布。

④喷雾期间要关闭鸡舍所有门窗和通风设备，减少空气流动，并避免阳光直射舍内。在停止喷雾后 20 ~ 30min，才可开启门窗和启动风扇。

⑤为了达到最佳的免疫效果，宜将鸡群围圈在灯光幽暗的鸡舍某一部分，或在夜间进行免疫。

⑥为了避免因喷雾免疫而加重鸡由霉形体病和大肠杆菌病引起的气囊炎，最好在免疫前后在饲料和饮水中加入抗菌药物。

⑦实施喷雾时，喷雾器喷头与鸡保持1m左右，在鸡群上空 50 ~ 80cm 处，对准鸡头来回移动，均匀地喷雾，使气雾全面覆盖鸡群。至鸡群头、背部羽毛略有潮湿感觉为宜。

⑧喷雾时要求温度为 15 ~ 20℃，相对湿度70%以上，以避免雾滴迅速被蒸发。

6. 滴肛、搽肛法

此法只用于强毒型传染性喉气管炎疫苗。方法是将1000羽份的疫苗稀释于 25 ~ 30mL 生理盐水中，提起鸡的双脚，使鸡头向下肛门向上，将肛门黏膜翻出，滴上 1 ~ 2 滴疫苗，或用接种刷（小毛笔或棉拭子）蘸取疫苗在肛门黏膜上刷动 3 ~ 4 次。

接种时应注意只能将疫苗稀释液搽在肛门上，不能让疫苗稀释液碰到鸡的皮肤、羽毛或落到地上，造成环境污染和疾病的扩散。

7. 胚胎内免疫接种

预防鸡马立克病的火鸡疱疹病毒疫苗必须在雏鸡接触野毒之前进行免疫接种，而且越早越好，目前普遍采用的方法是在孵化室内免疫接种1日龄雏鸡。如果孵化室内有马立克病野毒存在，雏鸡一出壳就可能被感染，再免疫接种其效果也不好。为了防止这种情况的发生，1980年Shama首创了给18日龄的鸡胚免疫接种，而且获得了成功。现在发达国家已普遍采用这种方法。此法现在也用于新城疫、传染性支气管炎、传染性法氏囊病疫苗的接种。

(三) 免疫失败原因

近年来随着养禽业的不断发展，饲养管理水平、免疫防治技术有了较大的提高，特别是对于一些严重的病毒性传染病的防治取得了较好的效果。但是，各种非典型病例也经常发生。免疫失败的原因是复杂的，归纳起来主要有以下几个方面。

1. 禽体以外的原因

(1) 家禽的饲养环境差　禽舍尘土飞扬、污水四溢、消毒不严、通风不良、持续噪声、严寒酷暑等，都可能影响免疫效果。

(2) 疫苗方面的原因

①疫苗失效：疫苗通常有一定的有效期，过期的疫苗不能使用，使用过期疫苗不能产生理想的免疫力。

②疫苗质量差：疫苗本身质量差，如病毒或细菌的含量不足、冻干或密封不佳、油乳剂疫苗油水分层；疫苗在存放和运输过程中长时间处于4℃以上的温度，或疫苗取出后在免疫接种前受到日光的直接照射，或取出时间过长，或疫苗稀释液未经消毒、受污染，或疫苗稀释后未在规定时间内用完，氢氧化铝佐剂颗粒过粗，均可影响疫苗的效价，甚至无效。

③疫苗选择不当：疾病诊断不准确，使用的疫苗与所发生的疫情或血清型不对应，如鸡患了新城疫，却使用传染性喉气管炎疫苗；或弱毒活疫苗、灭活苗、血清型、病毒株或菌株选择不当。例如，在传染性法氏囊病流行的地区仅选用低毒力或单一血清型的疫苗；对已接种传支 H_{52} 疫苗之后，再使用 H_{120} 株疫苗；使用与本地区、本场血清型不对应的禽出败菌苗、大肠杆菌苗等。生产中应根据当地传染病流行的严重程度和禽的种类选择不同的疫苗。

④疫苗稀释的差错：如马立克病疫苗没有使用指定的特殊稀释液；饮水免疫时仅用自来水稀释而没有加脱脂乳，或用一般井水稀释疫苗时，其酸碱度及离子均会对疫苗有较大影响；稀释液量的计算或称量差错，使稀释液的量偏大；在直射阳光下或风沙较大的环境下稀释疫苗；对于一些用液氮罐低温保存的疫苗，不按规定程序操作，使疫苗的质量受到严重的破坏；从稀释后到免疫接种的间隔时间太长；在稀释液中加入过量的抗生素或其他化学药品，如庆大霉素、链霉素、恩诺沙星等，这些药物对疫苗病毒并无直接杀灭作用，但当浓度较高时，随着pH、离子浓度的改变，对疫苗中的病毒会产生不良的影响。

⑤多种疫苗之间的干扰作用：不同的疫苗接种时间相差过短，或多种疫苗间随意混合使用，会产生免疫干扰。如传染性喉气管炎疫苗病毒对鸡新城疫疫

苗病毒的干扰作用，使鸡新城疫疫苗的免疫效果受到影响，导致新城疫免疫失败。

⑥疫苗接种时操作失误：采用饮水免疫时，饮水的质量、数量、饮水器的分布、饮水器卫生不符合标准；喷雾免疫时气雾的雾滴大小、喷雾的高度或速度不恰当，以及环境、气流不符合标准等；滴鼻点眼时，疫苗尚未进入眼内或鼻内就将鸡放回原地，没有足够的疫苗进入眼内或鼻内；注射的部位不当或针头太粗，当针头拔出后疫苗液即倒流出来；针头刺在皮肤之外疫苗喷射出体外；连续注射器的定量控制失灵，使注射量不准；将疫苗液注入胸腔、腹腔内；工作人员态度不认真等，都会影响免疫效果。

⑦接种途径选择不当：每一种疫苗均有其最佳的接种途径，如随意改变则会影响免疫效果。如当鸡新城疫Ⅰ系苗用饮水免疫、传染性喉气管炎疫苗用饮水或肌注免疫时，效果都较差。所有的油乳剂灭活苗一般不采用腿部肌肉注射，因为腿部肌肉容纳疫苗的体积小，不易吸收，而且影响禽只活动和采食，不利于禽群的正常生产活动。

（3）免疫程序的原因　制定免疫程序时，如果对某段日龄敏感性、疫病流行季节、当地的疫病威胁、家禽品种差异、母源抗体的影响等因素考虑不够周到，就会达不到满意的免疫效果。因此，制定一个科学合理免疫程序时，必须综合考虑，还要结合母源抗体监测，不能完全照搬别人的免疫程序；注意首免与加强免疫的间隔时间不能过长或过短；既要重视全身体液免疫，又要重视局部的细胞免疫。如鸡马立克氏病疫苗必须在1日龄的雏鸡上接种，若错过了这一免疫时机，免疫效果会更差。鸡接种了传染性法氏囊苗后，其免疫功能在随后几天内受到一定的影响，所以在接种该疫苗后1周内不宜接种其他疫苗。

（4）霉菌毒素和化学物质的影响　饲料中若含有黄曲霉毒素，农药，重金属如铅、汞、镉、砷等都会造成严重的免疫抑制，进而引起免疫失败。某些抗生素类药物可使活菌苗中的细菌灭活或改变苗菌的抗原成分，而使菌苗接种时免疫失败。

2. 家禽自身的原因

自身原因主要是指家禽自身免疫系统的功能缺损。影响免疫系统功能的因素很多，概括起来主要包括以下几点。

（1）雏禽母源抗体干扰　母源抗体是指雏禽从卵黄中吸收的抗体，它在雏禽的被动免疫中发挥着重要作用，可保护雏禽在出壳后1~2周内免受相应病原微生物的感染。但它也给疫苗的免疫造成不利影响，可中和部分疫苗病毒，限制疫田病母在体内的增殖过程，使疫苗病毒不能有效地刺激禽体产生抗体，影响免疫效果。生产中，如果所有雏禽固定同一日龄进行接种，若母源抗体过高会抑制疫苗的免疫反应，不产生应有的免疫应答，使雏禽首免失败。

（2）家禽的营养状况　饲料营养不全面，如氨基酸、微量元素、维生素的缺乏或不足，导致禽体营养不良，从而引起禽体免疫抑制，导致免疫失败。

（3）各种应激因素　家禽在饲养过程中，会因转群、换料、接种、限制饮水、使用药物等因素而发生应激反应；饲养密度过高和饲养环境不良也会引起机体的特异性应激反应，导致抗病力降低；大的噪声会影响家禽体内生理变化，使采食量、饲料转化率、生产性能下降。在免疫接种期，各种不良因素的刺激或应激作用，均可减弱疫苗的免疫应答，甚至导致免疫失败。生产中应重视消除各种应激因素。

（4）某些传染病的影响　感染马立克病病毒、传染性法氏囊病病毒、传染性贫血病病毒、呼肠孤病毒、霉菌毒素后会导致组织器官发生严重的病理性损伤，损害家禽的免疫器官，如法氏囊、胸腺、脾腺、盲肠、扁桃体等，从而导致免疫抑制。如果鸡早期感染了马立克病或法氏囊病，会损害免疫器官的发育和成熟，引起终身免疫抑制，所以对鸡马立克病和法氏囊病的预防和控制尤其重要。

（5）免疫麻痹　在一定限度内，抗体的产生随抗原的用量增加而增加，但抗原量过多，超过一定的限度时，抗体的形成则反而受到抑制，这种现象称为"免疫麻痹"。有些养禽场超剂量多次注射免疫，这样可能引起家禽机体的免疫麻痹，往往达不到预期的效果。

（6）免疫缺陷　禽群内某些个体体内的 γ-球蛋白、免疫球蛋白 A 缺乏等，则对抗原的刺激不能产生正常的免疫应答，影响免疫效果。

（7）免疫抑制　很多原因如机体营养不良，缺乏维生素 E、维生素 C，缺锌、氯、钠等；各种应激因素发生仍进行免疫接种；鸡贫血因子病毒、传染性法氏囊病病毒和马立克病病毒感染等，尤其是当多种因素共同引起的免疫抑制作用更为明显，使机体在接种疫苗后，不能产生预期的免疫效果。

（8）病原微生物的抗原发生变异　病原本身时刻都在变异，但疫苗在制作、推广、使用上不可能完全跟上它的变异。实际生产中，进行疫苗免疫接种后，往往免疫达不到理想的保护能力，造成部分或者全部的免疫失败。如一些超强毒株或新血清型的出现，使得仍用常规弱毒疫苗的禽群难以抵御强毒的侵袭而发病。

> 实操训练

实训一　家禽免疫接种

（一）实训目标

了解家禽生产中的常用疫苗，熟悉疫苗的保存和运送方法，用肉眼正确鉴别疫苗质量，掌握疫苗稀释方法、免疫接种方法与步骤。

（二）材料与用具

场地　雏鸡舍。

材料　雏鸡、新城疫弱毒冻干苗、油乳剂灭火苗、鸡痘苗、马立克 HIV 冻干苗、稀释液（或生理盐水）。

用具　连续注射器、玻璃注射器、针头、胶头滴管、刺种针、消毒盒（煮沸消毒锅）、脱脂乳粉、喷雾器、水桶、雏鸡、育成鸡。

（三）操作步骤

免疫接种是指用人工方法把疫苗或菌苗等引入禽体内，从而激发家禽产生对某种病原微生物的特异性抵抗力，防止发生传染病，使易感动物转化。为不易感动物的一种手段。有计划地对健康家禽进行免疫接种，是预防和控制家禽传染病发生的重要措施之一。特别是对禽流感、鸡新城疫等重点疾病的防治措施中，免疫接种起着关键性的作用：不同的免疫操作，免疫效果会参差不齐，血清学检测时抗体滴度相差 1～2 个滴度甚至更多，往往是免疫技术不规范所造成。

1. 疫苗的保存、运送和用前检查

（1）疫苗的保存　各种疫苗均应保存在低温、阴暗、干燥的场所。灭活苗及油乳剂灭活苗等应保存在 2～15℃，防止冻结。弱毒活苗应在 0℃ 以下冻结保存。

（2）疫苗的运送　要求包装完善，防止碰坏瓶子和散播活的弱毒病原体。运送途中避免日光直射和高温，防止反复冻融，并尽快送到保存地点或预防接种的场所。弱毒疫苗应使用冷藏箱或冷藏车运送，以免其效价降低或丧失。

（3）疫苗用前检查　各种疫苗在使用前，均需进行外观检查，观察疫苗瓶的完好程度、瓶内真空度、有无变质等现象。检查疫苗瓶签和疫苗使用说明书。登记疫苗名称、规格、有效期、批号、生产厂家。凡是过期、无真空度的；无瓶签、瓶签残缺不全或字迹模糊不清；瓶塞松动或瓶壁破裂；疫苗变色、有异物、异味、发霉、出现不应有的沉淀；灭活苗油水分离、未按规定方法保存和运输的均不可使用。经过检查，确实不能使用的疫苗，应立即废弃，不能与可用的疫苗混放在一起。废弃的弱毒疫苗应煮沸消毒或予以深埋。

2. 疫苗的稀释方法

按瓶签或使用说明书说明，用灭菌生理盐水或冷开水将弱毒冻干苗稀释开，疫苗稀释后应立即接种。

3. 免疫接种的方法

（1）点眼、滴鼻法　应先对点眼、滴鼻的滴管进行计量校正，以保证免疫剂量操作时一手握鸡，并用食指堵住下侧鼻孔，另一只手用滴管吸取疫苗滴入上侧鼻孔或眼睑内，待鸡将疫苗吸入后，方可放鸡。

（2）皮肤刺种法　展开级的翅膀内侧，暴露三角区皮肤，避开血管，用刺种针或蘸水笔尖蘸取疫苗刺入皮下。

（3）注射法　注射法分肌肉注射和颈背部皮下注射。

颈背部皮下注射时，用食指和拇指将颈背侧皮肤捏起，由两指间进针，针头方向后下方，于颈椎基本平行，雏鸡插入深度为 0.5~1cm，成鸡为 1cm。

肌肉注射可选择胸肌发达部位和外侧腿肌注射，胸肌注射时应斜向前入针，防止刺入胸、腹腔引起死亡。

（4）饮水免疫法　饮水免疫时，应按鸡只数量和饮水量准确计算需用的疫苗剂量和稀释疫苗的用水量，疫苗用量一般加倍，用水量掌握在 2h 内能饮完，一般 20~30 日龄 15~20mL，成鸡 30~40mL；免疫前饮水器要清洗干净，无消毒剂残留，数量要充足，保证 2/3 以上的鸡能同时饮到水；免疫前应停水 2~4h（视气温情况）；应当用冷的洁净清水稀释疫苗，最好加入 0.15% 脱脂乳粉作保护剂；疫苗一经开瓶稀释，应迅速饮喂；免疫前后 24h 内不得饮用高锰酸钾水或其他含有消毒剂的饮水。

（5）气雾免疫法　适合于 60 日龄以上的鸡。疫苗用量一般加倍或增加 1/3 的剂量。每 1000 羽份疫苗加蒸馏水或去离子水 250mL 稀释（最好加入 0.15% 的脱脂乳粉），喷雾时气雾粒子直径以 30~50nm 为好，喷雾 5~10min。气雾免疫时关闭鸡舍门窗，关闭风机，停止舍内外气体交换；喷雾枪距离鸡头上方约 50cm，使鸡周围形成一个局部雾化区。疫苗喷完后，应停留 20~30min 方可开门窗通风换气。一般宜安排在早晨或夜间免疫，避免直射阳光而影响疫苗活性，操作人员应注意自身防护。

4. 免疫接种的组织及注意事项

免疫接种前要检查鸡群健康状况，对患病鸡和可疑感染鸡，暂不免疫接种，待康复后再根据实际情况决定补免时间。

接种疫苗后，应加强护理和观察，如发现严重反应甚至死亡，要及时查找原因，了解疫苗情况和使用方法。蛋禽或种禽开产后一般不宜再接种疫苗。注射器、针头、镊子等，经严格的消毒处理后备用。

注射时每只家禽应使用一个针头。稀释好的疫苗瓶上应固定一个消毒过的针头，上盖消毒棉球。疫苗应随配随用，并在规定的时间内用完。一般气温15～25℃，6h内用完；25℃以上，4h内用完；马立克病疫苗应在2h内用完，过期不可使用。针筒排气溢出的疫苗，应吸附于酒精棉球上，用过的酒精棉球和吸入注射器内未用完的疫苗应集中销毁。稀释后的空疫苗瓶深埋或消毒后废弃。

（四）技能考核

根据表6-4所列的内容，对学生实训情况进行考评。

表6-4　个人考核内容及标准表

序号	考核项目	评分标准		考核方法	考核得分	熟练程度
		得分依据	分值			
1	疫苗的保存、运送和用前检查	疫苗的保存、运送方法正确	5	单人操作考核		学生得分： ＞90分，熟练掌握； 70～90分，基本掌握； ＜70分，没有掌握。
		疫苗的外观质量检验正确	5			
2	接种用具的准备	注射器、针头、镊子等按要求严格消毒	5			
		操作人员必须准备工作服及胶鞋	5			
		根据实训要求准备相应的稀释液或生理盐水，并正确稀释疫苗	10			
3	免疫接种操作	皮下接种法：接种部位、针头选择、消毒、进针方法正确	10	单人操作考核		学生得分： ＞90分，熟练掌握； 70～90分，基本掌握； ＜70分，没有掌握。
		肌肉接种法：接种部位、针头选择、接种部位消毒、进针方法正确	10			
		饮水免疫法：疫苗剂量的计算、稀释疫苗及操作过程正确	10			
		皮肤刺种法：刺种部位、刺种针选择及操作方法正确	10			
		点眼与滴鼻：疫苗选择、点眼滴鼻工具的计量校正正确、操作方法正确	10			
		气雾免疫法：免疫时间正确、稀释疫苗正确、操作方法正确	10			
4	现场清理	针筒排气溢出的疫苗、未用完的疫苗及稀释后的空疫苗瓶的处理	5			
		免疫接种用过的所有用具的消毒处理	5			

实训二 禽舍消毒

（一）实训目标

掌握禽舍消毒方法，学会常用消毒液的配制。

（二）材料与用具

场地：禽舍。

材料：氢氧化钠、来苏儿、高锰酸钾、福尔马林等。

用具：喷雾消毒器或塑料喷壶，量筒，卷尺或直尺，报纸或包装纸，浆糊或胶水，天平或台秤，量杯、盆、桶、缸等用具，清扫及洗刷用具，橡胶长靴等。

（三）操作步骤

消毒就是通过一定的方法杀灭或清除外界环境中的病原微生物，以减少或防止传染病的发生。在家禽生产实践中，主要使用化学药物对所有可能污染病原微生物的物体、用具、禽舍环境，进行有计划、有目的的消毒。

1. 人员入场消毒

进入生产区更换工作服、换鞋，经紫外线照射、喷洒消毒液、洗手后，方可进入禽舍。禽场每周消毒1~2次。

2. 空禽舍喷洒消毒

（1）禽舍排空　将所有家禽全部清转，饲养用具移出舍外浸泡消毒。

（2）机械清扫　禽舍排空后，清除饮水器、饲槽的残留物。对风扇、通风口、天花板、横梁、吊架、墙壁等进行彻底清扫，最后清除垫料和禽粪。清除的粪便、垃圾集中处理。为了防止尘土飞扬，清扫前可先用清水或消毒液喷洒。

（3）冲洗　经清扫后，用高压水枪冲洗墙壁、地面，最好使用热水，并在水中加入清洁剂或表面活性剂。对较脏的地方可事先进行人工刮除，洗净时按照从上到下，从里到外的顺序进行，做到不留死角。

（4）禽舍检修维护　经彻底洗净后，对禽舍、用具进行检修维护。

（5）计算消毒面积。

（6）计算消毒液用量　消毒液的用量一般以$1000mL/m^2$计算。

（7）计算消毒剂用量　根据消毒液的浓度和消毒液用量即可计算出消毒剂用量。通常使用2%~4%的氢氧化钠作消毒剂。

（8）配制消毒液。

（9）实施消毒　消毒时先由远离门处开始，对天花板、墙壁、笼具、地面按顺序均匀喷洒，后至门口。消毒物体的表面要全部喷湿而不积水。喷洒完毕后，关闭门窗处理6~12h，再打开门窗通风，用清水洗刷笼具、饲槽和水槽等，将消毒药味除去。

3. 空禽舍熏蒸消毒

（1）密闭禽舍　禽舍经喷洒消毒后，关闭门窗、换气孔等，将与外界相通的地方用报纸糊好，不能漏气。

（2）计算消毒面积　测量鸡舍长、宽、高，计算消毒空间的体积。

（3）计算消毒剂的用量　根据禽舍空间，按福尔马林 $28mL/m^3$、高锰酸钾 $14g/m^3$、水 $14mL/m^3$ 的标准计算用量。

（4）实施消毒　将清洗干净的饲养设备等搬进禽舍，将禽舍内的管理用具、工作服等适当打开，开启箱子和柜橱的门。按禽舍空间大小放置一个或数个陶瓷容器（或金属容器），先将称好的高锰酸钾放入器皿中，然后沿容器壁倒入福尔马林溶液（加水稀释），此时，混合液自动沸腾，经几秒钟即见有浅蓝色刺激眼鼻的气体蒸发出来，人迅速离开禽舍，将门关闭。经过12~24h后，将门窗打开通风。操作时绝不能将高锰酸钾倒入福尔马林溶液中，以防药液沸腾时溢出烧伤人体。操作人员要避免福尔马林与皮肤接触。

为了提高消毒效果，通常在熏蒸消毒前使用表面活性剂类或酚类等消毒剂先进行一次喷洒消毒。

4. 带禽消毒

首先关闭门窗，使用高压喷雾器或背负式手摇喷雾器，将消毒药液均匀喷到墙壁、屋顶和地面，一般喷雾量以约 $15mL/m^3$ 计算。

喷雾时不要直接对着禽体喷，应高于禽体60cm左右，使喷雾颗粒落下，以禽体表微湿为宜。雾粒大小应为 $80~120\mu m$，不要小于 $50\mu m$。雾粒过大，易造成喷雾不均匀和禽舍太潮湿，且在空中下降速度太快，与空气中的病原微生物、尘埃接触不充分，起不到消毒空气的作用。雾粒太小，则易被家禽吸入肺泡，诱发呼吸道疾病。

消毒宜在傍晚或暗光下进行，且喷雾的动作要缓慢，防止惊吓禽群。消毒后要进行通风换气。

5. 消毒质量检查

（1）地面、墙壁和顶棚消毒效果的检查　用灭菌棉拭子蘸取灭菌生理盐水分别对禽舍地面、墙壁、顶棚进行未经任何处理前和消毒后2次采样，采样点为至少5块相等面积（3cm×3cm）。用高压灭菌过的棉棒蘸取含有中和剂的缓冲液，在采样点内轻轻滚动涂抹，然后将棉棒放在生理盐水管中。振荡后将洗液样品接种在普通琼脂培养基上,置 37℃ 恒温箱培养 18~24h 后进行菌落计数。

(2) 空气消毒效果检查　将制备好的普通琼脂平板于空气消毒前和消毒后分别放在室内的四角和中央,相当于鸡呼吸道的高度,暴露采样 15min,然后置于温箱中培养,观察结果。对消毒前后各 5 个平板分别求出平板菌落的均数,然后计算出杀灭率。

(四)技能考核

根据表 6-5 所列的内容,对学生实训情况进行考评。

表 6-5　禽舍消毒实训考评表

序号	考核项目	评分标准		考核方法	考核得分	熟练程度
		得分依据	分值			
1	人员消毒	紫外线照射、喷洒消毒液、洗手	5	单人操作考核		学生得分:>90 分,熟练掌握;70~90 分,基本掌握;<70 分,没有掌握
		更换工作服、换鞋	5			
2	消毒液的配制	选择适当的消毒药品	10			
		按规范操作进行配制	10			
3	禽舍内消毒	清扫彻底、认真	10	单人操作考核		学生得分:>90 分,熟练掌握;70~90 分,基本掌握;<70 分,没有掌握。
		冲洗和刮除认真、干净	10			
		禽舍空间容积计算准确,福尔马林和高锰酸钾计量准确	10			
		禽舍密封符合要求	10			
		整个操作过程安全、正确,态度认真、端正	10			
4	消毒质量检查	检查方法正确	10			
		检查结果正确	10			

项目思考

1. 禽场常用的消毒方法有哪些?常用的消毒药物有哪些?
2. 如何制定养禽场的免疫计划?
3. 为什么进行免疫后,家禽仍有可能发病?
4. 以肉种鸡场为例,制定一份防疫制度和免疫程序。

项目七　禽常见疾病防治技术

> **知识目标**

1. 熟练掌握禽病诊断、预防和控制的常用方法，重点掌握各种禽病的病原或病因、流行特点、症状、病理变化、诊断要点和防治措施等基本知识。

2. 了解当前禽病的最新流行动态和最新科学控制方法。重点学习和掌握新城疫、禽流感、传染性支气管炎、传染性法氏囊、禽大肠杆菌、禽球虫病、禽沙门杆菌病、禽痘等。

3. 重点学习肉鸡腹水综合征、禽痛风、脂肪肝出血综合征、磺胺药物中毒、一氧化碳中毒。

4. 兼顾学习鸭鹅等常见、危害严重的疫病，如鸭瘟、鸭传染性浆膜炎、鸭病毒性肝炎和小鹅瘟等。

> **技能目标**

1. 能对各种禽病进行初步的临床诊断，设计相应的防控方案，掌握鸡新城疫、鸡传染性法氏囊病、传染性支气管炎、禽大肠杆菌病的实验室诊断的操作和应用。

2. 能够熟练使用各种禽药，对常见的禽病进行治疗，预判治疗效果。禽病爆发后，能够具备应变处理能力。

3. 能够根据各个养禽场情况，设计禽病防控管理基本制度。

> 必备知识

一、禽常见病毒性疾病防治

（一）新城疫

鸡新城疫，又称亚洲鸡瘟或伪鸡瘟，民间俗称为"鸡瘟"，是由副黏病毒引起鸡的一种急性、高度接触性传染病，主要侵害鸡和火鸡，同时也可感染人。常呈急性败血症状经过，主要特征是呼吸困难、稀便、神经紊乱、黏膜和浆膜出血，感染率和致死率高，对养鸡业危害严重，而慢性或者非典型以轻微呼吸困难、采食下降、下痢和产蛋下降为特征。本病被国际兽医局定为A类烈性传染病。

新城疫于1926年首次爆发于印度尼西亚的爪哇和英国新城，我国首先报道新城疫见于1935年，世界各国均有流行记载。目前，该病已广泛在我国养鸡地区流行，由于广泛使用新城疫疫苗，在临床上，主要表现为慢性或者非典型性，以轻微呼吸困难、采食下降、下痢和产蛋下降为特征，为兽医工作者与养殖户诊断与防治该病带来了更大的困难。

1. 病原

（1）分类及形态 鸡新城疫病毒（NDV）属于副黏病毒科，副黏病毒属，禽副黏病毒-1型，核酸为单链RNA。成熟的病毒粒子呈球形，直径为120~300nm。囊膜表面有放射状排列的纤突，含有刺激宿主产生血凝抑制和病毒中和抗体的抗原成分。病毒表面具有血凝素（HA）和神经氨酸酶（NA）两种纤突。

（2）血清型及血凝性 我国各地分离病毒株，未发现不同血清型，但是，抗原性有一定差异。按照毒力的强弱，将不同新城疫病毒株分为低毒力株、中等毒力株、强毒力株。新城疫病毒血凝素能凝集人、鸡、豚鼠和小白鼠的红细胞。

（3）抵抗力 新城疫病毒对热的抵抗力较其他病毒强，一般在60℃经过30min，55℃经过45min即死亡。常用消毒药均对鸡新城疫病毒有杀灭作用，如2%烧碱溶液、5%漂白粉等在20min可将新城疫病毒杀死。青霉素、链霉素等抗生素对新城疫病毒没有任何作用。

2. 流行病学

（1）易感动物 新城疫病毒可以感染多种禽类，主要发生于鸡和火鸡。珍珠鸡、雉鸡及野鸡也有易感性。鸽、鹌鹑、鹦鹉、麻雀、乌鸦、喜鹊、孔雀、天鹅以及人也可感染，另外还已知有200多种鸟可感染新城疫病毒。而水禽对本病有抵抗力。不同年龄、品种和性别的鸡均能感染，但幼雏的发病率和死亡率明显高于大龄鸡。

（2）传染源　主要传染源是病鸡以及带毒鸡，带毒的鸽、麻雀的传播对本病都具有重要的流行病学意义。受感染的鸡在出现症状前24h就能通过口鼻分泌物、粪便、蛋等排出病毒，而痊愈鸡带毒排毒的情况则不一致，多数在症状消失后5~7d就停止排毒。

（3）传播途径　被病毒污染的饲料、饮水和尘土经消化道、呼吸道传染给易感鸡是主要的传播方式。眼结膜、皮肤伤口、交配、带毒鸡蛋等也可传播本病。

（4）流行特点　本病一年四季均可发生，而以冬春寒冷季节较易流行。

3. 临床症状

本病的潜伏期为2~15d，平均5~6d。

（1）典型新城疫　鸡群突然发病，常未表现特征症状而迅速死亡。发病率和死亡率可达90%以上。高热，43~44℃，随后出现甩头，张口呼吸，气管内水泡音，结膜炎，精神委顿，嗜睡，嗉囊内积有液体和气体，口腔内有黏液，倒提病鸡可见从口中流出酸臭液体。病鸡拉稀，粪便呈黄绿色。体温升高，食欲废绝，鸡冠和肉髯发紫。后期可见震颤、转圈、眼和翅膀麻痹，头颈扭转，仰头呈观星状以及跛行等神经症状。面部肿胀也是本型的一个特征。产蛋鸡迅速减蛋，软壳蛋数量增多，很快绝产。

（2）非典型新城疫　多发生于有一定抗体水平的免疫鸡群。病情比较缓和，发病率和死亡率都不高。临床表现以呼吸道症状为主，病鸡张口呼吸，有"呼噜"声，咳嗽，口流黏液，排黄绿色稀粪，继而出现歪头，扭脖或呈仰面观星状等神经症状。成鸡产蛋量突然下降5%~12%，严重者可达50%以上，并出现畸形蛋、软壳蛋和糙皮蛋。

4. 病理变化

（1）典型新城疫　嗉囊壁水肿，嗉囊内充满酸臭液体以及气体。气管、喉头、心包、肠和肠系膜充血或出血。腺胃黏膜水肿，其乳头或其乳头间有明显的出血点，或者溃疡和坏死，为特征性病变。直肠和泄殖腔粘膜出血。产蛋母鸡的卵泡和输卵管显著充血、出血，卵泡破裂性腹膜炎等。消化道淋巴滤泡的肿大、出血和溃疡是新城疫的一个突出特征。盲肠扁桃体，枣核样隆起黏膜表面、出血（而不是充血）和坏死。

（2）非典型新城疫　可见气管轻度充血，有少量黏液。鼻腔有卡他性渗出物。气囊混浊。少见腺胃乳头出血等典型病变。一般不出现腺胃乳头出血，但可见腺胃胃壁水肿，挤压时，从乳头孔流出多量乳糜样胃液。另外在回肠壁可见黏膜面有枣核样突起，直肠和泄殖腔黏膜水肿和出血。

5. 诊断

(1) 临床综合诊断　不同年龄、品种的鸡均可发病，一年四季均可发病。当鸡群突然采食量下降，出现呼吸道症状和拉绿色稀粪，成年鸡产蛋量明显下降，应首先考虑到新城疫的可能性。嗉囊积液、倒提病死鸡则口腔流出酸臭液体、腺胃乳头出血、淋巴滤泡出血、肠道黏膜枣核出血、盲肠扁桃体出血等特征病变，可初步诊断为新城疫。

(2) 鉴别诊断

①与禽霍乱的区别：禽霍乱可侵害各种家禽，比如鸡、鸭、鹅均易感，常呈急性败血性经过，病程短，死亡率高，慢性关节肿大，无神经症状。剖解可见肝肿大，表面针尖大小、灰白色坏死灶。肝脏触片瑞氏染色可见两极浓染的巴氏杆菌。新城疫不引起鸭发病，常常出现神经症状，剖解肝脏不见灰白色坏死灶，腺胃乳头出血，肝触片无细菌。

②与传染性支气管炎的区别：传染性支气管炎发病急，传播快，呼吸道症状明显，产蛋下降与畸形蛋增多，呼吸道出血明显，而无消化道的出血，也无神经症状表现，死亡率比新城疫低。

③与禽流感（真性鸡瘟）的区别：禽流感与新城疫较难区别。禽流感，嗉囊内无大量的积液，一般无神经症状，脚趾鳞片出血，头部、颈部皮下水肿，切开皮下可见胶冻样物质，剖解心肌有条纹状坏死，胰腺出血、坏死，黏膜、浆膜和脂肪出血比新城疫更广泛。

(3) 实验室诊断　病毒分离和鉴定、病毒中和试验、酶联免疫吸附（ELISA）试验、免疫荧光、琼脂双扩散试验、血凝与血凝抑制试验等。但迄今为止，血凝抑制试验（HI）仍不失为一种快速准确的传统实验室手段。

6. 防治要点

(1) 预防措施

①管理措施：加强饲养管理和兽医卫生，注意饲料营养，减少应激，提高鸡群的整体健康水平；特别要强调全进全出和封闭式饲养制，提倡育雏、育成、成年鸡分场饲养方式，严格防疫消毒制度，杜绝强毒污染和入侵。

②免疫接种：新城疫疫苗，有两大类，一类为弱毒疫苗，如Ⅰ系疫苗（肌注或刺种，免疫，适用于2月零以上的鸡），Ⅱ系弱毒疫苗（点眼或者滴鼻免疫），Ⅲ系弱毒疫苗（点眼或者滴鼻免疫），Ⅳ系弱毒疫苗（饮水免疫）；一类为灭活疫苗（死毒苗），如氢氧化铝灭活苗或者油乳剂灭活苗。建立科学的适合于本场实际的免疫程序，严格执行。坚持定期的免疫监测，随时调整免疫计划，使鸡群始终保持有效的抗体水平。

(2) 扑灭措施　鸡场一旦发病，应立即隔离和淘汰早期病鸡，全群紧急接种3倍剂量的Lasota（Ⅳ系）活毒疫苗，必要时也可考虑注射Ⅰ系活毒疫苗。

对发病鸡群投服多维和适当抗生素,可增加抵抗力,控制细菌感染,或者使用高免疫血清或卵黄抗体治疗,有一定效果。使用5%~10%漂白粉或者2%烧碱对鸡舍、运动场、用具、粪便、垃圾等,进行紧急消毒。应做好对病鸡和死鸡的无害处理,最好就地化制或高温处理。被污染的羽毛、垫草、粪便应深埋或烧毁。

（二）禽流感

禽流行性感冒,简称为禽流感,是由A型流感病毒引起的禽类（家禽和野禽）的一种急性、高度接触性的传染病,其临床特征依据流感病毒的致病性强弱而定,主要表现为急性临床症状、亚临床症状和带毒的无临床症状。一般表现为高热、呼吸困难、流鼻、产蛋下降和下痢等。高致病性的禽流感,造成大批的禽类急性死亡,危害十分严重,传播速度快等,某些血清型可由禽类传播而感染人。

1. 病原

（1）分类及形态　流感病毒属于正黏病毒科流感病毒属,将流感病毒分为A、B和C三个血清型,A型流感病毒感染多种动物,包括人、禽、猪、马等,B型和C型流感病毒主要感染人。A型流感病毒粒子,呈多形型,直径20~120nm,也有呈丝状者,核衣壳外为囊膜,囊膜上有两种纤突,分别称为血凝素（HA）和神经氨酸酶（NA）。

（2）血清型及血凝性　A型流感病毒的HA和NA容易变异,HA抗原有16个亚型,即H1~H16和N抗原有10亚型,即为N1~10。组合为H1N1、H1N2、H1N3、H5N2、H7N2等。流感病毒具有凝集多种动物红细胞的作用。

（3）抵抗力　流感病毒对干燥和低温的抵抗力强,在-70℃稳定,冻干可保存数年。60℃ 20min可使病毒灭活。一般消毒剂对病毒均有作用,对碘蒸气和碘溶液特别敏感。

2. 流行病学

（1）易感动物　多种家禽、野禽对禽流感病毒易感,人也可以感染。家禽中火鸡、鸡和鸭在自然条件下均能感染。

（2）传染源　病禽是主要的传染源,康复禽和隐性感染者,在一定时间内也可带毒排毒。野生水禽是自然界A型流感病毒的主要带毒者,观赏鸟类也有携带病毒和传播病毒的作用。

（3）传播途径　一般只能水平传播,传播途径主要是呼吸道,通过咳嗽、打喷嚏等,经飞沫感染其他动物。除空气飞沫外,还可能与接触了被病毒污染的物体有关。

（4）流行特点　本病常突然发病、传播迅速,易造成大流行性。一年四季均可发生，但以晚秋和冬春寒冷季节多见。

3. 临床症状

禽流感的临床症状可从无症状的隐性感染到100%的死亡率。

(1) 高致病力禽流感　多为急性经过，病鸡头部肿胀，冠和肉髯发黑，眼分泌物增多，眼结膜潮红、水肿，体温升高；下痢，粪便黄绿色并带多量的黏液或血液；呼吸困难，呼吸啰音，张口呼吸，歪头；产蛋率急剧下降或几乎完全停止，蛋壳变薄、褪色、无壳蛋、畸形蛋增多，受精率和受精蛋的孵化率明显下降，恢复产蛋量时间不等；鸡脚鳞片下呈紫红色或紫黑色。在发病后的5~7d内死亡率几乎达到100%；有的病鸡出现神经症状，包括转圈、前冲、后退、颈部扭歪或后仰望天等。鹅和鸭感染高致病力禽流感病毒后，临床症状与病鸡相似，死亡率不等，成年鹅、鸭一般死亡率不高，幼龄鹅、鸭死亡率比较高。野禽，常不产生显著临诊症状。

(2) 温和型禽流感　从无症状直至出现轻微呼吸道症状，产蛋量明显下降，产蛋品质下降，如蛋壳变薄、褪色、无壳蛋、畸形蛋增多，病死率低，一般为0~15%。控制继发感染，可降低死亡率。

4. 病理变化

(1) 高致病力禽流感　病鸡头部、颈、颜面、脚部肿胀，皮下胶样浸润；肉冠和肉髯坏死、出血和发绀；胰腺、脾脏和心肌常见坏死灶；心外膜、腺胃乳头、腺胃与肌胃交界处、腺胃与食道交界处、肌胃角质膜下、十二指肠黏膜出血；喉气管黏膜充血、出血，以上病变均为敏感鸡感染高致病力禽流感病毒后比较恒定的病变；肺充血或出血，有局灶性到弥漫性肺炎并伴有水肿；输卵管黏膜、卵巢充血、出血，卵泡变形，卵黄变稀且易破裂，引起卵黄性腹膜炎。肾肿大，尿酸盐沉积。气囊增厚并有纤维素性或干酪样渗出物，腹膜和输卵管表面有黄色渗出物，并常见纤维素性心包。

(2) 温和型禽流感　喉气管充血、出血，在气管叉处有黄色干酪样物阻塞，气囊膜混浊，典型的纤维素性腹膜炎；输卵管黏膜充血、水肿，卵泡充血、出血、变形，肠黏膜充血或轻度出血；胰腺有斑状灰黄色坏死点。

5. 诊断

(1) 临床综合诊断　体温升高，流鼻，冬季多发，易大流行，发病率高，死亡率不等，如高致病力毒株大批死亡，头肿大，咳嗽，呼吸困难，脚鳞片出血，心肌坏死，胰腺黄白色坏死点，腺胃乳头出血等，即可初步诊断为禽流感。

(2) 实验室诊断　病毒分离鉴定、血凝与血凝抑制试验、ELISA 和 PCR 方法。

(3) 鉴别诊断　本病容易与新城疫、传染性支气管炎相混淆。

①与新城疫的区别：新城疫，在家禽中，主要感染鸡，而禽流感感染多种家禽；新城疫感染后，不肿头，脚趾鳞片不出血，传播速度没有禽流感快等，而禽流感感染后，嗉囊不积液。

②与传染性支气管炎的区别：传染性支气管炎，自然条件仅感染鸡，一般无消化道的病变、神经症状等，死亡率一般较低。

6. 防治

（1）预防措施　加强饲养管理，搞好圈舍卫生，定期消毒，杜绝野鸟进入舍内，禁止各种家禽混养；全进全出的养殖，各种年龄的家禽分开饲养。定期对圈养家禽接种高致病力的血清型的疫苗，如 H5N1 油乳剂疫灭活苗，特别要求冬季来临或者开产前补免一次。

（2）扑灭措施　高致病力禽流感，采取扑杀措施，划定区域，严格封锁，紧急消毒，周围受威胁的地区，紧急接种。病死或扑杀的禽类，无害化处理。温和型禽流感，控制继发感染，对症治疗，降低死亡率。

（三）马立克病

马立克病（MD）是由马立克病毒引起鸡的一种淋巴组织增生性肿瘤传染病，以病鸡的外周神经、性腺、各脏器、虹膜、肌肉和皮肤等多个组织器官的淋巴细胞浸润，形成淋巴性肿瘤为特征，是鸡群中一种最常见的疾病。本病主要发生在于规模化养鸡场，特别是肉用仔鸡场，造成病鸡的死亡、消瘦、淘汰、消耗饲料以及屠宰中的残废品，无特效药物治疗，对养鸡业的危害很大。本病被国际兽疫局定为 B 类传染病，我国也将其列入二类动物疫病。

1. 病原

（1）分类及培养　马立克病毒（MDV）是一种细胞结合性病毒，属于疱疹病毒科丙亚科中的成员，马立克病毒基因组为线状双股 DNA，可在鸭胚成纤维细胞（DEF）和鸡肾细胞（CK）上繁殖，并产生蚀斑。

（2）病毒分布　马立克病毒，不仅可以存在于内部组织器官细胞中，而且也可以存在于羽毛囊上皮细胞中，为本病传播起着重要作用。

（3）血清型　马立克病毒可分为3个血清型，血清Ⅰ型病毒为致肿瘤性病毒株，血清Ⅱ型病毒为非致肿瘤性病毒株，血清Ⅲ型病毒为火鸡疱疹病毒（HVT）。

（4）抵抗力　病毒对化学和物理因素作用的抵抗力均不强，如在56℃、30min，或在60℃、10min 即死亡。5% 福尔马林或熏蒸的甲醛蒸气、2% NaOH、3%来苏儿、0.2%过氧乙酸等常用消毒剂可在10min 内杀灭病毒。

2. 流行病学

（1）易感动物　鸡是马立克病毒最重要宿主，其次是火鸡、鹌鹑、野鸡、珍珠鸡也能自然感染。除鹌鹑外其他动物自然感染没有实际意义。致病力强的毒株可对火鸡造成严重损害。其他动物不易感染。不同品种、年龄、性别的鸡均能感染马立克病。马立克病毒对一周龄内雏鸡最易感，其后随着日龄的增长，发病率与死亡率都降低。鸡场一旦感染病毒，难以清除。

（2）传染源　主要传染源是病鸡和带有病毒的鸡，感染鸡的羽毛囊上皮细胞中增殖的病毒具有很强的传染性。这些完全病毒随羽毛、皮屑脱落而散布到周围环境中，是自然条件下最重要的传染源。

（3）传播途径　病毒通过直接或间接接触经呼吸道传播。在羽囊上皮细胞中复制的病毒，随羽毛、皮屑排出，使鸡舍内的灰尘成年累月保持传染性。很多外表健康的鸡可长期持续带毒排毒，不发生垂直传播。一般发病率为5%～60%，死亡率5%～80%。

3. 临床症状

本病为一种慢性肿瘤性疾病，潜伏期长。根据病变发生的部位和临床症状，本病可以分为四种类型，即神经型（古典型）、内脏型（急性型）、皮肤型和眼型。有时混合发生。

（1）神经型　主要侵害外周神经。当坐骨神经丛或坐骨神经受害，表现运动失调和步态异常，富有特征性的姿势是病鸡的一只脚伸向前方，另一只伸向后方，似"劈叉"姿势。当臂神经丛或翅神经发生病变时的特征是翅膀下垂，俗称"穿大褂"。当支配颈部肌肉的神经受到损害，病鸡即发生头下垂和可能出现头颈歪斜。颈部迷走神经经受侵害时，可引起嗉囊发生麻痹或扩张，俗称"大嗉子"以及无声的张口呼吸。

（2）内脏型　该型多呈急性爆发，大批鸡精神委顿，食欲不振，羽毛散乱，行走缓慢，常缩颈呆立于墙角为特征。几天后部分病鸡出现共济失调、脸色苍白及下痢，随后出现单侧或双侧肢体麻痹。部分病鸡死亡而无特征临诊症状。很多病鸡表现脱水、消瘦和昏迷。这种病例常见于50～70日龄的鸡，对肉鸡威胁严重。

（3）皮肤型　较少见。在颈部、翅膀、大腿外侧体表毛囊腔形成灰黄色结节及小的肿瘤物，皮肤变厚。多在宰后的退毛鸡身上才发现。

（4）眼型　很少见到。一侧或两侧眼睛失明，瞳孔边缘不整齐，虹膜色素消退，呈同心的环状或斑点状，以至弥漫性的清蓝色或淡灰色的浑浊，俗称"珍珠眼"或"白眼病"。

4. 病理变化

（1）神经型　最常见病变是周围神经，病变的神经肿大，比正常增粗2～3倍，甚至更多，表面光亮，失去原有的银白色条纹外观，而呈灰白或黄白色，有的呈水肿样，有的可见到明显结节状，神经变成粗细不匀。病变的神经大多数是一侧性的，与对侧神经对比时，有助于诊断。

（2）内脏型　肿瘤可出现在各个器官，如肝、肾、心、肺、卵巢、睾丸、腺胃等器官，可见到大小不等的单个或多个灰白色肿瘤，常突出于脏器表面，也有肿瘤组织浸润在实质中，切面平整，呈油脂状。

（3）皮肤型　皮肤的病变多发生在毛囊部，呈孤立或融合的白色隆起结节，严重时似疥癣样，表面为淡褐色结痂，不形成肿瘤，这不同于淋巴细胞性白血病。

（4）眼型　主要见有虹膜内有大量淋巴细胞浸润。

5. 诊断

（1）临床综合诊断　神经型马立克病，可根据病鸡显现的特征性的劈叉、麻痹症状和病理变化即可确定诊断。内脏型马立克病与淋巴细胞性白血病进行鉴别，因两者病理变化相似，仅根据内脏的病变还不能区别是马立克病和淋巴细胞性白血病。

（2）鉴别诊断　与淋巴细胞性白血病区别，当外周围神经确认有病变者，或者皮肤、肌肉确认有病变者，或者眼球的虹膜褪色，瞳孔不整齐，或者在120日龄以内发病且仅在内脏器官上有病变，虽未见有周围神经病变，均可以可能为马立克病。而150日龄开始发病，且不见有上述神经或皮肤、肌肉病变，仅有内脏病变者，虽不能区别为马立克病或是淋巴细胞性白血病，但当法氏囊肿大，肝、肾、脾等器官有肿瘤病变时，则为淋巴细胞性白血病。

（3）实验室诊断　病毒分离鉴定、荧光抗体法、羽囊琼脂扩散沉淀试验方法。

6. 防治

目前尚无特效的治疗药物，主要是加强预防。

（1）预防措施　坚持自繁自养，防止从病鸡场引进鸡只，或只购进种蛋，自行孵化。饲养密度不要过大。幼鸡对马立克病最易感，必须与其他日龄的鸡分开饲养，严密隔离。注意环境卫生，定期消毒鸡舍和运动场等。选用合适的疫苗，对易感雏鸡进行免疫接种，是预防马立克病的主要措施。

（2）扑灭措施　对病鸡必须检出、淘汰，特别是种鸡场，发现病鸡，立即隔离或淘汰，以消除传染来源。严重感染的种鸡群或商品鸡群，除淘汰更新外，养鸡的环境及饲养全过程，均应严格消毒。

（四）鸡传染性法氏囊病

鸡传染性法氏囊病是由传染性法氏囊病毒引起幼龄鸡的一种急性、高度接触性、免疫抑制性传染病。发病急，病程短，其特征是法氏囊肿大、出血，肾脏肿大，尿酸盐沉积，胸肌、胸肌出血。该病的危害一方面是鸡只死亡、淘汰率增加、影响增重等直接经济损失，另外一个方面是导致免疫抑制，尤其是幼鸡感染后，导致免疫抑制，可诱发多种疫病或使多种疫苗免疫失败。该病被国际兽疫局定为 B 类传染病，我国也将其列入二类动物疫病。

1. 病原

（1）分类及形态　传染性法氏囊病病毒（IBDV），属于双股双节 RNA 病毒科，禽双股双节 RNA 病毒属。病毒是单层衣壳，无囊膜。病毒无红细胞凝集特性。

（2）血清型　法氏囊病毒有 2 个血清型，Ⅰ 型法氏囊病毒对鸡有致病力，Ⅱ 型病毒对鸡没有致病力。近年研究表明，Ⅰ 型病毒存在变异株和超强毒株（vvIBDV），能突破传统疫苗的保护。血清 Ⅰ 型毒株中可分为 6 个亚型（包括变异株）。这些亚型毒株在抗原性上存在明显的差别，亚型间的相关性在 10% ~ 70%，这种毒株之间抗原性差异可能是免疫失败的原因之一。

（3）抵抗力　病毒在外界环境极为稳定，能够在鸡舍内长期存在。病毒特别耐热，56℃、3h 病毒效价不受影响，60℃、90min 病毒不被灭活，70℃、30min 可灭活病毒。

2. 流行病学

（1）易感动物　自然感染发生于鸡，不同品种的鸡都能感染，主要发生于 2 ~ 15 周龄，而 3 ~ 6 周龄最易感染，3 周龄以下雏鸡感染后不表现临诊症状，但引起免疫抑制。最近研究表明，麻雀、鸭、鹅均可自然感染法氏囊病毒，成为病毒的携带者。成年鸡一般呈隐性经过。

（2）传染源　病鸡是主要传染源。病毒可持续存在于鸡舍中，污染环境中的病毒可存活 122d。

（3）传播途径　病鸡粪便中的大量病毒，污染饲料、饮水、垫料、用具、人员等，通过直接接触和间接接触经消化道或呼吸道、眼结膜等感染。小粉甲虫蚴是本病传播媒介。

（4）流行特点　发病急，传播迅速，病程短，尖峰式死亡，常在感染后第 3 天开始死亡，5 ~ 7d 达到高峰，以后很快停息，表现为高峰死亡和迅速康复的曲线。

（5）死亡率和季节性　死亡率差异很大，严重发病群死亡率可达 60% 以上。据许多国家报道发现有传染性法氏囊病超强毒株存在，死亡率可高达 70%。本病常与大肠杆菌病、新城疫、鸡支原体病混合感染，死亡率也可提高。具有明显的季节性，北方每年 6 ~ 9 月份，南方 4 ~ 10 月份多发。

3. 临床症状

（1）典型法氏囊病　潜伏期一般为 2 ~ 3d，易感鸡群感染后突然发病，病程一般在 1 周左右，典型发病鸡群的死亡曲线呈尖峰式。病初可见个别鸡突然发病，精神不振，1~2d内可波及全群，精神沉郁，食欲下降，羽毛蓬松，闭目打盹，腹泻，排出白色稀粪或蛋清样稀粪，内含有细石灰渣样物，即为白色尿酸盐，肛门周围羽毛污染严重；畏寒、挤堆，严重者垂头、伏地，严重脱水，极度虚弱，对外界刺激反应迟钝或消失，后期体温下降。病鸡啄自己的肛门。

（2）非典型法氏囊病　近几年来，发现由传染性法氏囊病病毒亚型毒株或变异株感染的鸡，表现为亚临诊症状，炎症反应弱，法氏囊萎缩，死亡率较低，但由于产生免疫抑制严重，而危害性更大。

4. 病理变化

病死鸡严重脱水。法氏囊的变化最为明显，初期法氏囊水肿，外观可见出血或有淡黄色的胶冻样渗出液，后期法氏囊开始萎缩，黏膜表面有点状出血或弥漫出血，严重者法氏囊内有干酪样渗出物。胸肌和腿肌常见刷状或线状出血。肾脏肿大，并有尿酸盐沉积，呈花斑肾。变异毒株只引起法氏囊迅速萎缩，超强毒株引起法氏囊严重出血、淤血，呈"紫葡萄样"外观。肌胃和腺胃交界处常见出血点或出血斑。

5. 诊断

（1）临床综合诊断　3~6周龄最易感，典型传染性法氏囊病，出现尖峰死亡曲线，排出白色稀粪，内含大量尿酸盐，脱水，啄肛，衰竭而死亡，法氏囊水肿、出血、紫葡萄外观，花斑肾，胸肌和腿肌出血，可初步诊断为传染性法氏囊病。

（2）实验室诊断　确诊需实验室诊断，如病毒分离、鉴定，琼脂扩散试验等，易感鸡感染试验等。

（3）鉴别诊断

①与硒和维生素E缺乏症都出现肌肉出血，但缺硒和缺维生素E时无法氏囊病变，饲料中补充硒和维生素E后，病症逐渐减轻或消失。

②与鸡新城疫都有可能出现腺胃乳头及其他器官出血，但鸡新城疫病程长，有呼吸道和神经症状，无法氏囊特征性病理变化。

③鸡传染性贫血多发生于1~3周龄的雏鸡，病鸡骨髓黄染，翅膀或腹部皮下出血（又称蓝翅病），胸腺、法氏囊萎缩。

④住白细胞原虫病的鸡表现鸡冠苍白、精神沉郁、内脏器官和肾脏出血以及胸肌、心肌等部位有小白色结节或血肿，结肠上有小的囊肿。

6. 防治

（1）预防措施　实行"全进全出"的饲养制度，科学处理病死鸡、鸡粪等排泄物。加强日常消毒，必须贯穿种蛋、孵化、育雏的全过程，一般选用次氯酸钠、福尔马林和含碘制剂效果较好。制定免疫程序时，应该充分考虑母源抗体的干扰问题，种鸡开产前和产蛋期注射过灭活疫苗的，其后代母源抗体一般比较高，雏鸡应在 14~18 日龄首免；种鸡没有注射灭活疫苗的，其后代母源抗体一般比较低或没有，雏鸡应在 1~5 日龄首免。

（2）发病处理措施　鸡群发病后，立即清除病、死鸡，紧急消毒，受威胁鸡群紧急接种。发病鸡可采用高免卵黄抗体注射或者高免血清治疗，同时配合抗生素控制继发感染。适当降低饲料中的蛋白质含量，供应充足的饮水，饮水中加 5% 的糖或 0.1% 的盐或口服补盐液，以减轻肾脏的负担。

（五）鸡传染性支气管炎

鸡传染性支气管炎（IB）是由鸡传染性支气管炎病毒引起鸡的一种急性、高度接触传染性的呼吸道和泌尿生殖道疾病。其特征是咳嗽、喷嚏、呼吸困难和气管啰音。该病侵害肾脏，引起肾脏肿大、尿酸盐沉积，死亡率增加。该病具有高度传染性，雏鸡感染后常由于呼吸道或肾脏病变而引起死亡，成年鸡产蛋减少和质量变劣，感染鸡生长受阻，饲料报酬降低，死淘率增加，给养鸡业造成巨大经济损失。

本病 1930 年首先在美国发现，目前呈世界性分布。我国大部分地区有本病蔓延。该病被国际兽疫局定为 B 类传染病，我国也将其列入二类动物疫病。

1. 病原

（1）分类及形态　鸡传染性支气管炎病毒（IBV）属于冠状病毒科冠状病毒属中的代表种，多数呈圆形，直径 80~120nm，有囊膜，其上有花瓣状纤突。基因组为单股正链 RNA。

（2）血清型　据报道有 14 个血清型，主要表现为呼吸道症状和肾炎症状。各个血清型之间没有或仅仅有部分交叉保护力，这就要求生产中传支的免疫要全面。

（3）抵抗力　该病毒不能抵抗一般的消毒剂，耐低温而不耐高温。在 0.01% 高锰酸钾溶液 3min 内死亡。多数病毒株在 56℃、15min 灭活，-20℃ 能保存 7 年之久。

2. 流行病学

（1）易感动物　本病仅发生于鸡，各种年龄、品种的鸡都可发病。但雏鸡最为严重，其他家禽均不感染。有母源抗体的雏鸡有一定抵抗力。适应于鸡胚的毒株，脑内接种乳鼠，可引起乳鼠死亡。

（2）传染源　患病鸡和康复带毒鸡，病鸡康复后可带毒 49d，在 35d 内具有传染性。

（3）传播途径　本病的主要传播方式是病鸡从呼吸道排出病毒，经空气飞沫传染给易感鸡。此外，通过带病毒的工具、饲料、蛋、饮水或人员，也可经消化道传染。

(4) 流行特点　本病无季节性，传播迅速，潜伏期短，感染率高，几乎在同一时间内易感鸡均发病。过热、严寒、拥挤、通风不良、疫苗接种不当、天气突变，或者发生慢呼或大肠杆菌病等均可促进本病的发生。

3. 临床症状

(1) 呼吸道型　病鸡全身衰弱，精神不振，食欲减少。咳嗽，喷嚏，张口呼吸，气管有啰音，呼吸时发出"咕噜、咕噜"的特殊叫声，夜间听的更加清楚。鼻窦肿胀，流黏性鼻汁，甩头，眼泪。产蛋鸡呼吸道症状较温和，产蛋量下降，产软壳蛋、畸形蛋、破蛋等现象，蛋白稀薄呈水样，蛋黄和蛋白易分离。

(2) 肾型　多发生于雏鸡，初期可有短期呼吸道症状，但随即消失，羽毛蓬乱、减食、渴欲增加、拉白色稀粪、严重脱水等，发病率高。该病病程一般为1~2周，雏鸡的死亡率可达25%，成年鸡死亡较少，如果并发其他病时死亡会增加。

4. 病理变化

(1) 呼吸道型　气管，支气管，鼻腔和窦内有浆液性，卡他性和干酪样渗出物。鼻腔、喉头和气管黏膜肿胀、充血或者出血。气囊混浊或含有干酪样渗出物。有的雏鸡输卵管发育异常。产蛋母鸡卵泡充血、出血、变形，卵黄性腹膜炎，有时可见输卵管退化。

(2) 肾型　肾脏肿大，苍白，肾小管和输尿管常充满尿酸盐结晶而形成"花斑肾"。产蛋鸡的卵泡充血，出血，变形。在严重病例，白色尿酸盐沉积可见于其他组织器官表面。

5. 诊断

(1) 临床综合诊断　本病发病急，传播快，感染率高，雏鸡表现为咳嗽、打喷嚏、啰音、甩头、呼吸困难等，肾型传支，下痢，粪便中含尿酸盐，死亡率增加，产蛋鸡产蛋下降、产畸形蛋、软壳蛋、破壳蛋增多。气管、支气管黏膜出血。鼻腔和鼻窦内有黏液。可作出初步诊断，但并发症和混合感染越来越多，给诊断带来困难。

(2) 实验室诊断　病毒分离鉴定、中和试验、琼脂扩散试验和酶联免疫试验等。

(3) 鉴别诊断

①传染性鼻炎，面部肿胀、眼分泌物增多，小鸡较少发生，鼻分泌物抹片可见两极杆菌，抗菌药有效。

②传染性喉气管炎，小鸡较少发生，呼吸极度困难，咳血，气管黏膜上形成干酪样假膜等。

③鸡慢性呼吸道病，传播速度慢，病程长，主要危害雏鸡，抗菌药有

疗效。

④禽曲霉菌病，1～2日龄雏鸡发病，再大一些少发或者散，多发生于温暖潮湿季节，肺、气囊有粟粒大小灰白色或黄色结节。

6. 防治

（1）预防措施　严格执行卫生防疫措施。鸡舍要注意通风换气，防止过挤，注意保温，加强饲养管理，补充维生素和矿物质，增强鸡体抗病力。常用M_{41}型的弱毒苗如H_{120}、H_{52}及其灭活油剂苗。5～7日龄雏鸡H_{120}疫苗滴鼻或加倍剂量饮水免疫；25～30日龄二免，2～3月龄时，需用H_{52}疫苗加强免疫。种鸡于120～140日龄用油苗作三免。

（2）发病后处理措施　无特效药物，使用中药降低呼吸道症状，强力霉素等控制继发感染，肾型传支减少蛋白质饲喂量，多饮水等，可降低危害，减少死亡率。

（六）鸡传染性喉气管炎

传染性喉气管炎（ILT）是由传染性喉气管炎病毒（ILTV）引起鸡的一种急性呼吸道传染病，其特征为呼吸困难、咳嗽、咳出含有血液的渗出物，喉部和气管黏膜肿胀、出血并形成糜烂、坏死和大面积出血。本病传播速度快，死亡率较高，引起产蛋下降，导致严重的经济损失，危害养鸡业的发展。本病1924年首次报道于美国，现已遍布世界养禽国家和地区，是当前严重威胁养鸡业的重要呼吸道传染病之一。本病被国际兽疫局定为B类传染病，我国也将其列入二类动物疫病。

1. 病原

（1）分类及形态　传染性喉气管炎病毒属于疱疹病毒科的喉气管炎病毒。传染性喉气管炎病毒属α-疱疹病毒型，病毒核酸为双股DNA。病毒颗粒呈球形，为二十面立体对称，成熟的病毒粒子直径为195～250nm，有囊膜，囊膜表面有纤突；未成熟的病毒颗粒直径约为100nm。

（2）血清型及毒力　传染性喉气管炎病毒只有一个血清型，不同毒株在致病性和抗原性差异很大，给本病的控制带来困难。

（3）抵抗力　本病毒对热抵抗力弱，55℃只能存活10～15min，37℃存活22～24h。对一般消毒剂都敏感，可选择3%来苏儿或者1%苛性碱溶液。

2. 流行病学

（1）易感动物　在自然条件下，各种年龄及品种的鸡均可感染，主要发生于育成鸡和成年产蛋鸡，但以成年鸡症状最为典型，褐羽褐壳蛋鸡种发病较为严重。

（2）传染源　病鸡、康复后的带毒鸡和无症状的带毒鸡是主要传染来源。

病毒存在于气管和上呼吸道分泌液中，通过咳出血液和黏液向外排毒。

（3）传播途径　经呼吸道传播，也可经消化道感染。由呼吸器官及鼻分泌物污染的垫草、饲料、饮水及用具可成为传播媒介。

（4）流行特点　本病一年四季均可发生，尤以秋季、冬季、春季多发。本病在鸡群发生，传播速度较快，短期内可波及全群。发病率可达90%～100%，死亡率一般在10%～20%。

3. 临床症状

（1）急性型（喉气管型）　病鸡表现为呼吸困难，呼吸困难的程度比鸡的任何呼吸道传染病病都严重。伸颈张口吸气，低头缩颈呼气，闭眼呈痛苦状。多数鸡表现精神不好，食欲下降或不吃，群体中不断发出咳嗽声。病鸡有的甩头、啰音，有的伴随着剧烈咳嗽咯出带血的黏液或血凝块，挂在丝网或咯到其他鸡身上明显可见。若分泌物不能咳出堵住时，病鸡可窒息死亡。检查口腔时，可见喉部黏膜上有淡黄色凝固物附着，不易擦去。产蛋鸡的产蛋量迅速减少（可达35%）或停止，康复后1～2个月才能恢复。

（2）温和型（眼结膜型）　毒力较弱的毒株引起发病时，流行比较缓和，发病率低，症状较轻，只是生长缓慢，产蛋减少，有时有结膜炎、眶下窦炎、鼻炎及气管炎，严重病例见眶下窦肿胀，病鸡多死于窒息，呈间歇性发生死亡。病程较长，长的可达1个月，死亡率一般较低（2%）。

4. 病理剖检

本病主要典型病变在气管和喉部组织，喉头、气管粘膜肿胀、充血、出血甚至坏死。发病初期喉头、气管可见带血的黏性分泌物或条状血凝块。中后期死亡鸡的喉头、气管黏膜附有黄白色黏液或黄色干酪样物，并在该处形成栓塞使鸡多窒息而死。严重时，炎症也可波及到支气管、肺和气囊等部，甚至上行至鼻腔和眶下窦。肺一般正常或有肺充血及小区域的炎症变化。内脏器官无特征性病变。后期死亡鸡，常见继发感染的相应病理变化。组织学变化可见黏膜下水肿，有细胞浸润。在病的早期可见核内包涵体。

5. 诊断

（1）临床综合诊断　本病主要发生于育成鸡和产蛋鸡，表现为呼吸困难，比任何鸡的呼吸道病更为严重，咳嗽、咳血、喘气、甩头等，在病初喉头、气管黏膜为肿大、充血、出血，在中后期喉头、气管黏膜附有黏液或者黄色干酪物，根据这些可作出初步诊断。

（2）实验室诊断　常用核内包函体检查、鸡胚接种作病毒分离及荧光抗体法确诊本病。

（3）鉴别诊断

①与传染性支气管炎的区别，传染性支气管炎，幼龄鸡更易感更严重，呼

吸困难没有传染性喉气管炎严重，一般无咳血，肾型传支还表现花斑肾、脱水、下痢、高死亡率等。

②与新城疫等病区别，新城疫可出现精神症状，内脏器官病变严重，特别消化道气管的病变严重。

6. 防治

（1）预防措施　严格坚持隔离、消毒等措施，封锁疫，执行全进全出的饲养制度，严防病鸡的引入等措施，避免将康复鸡或接种疫苗的鸡与易感鸡混群饲养尤其重要。从未发生过本病的鸡场可不接种疫苗，主要依靠加强饲养管理，提高鸡群健康水平和抗病能力。鸡场发病后可考虑将本病的疫苗接种纳入免疫程序。用鸡传染性喉气管炎弱毒苗给鸡群免疫，首免在 50 日龄左右，二免在首免后 6 周进行。

（2）发病后处理措施　本病无特效药物治疗。根据鸡群健康状况给予抗生素防止细菌性疾病的继发感染是必要的。或用中药制剂在病初给药可明显减缓呼吸道的炎症，达到缩短病程、减少死亡的目的。

（七）禽痘

禽痘是由各种痘病毒感染引起多种禽的一种急性、接触性传染病。该病的主要特征是在禽无毛或者是少毛的皮肤上出现疱疹，或在口腔、咽喉部黏膜形成纤维素性坏死性假膜，死亡率不高，严重者可高达 20% 以上，若并发其他的传染病可导致更高的死亡。每种家禽都有相应的痘病毒，通常不感染人和其他动物。本病的主要危害是增重缓慢，消瘦，产蛋鸡产蛋下降。

1. 病原

（1）分类及形态　本病病原为痘病毒科禽痘病毒属。该病毒为双链 DNA 病毒，有囊膜，病毒粒子呈砖型。病毒粒子大小为 $330nm \times 280nm \times 200nm$。

（2）血凝性　各种禽痘病毒之间在抗原性上极为相似，且都具有血细胞凝集性。

（3）抵抗力　病毒对干燥有明显的抵抗力，在干燥的痂块中能存活数月或者几年，但病毒很容易被氯化剂或对 SH—有作用的物质所破坏，有的对乙醚敏感。

2. 流行病学

（1）易感动物　本病主要发生于鸡和火鸡、鸽子、观赏鸟和野生禽类。家禽中以鸡的易感性最高，不分年龄、性别和品种都可感，其次是火鸡和野鸡，其他如鸭、鹅等家禽虽也能发生，但并不严重。鸡以雏鸡和中鸡最常发病，其中最易引起雏鸡大批死亡。哺乳动物不感染禽痘病毒。

（2）传染源　病禽和带毒禽是主要传染源，主要通过脱落和碎散的痘痂散播病毒。

（3）传播途径　本病主要通过皮肤或黏膜的伤口感染，一般不能经健康皮肤和消化道感染。经带毒的蚊虫叮咬后而传播，这是夏秋季易流行禽痘的主要原因。

（4）季节性　本病一年四季均可发生，秋冬两季最易流行，秋季 8～11 月份多发生皮肤型鸡痘，冬季则以黏膜型鸡痘为主。

3. 临床与病变

患禽增重缓慢、消瘦、生长不良，体温升高，采食减少，大群均匀度差，有腺胃炎的表现。产蛋鸡产蛋减少或停止。

（1）皮肤型　主要发生在体表无毛或者毛羽稀少的部位，特别是冠、肉髯、眼睑、喙角和趾部等处形成一种特殊的痘疹。一般常在感染后 5～6d 出现灰白色的小丘疹，逐渐增大如豌豆，表面凹凸不平，呈干而硬的结节，8～10d 出现明显案的斑疹，3 周左右痂皮脱落。破溃的皮肤易感染葡萄球菌，使病情加重。眼睑发痘后易感染葡萄球菌或者是大肠杆菌而引起严重的眼炎。发病率不一，死亡率低，若饲养管理不善或与其他疾病并发，死亡率可达 50%。

（2）黏膜型　在喉头和气管黏膜处出现黄白色痘状结节或干酪样物假膜，假膜不易剥离。随着病情的发展，假膜逐渐扩大和增厚阻塞在口腔和咽喉部，使鸡呼吸和吞咽困难，张口呼吸发出"嘎嘎"的声音。此类症状的鸡群死亡率较高。

（3）混合型鸡痘　皮肤和口腔黏膜同时发生痘疹病变，病情严重，死亡率高。

4. 诊断

（1）临床综合诊断　秋季、冬季多发病，皮肤型痘病，发病率高，死亡率低，在皮肤和口腔黏膜出现特征痘斑，形成痘痂等，可初步做出诊断。

（2）实验室诊断：病毒分离、鉴定，琼脂扩散试验，

5. 防治

（1）管理措施　在立秋前，通过清除禽舍周围杂草和污浊的水沟等措施，以减少或者消灭吸血昆虫。在安装纱窗和门帘，并用蚊虫药物消灭蚊虫。

（2）免疫接种　目前主要使用的是弱毒疫苗。鸡痘鹌鹑化弱毒疫苗，鸡痘鸡胚化弱毒疫苗，鸡痘-传喉二联基因工程苗。刺种法，用一定量的生理盐水稀释疫苗后，用消过毒的钢笔尖或者带凹槽的特制针蘸取疫苗，在鸡翅内侧"三角区"翼膜刺种。

（3）治疗措施　目前无特效治疗药物，采取对症治疗，添加抗生素如阿莫西林等，防止继发感染，尤其要防止葡萄球菌的感染。在破溃的部位可用 1% 的碘甘油（碘化钾 10g，碘 2g，甘油 20mL，摇匀，加蒸馏水至 100mL）或紫药

水局部治疗。对眼型鸡痘早期可用庆大霉素眼药水点眼治疗。黏膜型鸡痘可用1‰结晶紫饮水。

（八）减蛋综合征

减蛋综合征（EDS-76）是由禽腺病毒Ⅲ群中的减蛋综合征病毒（EDS-76V）引起的鸡的一种以产蛋下降为特征的病毒性传染病。鸡的临床症状不明显，主要表现为鸡群产蛋急剧下降、产蛋品质下降，如蛋壳异常、蛋体畸形、蛋质低劣、褐色蛋蛋壳颜色变淡等。我国将其列入二类动物疫病。

1. 病原

（1）分类及形态　本病毒属于腺病毒属禽腺病毒Ⅲ群的病毒，无囊膜的双股DNA病毒。病毒粒子大小为76~80nm，呈二十面体对称。各地分离到的毒株，同属于一个血清型。

（2）血凝性　减蛋综合征病毒含红细胞凝集素，能凝集鸡、鸭、火鸡、鹅、鸽的红细胞，但不能凝集家兔、绵羊、马、猪、牛的红细胞，故可用于血凝试验及血凝抑制试验。

（3）抵抗力　减蛋综合征病毒对乙醚、氯仿不敏感，对pH适应谱广，0.3%福尔马林48h可使病毒完全灭活。

2. 流行病学

（1）易感动物　主要易感动物是鸡。其自然宿主是鸭或野鸭。鸭感染后虽不发病，但长期带毒，带毒率可达85%以上。不同品系的鸡对本病的易感性有差异，26~35周龄的所有品系的鸡都可感染，尤其是产褐壳蛋的肉用种鸡和种母鸡最易感，产白壳蛋的母鸡患病率较低。

（2）传播途径　本病毒可水平传播、又可垂直传播，被感染鸡可通过种蛋和种公鸡的精液传递。病毒可通过这些途径向外排毒，污染饲料、饮水、用具、种蛋经水平传播使其他鸡感染。

（3）传染源　病鸡和带毒鸡是主要传染源。幼龄鸡感染后，在性成熟前对鸡不表现致病性，血清中也查不出抗体，在产蛋初期由于应激反应，致使病毒活化而使产蛋鸡发病，血清才转为阳性。

3. 临床症状

感染鸡群无明显临诊症状，产蛋鸡突然出现群体性产蛋下降，比正常下降20%~30%，甚至达50%。最初蛋壳的颜色变浅，接着产沙皮蛋、薄壳蛋、软壳蛋和畸形蛋，蛋壳表面粗糙如白灰、灰黄粉样，蛋白水样，蛋黄色淡，或蛋白中混有血液、异物等。异常蛋可占产蛋的15%或以上，蛋的破损率增高。对受精率和孵化率没有影响，病程一般持续4~10周，然后恢复到正常或接近正常水平。

4. 病理变化

本病缺乏特征性病变，病鸡的卵巢静止不发育或萎缩，卵泡充血、变形或发育不全，输卵管和子宫黏膜出血、卡他性炎症和水肿。组织学检查可见输卵管腺体水肿，单核细胞浸润，黏膜上皮细胞变性坏死，病变细胞中可见到核内包涵体。

5. 诊断

当鸡群表面健康，但达不到预定的产蛋水平，或在产蛋高峰前后出现显著的产蛋下降，同时发生蛋壳变化，缺乏特征性病变，应怀疑为本病。但是要确诊必须进行实验室诊断如血清学及病原分离和鉴定等。

6. 防治

本病尚无有效的治疗方法。

（1）管理措施　无减蛋综合征的清洁鸡场，不要到疫区引种，因此引种时，严格检疫、隔离。场内不同日龄鸡群，分开饲养。病鸡群应立即隔离，按时进行淘汰，做好清扫和消毒，粪便进行合理处理。加强鸡群的饲养管理，喂给平衡的配合日粮，特别是保证必需氨基酸、维生素和微量元素的平衡。

（2）免疫预防　免疫接种是本病主要的防制措施。油佐剂灭活苗对鸡免疫接种起到良好的保护作用，一般鸡在110～130日龄产蛋前进行免疫接种。目前使用多的是新城疫－传染性支气管炎症－减蛋综合征三联油乳剂灭活。

（九）禽脑脊髓炎

禽脑脊髓炎（AE）是由禽脑脊髓炎病毒（AEV）引起的一种以侵害幼龄鸡神经系统为主的病毒性传染病，临床上以共济失调和快速震颤特别是头颈部的震颤为特征，故又称流行性震颤。种鸡群感染后，通过卵垂直传播，出壳后发病，进一步水平传播，危害严重。蛋鸡感染后，产蛋率下降。

1. 病原

（1）分类及形态　禽脑脊髓炎病毒（AEV）属小RNA病毒科中的肠道病毒，无囊膜。从病雏的大脑中可分离到此病毒。

（2）血清型　禽脑脊髓炎病毒的不同毒株间无血清学差异，但野毒株和鸡胚适应毒株之间有明显生物学区别。

（3）抵抗力　本病毒对氯仿、酸、胰酶、胃蛋白酶、DNA酶有较强的抵抗力，20%的生石灰、5%的漂白粉、5%的石炭酸、2%～5%的福尔马林10min之内可将其灭活。

2. 流行病学

（1）易感动物　各种年龄的鸡均感染，1～6周龄的雏鸡多发生。野鸡和鹌鹑也可自然感染。雏鸭、幼鸽和珠鸡可人工感染。一年四季均可发生，但在

1~6月份育雏高峰期多发。

(2) 传播途径 主要是经卵垂直传播，在出壳前鸡胚阶段感染，出壳后发病。另外，育雏阶段通过粪便排毒，污染垫料、饲料、饮水等，经消化道和呼吸道进行水平传播。病毒传播迅速，有时几乎可能全群感染。

(3) 传染源 病鸡和带毒鸡是主要传染源。感染幼雏排毒可持续2周以上，而3周龄以上雏鸡排毒仅持续5d左右，病毒对环境抵抗力很强，传染性可保持很长时间。

3. 临床症状

自然发病通常在1~2周龄，2~3周龄后感染很少出现临诊症状，但出雏时即发病也可看到。病鸡精神不振，两眼呆钝，出现运动失调，前后摇摆，头颈震颤，病鸡不肯行走，强行驱赶，用足胫行走，容易倾斜或向后坐下，有的呈转圈运动。有的呈尖叫、前冲、碰到障碍物才停下。有些病雏水晶体混浊，瞳孔反射消失，其中部分发生失明。有的病雏最后瘫痪或最后衰竭而死。大鸡和成鸡不表现临床症状，成年鸡感染可发生暂时性产蛋下降，有的可达到20%，但不出现神经症状。

4. 病理变化

一般病理变化很难用肉眼观察出来，唯有采集脑和脊髓作病理组织学检查，可见到神经细胞变性，血管周围有细胞浸润，以及实质器官有淋巴样细胞增生结节。唯一的眼观变化是病雏肌胃有带白色的区域，由浸润的淋巴细胞团块所致，这种变化不很明显，容易忽略。内脏组织学变化是淋巴细胞增生积聚，腺胃肌壁的密集淋巴细胞灶也是具有诊断意义的变化，肌胃也有类似变化。

5. 诊断

根据流行病学、临床症状和病理组织学变化，进行综合诊断。确诊需分离到病毒或检测血清特异抗体效价升高。鉴别诊断，主要与新城疫，营养性脑软化症，维生素B_1、维生素B_2缺乏症，马立克病等相区别。

6. 防治

目前，尚无有效的治疗方法。改善饲养环境，加强圈舍消毒，及时隔离病鸡是一项好的措施。种鸡群在生长期接种疫苗，保证其在性成熟后不被感染，以防止病毒通过蛋源传播，或者蛋鸡开产前接种以免可防止蛋鸡群感染禽脑脊髓炎病毒所引起的暂时性产蛋下降，是防治禽脑脊髓炎病的有效措施。母源抗体还可保护雏鸡在关键的2~3周龄之内不受禽脑脊髓炎病毒接触感染。

(十) 病毒性关节炎

病毒性关节炎是一种由呼肠孤病毒引起的鸡的重要传染病。病毒主要侵害关节滑膜、腱鞘和心肌，引起足部关节肿胀，腱鞘发炎，继而使腓肠腱断裂。病鸡关节肿胀、发炎，行动不便，跛行或不愿走动，采食困难，生长停滞。

1. 病原

（1）分类及形态　呼肠孤病毒，无囊膜，呈正二十面体对称，有双层衣壳结构。病毒基因组为分节的双股 RNA，由大小不同 3 个类别的 10 个节段组成。

（2）抗原与致病性　不同的毒株在抗原性和致病性方面有差异，据此可将呼肠孤病毒分类。

（3）抵抗力　本病毒对环境的抵抗力强。耐热，对 pH3、过氧化氢、2%来苏儿、对乙醚、氯仿和酸具有抵抗力。但 70% 乙醇、0.5% 有机碘可使其灭活。

2. 流行病学

（1）易感动物　病主要见于鸡和火鸡，各种品种、年龄、性别的鸡均易感，以 4～6 周龄的肉鸡多见，随着年龄的增长，对本病的敏感性降低。

（2）传染源　病鸡和带毒鸡是主要传染源。病毒可在感染幼龄鸡的盲肠扁桃体和踝关节内长时间持续存在。

（3）传播途径　粪便污染是接触感染的主要途径，经呼吸道和消化道感染易感雏鸡。禽呼肠孤病毒可以垂直传播，但这种通过蛋的传播率低，约 1.7%。

（4）流行特点　一年四季均可发生，没有明显季节性。本病感染率高可达 100%，病死率低，通常低于 6%。

3. 临床症状

本病大多数野外病例均呈隐性感染或慢性感染。在急性感染的情况下，鸡表现跛行，部分鸡生长受阻。慢性感染期的跛行更加明显，少数病鸡跗关节不能运动。病鸡食欲和活力减退，不愿走动，喜坐在关节上，驱赶时或勉强移动，但步态不稳，继而出现跛行或单脚跳跃。病鸡因得不到足够的水分和饲料而日渐消瘦，贫血，发育迟滞，少数逐渐衰竭而死。可见单侧或双侧蹠部、跗关节肿胀。在日龄较大的肉鸡中可见腓肠腱断裂导致顽固性跛行。种鸡群或蛋鸡群受感染后，产蛋量可下降 10%～15%。

4. 病理变化

患鸡跗关节上下周围肿胀，切开皮肤可见到关节上部腓肠腱水肿，滑膜内经常有充血或点状出血，关节腔内含有淡黄色或血样渗出物，少数病例的渗出物为脓性，与传染性滑膜炎病变相似，这可能与某些细菌的继发感染有关。其他关节腔呈淡红色，关节液增加。根据病程的长短，有时可见周围组织与骨膜脱离。大雏或成鸡易发生腓肠腱断裂。换羽时发生关节炎，可在患鸡皮肤外见到皮下组织呈紫红色。有的在切面可见到肌和腱交接部发生的不全断裂和周围组织粘连，关节腔有脓样、干酪样渗出物。有时还可见到心外膜炎，肝、脾和心肌上有细小的坏死灶。

5. 诊断

（1）临床综合诊断　病鸡跛行，跗关节肿胀，心肌纤维之间有异噬细胞浸润，患病毒性关节炎的鸡群中，常见有部分鸡呈现发育不良综合征现象，病鸡苍白，骨钙化不全，羽毛生长异常，生长迟缓或生长停止，可做出初步诊断。

（2）实验室诊断　病毒的分离与鉴定，病原的分离鉴定是最确切的诊断方法。除此，实验室诊断还包括酶联免疫吸附试验（ELISA）、荧光抗体法（FA）、琼脂扩散试验（AGP）和中和试验等。

6. 防治

（1）预防措施　加强饲养管理，采用"全进全出"的饲养方式，降低饲养密度，对鸡舍彻底清洗和消毒，杜绝病原传入。建立无本病种鸡群，避免垂直传播。预防接种是目前条件下防止鸡病毒性关节炎的最有效方法。种鸡开产前注射灭活疫苗，雏鸡接种弱毒疫苗，可有效预防本病。

（2）治疗措施　病毒性关节炎无有效疗法，一旦鸡群发病，应用碱性消毒液或0.5%的有机碘消毒，同时用广谱抗菌素控制细菌继发感染，可减少死亡。由于患病鸡长时间不断向外排毒，是重要的感染源，因此，对患病鸡要坚决淘汰。

（十一）鸭瘟

鸭瘟（DP）又名鸭病毒性肠炎，是由鸭瘟病毒引起的鸭和鹅等禽类的一种急性、热性、败血性传染病。其特征是体温升高、脚软、绿色下痢、流泪和部分病鸭头颈部肿大；食道黏膜有小点出血，并有灰黄色假膜覆盖或溃疡，泄殖腔黏膜充血、出血、水肿和假膜覆盖，肝有不规则大小不等的出血点和坏死灶。本病流行广，传播快，发病率和病死率都很高，严重威胁养鸭业的发展。

1. 病原

（1）分类及形态　鸭瘟病毒（DPV）属于疱疹病毒科，呈球形，有囊膜，为双股DNA，直径160～180nm，胰脂酶可消除病毒上的脂类，使病毒失活。

（2）病毒分布和特性　病毒在病鸭体内分散于各种内脏器官、血液、分泌物和排泄物中，其中以肝、肺、脑含毒量最高。本病毒对禽类和哺乳动物的红细胞没有凝集现象，毒株间毒力有差异，但免疫原性相似。

（3）抵抗力　病毒对外界抵抗力不强，温热和一般消毒剂能很快将其杀死。5%生石灰作用30min也可灭活，pH为3和11时迅速被灭活。

2. 流行病学

（1）易感动物　不同年龄和不同品种的鸭均可感染该病，以番鸭、麻鸭、绵鸭和天府肉鸭易感性最高，北京鸭次之。成年鸭和产蛋母鸭发病和死亡较为严重，1月龄以下雏鸭发病较少。鹅也能感染发病。鸡对鸭瘟病毒抵抗力强，鸽、麻雀、兔、小白鼠对本病无易感性。

(2) 传染源　病鸭和带毒鸭是本病主要传染源。某些野生水禽感染病毒后可成为传播本病的自然疫源和媒介。

(3) 传播途径　鸭瘟可通过病禽与易感禽的接触而直接传染，也可通过与污染环境的接触而间接传染。鸭瘟在一年四季都可发生，但以春夏之季和秋季流行最为严重。

3. 临床症状

(1) 鸭　潜伏期为2~5d。病初体温升高（43℃以上），高热稽留，流泪，部分病鸭头颈部肿胀（俗称"大头瘟"），严重者灰绿色下痢。病鸭精神萎靡，两腿麻痹，多蹲伏，羽毛松乱无光泽，不愿走动和下水，减食或停食，渴欲增加，流涎，流鼻涕，呼吸困难。严重者眼睑水肿甚至外翻，结膜充血或小点出血；泄殖腔黏膜充血、出血、水肿、外翻，有黄绿色假膜。病程一般为2~5d。

(2) 鹅　自然条件下鹅可以感染鸭瘟，其临诊特征为体温升高，两眼流泪，鼻孔有浆性和黏性分泌物。病鹅的肛门水肿，严重者两脚发软，卧地不愿走动。食道和泄殖腔黏膜有一层灰贡色假膜覆盖，黏膜充血或有斑点状出血和坏死。

4. 病理变化

肝、脾、心、肺、胰、肾、腺胃与食道膨大部和肌胃的交界处、肠道、法氏囊等出血，尤以肝脏和肠道病变具有诊断意义。肝脏除出血外还有多量大小不一的不规则灰白色或灰黄色坏死点。胆囊肿大，充满黏稠的墨绿色胆汁。喉头、食道和泄殖腔黏膜出血，有灰黄色假膜覆盖或出血斑点，假膜易剥离，剥离后留有溃疡斑痕。肠道，以十二指肠和直肠出血最为严重，肠道淋巴集结处肿胀、出血。产蛋母鸭卵巢充血、出血，输卵管黏膜充血和出血。雏鸭发生鸭瘟时，法氏囊病变更明显，表现为严重出血，表面有坏死灶，囊腔充满白色干酪样渗出物。

病鸭的皮下组织发生不同程度的炎性水肿，在"大头瘟"典型的病例，头和颈部反肤肿胀、紧张，切开时流出淡黄色的透明液体。

鹅感染鸭瘟病毒后的病理变化与鸭相似。

5. 诊断

(1) 临床综合诊断　成年鸭多发，发热，肿头，食道和泄殖腔假膜覆盖，肝和胰腺坏死灶。可初步做出诊断。

(2) 实验室诊断　主要有中和试验、琼扩试验和ELISA等。

(3) 鉴别诊断

①与鸭霍乱进行鉴别，鸭霍乱病程明显比鸭瘟短，鸭霍乱可于肠道出现明显出血，但缺乏肠道溃疡及食道和泄殖腔黏膜表面的假膜。青霉素、磺胺等抗菌药物对鸭霍乱具有良好治疗效果而对鸭瘟无效。

②与禽流感鉴别诊断，禽流感是病毒感染，可造成高发病率和高死亡率，产蛋鸭、鹅则发生明显减蛋，其原因可能与毒株变异有关，症状与鸭瘟相似，表现为肿头、流泪、内脏器官出血、坏死等，实验室诊断可将其区别。

6. 防治

（1）预防管理措施　不从疫区引进鸭，如需引进时，要严格检疫，要禁止到鸭瘟流行区域和野水禽出没的水域放牧。鸭瘟鸭胚化弱毒苗和鸡胚化弱毒苗，免疫采用皮下或肌肉内注射方法，雏鸭20日龄首免，4~5月后加强免疫1次即可，3月龄以上鸭免疫1次，免疫期可达一年。

（2）发病处理措施　一旦发生鸭瘟时，立即采取隔离和消毒措施，对鸭群用疫苗进行紧急接种，并注意用抗生素控制细菌性继发感染。

（十二）雏鸭病毒性肝炎

鸭病毒性肝炎（DVH）是由鸭肝炎病毒引起的小鸭的一种传播迅速和高度致死性的病毒性传染病。特征是发病急、传播快、死亡率高。临诊特点为角弓反张。病理变化特征为肝脏肿大和出血。本病常给养鸭场造成巨大的经济损失。

1. 病原

（1）分类　鸭肝炎病毒（DHV）属微RNA病毒科。病毒不凝集禽和哺乳动物红细胞。

（2）血清型　病毒有3个血清型，即Ⅰ、Ⅱ、Ⅲ型，有明显差异，各型之间无交叉免疫性。而国内外所报道的雏鸭病毒性肝炎绝大多数是由Ⅰ型肝炎病毒引起，另外还可能存在Ⅰ型肝炎病毒变异株。

（3）抵抗力　病毒对外界抵抗力很强，对氯仿、乙醚、胰蛋白酶和pH 3.0都有抵抗力，在56℃加热60 min仍可存活，在2%的漂白粉溶液中3h，5%酚、碘制剂均可使病毒灭活。

2. 流行病学

（1）易感动物　主要发生于3周龄以下雏鸭，随着日龄的增加，其易感性逐渐降低。1周龄内雏鸭病死率可达95%，4周龄以上的雏鸭发病率和死亡率都很低。5周龄以上的鸭，人工感染，仅出现免疫反应，但无临诊症状。鸡、火鸡和鹅不感染，成年鸭可感染而不发病，但可通过粪便排毒，污染环境而感染易感小鸭。

（2）传播途径　通过与接触病鸭或被污染的人员、工具、饲料、垫料、饮水等，经消化道和呼吸道感染。在野外和舍饲条件下，本病可迅速传染易感小鸭，表明它具有极强的传染性。

（3）传染源　病鸭和带毒的鸭成为传染源，野生水禽可能成为带毒者，鸭舍中的鼠类也可能散播本病毒，病愈鸭仍可通过粪便排毒1~2个月。

（4）流行特点　本病一年四季均可发生，但主要在孵化季节，我国南方多在2~5月和9~10月，北方多在4~8月。而在肉鸭舍饲条件下可常年发生，无明显季节性。

3. 临床症状

雏鸭病毒性肝炎的临床上表现为病程短、发病急、死亡快等特点，临床上往往在短时间内出现大批雏鸭死亡。感染雏鸭首先表现为精神沉郁，行动迟缓，跟不上群，然后出现蹲伏或侧卧，随后出现阵发性抽搐。大部分雏鸭在出现抽搐后数分钟或几小时内死亡，多数死亡鸭，头向后背，呈角弓反张姿势。喙端和爪尖淤血呈暗紫色，少数病鸭死亡前排黄白色和绿色稀粪。

4. 病理变化

病理变化主要在肝脏，肝脏肿大，质地柔软，表面有出血点或出血斑，严重时刷状出血肾脏轻度肿大、出血。胆囊肿胀呈长卵圆形，充满胆汁，胆汁呈褐色、淡黄色或淡绿色。脾脏有时肿大，外观呈斑驳状，多数病鸭的肾脏发生充血和肿胀，其他器官没有明显变化。

5. 诊断

（1）临床综合诊断　主要1周龄内雏鸭发病，发病急，发病率和死亡率高，以及肝脏有明显的出血点或出血斑等即可做出初步诊断。

（2）实验室诊断　病毒的分离、鉴定和动物接种试验

（3）类症鉴别

①雏鸭煤气（一氧化碳）中毒：多发生于雏鸭舍烧煤取暖而通风措施不良，而且多发于晚间，主要表现雏鸭大批量死亡，离取暖炉越近死亡越多，剖检死亡鸭可见血液凝固不良、鲜红。

②急性药物中毒：养鸭生产中偶尔可出现用药不当或用药量严重超标导致大批雏鸭急性药物中毒死亡，药物中毒病例的肝脏一般不出现明显的出血点和出血斑，可能为肝脏淤血，肠黏膜充血和出血。

6. 防治

（1）预防措施　应避免从疫区或疫场购入带毒雏鸭，自繁自养和全进全出的饲养管理制度，养鸭场和周围环境定期消毒；临产蛋种母鸭皮下注射2次，间隔2周，其所产雏鸭在10~14日龄时免疫1次；未经免疫的种鸭群，其后代在1日龄时免疫1次；发病或受威胁的雏鸭群，可经皮下注射康复鸭血清、高免血清或免疫母鸭蛋黄匀浆进行治疗。

(2) 治疗措施　对于发病鸭群可紧急注射高免卵黄或高免血清来控制疫情，每羽 1.0～1.5mL。

(十三) 小鹅瘟

鹅瘟（GP）是由细小病毒引起的雏鹅与雏番鸭的一种高度接触性、急性或亚急性高度致死性传染病。本病主要侵害 4～20 龄雏鹅，传播快，发病率和死亡率高，可达 90%～100%，随着日龄的增长，发病率和致死率逐渐降低。临诊特征为精神委顿，食欲废绝，严重腹泻和有时出现神经症状。主要病变特征为渗出性肠炎，小肠黏膜表层大片坏死脱落，与渗出物凝成假膜状，形成栓子阻塞肠腔。

1. 病原学

(1) 分类及形态　鹅细小病毒（GPV）属细小病毒科细小病毒属，呈球形，无囊膜，单股 DNA。对哺乳动物和禽细胞无血凝作用，但能凝集黄牛精子。

(2) 血清型　国内外分离到的毒株抗原性基本相同，只有一种血清型，与哺乳动物的细小病毒，如猪细小病毒和犬细小病毒没有抗原关系。病毒存在于病雏内脏组织、肠管、脑及血液中。

(3) 抵抗力　病毒对外界环境因素具有很强的抵抗力，56℃ 3h 不会被完全灭活，但病毒对 2%～5% 氢氧化钠、10%～20% 的石灰乳敏感。

2. 流行病学

(1) 易感动物　仅发生于鹅与番鸭，不同品种的雏鹅易感性相似，其他禽类均无易感性。主要侵害 3～20 日龄的雏鹅与雏番鸭。10 日龄以内发病率和死亡率可达 95%～100%，以后随日龄增大而逐渐减少，1 月龄以上较少发病，成年禽可带毒排毒而不发病。

(2) 传染源　病雏及带毒成年禽是本病的主要传染源。

(3) 传播途径　通过病禽直接接触或采食被污染的饲料、饮水是本病传播的主要途径。病毒还可附着于蛋壳上，通过蛋将病毒传给孵化器中易感雏鹅和雏番鸭造成本病的垂直传播。

(4) 流行特点　本病一年四季均可发生，但主要发生于育雏期间。雏鹅发病率和死亡率与日龄、母源抗体水平有关。本病的暴发与流行具有明显的周期性，在每年全部更新种鹅的地区，大流行后的一两年内都不致再次流行。

3. 临床症状

本病的潜伏期依感染时的年龄而定，1 日龄感染为 3～5d，2～3 周龄感染为 5～10d。根据病程长短可分为最急性型、急性型和亚急性型等病例。

(1) 最急性型　多见于流行初期和 1 周龄内雏鹅，发病突然，快速死亡。

（2）急性型　多发生于 1~2 周龄雏鹅，或由最急性转化而来。具典型的消化系统紊乱和神经症状特征。主要表现为离群、嗜睡，两肢麻痹或抽搐；下痢，排灰白色或淡黄绿色、浑浊稀便；眼和鼻有多量分泌物，病鹅不时甩头，食道膨大有多量气体和液体。病程 1~2d，多取死亡转归。

（3）亚急性型　多见于 2 周龄以上雏鹅或流行后期发病的雏鹅，病程 3~7d，部分能自愈。

4. 病理变化

心脏变圆，心房扩张，心壁松弛，心尖周围心肌晦暗无光，颜色苍白。肠黏膜发炎、坏死，呈片状或带状脱落，与大量纤维素性渗出物凝固，形成栓子，质地坚实似香肠样。最急性型仅见小肠黏膜肿胀充血，上覆有大量淡黄色黏液。肝脏肿大，脾脏和胰脏充血，偶尔有灰白色坏死点。胆囊肿大，充满暗绿色胆汁。

5. 诊断

（1）临床综合诊断　主要发生于 3~20 日龄雏鹅，发病率和死亡率高，下痢严重，肠管膨大，肠黏膜坏死、脱落，与大量纤维渗出物凝固形成凝固性栓子。肝脏肿大，偶尔有灰白色坏死点。

（2）实验室诊断　病原分离与鉴定，中和试验、荧光抗体试验、反向间接血凝试验等。

6. 防治

（1）管理措施　种蛋、种鹅苗及种鹅均应购自无病地区，每批种蛋、孵化器、出雏器以及其他用具均应用福尔马林熏蒸消毒，以防病毒污染，孵化场必须定期用 0.5%~1% 的复合酚消毒剂进行场地和用具器械等的消毒，特别是每批雏鹅出壳后。

（2）免疫接种　无母源抗体、刚出壳的雏鹅，接种抗小鹅瘟高免血清，或者注射小鹅瘟弱毒疫苗，可以预防本病的流行。或者成年的母鹅在产蛋前接种 0.1mL 小鹅瘟弱毒疫苗，孵化的雏鹅含有母源抗体，可以获得被动免疫保护。

（3）发病处理措施　本病目前无有效治疗药物。对于发病初期的病雏，注射抗小鹅瘟高免血清，治愈率为 40%~50%。所威胁的雏鹅，或者潜伏期的雏鹅，一律皮下注射小鹅瘟高免血清，能控制 80%~90% 已被感染的雏鹅发病。对于症状严重病雏，抗血清的治疗效果甚微。

二、禽常见细菌性疾病防治

（一）禽大肠杆菌病

禽大肠杆菌病是由埃希大肠杆菌的某些致病性菌株引起的多种疾病总称，

其特征表现为早期胚胎和幼雏死亡、急性败血症、肠炎、脐带炎、肝周炎、心包炎、腹膜炎、全眼球炎、卵黄性腹膜炎、输卵管炎、滑膜炎、关节炎、肉芽肿等病型。由于大肠杆菌血清型复杂，给免疫防治带来一定的困难，药物防治仍是控制禽大肠杆菌病的主要手段。

1. 病原

（1）分类及形态　大肠杆菌是革兰阴性、中等大小短杆菌，大小通常为 $2 \sim 3 \mu m$，具有周身鞭毛，能运动。

（2）培养特征　营养要求不高，在普通琼脂平板上经37℃培养24h后，形成表面光滑、边缘整齐、灰白色、透明或半透明的微隆起菌落。在麦康凯琼脂平板上，多数大肠杆菌形成粉红色菌落；在伊红美蓝琼脂培养基上，菌落为紫黑色略带金属光泽。

（3）致病特征　大肠杆菌是健康畜禽肠道中的常见菌，可分为致病性和非致病性两大类。大肠杆菌病是一种条件性疾病，在卫生条件差、饲养管理不良的情况下、很容易造成此病的发生。

（4）抗原及血清型　大肠杆菌，共有菌体、鞭毛、表面三种抗原，分别表示为O、H、K。各种抗原种类繁多，构成成多种不同的血清型。

2. 流行病学

（1）易感动物　各种年龄的禽（包括肉用禽）都可感染大肠杆菌病，发病率和死亡率受各种因素影响有所不同。但是幼雏和中雏发生较多。

（2）传播途径　本病感染途径有经蛋传染、呼吸道传染和经口传染。

（3）传染源　病禽和带菌的禽是传染源。

（4）诱发因素　不良的饲养管理、应激或并发其他病原感染都可成为大肠杆菌病的诱因。

3. 临床症状和病理变化

（1）死胚　初生雏卵黄囊感染和脐带炎：种蛋被粪便污染，未很好消毒，或母禽患有大肠杆菌性输卵管炎、卵巢炎等，通过蛋内垂直感染，胚胎在孵化后期死亡，死胚增多。孵出的雏鸡体弱，卵黄吸收不良，脐部肿胀发炎，排出白色、黄绿色或泥土样的稀便。腹部膨满，下垂，出生后 $2 \sim 3d$ 死亡。即使不死的鸡，也是发育迟滞。死胚和死亡雏鸡主要病变是卵黄不吸收，呈黄绿色黏稠状物，有的甚至变为干酪样或黄棕色水样。病程稍长者，可见心包炎和腹膜炎。

（2）急性败血症　多见于雏鸡和 $6 \sim 10$ 周龄的肉鸡多发，病鸡精神不振，采食减少，衰弱，或者症状不明显突然死亡，发病率和死亡率都较高。病鸡腹部膨满，排出黄白色的稀便。肠浆膜、心内、外膜有明显小出血点，心包大量积液。脾脏肿大数倍。

(3) 气囊炎型　气囊炎主要发生于 3~12 周龄幼雏，特别 3~8 周龄的肉仔鸡。气囊炎也经常伴有心包炎、肝周炎和腹膜炎。病鸡表现为精神沉郁、呼吸困难、有啰音、消瘦等。气囊增厚、浑浊，有纤维素性物质覆盖，呈灰白色。继发心包炎、肝周炎时，心包增厚，表面附有纤维素性假膜；肝肿大，被膜增厚，表面有大量纤维性物质附着，有时可见被膜下散在大小不等的出血点和坏死斑。脾充血肿胀。有的病死鸡有明显的腹膜炎，腹水增多。

(4) 卵黄性腹膜炎及输卵管炎　主要见于成年产蛋鸡。腹膜炎可由气囊炎发展而来，也可由慢性输卵管炎引起。发生输卵管炎时，输卵管变薄，管内充满恶臭干酪样物，阻塞输卵管使排出的卵落到腹腔而引起腹膜炎。死母鸡和病母鸡腹部膨胀、下坠，腹腔积有大量卵黄，呈广泛腹膜炎，肠道或脏器间相互粘连。

(5) 滑膜炎和关节炎　大肠杆菌引起滑膜炎和关节炎，病鸡跛行或呈伏卧姿势，一个或多个腱鞘、关节发生肿大。发生大肠杆菌肉芽肿时，沿肠道和肝脏发生结节性肉芽肿，病变似结核。此外，大肠杆菌还可引起全眼球炎、脑炎等。

(6) 头部肿胀　由于表皮损伤侵入，感染扩散到关节和骨部，引起这些部位的炎症。有一些病毒感染后，继发大肠杆菌急性感染，造成头部肿胀，即肿头综合症，双眼和整个头部肿胀，皮下有黄色液体及纤维素渗出。可从局部分离出大肠杆菌。

(7) 全眼球炎　患大肠杆菌性全眼球炎的病鸡，眼睛灰白色，角膜混浊，眼前房积脓，常因全眼球炎而失明。

除了以上病型外，还表现为脑炎、肉芽肿、出血性肠炎等病型。鸭的大肠杆菌病主要表现为败血症、生殖道感染等。鹅则主要为生殖器感染、卵黄性腹膜炎等，其他禽类也多表现为败血症。

4. 诊断

(1) 临床诊断　如果临床症状和病理变化，可见败血症、心包炎、气囊炎、肝周炎、生殖道炎、关节炎等病型，可初步做出诊断。

(2) 实验室诊断　采用选择培养基如普通营养琼脂、伊红美蓝、麦康凯平板，分离、培养细菌，进一步鉴定，即可确诊。

5. 防治

(1) 预防措施　做好环境卫生消毒工作，严格控制饲料、饮水的卫生和消毒，做好各种疫病的免疫。严格控制饲养密度过大，做好舍内通风换气，定期进行带鸡消毒工作，避免种蛋沾染粪便，对种蛋和孵化过程严格消毒。定期对鸡群投喂乳酸菌等生物制剂对预防大肠杆菌有很好的作用。或者在易感日龄，在饮水或者饲料中，添加化学药物，如土霉素、环丙沙星、恩诺沙星等。用本场分离的致病性大肠杆菌制成油乳剂灭活苗免疫本场对预防大肠杆菌病有一定作用。

（2）治疗措施　大肠杆菌对多种抗菌素、磺胺类、喹诺酮类药物都敏感。由于大肠杆菌容易对药物产生抗药性，最好进行药物敏感试验。选用敏感药物进行治疗。常用药物头孢噻呋钠、氟苯尼考、氧氟沙星、安普霉素等。

（二）禽沙门杆菌病

禽沙门杆菌病是由沙门氏杆菌属中的一个种或者多种沙门菌引起的禽类的急性或者慢性传染病。在临床上，鸡白痢是由鸡白痢沙门菌引起的，禽伤寒是鸡伤寒沙门氏杆菌引起的，禽副伤寒是由其他的有鞭毛的沙门杆菌引起。人类沙门菌感染和食物中毒也常常来源于副伤寒的禽类、蛋品等。禽类感染沙门菌病后，主要表现为急性败血症和肠炎等，幼龄动物发病率和死亡率高。

1. 病原

（1）形态特征　沙门杆菌，菌体两端钝圆、中等大小、大多数有鞭毛，无荚膜，革兰染色阴性。

（2）培养特征　在普通培养基上生长良好，可以利用S.S平板、麦康凯、伊红美蓝等鉴别培养基培养、鉴定。即在肠道杆菌鉴别培养基或选择培养基上多数菌株因不发酵乳糖而呈无色菌落。

（3）抗原性与血清型　沙门杆菌，共有O、H、Vi三种抗原，本菌血清型众多，已发现的有2000多种类。

（4）抵抗力　在外界环境中有一定的抵抗力，常用消毒药很快可将其杀死。

2. 流行病学

（1）易感动物　各种品种的鸡对鸡白痢均有易感性，以2～3周龄以内雏鸡的发病率与病死率为最高，呈流行性。成年鸡感染常呈慢性或隐性经过。其他家禽或者野禽对鸡白痢不易感。鸡、火鸡、珠鸡、孔雀、雉鸡对禽伤害易感，主要发生于成年鸡和3周龄以上的青年鸡，3周龄以下的鸡偶尔可发病。禽副伤寒，可以感染家禽、家畜、野生动物和人等。

（2）传播途径　禽沙门杆菌病，可以通过卵垂直传播，同时，也可以进行水平传播。

（3）传染源　病禽及带菌禽。

3. 临床症状

（1）鸡白痢　本病特征为幼雏感染后常呈急性败血症，发病率和死亡率都高，成年鸡感染后，多呈慢性或隐性带菌，可随粪便排出，因卵巢带菌，严重影响孵化率和雏鸡成活率。

①雏鸡：出壳后感染的雏鸡，多在孵出后几天才出现明显症状。7~10d后雏鸡群内病雏逐渐增多，在第2~3周达高峰。发病雏鸡呈最急性者，无症状迅速死亡。稍缓者表现精神委顿，绒毛松乱，两翼下垂，缩头颈，闭眼昏睡，不愿走动，拥挤在一起。病初食欲减少，而后停食，多数出现软嗉症状。同时腹泻，排稀薄如浆糊状粪便，肛门周围绒毛被粪便污染，有的因粪便干结封住肛门周围，影响排粪。有的病雏出现眼盲，或肢关节呈跛行症状。3周龄以上发病的极少死亡。耐过鸡生长发育不良，成为慢性患者或带菌者。

②中鸡（育成鸡）：该病多发生于40~80d的鸡，地面平养的鸡群发生此病较网上和育雏笼育雏成发生的要多。本病发生突然，全群鸡只食欲、精神尚可，总见鸡群中不断出现精神、食欲差和下痢的鸡只，常突然死亡。死亡不见高峰而是每天都有鸡只死亡，数量不一。该病病程较长，可拖延20~30d，死亡率可达10%~20%。

③成年鸡：当鸡群感染比较大时，可明显影响产蛋量，产蛋高峰不高，维持时间也短，死亡淘汰率增高。有的鸡表现鸡冠萎缩，有的鸡开产时鸡冠发育尚好，以后则表现出鸡冠逐渐变小，发绀。极少数病鸡表现精神委顿，头翅下垂，腹泻，排白色稀粪，产卵停止。有的感染鸡因卵黄囊炎引起腹膜炎，腹膜增生而呈"垂腹"现象，有时成年鸡可呈急性发病。

（2）禽伤寒临床症状　虽然禽伤寒较常见于生长中的鸡和成年鸡与火鸡，但也可通过蛋传播在雏鸡与雏火鸡中暴发。

①雏鸡：与雏火鸡中见到的症状与鸡白痢相似，这些并不是本病的特征性症状。

②青年鸡与成年鸡：鸡群中暴发急性禽伤寒时，最初表现为饲料消耗量突然下降、鸡的精神萎靡、羽毛松乱、头部苍白、鸡冠萎缩。感染后的2~3d内，体温上升1~3℃，并一直持续到死前的数小时。感染后4d内出现死亡，但通常是死于5~10d。

雏鸡和成年鸡自然发病的病死率都有差异可从10%~50%或者更高。

（3）禽副伤寒　禽副伤寒的病原体包括很多血清型的沙门杆菌，其中以鼠伤寒沙门杆菌最为常见，次为德尔俾沙门杆菌、海德堡沙门杆菌、纽波特沙门杆菌、鸭沙门杆菌等。诱发禽副伤寒的沙门杆菌能广泛地感染各种动物和人类，因此在公共卫生上有重要性。

①幼龄禽：各种幼禽副伤寒的症状大致相似，主要表现如下，嗜眠呆立，垂头闭眼，两翼下垂，羽毛松乱，显著厌食，饮水增加，水泄样下痢，肛门粘有粪便，怕冷而靠近热源处或相互拥挤。呼吸症状不常见到。雏鸭感染本病后常见颤抖、喘息及眼睑浮肿等症状。常猝然倒地而死，故有"猝倒病"之称。

②成年禽：在自然情况下，一般为慢性带菌者，常不出现症状。病菌存在

于内脏器官和肠道中。急性病例罕见，有时可出现水泄样下痢、精神沉郁、倦怠、两翅下垂、羽毛松乱等症状。

4. 病理变化

（1）鸡白痢

①雏鸡：因鸡白痢而死亡的雏鸡，如日龄短，发病后很快死亡，则病变不明显。卵黄囊变化不大。病期延长者卵黄吸收不良，其内容物干酪样；有心肌、肺、肝、盲肠、大肠及肌胃肌肉中有坏死灶或结节。有些病例有心外膜炎，肝或有点状出血及坏死点，胆囊肿大，脾有时肿大，肾充血或贫血，输尿管充满尿酸盐而扩张，盲肠中有干酪样物堵塞肠腔，有时还混有血液，肠壁增厚，常有腹膜炎。死于几日龄的病雏，可见出血性肺炎，稍大的病雏，肺可见有灰黄色结节和灰色肝变。

②育成阶段的鸡：突出的变化是肝肿大，可达正常的 2~3 倍，暗红色至深紫色，有的略带土黄色，表面可见散在或弥漫性的小红点或黄白色的粟粒大小或大小不一的坏死灶，质地极脆，易破裂，因此常见有内出血变化，腹腔内积有大量血水，肝表面有较大的凝血块。

③成年鸡：慢性带菌的母鸡，最常见的病变为卵子变形、变色、质地改变以及卵子呈囊状，有腹膜炎，伴以急性或慢性心包炎。成年公鸡的病变，常局限于睾丸及输精管。睾丸极度萎缩，同时出现小脓肿。输精管管腔增大，充满稠密的均质渗出物。

（2）禽伤寒

①鸡：死于禽伤寒的雏鸡病变与鸡白痢时所见相似。成年鸡，最急性者眼观病变轻微或不明显，急性者常见肝、脾、肾充血肿大，亚急性和慢性病例，特征病变是肝肿大呈青铜色，此外肝和心肌有灰白色粟粒大坏死灶、心包炎，卵子及腹腔病变与鸡白痢相同。公鸡睾丸可存在病灶，并能分离到鸡伤寒沙门菌。

②鸭：雏鸭感染时，见心包膜出血，脾轻度肿大，肺及肠呈卡他性炎症。成年鸭感染后，卵巢和卵黄有变化，与成年母鸡者类似。

（3）禽副伤寒

①雏禽：死于鸡副伤寒的雏鸡，最急性者无可见病变。病期稍长的，肝、脾充血，有条纹状或针尖状出血和坏死灶，肺及肾出血，心包炎，常有出血性肠炎。雏鸭感染莫斯科沙门菌（*S. moscow*），肝脏呈青铜色，并有灰色坏死灶。气囊呈现轻微混浊，具有黄色纤维蛋白样斑点。北京鸭感染鼠伤寒沙门菌和肠炎沙门菌时，见肝脏显著肿大，有时有坏死灶。盲肠内形成干酪样物，直肠肿大并有出血斑点。还有心包炎、心外膜炎及心肌炎。

②成年禽：急性感染的病变，见肝、脾、肾充血肿胀，出血性或坏死性肠

炎。心包炎及腹膜炎。在产卵鸡中，可见到输卵管的坏死和增生，卵巢的坏死及化脓，这种病变常扩展为全面腹膜炎。

5. 诊断

（1）临床综合诊断　鸡白痢，雏鸡排出灰白色浆糊状粪便为特征，肝脏等多种器官表面有坏死灶，肾肿大，成年鸡隐形感染，产蛋下降，卵子变形变色等；禽伤寒，主要感染3周龄以上和成年的鸡，排出黄绿色粪便，突然发病，体温升高，精神沉郁等，剖解肝呈青铜色等；禽副伤寒，引起幼龄家禽易感，排出水样粪便，引起死亡率高，内脏器官也有坏死灶。可作出初步诊断。

（2）实验室诊断　禽沙门杆菌分离、鉴定，利用选择培养基，分离、鉴定细菌，从而确诊。

6. 防治

（1）预防措施　加强管理，搞好圈舍卫生，坚持自繁自养，种鸡严格检疫，淘汰阳性种鸡，种蛋严格消毒，注意饲养密度，保证圈舍空气流通等。饲养者通常在雏鸡开食之日起，在饲料或饮水中添加抗菌药物，一般情况下可取得较为满意的结果。其他阶段的禽，在易感日龄使用药物预防。

（2）治疗措施　发病后，在饲料、饮水中添加药物，如氨苄西林、阿莫西林、安普霉素、土霉素、庆大霉素、氟哌酸、环丙沙星、氟苯尼考等，最好药敏试验，选择最佳药物，能够起到明显的治疗效果。

（三）禽霍乱

禽霍乱又称禽巴氏杆菌病、禽出血性败血症，是由多杀性巴氏杆菌引起禽类的一种接触性传染病，主要侵害鸡、鸭、鹅、火鸡等。急性病例主要表现为突然发病、发烧、下痢、败血症症状及高死亡率，剖检特征是全身黏膜、浆膜小点出血，出血性肠炎及肝脏的坏死点；慢性病例的特点是鸡冠、肉髯水肿，关节炎，病程较长，死亡率低。

1. 病原

（1）形态特征　多杀性巴氏杆菌，两端钝圆，中央微凸的短杆菌，革兰染色阴性。病料组织或体液涂片用瑞氏或美蓝染，色镜检，呈卵圆形，两端着色深，中央部分着色较浅，很像并列的两个球菌，所以又称两极杆菌。用培养物所作的涂片，两极着色则不那么明显。

（2）培养特征　本菌为需氧兼性厌氧菌，普通培养基上均可生长，但不繁茂，如添加少许血液或血清则生长良好。

（3）抗原性与血清型　根据荚膜抗原将其分为A、B、D、E和F五个血清群，菌体抗原分为1~12个血清群，所以菌株的血清型即为5∶A、6∶B、2∶D。

(4) 抵抗力　本菌对物理和化学因素的抵抗力比较低。

2. 流行病学

(1) 易感动物　各种家禽，如鸡、鸭、鹅、火鸡等都有易感性，但鹅易感性较差，各种野禽也易感。产蛋鸡较幼龄鸡更为易感。16周龄以下的鸡一般具有较强的抵抗力。但临床也曾发现10d发病的鸡群。

(2) 传播途径　细菌经蛋传播很少发生，主要是呼吸道、消化道、黏膜或皮肤外伤。病鸡的尸体、粪便、分泌物和被污染的用具、土壤、饲料、饮水等是主要的传播媒介。

(3) 传染源　病禽和带菌禽类。慢性感染禽被认为是传染的主要来源。

(4) 流行特点　禽霍乱一年四季均可发生和流行，但在高温、潮湿、多雨的夏、秋两季，以及气候多变的春季最容易发生。

3. 临床症状

自然感染的潜伏期一般2～9d，人工感染通常在24～48h发病。临床上分为最急性、急性和慢性三型。

(1) 最急性型　常见于流行初期，以产蛋高的鸡最常见。病鸡无前驱症状，晚间一切正常，吃得很饱，次日发病死在鸡舍内。

(2) 急性型　此型最为常见，病鸡主要表现为精神沉郁，羽毛松乱，缩颈闭眼，头缩在翅下，不愿走动，离群呆立。病鸡常有腹泻，排出黄色、灰白色或绿色的稀粪。体温升高到43～44℃，减食或不食，渴欲增加。呼吸困难，口、鼻分泌物增加。鸡冠和肉髯变青紫色，有的病鸡肉髯肿胀，有热痛感。产蛋鸡停止产蛋。最后发生衰竭，昏迷而死亡，病程短者约半天，长者1～3d。

(3) 慢性型　由急性不死转变而来，多见于流行后期。以慢性肺炎、慢性呼吸道炎和慢性胃肠炎较多见。病鸡鼻孔有黏性分泌物流出，鼻窦肿大，喉头积有分泌物而影响呼吸。经常腹泻。病鸡消瘦，精神委顿，冠苍白。有些病鸡一侧或两侧肉髯显著肿大，随后可能有脓性干酪样物质，或干结、坏死、脱落。有的病鸡有关节炎，常局限于脚或翼关节和腱鞘处，表现为关节肿大、疼痛、脚趾麻痹，因而发生跛行。病程可拖至1个月以上，但生长发育和产蛋长期不能恢复。

鸭发生急性霍乱的症状与鸡基本相似，常以病程短促的急性型为主。口和鼻有黏液流出，呼吸困难，常张口呼吸，并常常摇头，企图排出积在喉头的黏液，故有"摇头瘟"之称，病鸭排出腥臭的白色或铜绿色稀粪，有的粪便混有血液。有的病鸭发生气囊炎。病程稍长者可见局部关节炎。

成年鹅的症状与鸭相似，仔鹅发病和死亡较成年鹅严重，常以急性为主，精神委顿，食欲废绝，拉稀，喉头有黏稠的分泌物。喙和蹼发紫，翻开眼结膜有出血斑点，病程1～2d即归于死亡。

4. 病理变化

（1）最急性型　死亡的病鸡无特殊病变，有时只能看见心外膜有少许出血点。

（2）急性型　病例病变较为特征，病鸡的腹膜、皮下组织及腹部脂肪常见小点出血。心包变厚，心包内积有多量不透明淡黄色液体，有的含纤维素絮状液体，心外膜、心冠脂肪出血尤为明显。肺有充血或出血点。肝脏的病变具有特征性，肝稍肿，质变脆，呈棕色或黄棕色。肝表面散布有许多灰白色、针头大的坏死点。脾脏一般不见明显变化，或稍微肿大，质地较柔软。肌胃出血显著，肠道尤其是十二指肠呈卡他性和出血性肠炎，肠内容物含有血液。

（3）慢性型　因侵害的器官不同而有差异。当呼吸道症状为主时，见到鼻腔和鼻窦内有多量黏性分泌物，某些病例见肺硬变。局限于关节炎和腱鞘炎的病例，主要见关节肿大变形，有炎性渗出物和干酪样坏死。公鸡的肉髯肿大，内有干酪样的渗出物，母鸡的卵巢明显出血，有时卵泡变形，似半煮熟样。

鸭的病理变化与鸡基本相似，死于禽霍乱的鸭在心包内充满透明橙黄色渗出物，心包膜、心冠脂肪有出血斑。肺呈多发性肺炎，间有气肿和出血。鼻腔黏膜充血或出血。肝略肿大，表现有针尖状出血点和灰白色坏死点。肠道以小肠前段和大肠黏膜充血和出血最严重；小肠后段和盲肠较轻。雏鸭为多发性关节炎，主要可见关节面粗糙，附着黄色的干酪样物质或红色的肉芽组织。关节囊增厚，内含有红色浆液或灰黄色、混浊的黏稠液体。肝脏发生脂肪变性和局部坏死。

5. 诊断

（1）临床综合诊断　鸡、鸭和鹅，均可发病，成年产蛋禽更易感，多发生于夏秋季节，多呈急性败血症，体温升高，呼吸困难，严重下痢，口鼻流出黏液，死亡率高，慢性关节肿大、肉冉肿大等，心包积液，心外膜出血，肝脏肿大，质脆易碎，表面有针尖大小白色坏死灶，可初步作出诊断。

（2）实验室诊断　取病禽血涂片，肝脾触片经美蓝、瑞氏或姬姆萨染色，如见到大量两极浓染的短小杆菌，有助于诊断。进一步的诊断须经细菌的分离培养及生化反应。

6. 防治

（1）管理措施　加强鸡群的饲养管理，避免或杜绝引起发病的诱因，就可大大减少发病或不发病，平时严格执行鸡场兽医卫生防疫措施，以栋舍为单位采取全进全出的饲养制度，预防本病是可能的。

（2）免疫接种　禽霍乱菌苗的免疫效果不够理想。在禽霍乱常发或流行严重的地区，可以考虑接种菌苗进行预防。目前国内使用的菌苗有弱毒菌苗和灭活菌苗两种，弱毒菌苗有禽霍乱731弱毒菌苗、禽霍乱G190E40弱毒菌苗等。

(3) 药物治疗　鸡群发病应立即采取治疗措施,有条件的地方应通过药敏试验选择有效药物全群给药。青霉素、链霉素、土霉素、磺胺类药物、红霉素、庆大霉素、环丙沙星、恩诺沙星均有较好的疗效。在治疗过程中,剂量要足,疗程合理,当鸡只死亡明显减少后,再继续投药 2~3d 以巩固疗效防止复发。

(四) 鸡毒支原体感染

鸡毒支原体感染又称鸡慢性呼吸道病,是由鸡毒支原体引起的一种以呼吸道症状为主的慢性呼吸道传染病,其特征为咳嗽、流鼻液、呼吸道罗音和张口呼吸。疾病发展缓慢,病程长,成年鸡多为隐性感染,可在鸡群长期存在和蔓延。感染后幼鸡生长不良,成年鸡产蛋下降,气囊炎,使肉鸡胴体品质下降、废弃上升,发病群用药增加,可造成严重的经济损失。

1. 病原

(1) 形态特征　鸡毒支原体 (MG),呈细小球杆状,大小为 250~500nm,能通过细菌滤器,有些为圆形,有些呈丝状,用姬姆萨染色着色良好。

(2) 培养特征　鸡毒支原体为好氧和兼性厌氧,在固体培养基上,生长缓慢,培养 3~5d 可形成微小的光滑而透明的露珠状菌落,用放大镜观察,呈乳头状,在马鲜血琼脂培养基上能引起完全溶血,能凝集鸡和火鸡红细胞。鸡毒支原体对外界抵抗力不强,对热敏感。

(3) 抵抗力　一般消毒药能将其杀死,对链霉素、红霉素、泰乐菌素和利高霉素敏感,对新霉素、磺胺类药物有抵抗力。

2. 流行病学

(1) 易感动物　鸡和火鸡对本病有易感性,4~8 周龄鸡和火鸡最敏感,纯种鸡比杂种鸡更易感,少数鹌鹑、珠鸡、孔雀和鸽也能感染本病,成年鸡多为隐性感染,散发,幼鸡群则往往大批流行。

(2) 传染源　病鸡和隐性感染鸡是本病的传染源。

(3) 传播途径　病原体可通过飞沫经呼吸道传播,也可以通过饮水、饲料、用具传播,也能通过配种传播;并且可通过种蛋垂直传播。

(4) 流行特点　有多种病原微生物继发和并发感染时,能使本病更加严重。带有鸡毒支原体的雏鸡,在用气雾和滴鼻法进行新城疫弱毒疫苗免疫时,能激发本病的发生。本病一年四季均可发生,以寒冷季节流行严重,成年鸡则多表现散发。

3. 临床症状

(1) 幼龄鸡　幼龄鸡发病,症状比较典型,表现为浆液或浆液黏液性鼻液,鼻孔堵塞、频频摇头、喷嚏、咳嗽,还见有窦炎、结膜炎和气囊炎。当炎症蔓延下部呼吸道时，则喘气和咳嗽更为显著，有呼吸道啰音。病鸡食欲不振，生长停滞。后期可因鼻腔和眶下窦中蓄积渗出物而引起眼睑肿胀，症状消失后，发育受到不同程度的抑制。如无并发症，病死率低。

（2）成年鸡　产蛋鸡感染后，只表现产蛋量下降和孵化率低，孵出的雏鸡活力降低。成年鸡很少死亡，如继发大肠杆菌，还出现厌食和腹泻，死淘率增高。

（3）火鸡　火鸡感染火鸡支原体时，常呈窦炎、鼻侧的窦部出现肿胀，有的病例不出现窦炎，但呼吸道症状显著，病程可延长数周至数月。雏火鸡有气囊炎。滑液膜支原体引起鸡和火鸡发生急性或慢性的关节滑液膜炎，腱滑液膜炎或滑液囊炎。

4. 病理变化

单纯感染鸡毒支原体的病例，眼观变化见鼻道、气管、支气管和气囊内含有混浊的黏稠渗出物。气囊炎以致气囊壁变厚和混浊，严重者有干酪样渗出物。自然感染的病例多为混合感染，可见呼吸道黏膜水肿，充血、肥厚。窦腔内充满黏液和干酪样渗出物。波及肺和气囊，气囊内有干酪样渗出物附着，有时可见于腹腔气囊，如有大肠杆菌混合感染时，可见纤维素性肝被膜炎和心包炎。火鸡常见到明显的窦炎。

5. 诊断

（1）临诊综合诊断　幼龄鸡，感染后流鼻涕、咳嗽、窦炎、结膜炎及气囊炎，呼吸道啰音，病程长，增重缓慢，消瘦，产蛋鸡产蛋下降等。

（2）实验室诊断　病原分离与鉴定、血清平板凝集试验（SPA）、血凝抑制试验和 ELISA。

6. 防治

（1）净化措施　建立无支原体病的种鸡群。在引种时，必须从无本病鸡场购买。鸡群中，检疫、淘汰阳性鸡，留下阴性群隔离饲养作为种用，并对后代继续观察，确认是健康鸡群后，还应严格执行消毒，隔离措施，并定期作血清学检查，以保安全。

（2）免疫措施　控制鸡毒支原体感染的疫苗有灭活疫苗和活疫苗两大类。灭活疫苗为油乳剂，可用于幼龄鸡和母鸡。活疫苗主要是 F 株和温度敏感突变株 S6 株，据报道其免疫保护效果确实，比未免疫的对照鸡病变轻，生产性能好。

（3）治疗措施　一些抗生素对本病有一定的疗效。目前认为强力霉素、泰乐菌素、壮观霉素、链霉素和红霉素对本病有相当疗效，抗生素治疗时，停药后往往复发，因此应考虑几种药轮换使用。

（五）禽曲霉菌病

禽曲霉菌病主要是由烟曲霉菌和黄曲霉菌等曲霉菌引起的多种禽类的一种真菌性疾病，幼禽多发且呈急性群发性，发病率和死亡率都很高，成禽则为散发，其主要特征是在呼吸器官组织中发生炎症并形成肉芽肿结节。本病是世界性分布，常在孵化室呈爆发性流行，使养禽业造成巨大损失。

1. 病原

（1）分类　主要病原体为半知菌纲曲霉菌属中的烟曲霉，其次为黄曲霉。另外，黑曲霉、构巢曲霉、土曲霉等也有不同程度的致病性。

（2）培养特征　曲霉菌为需氧菌，在沙堡、马铃薯等培养基上生长良好，形成特征性菌落。烟曲霉在固体培养基中生长时，初期形成白色绒毛状菌落，经 24~30h 开始形成孢子，菌落呈面粉状、淡灰色、深绿色、黑蓝色，而菌落周边仍呈白色。

（3）抵抗力　曲霉菌在自然界适应能力很强，一般冷热干湿的条件下均不能破坏其孢子的生活能力，一般的消毒药须经 1~3h 才能灭活。

2. 流行病学

（1）易感动物　各种禽类中均可发生，常见于鸡、火鸡及水禽，野鸟、动物园中的鸟以及笼养鸟也偶有发生。胚胎及 6 周龄以下的雏鸡与雏火鸡比成年鸡易感，4~12 日龄最为易感，幼雏常呈急性爆发，发病率很高，死亡率一般在 10%~50%，成年禽仅为散发，多为慢性。

（2）传播途径　本病可通过过多种途径感染，曲霉菌可穿透蛋壳进入蛋内，引起胚胎死亡或雏鸡感染，此外通过呼吸道吸入、肌肉注射、静脉、眼睛接种、气雾、阉割伤口等感染本病。

（3）来源　曲霉菌经常存在于垫料和饲料中，在适宜条件下大量生长繁殖，形成曲霉菌孢子，若严重污染环境与种蛋，可造成曲霉菌病的发生。

3. 临床症状

幼禽发病多呈急性经过，病鸡表现呼吸困难，张口呼吸，喘气，有浆液性鼻漏。食欲减退，饮欲增加，精神委顿，嗜睡。羽毛松乱，缩颈垂翅。后期病禽迅速消瘦，发生下痢。若病原侵害眼睛，可能出现一侧或两侧眼睛发生灰白混浊，也可能引起一侧眼肿胀，结膜囊有干酪样物。若食道黏膜受损时，则吞咽困难。

少数禽由于病原侵害脑组织，引起共济失调，角弓反张，麻痹等神经症状。一般发病后 2~7d 死亡，慢性者可达 2 周以上，死亡率一般为 5%~50%。若曲霉菌污染种蛋及孵化后，常造成孵化率下降，胚胎大批死亡。成年禽多呈慢性经过，引起产蛋下降，病程有拖延数周，死亡率不定。

4. 病理变化

病理变化主要在肺和气囊上，肺脏可见散在的粟粒，大至绿豆大小的黄白色或灰白色的结节，质地较硬，有时气囊壁上可见大小不等的干酪样结节或斑块。随着病程的发展，气囊壁明显增厚，干酪样斑块增多，增大，有的融合在一起。后期病例可见在干酪样斑块上以及气囊壁上形成灰绿色霉菌斑。严重病例的腹腔、浆膜、肝或其他部位表面有结节或圆形灰绿色斑块。

5. 诊断

饲料、垫草的严重污染发霉，幼禽多发且呈急性经过、呼吸困难、在肺、气囊等部位可见灰白色结节或霉菌斑块等，做出初步诊断，确诊必须进行微生物学检查和病原分离鉴定。

6. 防治

（1）预防措施　应防止饲料和垫料发霉，使用清洁、干燥的垫料和无霉菌污染的饲料，避免禽类接触发霉堆放物，改善禽舍通风和控制湿度，减少空气中霉菌孢子的含量。为了防止种蛋被污染，应及时收蛋，保持蛋库与蛋箱卫生。

（2）发病处理措施　清扫消毒应尽早移走污染霉菌的饲料与垫料，清扫禽舍，喷洒1∶2000的硫酸铜溶液，换上不发霉的垫料。严重病例扑杀淘汰，轻症者可用1∶2000或1∶3000的硫酸铜溶液饮水连用3~4d，可以减少新病例的发生，有效地控制本病的继续蔓延。

（3）中药方剂治疗

① 金银花、连翘、莱菔子（炒）各30g，丹皮、黄芩各15g，柴胡18g，桑白皮、枇杷叶、甘草各12g，水煎取汁1000mL，为500只鸡的一日量，每日分4次拌料喂服，每天1剂，连用4剂，治疗鸡曲霉菌病效果显著。

② 桔梗250g，蒲公英、鱼腥草、苏叶各500g，水煎取汁，为1000只鸡的用量，用药液拌料喂服，每天2次，连用1周。另在饮水中加0.1%高锰酸钾。对曲霉菌病鸡用药3d后，病鸡群停止死亡，用药1周后痊愈。

（4）西药治疗　也可以选择制霉菌素、两性霉素及其他抗霉菌制剂进行治疗。据报道用制霉菌素防治本病有一定效果，剂量为每100只雏鸡一次用50万U，每日2次，连用2~4d。

（六）传染性鼻炎

由鸡副嗜血杆菌引起的鸡的一种急性呼吸道传染病，其特征是传播快、发病率高，病鸡表现头部肿胀、鼻腔和窦发炎、喷嚏流泪，结膜发炎，较少死亡，但生产性能受严重影响。

1. 病原

(1) 形态特征　鸡嗜血杆菌呈多形性。在初分离时为一种革兰染色阴性的小球杆菌，两极染色。24h 的培养物，菌体为杆状或球杆状，大小为（0.4～0.8）μm×（1.0～3.0）μm，并有成丝的倾向。48～60h 后发生退化，出现碎片和不规则的形态，此时将其移到新鲜培养基上可恢复典型的杆状或球杆状状态。

(2) 培养特征　本菌为兼性厌氧，在含10%的大气条件下生长较好。对营养的需求较高，早期的报告认为既需要×因子［氯高铁血红素（hemin）］，也需要 V 因子。位于表皮葡萄球菌生长线附近的副鸡嗜血杆菌呈卫星状生长。

2. 流行病学

(1) 易感动物　本病发生于各种年龄的鸡，老龄鸡感染较为严重。

(2) 传染源　病鸡及隐性带菌鸡是传染源，而慢性病鸡及隐性带菌鸡是鸡群中发生本病的重要原因。

(3) 传播途径　主要以飞沫及尘埃经呼吸传染，但也可通过污染的饲料和饮水经消化道传染。

(4) 诱发因素　鸡群拥挤，不同年龄的鸡混群饲养，通风不良，鸡舍内闷热，氨气浓度大，或鸡舍寒冷潮湿，缺乏维生素 A，受寄生虫侵袭等都能促使鸡群严重发病。鸡群接种禽痘疫苗引起的全身反应，也常常是传染性鼻炎的诱因。

(5) 季节性　本病多发于冬秋两季，这可能与气候和饲养管理条件有关。

3. 临床症状

鼻腔和鼻窦发生炎症者常仅表现鼻腔流稀薄清液。一般常见症状为鼻孔先流出清液以后转为浆液黏性分泌物，有时打喷嚏。脸肿胀或显示水肿，眼结膜炎、眼睑肿胀。食欲及饮水减少，或有下痢，体重减轻。病鸡精神沉郁，臀部浮肿，缩头，呆立。仔鸡生长不良，成年母鸡产卵减少；公鸡肉髯常见肿大。如炎症蔓延至下呼吸道，则呼吸困难，病鸡常摇头欲将呼吸道内的黏液排出，并有啰音。咽喉也可积有分泌物的凝块。最后常窒息而死。

4. 病理变化

本病理剖检变化也比较复杂多样，主要病变为鼻腔和窦黏膜呈急性卡他性炎，黏膜充血肿胀，表面覆有大量黏液，窦内有渗出物凝块，后成为干酪样坏死物。常见卡他性结膜炎，结膜充血肿胀。脸部及肉髯皮下水肿。严重时可见气管黏膜炎症，偶有肺炎及气囊炎。

5. 诊断

(1) 临床综合诊断　冬季易发，面部肿大，单纯感染，流鼻、咳嗽等，死亡率低。本病和慢性呼吸道病、慢性鸡霍乱、禽痘、以及维生素缺乏症等的症状相类似，故仅从临诊上来诊断本病有一定困难。

（2）实验室诊断　细菌分离、鉴定。选择特殊培养基，培养出传染性鼻炎病菌。

6. 防治

（1）管理措施　鸡场在平时应加强饲养管理，改善鸡舍通风条件，做好鸡舍内外的兽医卫生消毒工作，以及病毒性呼吸道疾病的防治工作，提高鸡只抵抗力对防治本病有重要意义。每栋鸡舍应做到全进全出，禁止不同日龄的鸡混养。清舍之后要彻底进行消毒，空舍一定时间后方可让新鸡群进入。

（2）疫苗接种　目前我国已研制出鸡传染性鼻炎油佐剂灭活苗，经实验和现场应用对本病流行严重地区的鸡群有较好的保护作用。根据本地区情况可自行选用。

（3）治疗措施　副鸡嗜血杆菌对磺胺类药物非常敏感，是治疗本病的首选药物。一般用复方新诺明或磺胺增效剂与其他磺胺类药物合用，或用 2~3 种磺胺类药物组成的联磺制剂均能取得较明显效果。此时可考虑用抗生素采取注射的办法同样可取得满意效果。一般选用链霉素或青霉素、链霉素合并应用。红霉素、土霉素及喹诺酮类药物也是常用治疗药物。总之磺胺类药物和抗生素均可用于治疗，关键是给药方法能否保证每天摄入足够的药物剂量，这是值得注意的问题。

（七）鸡葡萄球菌病

葡萄球菌病主要是由金黄色葡萄球菌引起鸡和其他鸟类的各种疾病总称。在临床主要引起禽类的腱鞘炎、化脓性关节炎、黏液囊炎、败血症、脐炎、眼炎，偶见细菌性心内膜炎和脑脊髓炎等多种病型。

1. 病原

（1）分类及形态　葡萄球菌属于微球菌科，葡萄球菌属，革兰染色阳性球菌，老龄培养物（培养时间超过 24h）可呈革兰染色阴性，固体培养物涂片，呈典型的葡萄串状，在液体培养基或病料中菌体成对或呈短链状排列。

（2）培养特征　葡萄球菌为兼性厌氧菌，营养要求不高，在普通培养基上即可生长，培养 24h 形成直径 1~3mm 的圆形、光滑型菌落；在血液平板培养基上生长旺盛，形成的菌落较大，产溶血素的菌株，在菌落周围出现 β 溶血环，凝固酶阳性，能发酵葡萄糖和甘露醇，并能液化明胶。在麦康凯培养基上不生长。

（3）致病性　葡萄球菌广泛分布于自然界中，葡萄球菌属约有 20 个种，其中金黄色葡萄球菌是对家禽有致病力的重要的一个种。

2. 流行病学

（1）易感动物　鸡、鸭、鹅和火鸡等各种龄期的禽类对葡萄球菌均易感，但以雏禽更为敏感，而鸡以 30~70 日龄多发，成年鸡发生较少，也有孵化后期鸡胚感染金黄色葡萄球菌而致死的报道。地面平养、网上平养较笼养鸡发生的多。肉种鸡及白羽产白壳蛋的轻型鸡种易发、高发。

（2）传播途径　因葡萄球菌是体表的常在菌，当皮肤和黏膜完整性受到破坏，如带翅号、断喙、注射疫苗、网刺、刮伤和扭伤、断趾、啄伤等都可成为本病发生的因素。刚出壳的雏鸡由于脐环开张，为病原菌提供了入侵门户，从而引发脐炎或其他类型的感染。

（3）季节性　本病一年四季均可发生，以雨季、潮湿和气候多变季节多发。

3. 临床症状

（1）败血型　该型病鸡临床表现不明显，多见于发病初期。可见病鸡精神不好，缩颈低头，不愿运动。病后 1~2d 死亡。

（2）皮炎型　该病死亡率较高，病程多在 2~5d。病鸡精神沉郁，羽毛松乱，少食或不食，部分病鸡腹泻，胸腹部、翅、大腿内侧等处羽毛脱落，皮肤外观呈紫色或紫红色，有的破溃，皮下湿润充血。

（3）关节炎型　雏禽、成禽均可发生，肉仔鸡更为常见。多发生于跗关节，常为一侧关节肿大，有热痛感。因运动、采食困难，导致衰竭或继发其他疾病而死亡。

（4）鸡胚感染型　一般在孵化后期 17~20 日龄死亡，已出壳的雏鸡多数出现腹部膨大、脐部肿胀、脚软乏力等症状，个别病雏胫跗关节肿大，在出壳后 24~48h 死亡。

上述常见病型可单独发生，也可几种病型同时发生。临床上还可见其他类型的疾病，如浮肿性皮炎、胸囊肿、脚垫肿、脊椎炎和化脓性骨髓炎等也时有发生。

4. 病理变化

（1）败血型　表现为肝、脾肿大，出血；心包积液，呈淡黄色，心内、外膜，冠状脂肪有出血点或出血斑；肠道黏膜充血、出血；肺充血；肾淤血肿胀。

（2）皮炎型　表现为病死鸡局部皮肤增厚、水肿，切开皮肤见有数量不等的胶冻样黄色或粉红色液体，胸肌及大腿肌肉有出血斑点或带状出血，或皮下干燥，肌肉呈紫红色。

（3）关节炎型　可见关节肿胀处皮下水肿，关节液增多，关节腔内有淡黄色干酪样渗出物。

(4) 鸡胚感染型　死胚表面黏附灰褐色的黏液，胚液呈灰褐色，胚头顶部及枕部皮下显著水肿和点状出血，水肿液呈冻胶样，浅灰色；死胚腹部膨大，脐部肿胀，黑褐色，部分脐环闭合不全；软脑膜、心外膜可见点状出血，肺淤血及点状出血，肝脏土黄色，卵黄囊容积大，血管呈树枝状充血和点状出血，卵黄暗褐色败血型病死鸡局部皮肤增厚、水肿。

5. 诊断

(1) 临床综合诊断　通过临床、病理变化和流行病学，可初步诊断。

(2) 实验室诊断　采取病死鸡皮下渗出液、关节腔渗出液或雏鸡卵黄囊以及内脏器官如肝、脾、肾可作为金黄色葡萄球菌分离培养的病料。接种培养基，同时涂片、染色镜检。如果从典型的病灶中分离到革兰染色阳性单在或排列成短链状球菌，可作为快速的初步鉴定。

6. 防治

(1) 预防措施　加强饲养管理，搞好鸡场兽医卫生防疫措施入手，尽可能做到消除发病诱因，认真检修笼具，切实做好鸡痘的预防接种是预防本病发生的重要手段。在常发地区频繁使用抗菌药物，疗效日渐降低，应考虑用疫苗接种来控制本病。国内研制的鸡葡萄球菌病多价氢氧化铝灭活苗，经多年实践应用证明，可有效地预防本病。

(2) 治疗措施　金黄色葡萄球菌对药物极易产生抗药性，在治疗前应做药物敏感试验，选择有效药物全群给药。实践证明，头孢、庆大霉素、卡那霉素、恩诺沙星、青霉素等均有不同的治疗效果。

(八) 鸭传染性浆膜炎

鸭传染性浆膜炎，又名鸭疫里默杆菌病等，是由鸭疫里默杆菌引起的鸭、鹅、火鸡和多种禽类的一种急性或慢性传染病。其临床特征为倦怠、眼与鼻孔有分泌物、绿色下痢、共济失调和抽搐。病变特征为纤维素性心包炎、肝周炎、气囊炎、干酪样输卵管炎和脑膜炎。本病广泛分布于世界各地，常引起小鸭大批死亡和生长发育迟缓，给养鸭业造成巨大的经济损失、是当前危害养鸭业的主要传染病之一。

1. 病原

(1) 形态特征　病原为鸭疫里默杆菌，革兰染色阴性、不形成芽孢的小杆菌，有荚膜，不能运动，瑞氏染色时大部分细菌呈两极着色特性，呈单个、成双、偶尔呈链状排列，或偶呈丝状，菌体大小不一，$(0.2\sim0.4)~\mu m \times (1\sim5)~\mu m$。

(2) 培养特征　在普通培养基和麦康凯培养基上不生长，初次分离可将病料接种于胰蛋白胨大豆琼脂 (TSA) 或巧克力琼脂平板，在含有二氧化碳的环境中培养形成表面光滑、稍突起、圆形、直径 1～1.5mm 的菌落。在血琼脂上不产生溶血。

（3）血清型　根据表面多糖抗原的不同，采用凝集试验和琼脂扩散试验来进行血清学分型，到目前为止，报道共有 21 个血清型，即 1～21 血清型，据报道，1 型、2 型、3 型的毒力较强。我国调查目前至少存在 13 个血清型，以 1 型最为常见，各血清型之间无交叉保护力。

2. 流行病学

（1）易感动物　家禽中以鸭最易感，樱桃谷鸭、番鸭、麻鸭、丽佳鸭等多种品种的鸭均可发病。主要侵害 2～7 周龄幼鸭，尤以 2～3 周龄雏鸭最严重。对雏鹅易感性较强。

（2）传播途径　本病的传播途径有污染的饲料、饮水、飞沫、尘埃等通过呼吸道和消化道，以及损伤的皮肤等途径传播。

（3）流行特点　该病一年四季都可发生，尤以冬季为甚，以气温低、湿度大的季节，发病和死亡最高。发病率和死亡率受多种因素的影响，差异较大，环境条件差或并发其他疾病时常常促进鸭疫里默杆菌感染的暴发。

3. 临床症状

病鸭最常见的临床表现是精神倦怠、厌食、缩颈闭眼、眼鼻有浆液或黏液性分泌物，常因鼻孔分泌物干涸堵塞，引起打喷嚏，眼周围羽毛粘结形成"眼圈"。拉稀，粪便稀薄呈淡黄白色、绿色或黄绿色。病鸭软脚无力，不愿走动、伏卧、站立不稳，常用喙抵地面。部分鸭不自主的点头，摇头摇尾，扭颈，前仰后翻，翻倒后划腿，头颈歪斜等神经症状。多数病鸭死前可见抽搐，死后常呈角弓反张姿势。耐过鸭生长受阻，没有饲养价值。

4. 病理变化

广泛性纤维素渗出性炎症是本病的特征性病理变化，其中以心包膜、肝脏表面最为显著。纤维素性心包炎，心包液增多，心外膜表面覆盖纤维性渗出物，慢性病例心包增厚、混浊，与纤维性渗出物粘连在一起。气囊混浊、增厚且附有纤维素性渗出物。肝脏肿大，呈土黄色或红褐色，表面被一层灰白色或淡黄色纤维素膜覆盖，有肝周炎、肝坏死；脾肿大，表面有灰白色坏死点，呈斑驳状。

脑膜充血、出血，脑膜上也有纤维素渗出物附着，鼻窦内充满分泌物。少数日龄较大的鸭见有输卵管发炎、膨大，内有干酪样物。

皮肤常发生慢性局部感染，表现为后背部或肛周围呈坏死性皮炎病变，在皮肤和脂肪层之间有淡黄色渗出物。

5. 诊断

（1）临床综合诊断　2～7 周龄的幼龄鸭多发，成年鸭很少发生，幼龄鹅也易感，表现为神经症状和纤维素性心包炎、气囊炎或者肝周炎，流鼻、流泪、拉稀、跛行，寒冷多雨，环境差的饲养场多发，基本可以诊断为鸭传染性浆膜炎。

（2）实验室诊断　在急性败血症时期，无菌采集心血、肝或脑等病变材料，接种于胰酪胨大豆琼脂（TSA）培养基（添加5%～10%犊牛血清）、血琼脂培养基或巧克力培养基上，在含二氧化碳的环境中37℃培养24～48h观察菌落形态并做纯培养，对其若干特性进行鉴定。

（3）鉴别诊断

①雏鸭大肠杆菌病，雏鸭在15日龄前发病死亡率高，日龄越大，死亡率越低，一般没有明显的神经症状，无角弓反张症状。

②鸭病毒性肝炎，发病日龄比本病小，无明显腹泻症状，临死前和死后大多呈角弓反张姿态，剖检时肝肿大，表面有出血斑点，无浆膜的纤维素性炎症。

6. 防治

（1）预防措施　加强饲养管理和卫生消毒工作，减少各种应激因素，圈养的雏鸭，保持适当的通风换气，避免过度拥挤，减少炎热或寒冷的应激等，可在其易感日龄前2～3日用敏感药物进行预防。也可对雏鸭在4～7日龄接种鸭疫里氏杆菌灭活油苗来预防本病。

（2）治疗措施　对于全群发病的雏鸭每天用庆大霉素肌肉注射，或用环丙沙星、氧氟沙星、氟苯尼考、磺胺类药物等治疗，辅助添加多种维生素和电解质，同时用消毒药对场地、用具进行彻底消毒，可使疫情得到控制。

三、禽常见寄生虫病防治

(一) 常见原虫病的防治

1. 鸡球虫病

鸡球虫病是鸡艾美耳球虫引起的寄生虫病。世界流行，对养鸡业危害最严重的寄生虫病。

（1）病原　病原是一种单细胞原生动物，称为球虫，目前国内已有9种，其中柔嫩艾美耳球虫和毒害艾美耳球虫致病力强，前者致雏鸡盲肠的球虫病，后者和其他几种球虫共同引起的小肠球虫病。

球虫的生活史属直接发育型，不需要中间宿主，需经过孢子增殖，但生活史复杂，分体内及体外两个生活阶段，在体内又有无性生殖和有性生殖两个发育阶段。

①体外的无性生殖：随病鸡粪便排到体外的球虫卵囊，在适宜的温度条件

下，经 1~3 日发育成感染卵囊，鸡吞食了感染卵囊后，在消化酶作用下，卵囊膜被溶解，其中子孢子游离出来进入肠上皮细胞，分裂繁殖成第一代裂殖体，每个裂殖体内可形成 900 个裂殖子，裂殖体破裂释放出裂殖子，裂殖子再侵入其他肠上皮细胞内，发育成第二代裂殖体。

②有性生殖：第二代裂殖子侵入肠上皮细胞后，大多数发育成雌配子和雄配子，后者钻入前者体内融合成合子，形成卵囊，经肠道排出到体外。

艾美耳球虫完成一次生殖周期一般需 4~10d，柔嫩艾美耳球虫最少需 6d，感染后第 4 天排出血便，第 5 天达到出血高峰。

（2）流行病学

①传染源：病鸡、带虫鸡。

②传播途径：鸡经采食，而吞食被球虫卵囊污染的饲料和饮水而感染。

③易感宿主：3~6 周龄幼鸡最易感，11 日龄以内雏鸡因有母源抗体保护，很少发病。

④流行特征：适宜的温、湿度是球虫发病和蔓延流行的重要因素，现代化养鸡场，育雏鸡阶段，舍内温湿度都很高，应注意本病的预防，无季节性。

（3）症状　病鸡精神委顿，头体卷缩，羽毛逆立，不活动，不食，冠苍白贫血，下痢，1 月龄左右雏鸡多患柔嫩艾美耳球虫病，侵害盲肠，排血便，2 月龄以上的鸡易患毒害艾美耳球虫病，侵害小肠前段，一般无血便，死亡率较盲肠球虫病低。

（4）病变　盲肠球虫病变主要在盲肠，盲肠膨大，外观晴红色，剪开肠管后，可见盲肠腔内有血液或血凝块，肠管壁增厚，黏膜出血（图 7-1）。

小肠球虫病多发生小肠前段，外观肠管增粗有出血斑，剪开肠管可见黏膜肿胀，附有黏液和血凝块（图 7-2）。

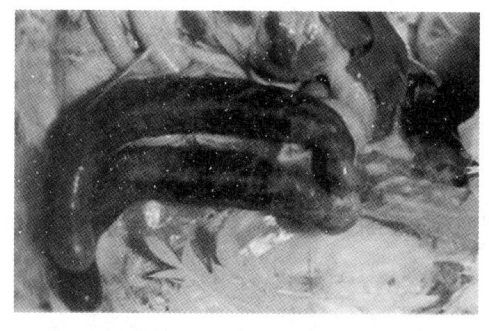

图 7-1　病鸡盲肠肿胀和出血

图 7-2　病鸡十二指肠弥散型出血点

（5）诊断　根据临床、流行病学和病理变化可做出诊断，肠病变部涂片，镜下观察到卵囊和裂殖体可确诊。

鉴别诊断：与盲肠肝炎区别，盲肠肝炎有菊花样病灶，球虫病肝无此变化；与鸡霍乱区别，小肠球虫肠变化易与霍乱肠炎相混，但无心脏出血，肝小点坏死灶等败血症变化。

(6) 防治

①预防原则：育雏前，鸡舍地面，育雏器、饮水器、饲槽要彻底清洗，用火焰消毒，保持舍内地面、垫草干燥，粪便应及时清除发酵处理。

②预防性投药和治疗：在易发日龄饲料添加抗球虫药，因球虫对药物易产生抗药性，故常用抗球虫药物应交替应用。或联合使用几种高效球虫药，如球虫灵、菌球净、氯苯胍、莫能霉素、盐霉素、复方新诺明、氯丙啉等。

③免疫防治：现有球虫疫苗，种鸡可应用，使子代获得母源抗体保护。

2. 鸭球虫病

鸭球虫病是一种出血性肠炎疾病，是鸭球虫寄生于鸭肠道（极少数寄生于肾脏）所引起的原虫病，在鸭只养殖当中常见的一种寄生虫病，发病率和死亡率都较强，特别是雏鸭更受到危害。

(1) 病原　鸭球虫属孢子虫亚门、孢子虫纲、球虫目、艾美耳科。家鸭球虫共有10个种，大部分寄生于肠道。其中以泰泽属、毁灭泰泽球虫致病力最强。

(2) 流行病学　球虫感染在鸭群中广泛发生，各种年龄的鸭均可发生感染。轻度感染通常不表现临床症状，成年鸭感染多呈良性经过，成为球虫的携带者。因此，成年鸭是引起雏鸭球虫病暴发的重要传染源。鸭球虫的发生往往是通过病鸭或带虫鸭的粪便污染饲料、饮水、土壤或用具引起传播的。鸭球虫只感染鸭不感染其他禽类。2～3周龄的雏鸭对球虫易感性最高，发生感染后通常引起急性暴发，死亡率一般为20%～70%，最高可达80%以上。随着日龄的增大，发病率和死亡率逐渐降低。6月龄以上的鸭感染后通常不表现明显的症状。发病季节与气温和湿度有着密切的关系，以7～9月份发病率最高。

(3) 症状　急性感染2～3周龄的雏鸭，精神委顿、缩颈垂翅、食欲废绝、喜卧、渴欲增加、腹泻，常排出暗红色或深红色血便，常在发病后2～3d内死亡。能耐过的病鸭于发病的第4天恢复食欲，但生长发育受阻，增重缓慢。而慢性球虫病，则无明显症状，偶尔见有拉稀。

(4) 病变　剖检急性死亡的病鸭，可见小肠弥漫性出血性肠炎，肠管病变严重，肠壁肿胀、出血；黏膜上密布针尖大小的出血点，有的见有红白相间的小点，肠道黏膜粗糙，黏膜上覆盖着一层糠麸样或奶酪状黏液，或有淡红色或深红色胶冻样血黏液。

(5) 诊断　鸭的带虫现象极为普遍，所以不能仅根据粪便中有无卵囊作出诊断，应根据临诊症状、流行病学资料和病理变化，结合病原检查综合判断。

急性死亡病例可从病变部位刮取少量黏膜置载玻片上,加 1~2 滴生理盐水混匀,加盖玻片用高倍镜检查,或取少量黏膜作成涂片,用姬氏或瑞氏液染色,在高倍镜下检查,见到有大量裂殖体和裂殖子即可确诊。耐过病鸭可取其粪便,用常规沉淀法沉淀后,弃上清液,沉渣加 64.4g/100mL 硫酸镁溶液漂浮,取表层液镜检见有大量卵囊即可确诊。

(6) 防治

①预防:鸭舍应保持清洁干燥,定期清除粪便,防饲饮料和饮水被鸭粪污染。饲槽和饮水用具等经常消毒。定期更换垫料,换垫新土。

②治疗:在球虫病流行季节,当地面饲养达到 12 日龄的雏鸭,可将下列药物的任何一种混于饲料中喂服,均有良效。

磺胺间六甲氧嘧啶(SMM)按 0.1% 混于饲料中,或复方磺胺间六甲氧嘧啶(SMM + TMP,以 5∶1 比例)按 0.02%~0.04% 混于饲料中,连喂 5d,停 3d,再喂 5d。

磺胺甲基异恶唑(SMZ)按 0.1% 混于饲料,或复方磺胺甲基异恶唑(SMZ + TMP,以 5∶1 比例)按 0.02%~0.04% 混于饲料中,连喂 7d,停 3d,再喂 3d。

克球粉按有效成分 0.05% 浓度混于饲料中,连喂 6~10d。

3. 鹅球虫病

鹅球虫病主要是由艾美尔属和泰泽属的各种球虫寄生于鹅的肠道或肾脏引起的一种原虫性寄生虫病。

(1) 病原 据报道引起鹅球虫病的球虫有 15 种,其中以截形艾美耳球虫致病力最强,寄生于肾小管上皮,使肾组织遭到严重破坏。

(2) 流行病学 各日龄的鹅均易感,对幼鹅危害最严重,2 周龄以上雏鹅和幼鹅最易感染,死亡率高,耐过的鹅发育不良,成为带虫者。发病季节与气温、雨量有关,一般每年 5~8 月份多发。鹅球虫病主要表现为轻度腹泻和血便,生长发育受阻。病鹅的主要表现是食欲减退,羽毛松乱精神萎靡,拉血便,严重脱水死亡或继发其他细菌感染而发生死亡,耐过鹅生长迟缓。

(3) 症状 病鹅精神不振,羽毛松乱无光泽,缩头,口流白沫,行走迟缓,闭目呆立,有时卧地,头弯曲藏至背部羽下,食欲减少或不食,喜饮水,先便秘后排稀便,由糊状逐渐变为白色稀便或水样便,泄殖腔周围粘有粪便。部分鹅出现神经症状,痉挛性收缩,不久即死亡。

(4) 病变 病死鹅尸体干瘦,病鹅出现急性出血性肠炎,后段肠道病变严重。肠黏膜肿胀、出血,肠腔充满暗淡红色液体,肠黏膜脱落,肝脏肿胀,胆囊充盈,腔上囊水肿。泄殖腔周围羽毛被粪血污染。剖检病死鹅 12 只,临死鹅 8 只,共同病变在肠道,可见肠壁肿胀,肠黏膜增厚、出血,回盲段和直肠中段的肠黏膜有糠麸样的假膜覆盖，黏膜上有溢血点和球虫结节，肠内容物为红色或褐色稠状物，不形成肠芯。肠腔外观扩张、肿胀，肠内容物呈血样胶胨状，肠黏膜密布针尖大小的出血点，有的见有红白相间的小点，有的肠黏膜覆盖一层黏液，呈淡红色或深红色胶胨状出血性黏液。

（5）诊断　根据症状、流行病学调查、病变及粪便或肠黏膜涂片或在肾组织中发现各发育阶段虫体而确诊。

（6）防治　药物防制可用磺胺间六甲氧嘧啶或磺胺喹恶啉等磺胺类药物，用量及其他预防措施可参照鸭球虫病。

4. 鸡白冠病

本病由卡氏住白细胞原虫寄生于鸡的红细胞和组织细胞而引起一种鸡贫血性疾病。

（1）病原　本病病原是卡氏住白细胞原虫和沙氏住白细胞原虫，在红细胞和白细胞内繁殖，通过吸血昆虫库蠓传播。

生活史有三个发育阶段，孢子生殖在库蠓体内进行，最后生成有侵袭性的子孢子，出现在库蠓的唾液内，通过叮咬和吸血侵入鸡体，并开始裂殖生殖，子孢子侵入鸡的肝、肾、脾、肺心和肌肉等脏器的血管内皮细胞内，先形成第一代裂殖体，在感染后5～7d第一代裂殖体成熟，又产生大量裂殖子，再次进入全身血管内皮细胞，形成第二代裂殖体。第二代裂殖体释放出裂殖子侵入血液的红细胞和白细胞，从而进入配子生殖阶段，感染后15～19d在血液中形成雌配子体和雄配子体。在配子体出现5～7d后在血液中消失，当库蠓吸了带有大小配子体的鸡血液，孢子生殖阶段又在库蠓内进行。本病在蠓与鸡之间周而复始的传递，一个循环期为70d左右，病鸡体内可长期带虫。

（2）流行病学

①传染源：病鸡和带虫鸡。

②传播途径：吸血昆虫库蠓叮咬吸血而传播。

③流行特征：有明显季节性，库蠓活动的夏季，北方地区是8～9月份，南方地区是4～6月份。

（3）症状　病鸡冠、肉垂贫血苍白，排绿色稀粪，食量罐低，发育减慢，体重下降，两腿无力，行动迟缓，产蛋率降低，重症鸡咳血或因内脏出血而突然死亡，雏鸡和育成鸡死亡率20%～80%，成年鸡死亡率低。

（4）病变　血液稀薄色淡，凝固不良，肝脾肿大，质脆易碎，皮下出血，胸腿肌肉，皮下脂肪有散在出血斑点、灰白色或灰黄色小点病灶（图7-3）；胸骨内侧，肝、胰、胃的浆膜及黏膜，心外膜、肺、肾、脑膜等各处均有出血点和黄白色小点。组织学检查，出血点和白点处可检出巨型裂殖体。

图 7-3 病鸡肌肉、皮下的灰白色虫体病灶

(5) 诊断 根据流行病学特征，症状和病变可做出初步诊断，确诊时取肺、肾、血徐片，姬姆萨染色，镜检见配子体和裂殖体时可确诊。

(6) 防治 在库蠓出现季节用杀虫药，6%~7.7%马拉硫磷溶液喷洒鸡舍的纱窗，防止库蠓侵入鸡舍。发病的鸡进行治疗。

①氯羟吡啶（可爱丹、氯吡醇）饲料中添加0.1%，连喂7d，效果很好。

②磺胺-6-甲氧嘧啶：按饲料量的0.1%连喂3~5d，即1kg饲料添加1g。

③磺胺二甲氧嘧啶：预防量饮水浓度为1L水加25mg，治疗量：0.05%的水溶液，饮用2d，然后改用0.03%的浓度，再饮2d。

④痢特灵：预防量，按饲料量添加，即每千克饲料添加100mg，治疗量每1kg饲料添加150mg，连用6~7d为一疗程。

⑤广虫灵：预防量，每1kg饲料添加125mg，5~6d为一疗程。用药剂量要准确，拌均匀，严防中毒。

5. 组织滴虫病

组织滴虫病又称盲肠肝炎、黑头病，是鸡和火鸡的一种原虫病，以盲肠和肝脏病变为特征。

(1) 病原 病原体为火鸡组织滴虫。虫体大小为 $6\mu m \times 12\mu m$，寄生在盲肠、肝脏的细胞间质内，原虫随粪便排出体外，抵抗力很弱，在体外存活15d，如原虫侵入异刺线虫的虫卵后，被排出体外，蚯蚓在土壤中可吞食异刺线虫的虫卵，原虫在虫卵内长期保存感染力，鸡如摄取这种虫卵，原虫受到虫卵的保护，不受消化酶的作用而到达盲肠，卵壳被消化后，线虫幼虫和组织滴虫侵入盲肠上皮组织内，同时原虫可随血流经门脉至肝脏，导致盲肠和肝脏发炎。

（2）流行病学

①传染源：病鸡和带虫鸡，带有滴虫的异刺线虫卵的饲料和饮水，吞食带有滴虫的异刺线虫卵的蚯蚓，都可成为传染来源。

②传播途径：消化道感染是本病的唯一途径。

③易感性：8周至4月龄的火鸡雏和鸡雏的易感性高，火鸡比鸡更易感，成年鸡感染不发病，成为带虫鸡。

④流行特征：许多饲养管理的不良因素（鸡群拥挤，运动场不清洁，饲料营养不全，维生素A缺乏）都是该病的诱发因素，多发于有运动场散养鸡群。

（3）症状　病鸡精神不振，食量减少，垂翅低头、闭眼、行走如踩高跷，下痢，初期粪便金黄色或硫黄色，病情严重时排血便。随着病程的发展，机体衰弱，血液循环障碍，火鸡的头部皮肤变成紫蓝色或黑色，因而有"黑头病"之称，病程1～3周。5～6月龄以上鸡感染后其症状不明显，成为带虫鸡。病愈康复鸡体内仍有滴虫。

（4）病变组织　滴虫寄生于盲肠及肝脏。典型病变为感染后第8天，盲肠先出现病变，肠壁增厚，盲肠肿胀增粗，黏膜出血、坏死、溃疡，肠腔中出现干酪样栓子，切面呈年轮样纷层，有的盲肠壁因坏死而穿孔引起腹膜炎，与邻近脏器粘连（图7-4）；肝肿大，紫褐色，肝表面出现圆形的菊花样黄绿色或黄白色坏死灶（图7-5）。坏死灶中心部下陷，周边稍凸起，呈大小不一的硬币状，病灶周围常有出血带，坏死灶深入肝实质内，严重时坏死灶融合成弥散性坏死，蔓延整个肝脏，触及即碎。

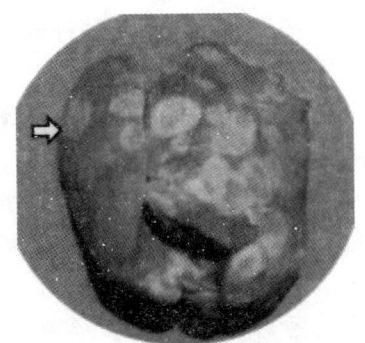

图7-4　盲肠炎性肿胀，肠管内有干酪性轮层状凝栓　　　图7-5　肝脏菊花样病灶

（5）诊断　根据病变可诊断，确诊时取新鲜肠内物涂片，加盖片镜检可见虫体。

(6) 防治

①预防原则：加强环境卫生，保持鸡舍地面干燥，地面用火焰消毒，规模化养鸡最好不用土质地面的运动场，以防鸡吃带虫蚯蚓感染。

②预防性投药：农户散养鸡育雏阶段，可定期在饲料中添加痢特灵、甲硝咪唑等，治疗时可增加药量。

6. 禽毛滴虫病

禽毛滴虫病是家禽、火鸡、鸵鸟、鸽和鹰等的一种原虫病，由禽毛滴虫寄生于禽的消化道上段所引起，分布广泛。本病的特征是喉部有干酪样积聚，常常伴有体重下降。本病在家鸽引起通常所说的"溃疡"，而寄生于鸡、火鸡、鸵鸟和许多野生鸟类时则致病性不同。

(1) 病原 禽毛滴虫主要害生于上消化道，鸭毛滴虫主要寄生于下消化道。虫体外菜呈梨状，移动迅速，具有四根游离的前鞭毛，一要边缘鞭毛及波动膜，位于虫体后方。虫体外形呈梨状，具有4根游离的前鞭毛，1根边缘鞭毛及波动膜，并以纵二分裂方式繁殖，无孢囊体，有性阶段或媒介。虫体大小为 $(5\sim19)~\mu m \times (2\sim9)~\mu m$。

(2) 流行病学 禽毛滴虫寄生于鼻窦、口腔、喉、食道及嗉囊的黏膜表层，偶尔侵害结膜及前胃的黏膜表层。家禽有严重暴发的报道，而家鸽和野鸽的流行更严重。幼鸽通常因首次尝食成年鸽嗉囊中的鸽乳而被感染，并保持终生带虫。在形成足够保护力的免疫之前，受强毒虫株感染时，死亡率可高达50%。鸡和火鸡的毛滴虫病常常是由鸽传染的，污染的水源或饲料可能是鸡和火鸡感染的最重要的传染源。鹰吃入感染鸟后而发病。几乎所有的鸽子都是该虫的携带者。鸵鸟感染可能通过鸽子、患病带虫的其他鸟类污染的饮水、饲料传播。

(3) 症状 病鸡精神委顿，食欲由减少至废绝，羽毛松乱，步态不稳，排淡黄色水样便，消瘦，昏睡。

(4) 病变 在口腔中可见到浅绿色至浅黄色的黏液，并从口中流出。初期病变是口腔黏膜上出现小的、界限分明的干酪样病灶，在病灶周围可能有一窄的充血带，可融合成团。干酪样物质的堆积，使部分或全部堵塞食道。最后病变可穿透组织并扩展到头部和颈部的其他区域，食道和嗉囊为黄色，有圆形隆起，并带有一圆锥形的干酪样突起，常称作"黄色纽扣"。嗉囊上覆盖有淡黄色白喉样膜，并能扩展到腺胃。肌胃和肠道没有病变。内脏器官病变最常见的是肝脏，始于表面，后扩展到肝实质，呈现为硬的、白色至黄色的圆形或球形病灶。

口腔、鼻窦、咽、食道和嗉囊有凸起的白色结节或坏死性溃疡，并有干酪样分泌物。肝与肺也常有硬的、白色至黄色的圆形或环形坏死灶。盲肠肿胀，黏膜溃疡，表面有干酪样渗出物，其他肠段也呈典型的炎症变化。

（5）诊断　可用口腔嗉囊分泌物或肠黏液直接涂片，显微镜下查找虫体。

（6）防治

①治疗常用药：0.05%二甲硝基咪唑饮水，4~7mg/kg体重；或甲硝唑0.05%拌料或饮水；或0.05%硫酸铜饮水3~5d。

②预防：加强日常卫生管理定期消毒，杜绝传染来源。并及时发现和隔离病禽。

7. 禽隐孢子虫病

隐孢子病是由原虫感染引起的一种鸡的寄生虫病，隐孢子虫主要寄生在宿主黏膜上皮的顶端微绒毛层内，引起鸡的腹泻和呼吸道病变。世界各地均有流行，我国务省、市、自治区也有本病流行。已知隐孢子虫广泛寄生于哺乳类、鸟类、爬行类及兽类许多动物，家禽及很多野禽都能感染，是一种人兽共患的寄生虫病。据北京地区11个鸭场普查结果，53.6%鸭场有隐孢子虫污染，14~28日龄幼鸭粪便的卵囊检出率达54.5%。本病的广泛流行，对养禽业将造成一定的危害，同时也可危及人类健康。

（1）病原　隐孢子虫属于孢子虫纲，真球目，隐孢子虫科。目前已知有鸡的鼠隐孢子虫，鸡的贝氏隐孢子虫，鹅的鹅隐孢子虫和鸡隐孢子虫四种。在我国主要是贝氏隐孢子虫。

（2）生活史　隐孢子虫的生活史与艾美耳球虫相似，有配于生殖、裂殖生殖和孢子生殖三个发育阶段，卵囊含有四个子孢子。卵囊随粪便排出体外，被易感宿主食入，在胃肠道释放出子孢子，子孢子经无性生殖变为含有8个裂殖子的裂殖体，而后再进行配子生殖。

隐孢子虫在宿主里面可以形成两种卵囊，一种为厚壁卵囊，排出体外后可以感染易感宿主；另一种为薄壁卵囊，卵囊壁易破坏，而释放子孢子，这些子孢子可在原宿主体内发生新的发育周期，这种现象又称自体感染。由于这种自体感染，禽类一旦受隐孢子虫侵袭，感染将持续相当的时间。

隐孢子虫寄生在法氏囊，泄殖腔及呼吸道的黏膜上皮细胞里面，但位于胞浆之外，在上皮细胞表面的带虫空泡中。带虫空泡的泡膜由虫体周围的撒绒毛增生融合而成，泡膜在结构上分内外两层，外层与微绒毛相连接，内层与虫体外膜形成一致密带，靠近致密带上方的虫体表膜反复折叠形成脑回状的突起，称营养器，以获得宿主细胞的营养，并产生毒素，侵害宿主寄生部位的组织而引起相应的病变和症状，如寄生在呼吸道而引起咳嗽，气喘等呼吸症状。

（3）流行病学

①传染源：病禽和带毒者。

②传播途径：可经消化道、呼吸道和眼结膜侵入易感动物。

③易感动物：11周龄以内的幼禽能够感染隐孢子虫，禽类隐孢子虫一般不传染给哺乳动物，但哺乳动物可能传染给禽类。

④流行特征：一年四季均可发生，但以春季多发。

（4）症状　隐孢子虫可寄生在呼吸道、消化道、法氏囊、眼、肾等器官的上皮组织细胞表面。呼吸道受感染时，常出现咳嗽、呼吸困难等症状；消化道受感染时，食欲减少，下痢消瘦，生长发育不良。由于虫体寄生的部位抵抗力下降常继发霉形体和大肠杆菌病，死亡率增加。

尸体剖检，仅见尸体消瘦，脱水，呼吸道黏膜有卡他性炎症，肺可有局灶性炎症，气囊膜浑浊如毛玻璃样。肠道也可见有卡他性炎症。法氏囊和泄殖腔黏膜肿胀，呈灰白色。在法氏囊、泄殖腔、喉头、气管等的黏膜抹片中可发现有大量球形的隐孢子虫体。组织学检查可见上述器官组织的上皮细胞表面有多量的单层球形虫体附着，上皮细胞肿胀、淡染，微绒毛脱落，在脱落的上皮细胞碎屑中，混有多量隐孢子虫虫体。

（5）诊断　本病的临床症状和眼观病理变化都缺乏特征性，要确诊必须用病理组织学方法检出虫体或检查粪便中的卵囊，隐孢子虫，卵囊为球形、卵圆形或椭圆形，大小为 $6.14\mu m \times 5.04\mu m$，囊壁光滑五色，单层结构，厚度约 $0.5\mu m$，内含有 4 个裸露的子孢子（$5.8\mu m \times 1.1\mu m$）和一个中央残体（$3.41\mu m \times 2.93\mu m$），脱落细胞学检查，直接取呼吸道、法氏囊等内容物涂片检查虫体，可快速作出诊断。

（6）防治　目前尚没有防治隐孢子虫病特效药，也没有供免疫应用的疫苗，只能以严格的防疫卫生措施，杀灭或减少环境中的隐孢子虫卵囊，来防治本病发生和流行。用10%福尔马林、5%氨水、漂白粉等对隐孢子虫卵囊有一定的抑杀作用，定期对鸡舍用具及周围环境进行消毒，可控制本病的发生。

8. 弓形虫病

鸡弓形虫病是龚地弓形虫侵入鸡组织细胞内寄生而引起的原虫病。

（1）病原　在终末宿主体内的发育：滋养体、包囊和感染性卵囊壁被溶解后，释放出滋养体和子孢子，侵入肠上皮细胞，首先形成裂殖体，经过裂殖生殖产生大量裂殖子，侵入新的上皮细胞再进行裂体生殖。如此反复若干次后，裂殖子转化为雌雄配子体，进行配子生殖，晕后产生卵囊，随猫的粪便排出体外，在适宜的环境下，经 2~4d 发育成感染性卵囊。

在中间宿主（禽类、哺乳动物、鱼类）体内的发育：当鸡摄取含有包囊和滋养体的肉和被感染性卵囊污染的食物而侵入体内，通过淋巴血液循环，进入器官的有核细胞内，在细胞内进行无性繁殖。如果虫株毒力强，引起急性发病过程；如毒力弱，宿主很快产生免疫力，弓形虫繁殖受阻，则呈慢性发病或无症状感染，虫体在中间宿主体内一些脏器组织中形成包囊型虫体。

弓形虫一旦侵入动物体内则侵入脏器组织细胞内，在其内繁殖寄生，致使组织细胞遭到破坏，同时产生毒素，引起各脏器和组织水肿、出血、坏死及其他变化，影响鸡的生长、发育和蛋的品质。

(2) 流行病学

①传染源：弓形虫病的传染来源为患病和带虫动物。因该动物体内存有弓形虫的滋养体和包囊。证明患病和带虫动物的唾液，及粪便、尿、乳汁、蛋、腹腔液、眼分泌物、肉、内脏、淋巴结、流产胎儿、胎盘、流产物中以及急性病例的血液中都可能含有滋养体和包囊。此外，被病猫和带虫猫排出的卵囊污染的土壤、饲料、饮水等都可成为传染来源。

②易感宿主：弓形虫是一种多宿主的寄生虫，据报道，45种哺乳动物、70种鸟类、5种冷血动物都可感染患病，其幼龄动物，胎儿最易感。

③传播途径：可经消化道感染，此外可经口腔、鼻腔、呼吸道黏膜、眼结膜、皮肤感染，母体胎儿可经胎盘感染。

④流行特征：各种年龄鸡均可感染，无季节性、感染谱广泛，动物产品如未经加工处理，鱼粉、鲜肉、鲜乳、鲜蛋，往往含有包囊。

(3) 症状　病鸡初期食欲不佳、精神不振、逐渐消瘦、鸡冠苍白和皱缩、结膜炎、视力减退或失明，拉稀白色粪便。有的鸡出现神经症状，共济失调、扭颈歪头、震颤、角弓反张等。剖检肝脾肿大，有出血点，并有灰白色结节，肺充血、脑充血和出血，小肠黏膜充血，可见有溃疡性肠炎。组织学检查，在肌肉、心、肝、脾、脑等器官有多量弓形虫的包囊。

(4) 诊断　临床症状和尸体剖检缺乏特征性变化。确诊需用腹腔液和各器官涂片用姬姆萨染色后查找虫体，用病料1:10稀释后加双抗，进行小白鼠或鸡胚接种，分离虫体。此外，可间接荧光抗体和补体结合反应，酶联免疫吸附试验等血清学方法来诊断。

(5) 防治

①治疗：用磺胺类药物有特效。

②预防：鸡场严禁饲养猫科动物，定期驱虫，灭鼠。动物饲料应做高温杀虫。定期进行舍内消毒，病鸡及时隔离治疗。

9. 埃及血孢子虫病

埃及血孢子虫病是由埃及血孢子虫寄生于禽类红细胞引起的一种血液原虫病。

(1) 病原　虫体称埃及血孢子虫，体直径1μm，呈圆形或椭圆形，之后演变为梨状，圆形或椭圆形，进一步发育成的裂殖体。一般呈圆形或椭圆形，直径2~2.5μm。寄生于红细胞内。

(2) 流行病学　本病的易感宿主为鸡、火鸡、鹅、鸭及许多野禽。传播者为波斯锐绿蜱。

（3）症状　病鸡羽毛松乱，体温升高，精神委顿，厌禽，关节麻痹，初期排稀便后期腹泻。病理变化主要特征是血液凝固不良，稀薄无色，肌肉高度苍白，肝脾明显肿大，肾质地脆弱黄绿色，胸腹腔浆膜有针尖大小出血点，呈弥散性分布。心肌冠状沟有的病例出现胶冻状出血性浸润。

（4）诊断　血液和脏器涂片，姬姆萨液染色，显微镜下查找虫体，建立诊断。

（5）防治　消灭鸡舍和周围环境的蜱，切断鸡埃及血孢子虫生活史。

10. 血变原虫感染

血变原虫感染是由血变原虫寄生于禽红细胞内所引起的一种寄生虫病。

（1）病原　禽血变原虫又称火鸡血变虫，鸽血变原虫，水禽血变原虫。生活史为孢子生殖，裂殖生殖在内脏器官的内皮细胞里，配子体在红细胞内。孢子生殖发生在昆虫体内。

（2）流行病学　本病主要由各种双翅目昆虫传播，如虱、蝇、蠓等。

易感宿主为火鸡、雉、鸽、天鹅、大雁、鸭、野鸭、鹌鹑等均易感。

（3）症状　病禽精神不振，厌食腹泻消瘦，全身无力，贫血等呼吸困难症状。尸体剖检，血液稀薄如水状，肌肉苍白，肝脾肿大。

（4）诊断　血液涂片，姬姆萨染色，镜下可查找细胞内的色素颗粒和虫体。

（5）防治　治疗可试用阿的平和扑疟喹。预防应注意禽场卫生管理，夏季、春季、秋季常用杀虫剂杀灭昆虫。

11. 鸡疟原虫感染症

鸡疟原虫感染症是由鸡疟原虫引起的寄生红细胞肛内的寄生虫病。

（1）病原　鸡疟原虫、禽疟原虫在库蚊和伊蚊体内发育。当蚊吸血时，吸进配子体，后形成配子，并发育为卵囊再进行孢子生殖。当蚊子叮咬禽类宿主时，感染性子孢子慢入宿主的网状内皮系统的细胞，经过红细胞外的两代裂殖体发育，即潜隐体和第二代潜隐体。从第二代潜隐体产出的裂殖子，并进入血液和红细胞。血液和网状内皮组织间的虫体可发生互换，钻果在许多组织，尤其是脾、肾、肝的内皮细胞内产生第二次的红细胞外的裂殖体，这些虫体可引起严重的虫血症（图7-6）。

侵入红细胞中的滋养体（早期裂殖子），进行核分裂而形成一个含有多核成熟的裂殖体。裂殖体分化产生裂殖子。宿主红细胞破裂，释放裂殖子，并侵害其他的红细胞，数代无性发育后，一些裂殖子分化形成配子体并等待蚊子吸入。

（2）症状　感染1~2个月的雏鸡，可出现90%左右的死亡率。成鸡出现

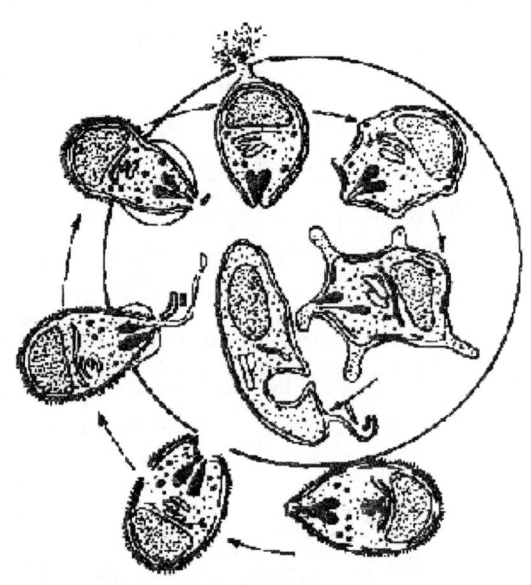

图 7-6 鸡疟原虫侵入红细胞过程

严重贫血，排出大量混有黄乳白色黏液的绿色下痢便，被感染鸡虽然很衰弱，但大部分能耐过生存。成为隐性带虫鸡。

死亡鸡仅见脾呈暗黑色肿大明显。组织学可见网状内皮系细胞活化，寄生红细胞被吞噬和疟原虫色素蓄积，淋巴样组织增生脾小动脉壁水肿等。

(3) 诊断 临床上怀疑本病时，采血做血涂片，姬姆萨染色，检查红细胞形态，并确认疟原虫体。也可采集几只病鸡血液，做抗凝处理，混合后，给健康鸡肌注 5mL，1 周后采血做涂片检查可见到虫血症。

(4) 防治 可用奎宁阿的平、抗疟喹啉等各种抗疟类药物治疗。

预防：在蚊子出现季节做好灭蚊、防蚊工作。

(二) 常见蠕虫病的防治

1. 赖利绦虫病

赖利绦虫病是由多种赖利绦虫寄生于鸡及火鸡、雉鸡、珍珠鸡、鹌鹑、鸽和孔雀等特禽的小肠引起的绦虫病，对养鸡业危害较大，在临床上多见于放养的草鸡，能大群感染，并引发死亡。

(1) 病原及流行特点 赖利绦虫病的病原隶属戴文科、赖利属，国内报道的病原有四角赖利绦虫、棘沟赖利绦虫、有轮赖利绦虫、山东赖利绦虫、小沟赖利绦虫、台湾赖利绦虫和拟四角赖利绦虫等，其中以前三者最常见（图 7-7）。

①四角赖利绦虫：虫体扁平带状，长达 25cm。头节较小，顶突上有 1~3 列小钩。吸盘为卵圆形，上有 8~10 列小钩。成节的生殖孔位于一侧。孕节中每个卵袋含卵 6~12 个。虫卵直径 25~50μm。四角赖利绦虫和棘沟赖利绦虫的中间宿主为蚂蚁，有轮赖币虫的中间宿主为蝇类和甲虫，虫卵在中间宿主体内发育为似萝蚴，鸡啄食含似囊尾蚴的中间宿主后感染，约经 20d 发育为成一放养的禽群易感染，对雏鸡的危害大。

②棘沟赖利绦虫：大小和形状颇似四角赖利绦虫，但其吸盘为圆形，顶突上有 2 列小钩。虫卵直径 25~40μm。

③有轮赖利绦虫：虫体较小，一般不超过 4cm，偶可 15cm。头节大，顶突宽厚形似轮状，突出于前端，有 2 列小钩；生殖孔不规则交替开口。孕节中含许多卵袋，每个卵袋内有一虫卵，虫卵直径 75~88μm。

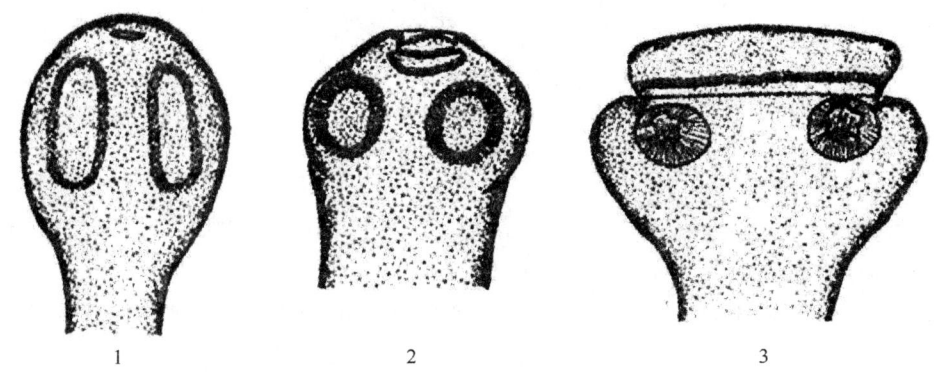

图 7-7 赖利绦虫头节
1—四角赖利绦虫 2—棘沟赖利绦虫 3—有轮赖利绦虫

（2）症状 赖利绦虫为大型虫体，大量感染时虫体积聚成团，导致肠塞，严重时使肠破裂引起腹膜炎；其代谢产物被吸收后可引起中反应，出现神经症状。鸡严重感染时，发生消化障碍，粪便变稀混有淡黄色血样黏液，食欲降低，渴饮增加，迅速消瘦，精神沉郁，两翅下垂，头和颈扭曲，有时出现神经性痉挛，最后极度衰竭而死亡，不死者生长发育受阻或完全停止。产蛋鸡产蛋量明显下降或停产。

（3）病变 肠腔内有许多带有恶臭黏液，黏液黄染。肠管黏膜有结核样的小结节，结节中央凹陷，内有虫体或黄褐色凝乳样栓塞物，也有的变大，成为疣状溃疡。肠管显著扩张，肠道黏膜脱落，肠腔内常有大量虫体。

（4）防治 鸡舍内外定期杀灭蚂蚁和其他昆虫；幼龄鸡和成年鸡分开饲养，鸡群定期预防驱虫，及时清除鸡舍粪便并堆积处理；新引入的鸡应先驱虫再合群。

病鸡治疗或预防驱虫可选用药物：硫双二氯酚100~200mg/kg体重，一次口服；丙硫咪唑15~20mg/kg体重，一次口服；氯硝柳胺50~60mg/kg体重，一次口服；吡喹酮10~15mg/kg体重，一次口服。

2. 戴纹绦虫病

戴纹绦虫病是由戴纹绦虫寄生于鸡、鸽、鹌鹑的十二指肠内引起的绦虫病。临床上多见于放养的草鸡，尤其是雏鸡危害严重。

（1）病原 戴纹绦虫病的病原隶属戴纹科、戴纹属（Davainea），国内报道的病原有节片戴纹绦虫（D. proglottina）和革带戴纹绦虫（D. himantopodis），以前者最为常见。

节片戴纹绦虫虫体外观呈舌形，长仅0.5~3.0mm，由4~9个节片组成。头节小，顶突和吸盘上均有小沟，但易脱落。生殖孔规则地开口于每个节片的侧缘前部。睾丸12~15个，位于体节后部。孕节子宫分裂为许多卵袋，每个卵袋内含一虫卵，虫卵直径35~40μm。

节片戴纹绦虫以蛞蝓和蜗牛为中间宿主，虫卵在中间宿主体内发育为似囊尾蚴，禽吃下含似囊尾蚴的中间宿主后感染，约12~16d发育为成虫。

（2）症状 虫体以头节深入肠壁，可引起急性炎症。患禽经常发生腹泻，粪中含黏液或带血，精神委顿，行动迟缓，高度衰弱与消瘦，从两腿开始麻痹，逐渐发展波及全身以致死亡。

（3）病变 剖检病变可见肠道黏膜发炎、肥厚、出血，肠黏膜上附有虫体。

（4）防治 在流行区，对鸡应进行定期驱虫，保持鸡舍和运动场干燥时清除粪便。病鸡治疗或预防驱虫可选用硫双二氯酚、氯硝吡喹酮等。

3. 剑带绦虫病

剑带绦虫病是剑带绦虫寄生于鹅、鸭和野鸭等禽类小肠内引起的绦虫病，多呈地方性流行，对幼龄水禽危害严重，临床常见幼鹅和青年鹅。

（1）病原 剑带绦虫病的病原隶属膜壳科、剑带属，国内报道的病原有矛形剑带（D. lanceolata）和普氏剑带绦虫（D. przewalskii），以前者最为常见。

矛形剑带绦虫虫体乳白色，形似矛头，长达11~23cm、20~40个节片组成。头节细小，新鲜时缩于节片之间，上有吸盘，顶端上有8个小钩，颈短。有3个椭圆形睾丸，横列内生殖孔~侧。卵巢瓣状似两朵菊花。生殖孔位于节片一侧上缘。虫卵无色，椭圆形，大小为（46~106）μm×（37~103）μm。

矛形剑带绦虫以生活在水中的剑水蚤为中间宿主，虫卵蚤体内发育为似囊尾蚴，鹅、鸭等禽类吞食含似囊尾蚴的剑水蚤感染，约经19d的发育变为成虫。幼龄水禽易感，严重感染者可引起死亡，成年鹅往往为带虫者。我国不少省区都有报道，放养在地势低洼、常年积水、水草茂盛地带的鹅、鸭最易感染流行本病。

（2）症状　幼鹅严重感染后首次出现消化功能障碍的症状，排出白色稀薄的粪便，往往混有白色的节片。患病鹅后期食欲废绝，饮水增多，生长发育受阻，消瘦，精神萎靡，不喜活动，常离群独居，双翅下垂，羽毛松乱。有时出现神经症状，运动失调，走路摇晃，两腿无力，向后面坐倒或突然向一侧跌倒，不能起立。夜间病鹅伸颈、张口，如钟摆样摇头，然后仰卧，作划水动作。发病后一般经1～5d死亡，有时由于其他不良环境因素（如气候、温度）可使大批幼鹅突然死亡。

（3）病变　剖检时可见小肠黏膜发生卡他性炎症和出血，其他浆膜组织常见有大小不一的出血点，心外膜上更为显著。

（4）症状　对成年水禽进行定期驱虫，一般在春秋两季进行，以减少病原对环境的污染；对于放牧的鹅，应进行成虫前驱虫，即在早春幼鹅放牧开始后第18天，全群驱虫一次；在流行区，放养和水塘应轮换使用，必要时可停用1年后再用。

（5）防治　病禽治疗或预防驱虫可选用药物：吡喹酮10～15mg/kg体重，一次口服；碗双二氯酚150～200mg/kg体重，一次口服；氯硝柳胺50～60mg/kg体重，一次口服；丙硫咪唑20～25mg/kg体重，一次口服；氢溴酸槟榔碱1.0～1.5mg/kg体重，溶于水口服，投药前禁食16～20h。

4. 蛔虫病

蛔虫病是鸡消化道常见的一种线虫病，分布很广。蛔虫病对雏鸡的生长和发育有很大的影响，甚至导致死亡。

（1）病原　鸡蛔虫是一种淡黄白色两头尖中间粗的线虫，雄虫长50～76mm，雌虫长65～110mm（图7-8）。鸡蛔虫的发育不需要中间宿主。寄生在鸡小肠内的成虫每天产大量虫卵，随粪便排出体外，在适宜的温度、湿度条件下17～18d可发育成具有侵害性的虫卵。虫卵被鸡采食后，虫卵在鸡肠内发育，数天后幼虫钻入肠黏膜中进一步发育成为成虫。整个过程需要35～58d。3月龄以内的鸡最易感染，特别是平养鸡和散养鸡，发病率高，病情较重。成年鸡抵抗力较强，一般不发病，但可带虫。饲料营养缺乏、过度拥挤、大小鸡混养等是本病发生的诱因。各品种的鸡在各季节都可发病。

（2）流行　蛔虫卵是流行传播的传染源。成熟的雌虫在鸡的肠道内产卵，卵随粪便排出体外，污染环境、饲料、饮水等，在适宜的条件下，经过1～2周时间卵发育成小幼虫，具备感染能力，这时的虫卵称感染性虫卵（图7-9）。健康鸡吞食了被这种虫卵污染了的饲料、饮水、污物，就会感染蛔虫病。

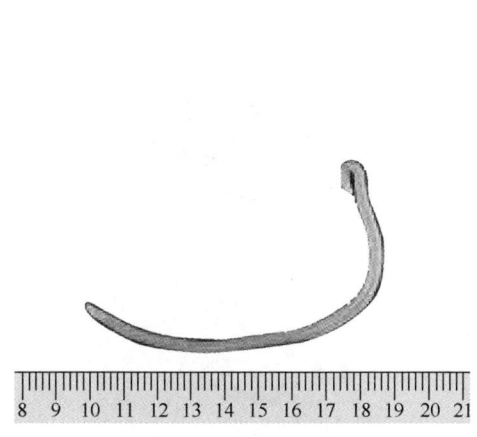
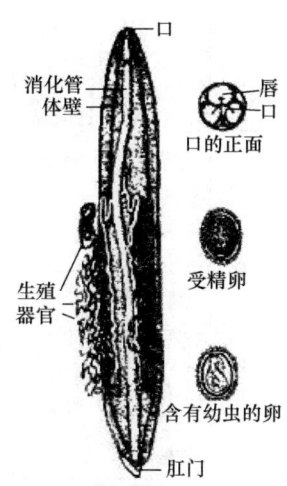

图 7-8　蛔虫成虫　　　　　图 7-9　雌蛔虫纵剖和虫卵

（3）症状　雏鸡表现生长发育不良，消瘦、贫血、精神不好、行动缓慢、消化机能障碍、下痢和便秘交替，有时稀粪中混有带血黏液，以后逐渐消瘦至死亡。成年鸡症状一般较轻，体重减轻，采食饮水正常，大部分鸡精神正常，个别鸡瘫痪，产蛋率下降。

鸡蛔虫病的病变特征是尸体消瘦、肠黏膜肿胀增厚，有时可见出血、充血和溃疡。肠道内可见大量虫体，阻塞肠道。

（4）诊断　由于本病没有特征性症状，检时发现了蛔虫即可确诊。

（5）防治　每天清扫鸡舍中的粪便，然后放到适当地方，经过发酵杀死虫卵后方可使用。饲料要放到清洁的饲槽内，避免落到地面上和粪便接触。禁止饮用脏水，以免感染蛔虫病。每年春季、秋应定期驱虫1次。

5. 异刺线虫病

异刺线虫又称盲肠虫，属异刺科异刺属线虫。自然界分布广，能引起鸡、鹅及火鸡、雉鸡、鹌鹑和孔雀等盲肠线虫病，寄生于盲肠内。前述该线虫的虫卵能携带火鸡组织滴虫，当鸡吞食含有组织滴虫的虫卵时，可同时发生组织滴虫病。

（1）病原　本线虫为灰黄色虫体，雄虫长 7~13mm，雌虫长 10~15mm。虫卵为椭圆形，淡灰色，大小为（65~80）μm ×（35~46）μm，内含有未分裂的卵细胞（图7-10）。

（2）生活史　虫卵随粪便排出体外，温度适宜时，经2周发育成感染性幼虫卵，被鸡吞食后在小肠内移行到盲肠，钻入肠黏膜内，经过一段时间的发育又返回盲肠发育为成虫。自吞食感染卵至发育为成虫需要 24-30d，成虫寿命

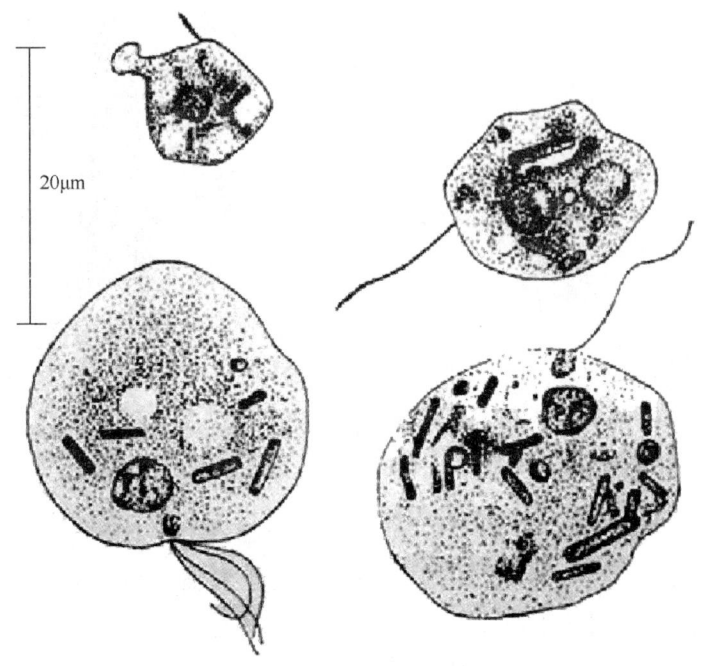

图 7-10 鸡异刺线虫

1 年。在土壤中如感染性虫卵或感染性幼虫被蚯蚓吞食，能在蚯蚓体内长期生存，当农家养鸡在室外，采食运动时，一旦被鸡吃到这种蚯蚓时，也能感染异刺线虫。

（3）症状　病鸡感染后，主要表现消化功能障碍，食欲不振，下痢，雏鸡发育缓慢，消瘦，严重时常继发大肠杆菌病、球虫病而死亡，成鸡产蛋量下降。主要病变在盲肠，肠壁发炎而增厚，有结节或溃疡灶。

（4）诊断　采用直接涂片和饱和盐水漂浮法，镜检虫卵，或尸体剖检发现虫体和盲肠病变即可确诊。

（5）防治

①预防：要严格做好鸡场卫生，粪便及时清除，并堆积发酵杀死虫卵。定期做好鸡群驱虫工作，雏鸡 2 月龄时第一次驱虫，第二次在冬季进行；成年鸡第一次在 10~11 月份，第二次在春季产蛋季节前一个月进行，饲料中应含足够维生素 A 增强鸡抵抗力。饮水中添加 0.025% 的枸橼酸哌嗪，可防止感染。

②治疗：左旋咪唑：20~30mg/kg 体重，拌入饲料中，要混匀以防药物中毒。

驱蛔灵（枸橼酸哌嗪）：250mg/kg 体重，一次喂给安全有效。

甲苯咪唑：30mg/kg 体重，一次喂服，均有驱虫效果。

6. 前殖吸虫病

前殖吸虫病是由前殖科前殖属的多种吸虫寄生于鸡的输卵管和法氏囊（腔上囊）中而引起的，虫体也可在直肠和泄殖腔中寄生，偶见于蛋内。本病在全国各地均有发生，常见的种类有卵圆前殖吸虫、楔形前殖吸虫、透明前殖吸虫、鲁氏前殖吸虫及鸭前殖吸虫。

(1) 病原　虫体扁平，呈梨形或椭圆形，长 1.35~9mm，宽 1~4mm。虫卵椭圆形，棕褐色，前端有一卵盖，后端有一小突起，大小为 (22~30) μm × (11~15) μm，内含一毛蚴（图 7-11）。

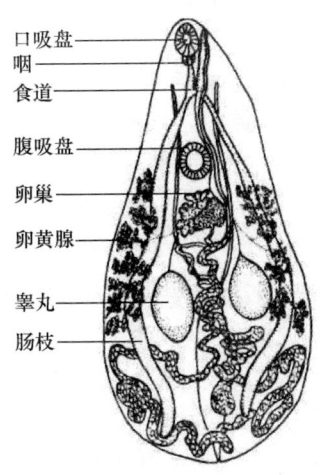

图 7-11　前殖吸虫形态

(2) 生活史　虫卵随鸡粪便或排泄物排出体外，落入水中被第一中间宿主淡水螺吞食，在其肠内孵出毛蚴，在肝脏中发育为胞蚴和尾蚴（无雷蚴期）。尾蚴离开螺体游于水中，遇到第二中间宿主蜻蜓的稚虫，经肛孔进入其体内，在肌肉中形成囊蚴。蜻蜓的稚虫发育为成虫时，囊蚴在其体内仍保持活力。鸡吞食含有囊蚴的蜻蜓稚虫或成虫后，囊壁被消化液溶解，童虫脱出，经肠道以泄殖腔，再转入输卵管或法氏囊，经 1~2 周发育成成虫。

(3) 症状　病初期，病鸡食欲减退，产蛋仍正常，但开始产出壳软而薄易破蛋。之后产蛋率下降，逐渐产出畸形蛋，有时仅排出卵黄或少量蛋白。随着病情发展，病鸡逐渐消瘦，精神不振，羽毛蓬乱、脱落，产蛋停止，不愿活动，常停留在鸡窝内，有时从泄殖腔排出卵壳碎片或流出类似石灰质样液体。病后期体温升高，渴欲增加，有些病鸡腹部膨大，全身无力，泄殖腔突出，肛门边缘高度潮红，重病鸡可引起死亡。剖检主要病变是输卵管炎，输卵管黏膜充血，肥厚，黏液增多，在管壁上可找到虫体。有些病鸡由于输卵管炎症过程加剧，造成输卵管破裂，卵子、蛋白或石灰质进入腹腔而导致腹膜炎，在腹腔内可见有大量黄色混浊的渗出液。有时可见有干性腹膜炎病变。

（4）诊断　根据临床症状，粪便检查出虫卵，死后剖检输卵管病变和管壁上找到虫体即可确诊。

（5）防治

①预防：本病通常 5～7 月份流行，故此时普查鸡群，发现病鸡及时隔离治疗；粪便堆积发酵处理；在蜻蜓及稚虫出现季节，不把鸡放养在水边和低洼潮湿地带，以防感染。

②治疗：四氧化碳：每只鸡 2～3mL，用细胶管插入食道灌服或作嗉囊注射。

硫双二氯酚：用 200mg/kg 体重混于饲料一次喂服。

丙硫苯咪唑：用 120mg/kg 体重一次喂服。

吡喹酮：用 60mg/kg 体重一次喂服。

六氯乙烷：每只鸡 0.2～0.5g，混于饲料喂服，每天一次连用 3d。

7. 棘口吸虫病

棘口吸虫病是由棘口科的多种吸虫寄生于鸡的肠道中而引起的疾病。我国主要以卷棘口吸虫和宫川棘口吸虫为多见。

（1）病原　棘口吸虫呈长叶状，体表具有小刺，体长 7.6～12.6mm，最宽处为 1.26～1.60mm。虫体前端具发达的头襟，其上有头棘 37 个，其中两侧各有 5 个排列成簇，称为角刺（图 7－12）。虫卵为椭圆形，金黄色，大小（114～126）μm×（64～72）μm，前端有卵盖，内含卵细胞。

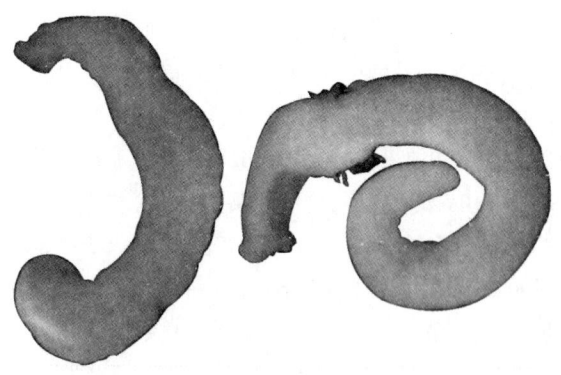

图 7－12　卷棘口吸虫

（2）生活史　虫卵随鸡粪便排到外界，进入水中孵出毛蚴，毛蚴钻入某些淡水螺（第一中间宿主）体内发育为胞蚴，经母雷蚴和子雷蚴生成许多尾蚴。成熟尾蚴离开螺体在水中游动，遇到第二中间宿主（某些螺蛳和蝌蚪），即钻入其体内形成囊蚴。也有尾蚴不离开螺体，直接形成囊蚴的。鸡吞食含有囊蚴螺蛳或蝌蚪后，囊壁核消化液溶解，童虫脱出，吸附在肠壁上，经16～22d发育为成虫。

（3）症状　病鸡表现消化功能障碍，食欲减退或消失，下痢，贫血，消瘦，生长发育受阻，严重者可因极度衰弱而死亡。剖检可见粘膜损伤，出血并有许多虫体吸附在直肠和盲肠黏膜上。

（4）诊断　根据临床症状，粪便中检出虫卵，剖检直肠和盲肠出血性病变并发现虫体即可确诊。

（5）防治

①预防：在常发地区，有计划地进行预防性驱虫，粪便堆积发酵处理，防止鸡吃到螺蛳和蝌蚪。

②治疗：

四氧化碳：用量和用法同前殖吸虫病。

2－氢溴酸槟榔素：用馏水配成1:5000的水溶液，5～10mL/kg体重，投服或嗉囊内注射。

硫双二氯酚：用200～300mg/kg体重一次喂服。

氧硝柳胺：用100～200mg/kg体重一次喂服。

8. 比翼线虫病

比翼线虫病的病原体是气管比翼线虫，寄生于鸡、火鸡、珠鸡和野鸡的气管和支气管而引起的一种线虫病。

（1）病原　虫体呈淡红色。头端大，呈半球形。口囊宽阔，呈杯状，底部有三角形小齿。雄虫长2～6mm，雌虫长5～20mm。雄虫以其交合伞附着于雌虫阴门部，永呈交配状态，构成"Y"形。虫卵大小为（78～110）μm×（43～46）μm，两端有厚的卵盖，卵内有16个胚细胞。

（2）生活史　雌虫在鸡的气管中产卵，卵随着痰液到口腔，被咽入消化道，再随粪便排到外界。也有被咳出者。卵在外界适宜温肥和湿度下发育为感染性虫卵。有些感染性虫卵可在外界孵化出感染性幼虫。鸡直接吞食感染性虫卵和感染性幼虫而引起感染。许多无脊椎动物如蛞蝓、螺蛳、蝇及其他节肢动物，特别是蚯蚓吞食含有感染性虫卵或感染性幼虫，虫卵和幼虫在这些动物体内可保持很长时间的活力，鸡吞食含有感染性虫卵或感染性幼虫的蚯蚓等而引起感染。幼虫进入肠道后，钻入肠壁血管，随血循环到肺，再进入肺泡，之后上行到支气管和气管，于感染后18～20d发育为成虫。

（3）症状　雏鸡和幼鸡感染，症状明显。由于虫体寄生于气管和支气管，以其头部深入黏膜下层吸血，破坏黏膜引起炎症，并分泌大量黏液。由于气管和支气管内蓄积有大量混有血液的黏液，使病鸡表现呼吸困难，伸颈、张嘴呼吸，头左右甩摆，力图排除气管中的黏液和虫体。食欲减退，继而废绝，消瘦，精神不振，嘴内充满多量泡沫的唾液，最后可因呼吸困难窒息而死。较大鸡及感染较轻的鸡不显症状或症状较轻，多能康复。剖检，气管黏膜为带血的黏液所覆盖，并有虫体附着。黏膜潮红、出血，有肺炎变化。

（4）诊断　根据临床症状和粪便检查有无虫卵，结合剖检病鸡，检出虫体可作出诊断。

（5）防治

①预防：粪便要及时清扫，堆积发酵以杀死虫卵。鸡要笼养成鸡舍和运动场保持干燥，最好为木板或水泥地面，杜绝鸡吃到蚯蚓、螺蛳，消灭蝇类及其他节肢动物。幼鸡与成年鸡分开饲养，防止鸟类飞入鸡舍和运动场。定期驱虫。

②治疗：

噻苯唑：用 300～500mg/kg 体重一次内服。或是按 0.05%～0.1% 混于饲料中喂服。

甲苯唑：用 30mg/kg 体重或饲料中添加 0.0125% 的药物用于治疗，0.0015% 的药物用于预防，连用 3d。

9. 鸡毛细线虫病

鸡毛细线虫病是由毛首科毛细线虫属的多种线虫寄生于鸡的嗉囊、食道和小肠引起的。我国各地都有分布。严重感染可引起鸡只死亡。

（1）病原　虫体细小，呈毛发状，前部稍细，后部较粗。虫卵呈椭圆形，浅黄绿色，两端有卵塞，新排出的卵内含单个卵细胞。

①有轮毛细线虫（环形毛细线虫）：前端有一个球状角质膨大。雄虫长 15～25mm，雌虫长 25～60mm。虫卵大小为（55～60）μm×（16～28）μm。寄生于鸡的嗉囊和食道。

②鸽毛细线虫（封闭毛细线虫）：雄虫长 8.6～10mm，尾部两侧有铲状交合伞，雌虫长 10～12mm。虫卵大小为（48～53μm）×24μm。寄生于鸡的小肠。

③膨尾毛细线虫：雄虫长 9～14mm，尾部侧面各有一个大而明晰的伞膜，雌虫长 14～26mm。虫卵大小为（43～57）μm×（22～27）μm。寄生于鸡的小肠。

（2）生活史　鸽毛细线虫卵随鸡粪便排到外界发育为感染性虫卵，被鸡吞食后，幼虫进入十二指肠黏膜内发育。自感染性虫卵感染鸡到发育为成虫需要 20～26d。有轮毛细线虫与膨尾毛细线虫的发育需要中间宿主蚯蚓。虫卵被蚯蚓吞食后，在蚯蚓体内孵化出幼虫并发育为感染性幼虫。鸡啄食了含有感染性幼虫的蚯蚓后，蚯蚓被消化，幼虫释出。有轮毛细线虫的幼虫钻入嗉囊和食道黏膜，于感染后 19～26d 发育为成虫。膨尾毛细线虫的幼虫钻入小肠黏膜，于感染后 22～24d 发育为成虫。

（3）症状　病鸡食欲不振，精神萎靡，消瘦，头下垂，有肠炎症状。常作吞咽动作。严重感染时，雏鸡和成年鸡均可发生死亡。

（4）病变　轻度感染，嗉囊、食道壁和小肠黏膜只有轻微的炎症和增厚。严重感染时，炎症和增厚明显，并有黏液脓性分泌物和黏膜的溶解、脱落或坏死等病变，黏膜上覆盖着气味难闻的纤维蛋白性的坏死物质。嗉囊、食道和小肠壁出血，黏膜中有大量虫体，在虫体寄生部位的组织中有不明显的虫道。

（5）诊断　根据临床症状，粪便检查发现虫卵，剖检病理变化，发现虫体即可诊断为本病。

（6）防治

①预防：保持饲料和饮水的清洁卫生，防止鸡粪污染，粪便进行发酵处理，消灭鸡舍和运动场内的蚯蚓，实施预防性与治疗性驱虫。

②治疗：甲氧啶（美利沙啶）：200mg/kg 体重，用蒸馏水稀释成 10% 溶液皮下注射。

四咪唑：40mg/kg 体重，装胶囊内服或溶于水中饮服。

左咪唑：20～25mg/kg 体重，拌入饲料口服，或以 0.05% 的比例拌入饲料让鸡自由采食。

甲苯唑：70～100mg/kg 体重，拌入饲料中一次口服。

10. 鸡胃线虫病

鸡胃线虫病是由旋尾目华首科的斧钩华首线虫寄生于肌胃的角质层下面，旋形华首线虫寄生于腺胃和食道；四棱科的四棱线虫雄虫寄生于腺胃腔中，雌虫寄生于腺胃黏膜的腺管内而引起的疾病。

（1）斧钩华首线虫病

①病原体：斧钩华首线虫前部有四条呈不整齐的波浪形饰带，两两并列，由前向后延伸，几乎达体后部，不折回也不互相吻合，雄虫长 9～14mm，雌虫长 16～19mm。虫卵大小为（40～45）μm×（24～27）μm。

②生活史：虫卵随鸡粪便排到外界，桩中间宿主如蚱蜢、甲虫（拟谷盗虫）和象鼻虫吞食，在其体内发育为感染性幼虫。鸡吞食含有感染性幼虫的中间宿主而感染。幼虫钻入肌胃的角质层下，到第 120d 发育为成虫。

③临床症状和病理变化：轻度感染症状不明显，严重感染时，可引起发育不良、消瘦、贫血，甚至造成死亡。剖检变化，感染初期肌胃黏膜出血，后期肌肉层有干枯性或脓性结节，角质层下有大量虫体。

④诊断：由于斧钩华首线虫卵与其他华首线虫卵不易区别，只有在尸体剖检找到大量虫体才能确诊为本病。

⑤防治：

a. 预防。粪便及时清扫，堆积发酵处理，防止鸡吃到中间宿主。

b. 治疗。

四氧化碳。

松节油或土荆芥油，分别为 0.5mL/kg 体重和 0.3~0.4mL/kg 体重，均用液体石蜡或蓖麻油稀释，用细胶管灌服。还可试用美沙利啶和噻苯唑药物驱虫。

（2）旋形华首线虫病

①病原体：旋形华首线虫前都有四条波浪形饰带，由前向后，然后折回但不吻合。雄虫长 7~8.9mm，雌虫长 9~10.2mm。虫卵大小为（31~40）μm×（18~25）μm。

②生活史：旋形华首线虫的中间宿主为等足类。虫卵被中间宿主吞食，在中间宿主体内发育为感染性幼虫。鸡吞食含有感染性幼虫的中间宿主而引起感染。

③临床症状和病理变化：严重感染时，特别是 1 个月龄的雏鸡有食欲消失，迅速消瘦，缩头、垂翅，羽毛松乱，高度贫血和下痢（粪便稀薄呈黄白色）等症状。病鸡常于症状出现后数日内死亡。剖检可在腺胃见有深溃疡，虫体前端深藏在溃疡中；被寄生部位的腺体受破坏，其周围有明显的细胞浸润。

④诊断：与斧钩华首线虫症状相同。

⑤防治：

a. 预防。除了粪便处理，防止鸡吃到中间宿主外，还须对 1 月龄雏鸡进行预防性驱虫一次。

b. 治疗。可试用噻咪唑（四咪唑、驱虫净），40~50mg/kg 体重，连服 2~3d。还可试用四氯化碳，美沙利啶和噻苯唑进行驱虫。

（3）四棱线虫病

①病原体：四棱线虫的雄虫呈线形，长 5~5.5mm；雌虫呈亚球形，长 3.5~4.5mm，宽 3mm。

②生活史：四棱线虫的中间宿主为某些直翅类昆虫。虫卵被中间宿主吞食并发育为感染性幼虫。鸡吞食带有感染性幼虫的中间宿主，幼虫在腺胃的腺体内发育为成虫。

③临床症状和病理变化：严重感染的鸡表现消瘦和贫血。尸体剖检腺胃呈卡他性炎症，有的胃壁增厚，从腺胃外面可以看到组织深处的暗黑色成熟的雌虫。

④防治：

a. 预防。及时清除粪便进行发酵处理，保持鸡合清洁，卫生，定期消毒，防止鸡吃到中间宿主。

b. 治疗。目前还没有有效的治疗药物。

(三)体外常见寄生虫病

1. 鸡螨病

螨属于蜘蛛纲，寄生于鸡体常见的螨有疥螨科膝螨属的变突膝螨与鸡膝螨，皮刺螨科皮刺螨屑的鸡皮刺螨和恙螨利奇棒属的鸡奇棒恙螨。

(1) 变突膝螨

①病原：变突膝螨体形很小，雄虫最长只有 0.2mm，卵圆形，雌虫最长不到 0.5mm，近圆形。

②生活史：变突膝螨寄生于鸡腿上无羽毛处及脚趾的鳞片下面，整个发育过程都是在鸡体上进行。虫卵产于由变突膝螨在鸡脚皮肤上造成的坑道中，孵出的幼虫经蜕化后发育为成虫，钻进皮肤并匿居于皮肤的鳞片下面。

③症状：由于虫体的寄生引起皮肤发生炎症，其炎性渗出物使鳞片的结构疏松和隆起，鸡腿及脚变粗糙肿大，并形成裂缝，渗出物干燥后形成灰白色痂皮，使外面好像涂了一层厚厚的石灰一样，因此又称为"石灰脚"病。由于患部发痒，病鸡因瘙痒而致使患部发生创伤，时间久后会引起关节炎和趾骨坏死，病鸡行走困难，食欲减退，生长和产蛋都受到影响。

④防治：

a. 预防。保持鸡舍及运动场的清洁卫生，定期对鸡舍，运动场及工具进行消毒，发现病鸡及时隔离治疗。

b. 治疗。0.1%敌百虫溶液、0.5%马拉硫磷溶液和20%速灭菊酯乳油剂配成 0.05%~0.1%浓度，治疗时把病鸡两腿脚放在药液中浸泡 4~5min，同时用刀刮去结痂，再用小刷子刷腿和脚，使药能渗入组织中以杀死虫体。如果一次没有治愈，隔 2~3 周再治疗一次。

(2) 鸡膝螨

①病原：鸡膝螨直径只有 0.3mm。

②生活史：寄生于鸡的羽毛根部。

③症状：由于皮肤受到刺激，引起皮肤发痒和炎症，皮肤发红，羽毛变脆易脱落，或是病鸡自动啄掉羽毛，多发生于翅膀和尾部的大羽，严重时羽毛几乎全部脱落，所以又称之为"脱羽病"。

④防治：同变突膝螨，治疗时需把鸡体充分浸透，才能完全彻底杀死鸡膝螨。

(3) 鸡皮刺螨

①病原：虫体长椭圆形，由于吸血，虫体呈淡红色。假头整肢呈细长的针状。足长，末端有吸盘。雄虫体长 0.60mm，宽 0.32mm，雌虫体长 0.72～0.75mm，宽 0.4mm。

②生活史：皮刺螨在发育过程中，除幼虫不吸血外，若虫和成虫都吸食鸡血。雌虫每次吸饱血后离开鸡体，到鸡窝及附近的缝隙中产卵，虫卵经 2～3d（20～25℃）孵化为 3 对足的幼虫，幼虫经两个若虫期变为成虫。

③症状：受到皮刺螨的严重损害时，病鸡在临床上可表现日渐衰弱，贫血，产蛋率下降，并可使小鸡致死。

④防治：杀灭鸡皮刺螨的药物有 0.5% 敌百虫溶液、0.5% 溴氰菊酯和 0.5% 马拉硫磷。应用这些药物对鸡舍地板，墙壁、栖架特别是缝隙进行涂刷或喷洒，进行彻底消毒。产蛋箱要清洗干净，用沸水浇烫后，再放在阳光下暴晒，彻底杀灭虫体。

(4) 鸡奇棒恙螨　鸡奇棒恙螨又称鸡新勋恙螨，仅幼虫营寄生生活。

①病原：幼虫很小直径不到 0.5mm，肉眼不易发现。

②生活史：成虫多生活在潮湿的草地上，以植物汁液及其他有机物为食。雌虫受精后，产卵于泥土上，约经 2 周时间孵出幼虫，幼虫遇到鸡或其他鸟类时，便爬到其体上，刺吸体液和血液，饱食后落地，数日发育为若虫，再过一定时间发育为成虫。

鸡奇棒恙螨的幼虫主要寄生部位是翅膀内侧，胸肌两侧和腿的内侧皮肤上，在幼鸡则常为全身性的。

③症状：初期，病鸡表现奇痒，在皮肤上产生周围隆起，中间凹陷的痘疹状病灶，中央可见一小红点，即恙螨幼虫。由于皮肤受到不断刺激，奇痒和疼痛，病鸡表现不安，羽毛发生脱落，贫血，消瘦，委顿，不食，如不及时治疗可引起死亡。

④防治：在鸡体患部涂擦可应用 70% 酒精、碘酊或 5% 硫磺软膏，还可应用 0.005% 溴氰菊酯溶液喷洒鸡体或进行沙浴。鸡舍及用具同时进行喷洒消毒，避免在潮湿的草地上放鸡，以防感染。

2. 鸡虱

鸡虱属于昆虫纲食毛目长角羽虱科，以啮食羽毛，皮屑为生，故称羽虱。寄生于鸡体表常见种类有广幅长羽虱，鸡翅长羽虱，鸡圆羽虱，鸡角羽虱和鸡羽虱。

(1) 病原　羽虱体形很小，小的不到 1mm，大的体长也仅有 5～6mm。体形有扁而宽短的，也有扁而窄长的。头端钝圆，头部的宽度大于胸部。口器咀嚼式。羽虱的颜色呈淡黄或灰色。

(2) 生活史　各种羽虱在鸡体表有其一定的寄生部位。如广幅长羽虱主要寄生于头和颈部羽毛较少的部位；鸡翅长羽虱寄生于翅膀下面；鸡圆羽虱多寄生于鸡背部和臀部的绒毛上。

羽虱的传播方式，主要是直接接触传播，如圈舍窄小，过于拥挤，很容易互相感染，此外还可以通过公共用具而间接传播感染。在寒冷的季节，由于鸡体绒毛浓密，体表的温度较高，很适合于羽虱的发育和繁殖，鸡体表的羽虱就大量增多。

羽虱为不完全变态，其发育过程包括虫卵，若虫和成虫三个阶段，整个发育过程都是在鸡的体表上进行。如果离开鸡体，不能生存，2~3d 即可死亡。

(3) 症状　鸡大量感染羽虱时，可引起鸡体发痒，病鸡常因啄痒而损伤皮肉。表现精神不安，食欲不佳，羽毛脱落，逐渐消瘦，母鸡产蛋量下降。对雏鸡危害更为严重，可造成雏鸡生长发育停滞，体质逐渐衰弱，甚至死亡。

(4) 防治　防治鸡的羽虱，可采用以下方法：

①喷雾法：用喷雾器将药液喷在鸡体各部的羽毛，常用约液有 0.5% 敌百虫溶液、0.017% 溴氰菊酯溶液、25% 速灭菊酯（戊氰酸菊酯）1:4000 稀释水溶液，均有良好的杀灭羽虱的效果。此法一年四季都可进行。

②药浴法：此法适合于大群治疗，在温暖地区常年可以进行，在寒冷地区则在夏季进行。药浴时选择温暖无风的天气，药浴要用温水。洗时握住鸡的翅膀，把鸡体浸入药液内几秒钟，全身羽毛充分松散为止，使药液能接触到鸡的皮肤，再把鸡头浸浴 1~2 次，然后把鸡拎出，待鸡身上药液稍稍流干后，即可放掉。常用药液有 0.1% 敌百虫溶液、0.01% 溴氰菊酯溶液、25% 速灭菊酯 1:1000 稀释水溶液。

③还可采用 0.005% 溴氰菊酯进行沙浴，有效率可达 100%，有效期为 30~40d。

无论采用什么方法，首先要做到，必须使药物直接接触到羽虱，才能将羽虱杀死。此外，由于一般药物多不能杀死虫卵，因此第一次治疗后，相隔 10d 左右，必须进行第二次治疗，以杀死新孵化出的虫体。鸡舍的墙壁、地板、栖架、饲槽、饮水器及所有饲养用具都要进行杀虱和消毒。

四、其他禽病防治

(一) 禽痛风

痛风，又称为尿石症、尿酸盐沉着症，是由于蛋白质代谢障碍，大量的尿酸盐沉积在关节、软骨组织周围、内脏和其他间质组织而引起的一种营养代谢病。鸡、火鸡、水禽、鸽子等，均可以发病，尤其是高蛋白质饲喂的肉仔鸡更易发病。

1. 发病原因

（1）饲料因素　饲喂高蛋白饲料，特别是饲喂了含过量核蛋白和嘌呤碱的蛋白质饲料，产生过量的尿酸，超出了肾脏的排泄限度而引起发病。饲料中，含高钙离子，或者维生素 A 缺乏，或者饲料霉变后，产生了霉菌毒素，均可引起肾脏的损伤，而影响尿酸的排泄，造成尿酸在血中过多，而发生本病。当前，养殖户为了让肉鸡长得更快，常常饲喂高蛋白饲料，而频频发生本病。

（2）传染性疾病因素　鸡肾型支气管炎、鸡白痢、传染性法氏囊、球虫病、盲肠性肝炎等疾病，均可以引起肾脏功能障碍，导致尿酸排泄困难而引起本病的发生。

（3）药物因素　长期、大剂量的使用对肾脏功能有损伤的药物，如磺胺类药物、链霉素、庆大霉素等，也是导致本病发生的重要因素。

（4）饲养管理因素　饲养密度过大，阴冷潮湿，缺少光照、运动，饮水不足，通风不良，空气中有毒有害气体过多，如氨气、一氧化碳、二氧化碳等，均可诱使本病的发生。

2. 临床症状

根据尿酸盐沉积的部位不同，可以将痛风病分为内脏型痛风和关节型痛风。而在临床上，以内脏型痛风多见，少数为关节型痛风，偶尔见两型混合发生。

（1）内脏型痛风　发病初期无明显症状，随着病情发展，表现为精神沉郁，食欲下降，消瘦贫血，生长停止，羽毛松乱；粪便稀薄、水样，内含大量白色的尿酸盐，污染泄殖腔周围的羽毛；有时表现为啄羽、啄肛症状；最后衰竭而死亡。母禽产蛋下降或者完全停止。

（2）关节型痛风　主要症状在脚趾和腿部关节肿胀，病禽表现为运动缓慢、跛行，站立困难，借助两翅膀行走，肢体不能平衡。

3. 病理剖解变化

两种类型的痛风，剖解后其病变有所不同。

（1）内脏型痛风　皮下肌肉发绀、脱水，各个脏器发生粘连，产蛋鸡尤为明显；心、肝、脾脏、肠系膜、腹膜、输卵管等表面覆盖一层白色尿酸盐沉积；肾脏肿大，颜色变淡，表面因尿酸盐沉积而形成白色斑点，这样红白相间的肾表面，被称为花斑肾；输尿管极度扩张，管腔内充满石灰样沉积物。

（2）关节型痛风　剖解可见关节表面和关节周围有白色尿酸盐沉着，有的关节面糜烂或者坏死。

4. 诊断

（1）临床诊断　病鸡精神不振，食欲下降，生长缓慢或者停止，拉稀、粪便水样，内含有大量尿酸盐，产蛋鸡产蛋下降。关节型痛风，关节肿大，行走缓慢，站立困难。

（2）病理诊断　剖解后，根据内脏器官覆盖有大量的白色尿酸盐；肾脏肿大，表面因尿酸盐沉积而有白色斑点，关节表面和周围关节腔有白色尿酸盐而确证。

（3）病因调查　发病后找出引起痛风病的各种因素，就更进一步确证了该病。

5. 防治

（1）预防措施

①饲料方面：合理搭配饲料中的蛋白质，特别是动物性蛋白质不能过高；保证饲料中充足的维生素A；饲料中不能添加过高浓度的钙；坚决不用霉变饲料。平时在饲养过程中，多喂青绿饲料。

②疾病方面：坚决做好鸡肾型传支、鸡白痢、传染性法氏囊病、球虫病、盲肠性肝炎等疾病的防疫工作，杜绝这些疾病的发生而引起对肾脏的损伤。

③用药方面：对肾脏有很强毒性的药物，如磺胺类药物、链霉素、庆大霉素等，一定要谨慎使用。对于这些药物，坚决不能长期、反复、大剂量使用。

④管理方面：降低饲养密度，增加饮水，加强通风，减少有毒有害气体，增加阳光和运动，增强体质。

（2）治疗措施　发生本病后，应立即消除病因，减少动物性蛋白质饲料，多喂青绿饲料可控制本病继续发生。同时可以采取下列方案进行治疗，可以收到明显效果。

①双氢氯噻嗪（双氢克尿噻），每次 0.01～0.02g/只，每日 1～2 次，并适当供给 0.1% 的氯化钾水溶液饮水，以防低血钾症的发生。

②煎制中草药，车前草、金钱草，每 1kg 体重各 0.5g，煎水候温供鸡只饮服，每日 2 次，加入 1.5% 红糖，连用 3d，有明显效果。

③在饮水中，加入 0.1%～0.2% 的碳酸氢钠，每天几小时，连用几天，对加速尿酸盐排泄有较好的作用。

④由于维生素 A 缺乏所致痛风，可用鱼肝油混入饲料内，每天补给 1～2mL/只。

（二）肉鸡腹水综合征

肉鸡腹水综合征，又名"心衰竭综合征"或"高海拔"病，是肉鸡生产中一种常见的非传染性疾病，主要发生于肉鸡 20～28 日龄快速生长的阶段；以腹部膨大，剖检腹腔内有大量淡黄色液体，心脏衰竭，心包积液以及肝脏、肾脏的病变为特征，在高海拔地区和冬季容易发生。

1. 病因

(1) 遗传因素　主要与鸡的品种和龄期有关。肉鸡的品种往往只注重快速生长性能方面的选育，而没有相应地改善其心肺功能，致是其快速生长而不能很好地适应机体本身的代谢要求。快速生长、机体代谢旺盛（需氧量增加）、心肺衰竭是引发该病的最主要因素。

(2) 缺氧因素　高海拔地区饲养和人为造成低气压缺氧引起的组织胺增加，导致右心扩张衰竭，从而引起本病。

(3) 环境因素　因保暖的需要，一方面紧闭门窗，另一方面鸡舍内煤炉排气管密封不良，造成通风不畅，舍内一氧化碳、二氧化碳和尘埃的浓度明显升高，而氧浓度下降，形成一种缺氧的环境。另外，因气候寒冷，鸡体基础代谢旺盛，需氧量增加，在此环境下，更加重了缺氧的程度，最终诱发腹水综合征。

(4) 营养因素　日粮中蛋白质及能量水平较高，生长速度过快，机体代谢过程缺氧严重。来自发病鸡场的材料报道，饲喂颗粒料的鸡场腹水综合征发病率明显高于饲喂粉料的鸡场。

(5) 其他因素　某些营养物质缺乏或过剩，如硒和维生素E缺乏、食盐中毒、痢特灵中毒、牧宁霉素或霉菌毒素中毒以及呼吸道疾病和大肠杆菌病等都能引起腹水综合征。

2. 临床症状

病鸡精神沉郁，羽毛蓬乱，饮水和采食量减少，生长迟缓，冠和肉髯发绀。病情严重者可见皮肤发红，呼吸速度加起，运动耐受力下降。该病特征性症状是病鸡腹围明显增加，腹部膨胀下垂，腹部皮肤变得发亮或发紫，行动迟缓呈鸟步样，有的站立不稳以腹着地如企鹅状。该病发展往往很快，病鸡常在腹水出现后1~3d死亡。

3. 病理变化

腹腔内有100~500mL甚至更多的淡褐色或淡红黄色半透明腹水，内有半透明胶冻样凝块；肝淤血肿大，呈暗紫色，表面覆盖一层灰白色或黄色的纤维素膜，质地较硬；心包膜浑浊增厚，心包液显著增多，心庄体积增大，右心室明显肥大扩张，心肌松弛；肾肿大淤血；肠道黏膜严重淤血，肠壁增厚；胸肌、腰肌不同程度淤血；皮下水肿；脾肿大，色灰暗；肺呈粉红色或紫红色，气囊混浊；盲肠扁桃体出血；法氏囊黏膜泛红；喉头气管内有黏液。

4. 诊断

快速生长的肉鸡在冬季容易发病，生长缓慢，精神不差，采食下降，冠和肉髯发绀，突然死亡，腹部膨大下垂，行动迟缓，剖解可见腹水增多、心脏扩张等，可做出诊断。

5. 防治

(1) 预防措施

①加强饲养管理，注意舍内清洁卫生和通风换气，彻底清除舍内堆积的鸡粪，及时排出舍内废气，以降低有害气体浓度。在冬季要解决好保温与通风的矛盾，严防煤气泄漏，控制好鸡群密度和鸡舍的湿度，减少有害气体的产生，以减少腹水的发生。

②适当控制肉鸡的生长速度，肉用仔鸡早期生长速度快，对腹水症的敏感性高，应适度限喂，控制其生长速度。

③做好其他疫病预防，做好鸡新城疫、传染性支气管炎、传染性喉气管炎、支原体感染和大肠杆菌病等的预防接种，严格控制呼吸道疾病的发生。

(2) 治疗措施 该病的发生多以鸡被淘汰而告终。

①治疗可采用二羟苯异丙氨基乙醇，通过扩张器官和降低肺循环阻力，给1～10日龄幼雏饮水投药；用双氢氯噻嗪拌料喂饲、速尿等增加肾小球的滤过率，增加并排走大量水分。

②对由葡萄球菌和大肠杆菌引发的腹水症可采用氟哌酸、硫酸新霉素和卡那霉素等抗菌药物治疗，对少发病和死亡都有一定帮助。

(三) 脂肪肝出血综合征

脂肪肝出血综合征是家禽的一种脂肪代谢障碍性疾病，其特征是肝脏脂肪过度沉积所致的肝细胞与血管壁变脆而发生的肝脏出血。多发生于蛋鸡，尤其是笼养蛋鸡的产蛋高峰期。育肥的肉用仔鸡、鸭也可发生。本病可引起产蛋量大幅度下降，死亡率增高，所造成的经济损失很大。

1. 病因

饲喂过量的高能低蛋白日粮是本病发生的主要饲料因素。胆碱、含硫氨基酸、维生素 B_1、维生素 E 缺乏，饲料发霉变质，饲料中添加菜籽饼，运动不足，高温和应激等，都有助于本病的发生。药物性肝炎，长期用药，特别是毒性大的药品所致。以肝为主要器官的传染病（弧菌性肝炎、包涵体肝炎、住白细胞原虫病等）。

2. 临床症状

病鸡外观体况良好，鸡群中发现本病的第一个指征为个别鸡突然死亡，有时产蛋量突然下降10%～30%，体重超重的母鸡产蛋量下降25%～30%。病鸡精神萎靡，嗜睡，站立不稳，甚至发生瘫痪，有些母鸡的冠和肉髯颜色变淡或者发绀，而且高度神经过敏。严重者当肝破裂时，鸡冠突然变白，头颈向前伸，以胸触地，或弯向背侧，侧倒于地，痉挛而死。死亡率一般在5%～20%，从出现症状到死亡1～2d。病鸭表现食欲不佳，腹泻，粪内有完整的籽粒，行动迟缓，随后卧地不起，拍翅以助其爬行，最后昏迷或痉挛而死。有的无明显症状而突然死亡。死鸭往往较肥胖。

3. 病理变化

皮下、腹腔膜、肠管、肌胃、心脏、肾脏周围有大量的脂肪沉积，腹水增多，混有露珠样油滴。产蛋鸡输卵管末端多半都有一枚完整而未产出的蛋，且蛋壳已变硬。肝脏的变化最为显著而特殊，肿大至正常的2~4倍，呈淡褐灰色，质脆易碎，甚至呈软糊状，刀切后刀面有脂肪滴附着，肝表面和体腔中有大凝血块。肝脏中可能有陈旧的（褐色或绿色）和新发生的（深红色）血肿以及坏死区。由黄曲霉等真菌毒素引起脂肪肝的可见心脏、脾出血，骨髓贫血色黄。病鸭心包积液较多，色淡，肝脏病变同鸡，但不发生大出血，肾脏轻度肿胀，甲状腺肿大呈紫红色，胸肌有白色条纹。

4. 诊断

根据高能低蛋白日粮、鸡群过肥、高血脂及肝显著肿大腹部脂肪沉积，做出诊断。

5. 防治

（1）预防措施　合理搭配饲料蛋白和能量比，防止饲料变质，饲料中添加菜籽饼比例在5%以下，防止过肥和突然应激等；定期检测蛋鸡血液胆固醇等血脂含量，对突然因贫血死亡的肥胖蛋鸡随时剖检，以便及时发现，及时采取防治措施。

（2）治疗方案

①降低饲料能量，增加蛋白质1%~2%，特别要增加含硫氨基酸和氯化胆碱（每吨饲料加1~2kg）；增加粗纤维含量，以降低血脂、肝脂和肝重，一般用小麦麸皮、干酒糟和苜蓿粉，尤其在夏季更应注意这一措施。

②在每吨日粮中添加维生素 E 10000IU、维生素 B_{12} 12mg、肌醇 900g，连用 15d。

实操训练

实训一　鸡新城疫的诊断与免疫监测

（一）实训目标

全面掌握鸡新城疫的临诊诊断要点。掌握鸡新城疫病毒分离、鉴定方法，并能熟练操作。掌握鸡新城疫免疫监测技术，并能熟练操作。根据鸡群新城疫抗体水平高低，评估疫苗免疫效果以及设定适合的免疫计划。

（二）材料与用具

疑似新城疫鸡，9～10日龄鸡胚，打孔器，注射器，针头，照蛋灯，蛋座，石蜡，碘酊，酒精棉球，灭菌组织匀浆器、剪刀、镊子和平皿，灭过菌的生理盐水，一次性手套。V型96孔微量血凝，微型振荡器，塑料采血管，移液器。

pH 7.0磷酸缓冲液（PBS）（称取氯化钠8g，氯化钾0.2g，磷酸氢二钠1.56g，磷酸氢二钾0.2g，完全溶于1000mL蒸馏水中，充分混合），抗凝剂（3.8%柠檬酸钠溶液），新城疫抗原，标准阳性血清，被检血清，1%鸡红细胞悬液。

（三）操作步骤

1. 临床综合诊断

典型新城疫常呈急性败血症状经过，表现为鸡群突然采食量下降，体温升高，呼吸困难，排出黄绿稀便，成年鸡产蛋量明显下降，神经紊乱，嗉囊积液，倒提病死鸡，口腔流出酸臭液体，感染率和致死率高，对养鸡业危害严重，而慢性或者非典型以轻微呼吸困难、采食下降、下痢和产蛋下降为特征。

典型新城疫病理变化，嗉囊壁水肿，嗉囊内充满酸臭液体以及气体，腺胃黏膜水肿，其乳头或其乳头间有明显的出血点，或者溃疡和坏死，为特征性病变。心包、气管、喉头出血。盲肠扁桃体，枣核样隆起黏膜表面、出血（而不是充血）和坏死。直肠和泄殖腔黏膜刷状出血。卵巢坏死、出血，卵泡破裂性腹膜炎等。消化道淋巴滤泡的肿大出血和溃疡是新城疫的一个突出特征。

非典型新城疫剖检可见气管轻度充血，有少量黏液。鼻腔有卡他性渗出物。气囊混浊。少见腺胃乳头出血等典型病变。

2. 实验室诊断

病毒分离鉴定是确证本病可靠手段，首先进行鸡新城疫病毒分离、培养，然后对病毒进行鉴定（如病毒血凝检测、血凝抑制试验鉴定等），先介绍新城疫病毒分离培养方法。

（1）病料采集与处理

①病料采集：使用灭菌的剪刀和镊子，无菌操作，采集发病鸡的脾、肺、脑等组织，放入灭菌的平皿中。

②组织匀浆：将组织剪碎后，放入组织匀浆器匀浆，然后按照1∶5或者1∶10比例加入灭菌生理盐水，制备成组织乳悬液，并按照每毫升加入青霉素和链霉素各1万单位，-20℃以下冷冻，然后反复冻融3次，离心取上清液，作

为鸡胚接种液。

（2）鸡胚接种、培养　选 9~10 日龄胚，画气室胚位，蛋壳消毒，钢锥锥一小孔，吸取上述处理液 0.1~0.2mL，沿小孔刺入 0.5~1.0cm，接种尿囊腔中，熔蜡封孔，37℃续孵，检卵 1 次/d，观察 5 日。24h 开始收集死亡鸡胚的尿囊液和羊水。

（3）病毒鉴定　用收集透明而无菌的鸡胚尿囊液，做血凝试验，同时用已知新城疫标准阳性血清做血凝试验鉴定病毒。

3. 鸡新城疫免疫监测

（1）抗体检测

①1% 鸡红细胞悬液的制备：

采鸡血：用注射器吸取抗凝剂约 0.5mL，从鸡翅膀或者心脏采取血液约 5mL，边采边轻微晃动，以便混合均匀，不至于血凝，注入离心管中，加入磷酸缓冲液，混匀后，两支试管配平。

洗涤鸡红细胞：将离心管中的血液以 2000~2500r/min 离心 5min，弃上清液，沉淀物加入磷酸缓冲液，轻轻混合，再经 2000~2500r/min 离心 5min，用吸管移去上清液及沉淀红细胞上层的白细胞薄膜，再重复以上过程 1~2 次后，弃去上清液。

1% 鸡细胞悬液配制：根据离心管中红细胞体积，添加磷酸缓冲液配制 1% 鸡红细胞悬液。

② 抗原血凝效价测定：

加稀释液（磷酸缓冲液）：取 96 孔 V 形微量反应板，用微量移液器在从第 1~12 孔每个各加 0.025mL 磷酸缓冲液。

抗原倍比稀释：吸取 0.025mL 病毒悬液加入第 1 孔中，吹打 3~5 次充分混匀；从第 1 孔中吸取 0.025mL 混合后的病毒液加到第 2 孔，混合后吸取 0.025mL 加到第 3 孔，依次进行系列倍比稀释到第 11 孔，最后从第 11 孔中吸取 0.025mL 弃之，第 12 孔设为磷酸缓冲液对照孔。

再加稀释液（磷酸缓冲液）：从第 1~12 孔各孔加入 0.025mL 稀释液。

加红细胞悬液：从第 1~12 孔每孔加入 0.025mL 体积分数为 1% 的鸡红细胞悬液。

凝集反应：振荡混匀反应混合液，室温（20~25℃）静置 40min 后观察结果，若环境温度过高，放 4℃静置 60min，稀释液对照孔的红细胞呈明显的纽扣状沉到孔底时，判断结果。

抗原血凝价判定：感作完毕，观察血凝板，判读结果，能使红细胞完全凝集（100% 凝集，++++）的抗原最高稀释度为该抗原的血凝价，此效价为 1 个血凝单位。注意对照孔应呈完全不凝集（-），否则此次检验无效。

③被检测血清和4血凝单位抗原制备：

被检血清样品准备：被检血清，包括阳性、阴性血清，56℃水浴30~45min，以破坏补体及血凝抑制因子。

4血凝单位抗原制备：如果抗原的血凝效价为1∶1024，4血凝单位为1024/4=256（即1∶256），取磷酸缓冲液255mL，再加入原病毒液1mL，混合均匀，为1∶256病毒稀释液，称为4单位凝集抗原。

④血凝抑制试验：

加稀释液（磷酸缓冲液）：取96孔V形微量反应板，用移液器在第1~11孔各加入0.025mL磷酸缓冲液，第12孔加入0.05mL磷酸缓冲液。

待检血清倍比稀释：吸取0.025mL待检血清加入第1孔中，吹打3~5次充分混匀；从第1孔中吸取0.025mL混合后的待检血清加到第2孔，混合后吸取0.025mL加到第3孔，依次进行系列倍比稀释到第10孔，最后从第10孔中吸取0.025mL弃之。

加4个血凝单位抗原：从1~11孔各加入0.025mL含4血凝单位抗原，轻扣反应板，使反应物混合均匀，室温（20~25℃）反应不少于30min，4℃不少于60min。

加红细胞悬液：从1~12孔每孔加入0.025mL体积分数为1%的鸡红细胞悬液。

感作反应：振荡混匀反应混合液，室温（20~25℃）静置40min后观察结果，若环境温度过高，放4℃静置60min，磷酸缓冲液对照孔的红细胞呈明显的纽扣状沉到孔底时，判断结果。

抗原血凝价判定：感作完毕，观察血凝板，判读结果，在对照出现正确结果的情况下，以完全抑制红细胞凝集的最大稀释度为该血清的血凝抑制滴度。

（2）实训结果分析

若有10%以上的鸡出现11（$\log_2$）以上的高血凝抑制滴度，说明鸡群已受新城疫强毒感染。若监测鸡群的免疫水平，则血凝抑制滴度在4（$\log_2$）的鸡群保护率为50%左右；在4（$\log_2$）以上的保护率达90%~100%；在4（$\log_2$）以下的非免疫鸡群保护率约为9%，免疫过的鸡群约为43%。鸡群的血凝抑制滴度以抽检样品的血凝抑制滴度的几何平均值表示，如平均水平在4（$\log_2$）以上，表示该鸡群为免疫鸡群。

（四）实训报告

根据实训过程，完成病料新城疫诊断报告，并写出实训体会。

实训二　鸡传染性法氏囊病诊断

(一)实训目标

掌握鸡传染性法氏囊病的流行特点、临床诊断方法。掌握鸡传染性法氏囊病的琼脂扩散试验的原理、操作方法和结果判定。

(二)材料与用具

凝似病鸡,解剖刀,恒温箱,电炉,三角瓶,平皿或者玻片,玻璃棒,打孔器。

精制琼脂粉,氯化钠,叠氮钠,蒸馏水,鸡传染性法氏囊病的标准阳性血清和阴性血清。

(三)操作步骤

1. 临床综合诊断

剖解病变,可见胸肌、腿肌肌肉出血,腺胃和肌胃交界处有带状出血。法氏囊水肿比正常大 2~3 倍,变异毒株只引起法氏囊迅速萎缩,超强毒株引起法氏囊严重出血、淤血,呈"紫葡萄样"外观,后期法氏囊萎缩。

2. 琼脂凝胶沉淀试验

实验室诊断取决于病毒的特异性抗体的检测,或组织中病毒的血清学检查,通常不把病原分离和鉴定作为常规诊断的目的。本法是检测血清中特异性抗体或法氏囊组织中病毒抗原的最常用诊断方法。

(1)病料采集　采集发病早期的血液样品,3 周后再采血样,并分离血清。为了检出法氏囊中的抗原,无菌采取 10 只鸡左右的法氏囊,用组织搅拌器制成匀浆,以 3000r/min 离心 10min,取上清液备用,作为待检法氏囊病毒抗原。

(2)琼脂板制备　称取 1g 优质琼脂、氯化钠 8g,加入蒸馏水 100mL,电炉煮沸熔化,如果需要防腐,再加 1% 叠氮钠溶液或者 1% 柳硫汞溶液 1mL。并趁热吸 15mL 倒入 90mm 平皿内,厚度 2~3mm。

(3)打孔　事先制好打孔的图案(中央 1 个孔和外周 6 个孔),放在琼脂板下面,用批孔器打孔,并剔去孔内琼脂。孔径为 6mm,孔距为 3mm。将打好孔的玻片或者平皿在火焰上,轻微加入,使得底部琼脂熔化少许以封底。

(4)加样　检测法氏囊中的病毒抗原,中央孔加已知标准阳性血清,若检测 IBDV 的抗体时,中央孔已知的 IBDV 的抗原。现以检测抗原为例进行加样。中央孔加鸡传染性法氏囊病的阳性血清,1、4 孔加入已知抗原,2、3、5、6

孔加入被检抗原，添加孔满为止，将平皿倒置放在湿盒内，置37℃温箱内经24~48h，观察结果。

（5）结果判定　当标准阳性血清和已知抗原孔之间一定要出现明显沉淀线时，若在标准阳性血清与被检的抗原孔之间，有明显沉淀线者判为阳性，相反，如果不出现沉淀线者判为阴性。

（四）实训报告

判定检测样品是否感染鸡传染性法氏囊病，并完成实训报告。

实训三　传染性支气管炎的诊断及防治

（一）实训目标

掌握传染性支气管炎的临床综合诊断要点。掌握传染性支气管病毒的分离、培养和鉴定方法。掌握传染性支气管炎的防制方法。

（二）材料与用具

凝似传染性支气管炎病鸡，研钵，灭菌生理盐水，灭菌剪刀、镊子，9~10日龄鸡胚，青霉素、链霉素，恒温箱，照蛋器，鸡传染性支气管炎阳性血清，待检测病料或者病料接种后死亡的鸡胚尿囊液或者尿囊膜研磨液。

（三）操作步骤

1. 临床综合诊断要点

鸡传染性支气管炎在鸡群中传播迅速，潜伏期短，病鸡精神沉郁，咳嗽，打喷嚏，摇头，流泪，流鼻，呼吸困难，气管啰音。如果侵害肾脏，引起肾脏肿大、尿酸盐沉积，死亡率增加。产蛋鸡感染后，呼吸道症状轻微，死亡率低，产蛋量下降，产畸形蛋和劣质蛋增多，蛋雏鸡感染后，造成输卵管变短或者狭窄，导致终生不产蛋或者开产延迟等。

2. 传染支气管病毒分离、培养

（1）病料采集及处理　无菌采集病鸡的气管、支气管或者肾脏。将采集的病变组织于研钵内剪碎，均匀研磨，用灭菌生理盐水稀释，制成1∶10乳剂，每毫升乳剂加入青霉素、链霉素各1000单位双抗处理，置2000r/min离心沉淀10min后，置于4℃经过30~45min，取上清液接种鸡胚。

（2）接种、培养　取上清液接种于9~10日龄的鸡胚9只，其中6只鸡胚每只尿囊腔接种0.2mL，另外3只鸡胚仅接入灭菌生理盐水做对照。接种后的鸡胚，培养于37~38℃的恒温箱，每天照蛋2次，19日龄即可观察鸡胚发育侏儒化，呈丸状，随着传代次数增多而增多。取高度鸡胚适应毒，接种10~11日龄鸡胚尿囊膜，鸡胚24~48h死亡，其尿囊膜含病毒滴度高，收集鸡胚尿囊膜或者尿囊液做病毒鉴定试验。

3. 传染性支气管炎病毒琼脂扩散试验鉴定

制备琼脂凝胶平板，打孔，封底后，在中央孔滴加已知的传染性支气管炎血清。周围孔滴加待检测的传染性支气管炎抗原，置湿盒内放37℃恒温箱，自由扩散24~48h，观察病记录结果，若在抗原与抗体孔之间出现肉眼可见清晰致密的白色沉淀线者为阳性反应。

4. 传染性支气管炎的防制技术

（1）管理措施　严格执行卫生防疫措施。鸡舍要注意通风换气，防止过挤，注意保温，加强饲养管理，补充维生素和矿物质，增强鸡体抗病力。

（2）免疫预防措施　常用 M_{41} 型的弱毒苗如 H_{120}、H_{52} 及其灭活油剂苗。一般认为 M_{41} 型对其他型病毒株有交叉免疫作用。H_{120} 毒力较弱、对雏鸡安全；H_{52} 毒力较强、适用于20日龄以上鸡；油苗各种日龄均可使用。一般免疫程序为5~7日龄用 H_{120} 首免；25~30日龄用 H_{52} 二免；种鸡于120~140日龄用油苗作三免。弱毒苗可采用点眼（鼻）、饮水和气雾免疫，油苗可作皮下注射。使用弱毒苗应与新城疫病毒弱毒苗同时或间隔10d再进行新城疫病毒弱毒苗免疫，以免发生干扰作用。

（3）发病后处理措施　无特效药物，使用强力霉素等控制继发感染，肾型传支减少蛋白质饲喂量，多饮水等。也可以使用一些中草药如麻石杏甘散等，辅助治疗，减轻症状。

（四）实训报告

完成一份传染性支气管炎的诊断检测报告，并给出处理意见。

实训四　鸡白痢的检疫诊断

（一）实训目标

掌握鸡白痢血清学常见方法的原理及意义。掌握鸡白痢平板凝集试验的操作、结果分析及注意事项。

（二）材料与用具

鸡，玻璃板、注射针头、带柄不锈金属丝环（环直径约4.5mm）、滴管。

鸡白痢全血凝集反应抗原（由中国兽医药品监察所购得），或其他来源的合格产品。抗原为福尔马林灭活的细菌悬液，含菌100亿/mL。

（三）操作步骤

1. 快速全血平板凝集反应

（1）操作方法　先将抗原瓶充分摇匀，用滴管吸取抗原，垂直滴1滴（约0.05mL）于玻片上，然后使用注射针头刺破鸡的翅静脉或冠尖，以金属环沾取血液一满环（约0.02mL）混入抗原内，随即搅拌均匀，并使散开至直径约2cm为度。

（2）结果判断

①抗原与血清混合后在2min内发生明显颗粒状或块状凝集者为阳性。

②2min以内不出现凝集，或出现均匀一致的极微小颗粒，或在边缘处由于临干前出现絮状者判为阴性反应。

③在上述情况之外而不易判断为阳性或阴性者，判为可疑反应。

（3）注意事项

①抗原应在2~15℃冷暗处保存，从杀菌之日算起有效期6个月。

②本抗原适用于产卵母鸡及1年以上公鸡，幼龄鸡敏感度较差。

③本实训应在20℃以上室温中进行。

2. 血清凝集反应

（1）血清试管凝集反应

①血清与抗原制备：

鸡血清样品：以20或22号针头刺破鸡翅静脉，使之出血，用一清洁、干燥的灭菌试管靠近流血处，采集2mL血液，斜放凝固以析出血清，分离出血清，置4℃待检。

抗原：试管凝集反应抗原，必须具有各种代表性的鸡白痢沙门菌菌株的抗原成分，对阳性血清有高度凝集力，对阴性血清无凝集力。固体培养中洗下的抗原需保存于0.25%~0.50%石炭酸生理盐水中，使用时将抗原稀释成每毫升含菌10亿，并把pH调至8.2~8.5，稀释的抗原限当天使用。

②操作方法：在试管架上依次摆3支试管，吸取稀释抗原2mL置第1管，吸取各1mL分置第2、3管。先吸取被检血清0.08mL注入第1管，充分混合后再吸取1mL移入第2管，充分混合后吸取1mL移入第3管，混合后吸出混合液1mL舍弃，最后将试管摇振数次，使抗原—血清充分混合，在37℃温箱中孵育20h后观察结果。

③结果判断：试管1、2、3的血清稀释倍数依次分别为1:25、1:50、1:100，凝集阳性者，抗原显著凝集于管底，上清液透明，阴性者，试管呈均匀混浊；可疑者介于前两者之间。在鸡1:50以上凝集者为阳性。在火鸡1:25

以上凝集者为阳性。

（2）血清平板凝集反应

①血清与抗原制备：血清采集同试管凝集法；抗原与试管凝集反应者相同，但浓度比试管法的大50倍，悬浮于含0.5%石炭酸的12%氯化钠溶液中。

②操作方法：用一块玻板以蜡笔按约3cm²画成若干方格，每一方格加被检血清和抗原各1滴，用牙签充分混合。

③结果判定　观察30~60s，凝集者为阳性，不凝集者为阴性。试验应在10℃以上室温进行。

（四）实训报告

完成一份鸡白痢的诊断检测报告，并给出处理意见。

实训五　鸡大肠杆菌病的诊断

（一）实训目标

掌握鸡大肠杆菌病的临床综合诊断要点。熟悉禽大肠杆菌病实验室分离鉴定方法。了解大肠杆菌病的防治要点。

（二）材料与用具

凝似大肠杆菌病鸡，载玻片、禽大肠杆菌病疑似病例，普通琼脂平板，伊红美蓝平板，麦康凯平板，显微镜，已灭菌的剪刀和镊子，大肠杆菌鉴定用各种生化培养基。

（三）操作步骤

1. 临床综合诊断要点

鸡大肠杆菌病在雏鸡和青年鸡多呈急性败血症，而成年鸡多呈亚急性气囊炎和多发性浆膜炎。鸡大肠杆菌侵害不同部位，其临床症状不同。临床上主要的表现型有早期胚胎和幼雏死亡、急性败血症、出血性肠炎、脐炎、全眼球炎、卵黄性腹膜炎、输卵管炎、滑膜炎、关节炎、气囊炎、肉芽肿等病型。

2. 鸡大肠杆菌分离、鉴定

（1）采集病料及涂片染色镜检　从新鲜尸体或死胚中无菌采集病料。根据症状和病变不同，可采集心血、肝、脾、输卵管、脑、心包液、气囊、关节腔、腹膜内的干酪样物和死胚等。将新鲜病料做成涂片，用美蓝染色可见短小杆菌，用革兰染色镜检，见有革兰染色阴性、两端钝圆的短小杆菌。

(2) 细菌分离培养及鉴定　将病料分别接种于普通肉汤、普通琼脂平板、伊红美蓝琼脂平板培和麦康凯琼脂平板，在37℃培养18~24h，营养琼脂培养，可见边缘整齐、中央隆起、光滑、透明、无色的菌落；麦康凯琼脂平板，可见边缘整齐或波状、中央稍隆起、表面光滑湿润，粉红色或深红色的圆形菌落；伊红美蓝琼脂平板，大肠杆菌菌落呈紫黑色，周围带有绿色金属光泽。

通过上述培养后挑取典型的菌落，制作涂片，用革兰染色镜检，见有革兰染色阴性、两端钝圆的短小杆菌。取典型的菌落做纯培养和生化试验。

(3) 生化反应试验　将分离纯化的疑似大肠杆菌无菌操作接种各种生化培养基，其结果见表7-1。

表7-1　生化试验结果

试验项目	葡萄糖	乳糖	甘露醇	靛基质	甲基红	V-P试验	枸橼酸盐	硫化氢	尿素酶	硝酸盐还原
反应	+	+	+	+	+	-	-	-	-	-

注：①致病性大肠杆菌某些菌株有分解糖、不产气，乳糖迟缓发酵等异常反应；②"⊕"表示产酸产气，"+"表示阳性，"-"表示阴性。

(4) 动物接种实验　用灭菌生理盐水将分离到的细菌纯培养物适当稀释，接种于1日龄鸡皮下或肌内，剂量为0.2~0.5mL。若实验动物于接种后24~72h死亡，则采取心血及实质脏器做涂片镜检和接种培养基进行分离培养。根据病原形态、染色、培养、生化特性加以鉴定。

(四) 实训报告

完成一份鸡大肠杆菌病的诊断检测报告，并给出防治意见。

实训六　禽粪中寄生虫虫卵的检查

(一) 实验目标

掌握用于虫卵检查的粪便材料的采集、保存方法及要领；掌握粪便中虫卵或球虫卵囊检查、计数及幼虫分离法的操作技术；学会在显微镜下识别寄生虫虫卵、球虫卵囊的基本方法。

(二) 材料与工具

1. 资料

待检动物体内的寄生虫卵图、畜禽粪便内常见物体图。

2. 实验用品

漏斗架 2 个/组；漏筛 6 个/组；小烧杯（50mL）12 个/组；500mL 烧杯 2 个/组；100mL 烧杯 1 个/组；青霉素瓶 6 个/组；离心管 6 个/组；滴管 1 个/人；饱和盐水 1 瓶/组；甘油水 1 瓶/组；100mL 量筒 1 个/组；小方瓷盘 1 个/组；擦镜纸 1 平皿/组；小棉块 1 份/组；载玻片、盖玻片 1 份/组；离心机、小天平各 1 台；镊子 2 个/组；显微镜 1 台/人；止水夹 1 个/组；试管架 1 个/组；动物粪便 1 份/班；50mL 烧杯两个用于配平。粪中虫卵、卵囊、幼虫示范片。

（三）实训内容

指导教师讲解粪便采集、保存的方法及要领；各种检查方法的原理、适用范围、操作方法和要点及注意事项；镜下识别虫卵的方法及注意事项；用显微图像分析处理系统演示粪中的虫卵、球虫卵囊、幼虫。然后由学生自己操作、练习。

（1）每人操作 1 份饱和盐水漂浮法。
（2）每人操作 1 份直接涂片法。
（3）每 2 人操作 1 份离心沉淀法。
（4）每小组操作 1 份幼虫分离法。
（5）每 2 人操作 1 份虫卵计数法。

（四）操作方法

1. 直接涂片法

本法用以检查蠕虫卵、原虫的包囊和滋养体。方法简便，连续作 3 次涂片，可提高检出率。

（1）蠕虫卵检查　滴一滴生理盐水于洁净的载玻片，用棉签棍或牙签挑取绿豆大小的粪便块，在生理盐水中涂抹均匀；涂片的厚度以透过涂片约可辨认书上的字迹为宜。一般在低倍镜下检查，如用高倍镜观察，需加盖片。应注意虫卵与粪便中异物的鉴别。虫卵都具有一定形状和大小；卵壳表面光滑整齐，具固有色泽；虫卵内含卵细胞或幼虫。

（2）原虫检查

原虫活滋养体检查：涂片应较薄，方法同蠕虫卵检查。气温越接近体温，滋养体的活动越明显。必要时可用保温台保持温度。

2. 离心沉淀法

将上述滤去粗渣的粪液离心（1500～2000r/min）1～2min，倒去上液，注入清水，再离心沉淀，如此反复沉淀 3～4 次，直至上液澄清为止，最后倒去上液，取沉渣镜检。

3. 幼虫分离法

反刍兽网尾线虫的虫卵在新排出的粪便中已变为幼虫；类圆线虫的虫卵随粪便排出后很快即孵出幼虫。对粪便中幼虫的检查最常用的方法是贝尔曼法和平皿法。

贝尔曼法，操作时，取粪便15～20g，放在漏斗内的金属筛上．漏斗下接一短橡皮管，管下再接一小试管。加入40℃温水至淹没粪球为止，静置1～3h。此时大部分幼虫游于水中，并沉于试管底部。拔取底部小试管，取其沉渣镜检。

平皿法特别适用于球状粪便，其操作是：取粪球3～10个，放于培养皿内，加少量40℃温水。10～15min后移去粪球，将留下的液体在低倍镜下检查。

用上述两种方法检查时，可见到运动活泼的幼虫。如欲对幼虫进行仔细的观察，可滴加卢戈碘液将幼虫致死，并染成棕黄色。

4. 虫卵计数法

适用于在肛周、皮肤产卵（蛲虫），或常在肛门附近发现虫卵（带绦虫）的虫卵检查法。

棉签拭子法：先将棉签浸泡在生理盐水中，取出挤去过多的盐水，在肛门周围擦拭，随后将棉签放入盛有饱和盐水的试管中，用力搅动，迅速提起棉签，在试管内壁挤干盐水后弃去，再加饱和盐水至管口处，覆盖一载玻片，务使其接触液面，5min后取载玻片镜检。也可将擦拭肛周的棉签放在盛清水的试管中，经充分浸泡，取出，在试管内壁挤去水分后弃去。试管静置10min，或经离心后，倒去上液，取沉渣镜检。

（五）实训报告

记录检测的寄生虫虫卵种类，并给出防治意见。

> 项目思考

1. 鸡、鸭、鹅易感染的病毒性传染病分别有哪些？
2. 鸡新城疫的主要症状和病理变化有哪些？生产中如何进行预防？
3. 禽流感的主要症状和病理变化有哪些？发生高致死性禽流感时如何采取扑灭措施？
4. 分析引起鸡产蛋率下降的传染病有哪些？生产中应如何做好预防措施？
5. 鸡传染性支气管炎、鸡传染性喉气管炎的临床症状和病变有何异同？
6. 鸭瘟的临床特征有哪些？如何进行预防？

7. 小鹅瘟的主要症状和病理变化有哪些？如何进行预防？
8. 鸡大肠杆菌病的临床症状和病理变化有哪些？
9. 禽霍乱的危害有哪些？
10. 对家禽使用抗生素时要注意哪些问题？
11. 怎样预防鸡毒支原体感染？
12. 鸡球虫病的主要症状和病理变化有哪些？使用抗球虫药时要注意哪些问题？

附录 "家禽饲养工" 国家职业标准*

1. 职业概况

1.1 职业名称

家禽饲养工。

1.2 职业定义

从事家禽和特种禽类日常饲养、管理、疫病预防的人员。

1.3 职业等级

本职业共设五个等级,分别为:初级(国家职业资格五级)、中级(国家职业资格四级)、高级(国家职业资格三级)、技师(国家职业资格二级)和高级技师(国家职业资格一级)。

1.4 职业环境条件

室内、外,常温。

1.5 职业能力特征

具有一定的学习能力、表达能力、计算能力、空间感和实际操作能力,动作协调。视觉、听觉、嗅觉正常。

注:*. 职业代码:5-03-02-01。

1.6 基本文化程度

初中毕业。

1.7 培训要求

1.7.1 培训期限

全日制职业学校教育，根据其培养目标和教学计划确定。晋级培训期限：初级不少于 180 标准学时；中级不少于 150 标准学时；高级不少于 120 标准学时；技师、高级技师不少于 80 标准学时。

1.7.2 培训教师

培训初级、中级、高级的教师应具有本职业高级及以上职业资格证书或本专业中级及以上专业技术职务任职资格；培训技师和高级技师的教师应具有本专业高级以上专业技术职务任职资格。

1.7.3 培训场地与设备

具有满足教学需要的标准教室，具备常规教学用具和设备的实验室和场地。

1.8 鉴定要求

1.8.1 适用对象

从事或准备从事本职业的人员。

1.8.2 申报条件

——初级（具备以下条件之一者）

（1）经本职业初级正规培训达规定标准学时数，并取得结业证书。

（2）在本职业连续见习工作 1 年以上。

（3）本职业学徒期满一年以上。

——中级（具备以下条件之一者）

（1）取得本职业初级职业资格证书后，连续从事本职业工作 2 年以上，经本职业中级正规培训达规定标准学时数，并取得结业证书。

（2）取得本职业初级职业资格证书后，连续从事本职业工作 3 年以上。

（3）连续从事本职业工作 4 年以上。

（4）取得经劳动保障行政部门审核认定的、以中级技能为培养目标的中等以上职业学校本职业（专业）毕业证书。

（5）大专以上本专业或相关专业毕业生。

——高级（具备以下条件之一者）

（1）取得本职业中级职业资格证书后，连续从事本职业工作 3 年以上，经本职业高级正规培训达规定标准学时数，并取得结业证书。

（2）取得本职业中级职业资格证书后，连续从事本职业工作 4 年以上。

（3）取得经劳动保障行政部门审核认定的、以高级技能为培养目标的高等职业学校本职业（专业）毕业证书。

（4）大专以上本专业或相关专业毕业生从事本职业工作 1 年以上。

——技师（具备以下条件之一者）

（1）取得本职业高级职业资格证书后，连续从事本职业工作 2 年以上，经本职业技师培训达规定标准学时数，并取得结业证书。

（2）取得本职业高级职业资格证书后，连续从事本职业工作 3 年以上。

（3）取得本职业高级职业资格证书的高级职业学校本职业（专业）毕业生，连续从事本职业工作 2 年以上。

——高级技师（具备以下条件之一者）

（1）取得本职业技师职业资格证书后，连续从事本职业工作 3 年以上，经本职业高级技师培训达规定标准学时数，并取得结业证书。

（2）取得本职业技师职业资格证书后，连续从事本职业工作 4 年以上。

1.8.3　鉴定方式

分理论知识考试和技能操作考核。理论知识考试采用闭卷笔试方式，技能操作考核采用现场实际操作方式。理论知识考试和技能操作考核均实行百分制，成绩皆达 60 分及以上者为合格。技师和高级技师资格还须经进行综合评审。

1.8.4　考评人员与考生配比

理论知识考试考评人员与考生配比为 1∶20，每个标准教室不少于 2 名考评人员；技能操作考核考评员与考生配比为 1∶5，且不少于 3 名考评员。综合评审委员不少于 5 人。

1.8.5　鉴定时间

理论知识考试时间为 90 分钟；技能操作考核时间：初级、中级、高级不少于 30 分钟，技师和高级技师不少于 60 分钟。综合评审时间不少于 60 分钟。

1.8.6　鉴定场所和设备

理论知识考试在标准教室进行；技能操作考核在工作现场进行，并配备符合相应等级考试所需的动物、用具及设备等。

2. 基本要求

2.1 职业道德

2.1.1 职业道德基本知识

2.1.2 职业守则

(1) 诚实守信，尽职尽责。
(2) 尊重科学，科教兴农。
(3) 遵纪守法，爱岗敬业。
(4) 团结协作，求实奉献。
(5) 规范操作，保护生态。

2.2 基础知识

2.2.1 安全知识

(1) 安全生产常识。
(2) 养禽机械设备使用常识。

2.2.2 专业基础知识

(1) 家禽解剖生理知识。
(2) 家禽遗传育种知识。
(3) 家禽营养与饲料知识。
(4) 家禽环境控制与保护知识。
(5) 家禽饲养管理知识。
(6) 家禽疫病预防知识。

2.2.3 相关法律、法规知识

(1)《中华人民共和国劳动法》的相关知识。
(2)《中华人民共和国农业法》的相关知识。
(3)《饲料及饲料添加剂管理条例》的相关知识。
(4)《饲料及饲料添加剂使用规范》的相关知识。
(5)《动物防疫法》的相关知识。
(6)《兽药管理条例》的相关知识。
(7)《中华人民共和国环境保护法》的相关知识。
(8)《无公害农产品管理办法》的相关知识。

3. 工作要求

本标准对初级、中级、高级、技师和高级技师的技能要求依次递进,高级别涵盖低级别的要求。

3.1 初级

职业功能	工作内容	技能要求	相关知识
一、家禽饲养	(一)饲料和禽种识别	1. 能够看懂饲料标签 2. 能够识别饲料原料、配合饲料、浓缩饲料和预混合饲料种类 3. 能够识别禽种的外貌特征	1. 饲料标签知识 2. 饲料原料、配合饲料、浓缩饲料和预混合饲料知识 3. 禽种的外貌特征
	(二)饲喂技术	1. 能分类保管饲料 2. 能进行雏禽初饮、开食操作 3. 能使用各种喂料器给家禽供料 4. 能使用各种饮水器给家禽供水	1. 饲料的保管方法 2. 雏禽的开食方法 3. 家禽喂饮设备的使用常识
二、家禽管理	(一)生产准备	1. 能清扫、消毒禽舍及其设施 2. 能准备常用养禽器具 3. 能摆放喂料器和饮水器	禽舍主要设施、设备、器具的种类和作用
	(二)禽舍环境调控	1. 能读懂温湿度计 2. 能使用控温和控湿设施设备进行温度和湿度的控制操作 3. 能使用通风和光控设备进行通风和光照控制操作	1. 温湿度计的使用方法 2. 禽舍通风、光控设备的使用方法
	(三)生产阶段管理	1. 能接运各阶段家禽转群 2. 能对肉禽出栏进行停食、供水、装车 3. 能利用称具称测家禽的体重、蛋重 4. 能按次集蛋、装箱和存放 5. 能填写现场生产记录	1. 家禽转群要求 2. 肉用家禽出栏要求 3. 家禽体重、蛋重的称测方法 4. 禽蛋集蛋、装箱和存放要求 5. 养禽现场生产记录的填写方法

续表

职业功能	工作内容	技能要求	相关知识
三、家禽疫病预防	（一）养禽场卫生控制	1. 能清理、洗刷和消毒喂饮器具 2. 能进行禽舍、用具、水池、舍外环境、人员、禽体的消毒操作 3. 能对禽粪及废弃物进行物理性堆积处理	1. 养禽场常用的消毒方法 2. 常用消毒器具的使用方法 3. 禽粪堆积处理方法
	（二）禽病预防	1. 能观察出禽群的异常行为 2. 能发现病、弱禽个体 3. 能进行投药操作 4. 能进行驱虫操作	1. 家禽的异常行为 2. 病禽的临床表现 3. 家禽投药方法 4. 家禽驱虫方法

3.2 中级

职业功能	工作内容	技能要求	相关知识
一、家禽饲养	（一）饲料和禽种识别	1. 能识别家禽各生产阶段使用的饲料种类 2. 能识别禽种的经济类型 3. 能描述各阶段家禽的品质要求	1. 家禽各生产阶段使用的饲料种类知识 2. 不同禽种的生产性能标准及品质标准
	（二）饲喂技术	1. 能用感官判断饲料和饮用水的品质 2. 能确定雏禽开食时间和方法 3. 能够训练和观察家禽的采食、饮水 4. 能进行换料过渡操作 5. 能操作机械化的饲喂设备	1. 饲料和饮水的品质感官判断方法 2. 家禽采食、饮水行为特点 3. 家禽换料过渡方法 4. 养禽机械饲喂设备的操作方法
二、家禽管理	（一）生产准备	1. 能计算饲养面积、密度和器具的数量 2. 能安置简单生产设备 3. 能维修简单生产器具	1. 家禽饲养密度、主要设备、器具的需要标准 2. 养禽常用生产设备、器具的使用和维修方法
	（二）禽舍环境调控	1. 能设置和安装温湿度计 2. 能用风速仪测定禽舍的通风量 3. 能调节光照控制设备进行光照调整	1. 禽舍温湿度计的安置方法 2. 风速仪的使用方法 3. 光照控制设备使用方法

续表

职业功能	工作内容	技能要求	相关知识
二、家禽管理	（三）生产阶段管理	1. 能安排各阶段转群家禽入舍 2. 能使用断喙器给雏鸡进行断喙操作 3. 能对蛋品进行分级、消毒 4. 能安排肉禽出栏时间及主要设备、器具 5. 能汇总各种生产记录	1. 断喙器的使用方法 2. 蛋品分级标准 3. 肉用禽送宰运输要求 4. 家禽生产资料的汇总方法
三、家禽疫病预防	（一）养禽场卫生控制	1. 能对养禽场各区域采取隔离措施 2. 能采取防止鼠和鸟等野生动物污染饲料和饮水的措施 3. 能稀释配制各种消毒剂 4. 能对禽粪及废弃物进行化学性处理	1. 养禽场的区域隔离措施 2. 饲料保管知识 3. 消毒剂使用方法 4. 禽粪的化学处理方法
	（二）禽病预防	1. 能隔离处理病、弱家禽 2. 能进行免疫接种操作 3. 能进行家禽的采血操作	1. 病患禽隔离处理措施 2. 家禽免疫接种操作方法 3. 家禽采血操作方法

3.3 高级

职业功能	工作内容	技能要求	相关知识
一、家禽饲养	（一）饲料调制	1. 能按配方配制饲料 2. 能补充和调制各种饲料添加剂	1. 家禽饲料配制技术 2. 家禽饲料和添加剂使用知识
	（二）饲喂技术	1. 能确定家禽每天的饲料需要量、饲喂次数和饲喂时间 2. 能进行限制饲喂操作 3. 能实施肉用禽肥育及人工填饲操作	1. 家禽的消化特点和饲料需要量标准 2. 家禽限制饲养方法 3. 肉用家禽肥育方法和人工填饲方法

续表

职业功能	工作内容	技能要求	相关知识
二、家禽管理	（一）生产准备	1. 能安装调试各种生产设备 2. 能维修禽舍及其设施 3. 能检验和校正各种生产设备、器具	1. 主要生产设备的安装调试方法 2. 禽舍主要设施、设备、器具的使用知识
	（二）禽舍环境调控	1. 能确定家禽各阶段的温湿度标准 2. 能计算禽舍通风量 3. 能制定家禽光照方案	1. 各生产阶段家禽的环境温度湿度需要标准 2. 家禽对通风和光照的要求标准
	（三）生产阶段管理	1. 能对禽群进行检查、挑选和分群工作 2. 能测定、统计体重均匀度和调整禽群 3. 能统计各种生产数据	1. 优劣家禽的外形区别 2. 家禽体重均匀度的测定方法 3. 主要生产数据统计方法
三、家禽疫病预防	（一）养禽场卫生控制	1. 能制定养禽场各区域隔离措施 2. 能对饮用水源进行消毒处理 3. 能对禽粪及废弃物进行生物学处理 4. 能操作污染物排放设备	1. 养禽场的区域隔离措施 2. 饮用水源的消毒处理方法 3. 禽粪的生物学处理方法 4. 污染物排放设备的使用知识
	（二）禽病预防	1. 能确定免疫用疫苗的种类及使用方法 2. 能确定预防投药、驱虫的时间和方法 3. 能临床诊断家禽的常见疾病	1. 家禽免疫与疫苗使用 2. 家禽常见疾病预防及诊断知识

3.4 技师

职业功能	工作内容	技能要求	相关知识
一、家禽饲养	（一）饲料调制	1. 能设计饲料配方 2. 能选定饲料原料 3. 能制订饲料供给计划	1. 家禽饲养标准及饲料营养成分 2. 饲料配方设计原则 3. 家禽生产对饲料的需求
	（二）饲喂技术	1. 能制定限制饲喂方案 2. 能制订肉用禽肥育及人工填饲措施 3. 能执行并指导本级以下人员实施饲养试验方案	1. 限制饲养原理 2. 肉禽的生长发育规律及人工填饲要求 3. 家禽饲养试验要求
二、家禽管理	（一）生产准备	1. 能对各种生产设备进行选型和组织安装自动化设备 2. 能改进禽舍及生产设施	1. 养禽常用机械设备的工作原理 2. 禽舍主要设施设置要求
	（二）禽舍环境调控	1. 能确定禽舍温度和湿度的控制方法 2. 能确定禽舍通风方式 3. 能确定禽舍的光照控制方法	家禽对温度、湿度、通风和光照需求的基本原理
	（三）生产阶段管理	1. 能执行家禽各阶段的生产计划 2. 能分析各种生产指标的影响因素 3. 能执行影响生产的补救措施 4. 能制作生产报表	1. 家禽各阶段生产特点 2. 影响家禽生产性能的主要因素 3. 家禽生产报表的主要内容及制作方法
三、家禽疫病预防	（一）养禽场卫生控制	1. 能制定养禽场卫生防疫制度 2. 能选定各种消毒剂 3. 能进行病死禽的无害化处理 4. 能维护排放污染物的设施	1. 养禽场卫生防疫要求 2. 消毒剂的消毒原理 3. 病死禽的无害化处理方法 4. 污染物排放设施的维护方法
	（二）禽病预防	1. 能实施家禽的保健措施 2. 能组织本级以下人员执行发生传染病时紧急预防措施 3. 能制订免疫计划 4. 能观察出生产中家禽的应激反应	1. 家禽保健与安全生产措施 2. 家禽常见疾病的预防措施 3. 生产中家禽的主要应激反应

续表

职业功能	工作内容	技能要求	相关知识
四、培训管理	（一）培训指导	1. 能对本级以下人员进行理论培训 2. 能对本级以下人员进行实际操作指导	家禽饲养管理基础知识及实际操作技术
	（二）技术管理	1. 能分析生产技术资料并写出技术报告 2. 能执行饲养试验方案 3. 能进行养禽生产成本分析	1. 养禽生产主要技术资料分析方法与技术报告写作知识 2. 家禽饲养试验要求 3. 养禽生产成本构成

3.5 高级技师

职业功能	工作内容	技能要求	相关知识
一、家禽饲养	（一）饲料调制	1. 能开发利用饲料资源 2. 能进行饲粮营养水平的调整	饲料营养与科学利用知识
	（二）饲喂技术	1. 能制定家禽各生产阶段的饲养方案 2. 能检查饲喂效果 3. 能设计饲养试验方案	1. 家禽各阶段生产性能指标 2. 饲喂效果的检查方法 3. 饲养试验方案设计方法
二、家禽管理	（一）生产准备	1. 能确定家禽的饲养管理方式 2. 能制定家禽新品种的引进和饲养管理计划	1. 家禽饲养管理基本原则 2. 家禽新品种引进的基本要求
	（二）禽舍环境调控	1. 能设计禽舍温度和湿度控制设施 2. 能设计禽舍通风设施 3. 能设计禽舍的光照控制设施	养禽场温度、湿度、通风和光照综合调控知识
	（三）生产阶段管理	1. 能制定各阶段家禽的生产计划 2. 能制定影响生产的补救措施 3. 能解决生产中的突发事件	1. 家禽各阶段生产标准 2. 影响家禽生产性能的因素及机理

续表

职业功能	工作内容	技能要求	相关知识
三、家禽疫病预防	（一）养禽场卫生控制	1. 能制定饲料和饮用水品质控制措施 2. 能提出水源利用和处理意见 3. 能制定卫生消毒方案 4. 能制定养殖场污染物排放方案	1. 饲料品质控制相关知识 2. 畜禽饮用水水质标准 3. 养禽场卫生消毒知识
	（二）禽病预防	1. 能制定家禽的保健措施 2. 能制定发生传染病时紧急预防措施 3. 能审核免疫计划 4. 能分析家禽生产中应激产生的原因	1. 家禽保健与安全生产知识 2. 家禽传染病的传播、诊断和预防知识 3. 生产中应激因素的种类及机理
四、培训管理	（一）培训指导	1. 能编写培训教材 2. 能组织本级以下人员学习如何提高技能操作水平	1. 培训教材的编写方法 2. 教育学心理学知识
	（二）技术管理	1. 能组织本级以下人员进行技术革新 2. 能设计饲养试验方案 3. 能进行养禽生产的经济效益分析	1. 养禽新技术的应用 2. 饲养试验方案设计方法 3. 养禽生产的经济效益分析方法

4. 比重表

4.1 理论知识

	项目	初级（%）	中级（%）	高级（%）	技师（%）	高级技师（%）
基本要求	职业道德	5	5	5	5	5
	基础知识	20	15	15	10	10

续表

	项目		初级(%)	中级(%)	高级(%)	技师(%)	高级技师(%)
相关知识	家禽饲养	饲料和禽种识别	5	5	—	—	—
		饲料调制	—	—	10	10	10
		饲喂技术	15	15	10	10	5
	家禽管理	生产准备	5	5	5	5	5
		禽舍环境调控	15	15	15	15	15
		生产阶段管理	20	25	20	15	15
	家禽疫病预防	养禽场卫生控制	10	10	10	10	10
		禽病预防	5	5	10	10	10
	培训管理	培训指导	—	—	—	5	5
		技术管理	—	—	—	5	10
	合计		100	100	100	100	100

4.2 技能操作

	项目		初级(%)	中级(%)	高级(%)	技师(%)	高级技师(%)
技能要求	家禽饲养	饲料和禽种识别	10	10	—	—	—
		饲料调制	—	—	10	10	10
		饲喂技术	20	20	20	15	10
	家禽管理	生产准备	10	10	10	5	5
		禽舍环境调控	15	15	15	15	15
		生产阶段管理	20	20	20	20	20
	家禽疫病预防	养禽场卫生控制	15	15	15	15	15
		禽病预防	10	10	10	10	10
	培训管理	培训指导	—	—	—	5	5
		技术管理	—	—	—	5	10
	合计		100	100	100	100	100

参考文献

[1] 陈金雄,纪守学. 畜禽生产技术 [M]. 北京:化学工业出版社,2010.
[2] 王三立. 家禽生产 [M]. 重庆:重庆大学出版社,2011.
[3] 杨宁. 家禽生产学 [M]. 北京:中国农业出版社,2002.
[4] 林建坤. 禽的生产与经营 [M]. 北京:中国农业出版社,2001.
[5] 杨惠芳. 养禽与禽病防治 [M]. 北京:中国农业出版社,2006.
[6] 豆卫. 禽类生产 [M]. 北京:中国农业出版社,2001.
[7] 张敏红. 肉鸡无公害综合饲养技术 [M]. 北京:中国农业出版社,2003.
[8] 陈浦言. 兽医传染病学 [M]. 5版. 北京:中国农业出版社,2006.
[9] 李文刚,姚卫东,秦华. 畜禽传染病与诊疗技术 [M]. 北京:中国农业大学出版社,2011.
[10] 关文怡,蒋增海. 动物常见病 [M]. 北京:中央广播电视大学出版社,2015.
[11] 辛朝安. 禽病学 [M]. 2版. 北京:中国农业出版社,2003.
[12] 王宝英,邓同炜,黄炎坤,等. 新编禽病诊疗手册 [M]. 郑州:中原农民出版社,2006.